堕落と復興の近代中国仏教

日本仏教との邂逅とその歴史像の構築

エリック　シッケタンツ
Erik Schicketanz

法藏館

Für Rolf und Heidi

父ロルフと母ハイジに捧ぐ

堕落と復興の近代中国仏教——日本仏教との邂逅とその歴史像の構築◉目次

凡例

・本書で使用する漢字体は、本文、引用文ともに通行の字体を用いたが、固有名詞などの任意の字は、この限りではない。
・引用文では、句読点なども含めて、原則的に引用元の体裁と同じくしたが、読みやすさを考慮して改めた箇所もある。また、中国、台湾で刊行された文献から原文を引用するときも、句読点は引用元のとおりとした。ただし、もともと句読点のなかった文献には、日本語の句読点をもってこれを示した。
・引用文中の（　）は文意を補う説明を、〔　〕は直前の語句の補足説明を表す。

堕落と復興の近代中国仏教

――日本仏教との邂逅とその歴史像の構築

序論

和辻哲郎（一八八九〜一九六〇年）は、戦時中の一九四四年に改稿した『風土——人間学的考察』において、次のように中国の復興の可能性について語った。「シナは復活しなくてはならぬ。漢や唐におけるごとき文化の偉大さを回復しなくてはならぬ」。そして、その中国の回復には、日本が重要な役割を果たすことが想定されていた。「日本の文化は、先秦より漢唐宋に至るまでのシナ文化の粋をおのれの内に生かしているのである。シナ人はこれを理解することによってかえって現代のシナに消失している過去の高貴な文化の偉大な力を再認しうるであろう。そうして現在行き詰まっているシナ的性格の打開の道をそこに見いだすこともできるであろう」[1]。和辻の文章は戦時中に書かれたものであり、以上の主張もその背景のもとで理解する必要がある。しかし、ここで興味深いのは、中国を復興させるため偉大な過去を現在において再現しなければならない、というかたちで、「高貴な文化」としての過去と「行き詰まっている」現在という対比が、中国の復興にとっての前提とされていることである。そしてここに、日本こそが中国の真正な古典文化を保存しているため、中国は日本の文化を参考にすることによってのみ復興を遂げうるという見解が重ね合わされている。過去の中国文化を保存する日本と、現在の復興のために日本からそれを学ばなければならない中国という、和辻の文章に表れたこうした思想は、もちろん日本側からの見方である。だが、単に一方的な見解として片づけるだけでは済まされない複雑な影響と問題を、この思想は近代中国仏教にもたらしていた。それが具体的にどのような問題であったのか、またそれが近代中国仏教にとって何を意味していたのかは、本書を通して明らかとなるだろう。

本書は、近代における日本と中国との間の交流が近代中国仏教の形成に対して及ぼした影響を分析するものである。近代中国仏教に対する日本仏教の影響は従来の研究においても注目されてきたが、決して十分な究明がなされているとはいえない。そこで本書は、中国人仏教者の歴史認識に対する日本仏教の影響について、主に「宗派」概念に着目して考察する。この考察によって、近代中国仏教が日本仏教から受けた影響の重要な側面の一つが明らかとなると考える。より具体的には、本書は、近代中国人仏教者の歴史認識における中国仏教の過去と現在に対する理解、過去と現在の関係性についての評価をめぐる言説の分析ということになる。この作業を通して、彼らの歴史認識が、近代日中仏教交流で得られた知見あるいは交流を通じて日中で共有された枠組みを参照しつつ形成されていったことが明らかになるだろう。

以下ではまず、中国の近代、近代中国仏教、そして日中の仏教交流についての先行研究に言及しながら、本研究の背景を紹介したい。

中国の近代

本書において「近代」とは、十九世紀末の清朝末期から第二次世界大戦終戦頃までの中国における民国期を指す。十九世紀末は、東アジア全体における社会の根本的な変革と危機の時期であった。この変革は、主に西欧列強のアジア進出とそれによる帝国主義体制の広まりに由来していた。

たとえば、中国近現代史の研究者アーリフ・ディルリク（Arif Dirlik）が中国の近代の構造について、次のような興味深いことを指摘している。中国における近代は中国が生み出した近代ではなく、欧米の近代化が生み出した近代である。そのため、中国の知識人たちが中国において見いだしていた「後進性」は、客観的に存在していたものではなく、欧米の近代に基づく視点の産物であった。しかも、この欧米の近代は遠いところに存在している近代ではなく、世界のすべてを吸引してしまった近代であり、それに抵抗しようと思えば、亡国の恐れさえあるものだった。しかし、その欧米の近代化において発揮された破壊力を目の当たりにしたことによって、逆に中国の伝統からもヒントを得ることで良い近代を創造できるという発想も生まれた。この思想は主にナショナリズムを中心として展開された。ナショナリズムは近代化を発展させる力であると同時に、欧米から押しつけられた近代に抵抗しうる力としても理解されていた。そして、そのナショナリズムを形成するために、過去の文化的遺産に基づいた国民のアイデンティティの創出が求められた(2)。

つまり、東アジアと中国の近代化過程において、時間性が中心的な問題として現れてくるということである。近代化において、過去が現在における文化構築に対して重要な意味をもったのである。これは本書にとって重要な指摘である。ただし、ここで注目されている「過去」は、決して客観的な概念ではない。「過去」を誰がどう定義するかという力学がそこに作用してくるのである。

また、ディルリクは中国の近代化について論じる際、主に近代を象徴する西欧列強の役割に焦点を当てる一方、日本も近代中国にとって重要な役割を果たしていたことに触れている。近年の研究において、中国の近代性は西欧との関係のみならず、日本との交流も視野に入れて議論されるようになっており、東アジアの錯綜したトランスナショナルな力関係という課題が注目されている。日本が、近代中国の思想的空間にとって、その形成自体にも大きな影響を及ぼし、近代西欧の多くの科学や知識が日本経由で中国に入ったことは、周知のとおりである。また、日本は東アジア諸国の近代化に対しても単なる西欧的近代の媒介者にとどまらず、より深い影響を与えたことが指摘されている。たとえば、『思想課題としてのアジア』において、日本を近代東アジアにおける「思想連鎖の関環」とする山室信一の論考が、こうした研究の好例である。(3) つまり、中国の近代を考える際、日本は不可欠な存在なのである。

中国仏教における堕落と復興をめぐる議論

長い間忘れられがちであった近代中国仏教は、近年になって次第に研究対象としての注目を集めるようになってきている。近代中国の仏教が従来あまり注目されなかった理由としては、隋唐以後の仏教衰退という根強い思想的評価の存在が挙げられる。この見解は近代中国仏教の研究においても反映されており、そこでは中国仏教の「堕落」と「衰退」と、その近代における「復興」が中心的な課題となってきた。

たとえば、一九五〇年代に中国の宗教情勢を網羅的に紹介したウィンチット・チャン（Wing-tsit Chan）は、清朝期の中国仏教は浄土念仏の形式主義に堕落していたと主張し、そのために仏教の改革が必要になったと論じている。彼は当時の禅についても、形式的な儀礼主義にすぎないとして批判的にみていた。(4) また、ケネス・チェン（Kenneth Ch'en）は *Buddhism in China : A Historical Survey*（『中国の仏教――歴史的概論』一九六四年）において、明清両朝を仏教の後退（recession）と衰退（decline）の時代として位置づけ、この衰退状態からの復興期として近代を描いた。(5)

　このように、近代にさしかかった時点で中国仏教が堕落し衰退していたと指摘する研究は数多い。しかし、いつ頃からどのような過程によって中国仏教が堕落し、衰退したのかについては、一貫した見解が存在しないのが実情である。中国仏教の堕落・衰退について触れた文献は非常に多くみられるが、ここでは近年の数例だけを挙げることにする。たとえば、中国人研究者麻天祥は『20世紀中国仏学問題』（二〇〇七年）において、「元明以降、多くの寺僧が学力を欠いており、仏教の宗風は衰頽してしまい、隋唐時代の教理の輝かしい姿がすでにほとんど完全に失われていた。その後、「破戒僧」も少なからず現れることになった（元明以下，寺僧多乏学力，仏教宗風，衰頽，隋唐時代教理昌明之象已喪失殆尽，後世〝破戒僧人〟也就屢見不鮮了）[6]」と主張する。

　また、『太虚大師全書』に収録されている王雷泉の「走出中国仏教的低谷」というエッセイでは、中国仏教が明清以降衰退したとされている。王によると、西洋列強の侵略を受けて、インド仏教のように中国からも仏教がその姿を消してしまう危機に直面していた。しかし、在家者の楊文会（一八三七〜一九一一年）と仏教の改革を目指した僧侶太虚（一八九〇〜一九四七年）をはじめとする中国人仏教者の努力によって、復興の道が模索された。彼らの努力により、清末・民国期は隋唐期に喩えられるほどの仏教「高潮」の時代となった。改革者たちの功績は、諸宗派を創始した隋唐時代の諸大師のそれには及ばないとしても、彼らが仏教界に与えた影響は諸大師よりも大きかった。このように、王は近代の仏教復興を高く評価している[7]。そして、その前提となる中国仏教の歴史的衰退について、王は明朝と清朝による統制を、仏教の発展を妨げた原因の一つと見なしている。王朝への従属が仏教の独立性を失わせてしまったというのである[8]。

　しかし、先行研究をみると、清朝の仏教に対する評価はかならずしも一様ではない。多くの場合、隋唐以降の仏教の堕落や衰退が主張される一方、明清両朝においても仏教が依然として社会に対する影響力を有していたことが主張されている。たとえば、中国人研究者楊健は、清代における仏教の衰退には内在的原因もあったが、清朝政府による管理統制によって仏教教団がその自己管理能力をなくしてしまい、仏教そのものが活力を失うに至ったと主張している。[9] このように仏教の衰退を主張した楊は、しかし同じ研究書の別の箇所では、「清代を通じて、仏教は信徒がもっとも多く、社会的影響のもっとも大きい宗教であった（有清一代，仏教一直是信徒最多，社会影響最大的宗教）」[10] と指摘している。陳兵と鄧子美も、『二十世紀中国仏教』で清代を仏教衰退の時代と見なし、当時は戒律も守られず、僧尼は半端物であったとしているが、彼らもまた、一方で、各宗各派には継承者がおり、高僧も多く、富裕な在家仏教徒もおり、出家者の大多数は妻帯せず禁欲生活を保っていて、在家居士の間でも肉食しない人が多かったという、かならずしもネガティブではない描写を提供している。[11]

陳兵と鄧子美にあっても、清代の仏教が衰退していたと主張する一方、この「衰頽」はあくまで隋唐という中国仏教の全盛期との比較のうえでの評価だと主張している。そのもっとも衰えている清代においても、仏教の実力を相当にみることができると両者が認めるのである。[12] これでは、一体どうして清朝の仏教を衰退し堕落したものと見なすべきなのかが、わからなくなってしまう。

明清両朝の仏教に対する評価の背景に過去を強く意識する歴史認識が働いていることは、上述の麻と王の研究においても認められる。両者とも、隋唐仏教を高く評価する分、後代の仏教に対する評価が低くなっている。このように、近代仏教の研究においても、中国の近代化に対して指摘された時間性の問題が認められる。清代と民国期の仏教の評価には、「過去」と「現在」についての評価が複雑に絡み合っているのである。そのため、中国仏教史についての研究に現れている歴史認識を批判的に分析する必要がある。元明以降における僧侶の学力低下にせよ、浄土念仏の普及にともなう形式主義の台頭にせよ、あるいは国家の統制による自立性の喪失にせよ、中国仏教についての歴史の語りはどれも、中国仏教の衰退と堕落を前提としているか、あるいはそれに疑問を抱いていないかであるが、そうした歴史認識の信憑性が疑われるのである。

この点については、すでに一九六〇年代にアメリカ人研究者ホームズ・ウェルチ（Holmes Welch）が、近世・近代の中国仏教は堕落していなかったことを主張する研究を発表しているが[13]、それにもかかわらず、中国仏教衰退観が今でもしばしば強調されている。

「堕落」と「復興」に基づいた研究視座とその思想的背景を再考する必要があるわけだが、中国以外の近代仏教研究においては、近年、こうした試みが増加している。たとえば、日本の近世仏教についての従来の研究を批判的に検証したオリオン・クラウタウ（Orion Klautau）は、「多くの研究者が堕落論を克服しようとしながら、その枠組み自体を乗り越えることができなかったのは、何よりも、「堕落」なるものを「論」として、つまり辻〔善之助〕によって作られた言説としてではなく、一つの「史実」として捉えていたからである」と指摘している[14]。つまり、「堕落」という視座は、史実を中立的に表現する学術概念ではなく、特定の思想やイデオロギーの産物であるため、それをそのままで再生産することには問題があるのである。同様に、十八・十九世紀のスリランカ仏教を研究対象とするアン・ブラックバーン（Anne Blackburn）も、研究者たちが現地仏教者による堕落と復興という物語を無批判に取り入れてしまう危険性を指摘している[15]。

こうした問題意識を共有して、近代中国仏教における堕落概念の形成とそのイデオロギー的な役割を究明することが、本書の重要な目的の一つである。さらに、このような堕落と復興の両概念を中心とする歴史認識の形成において、日本人仏教者が重要な影響を及ぼしたことを示すこととしたい。

近代日本仏教の大陸布教

先に挙げたウェルチは、近代中国仏教の先駆的研究である *The Buddhist Revival in China*（『中国における仏教復興』）において、日本の仏教者との関係に言及しているものの、対外関係という視点で、近代中国仏教を主にキリスト教との関係に基づいて捉えた。(16) このように、近代中国仏教の研究において、日本仏教の存在はまったく等閑視されていたわけではないものの、重要視されてはいなかった。日本人による研究をみると、近年、日本仏教の各宗派による海外進出に注目する傾向がみられ、日本仏教諸宗派の植民地とアジア大陸における布教活動についての研究が増えてきている。ただし、そこには一定のパターンがみられる。

明治期に入ると、日本人仏教者が中国に渡り、布教活動を開始するようになる。そのもっとも早い事例が真宗大谷派の僧侶小栗栖香頂（一八三一～一九〇五年）の活動であった。小栗栖は明治初期に中国に渡り、彼の布教活動によって、日本仏教と浄土真宗に対する関心が中国人の間で一時的に高まった。(17) しかし、当初は日本人仏教者による現地人を対象とした布教活動が行われはしたが、日本人仏教者は中国において正式な布教権を獲得することができず、結局、確たる成果を挙げることはなかった。結果として、布教活動の焦点は次第に在中国日本人コミュニティに転じることとなった。このパターンが日本仏教による中国布教の定説となっている。(18) 浄土真宗の活動は、その典型的な事例とされている。浄土真宗は一時的に中国人仏教者の耳目を集めたが、当時の中国仏教界の在家者楊文会と改革派僧侶太虚は、最終的に真宗の布教活動と真宗の教義を厳しく批判した。また、浄土真宗において伝統的に行われている肉食妻帯生活が、この宗派に対する多くの中国人の疑念を惹起したようである。(19)

続いて、日本の大陸侵出にともなって、日本仏教の布教活動も国家の対外政策の一部として行われるようになった。特に一九三七年の日中戦争勃発後、日本人仏教者の布教活動は日本政府の大陸政策の一翼を担うこととなっていく。たとえば、真言宗僧侶佐々木教純は一九四三年の時点において、日本仏教の海外布教は、宗派拡大のためではなく、「真に国家のため、日華親善のための布教である」と述べている[20]。また、戦時中、広東地域に滞在していた真言宗の開教師戸川憲戒は、彼の布教活動があげた成果について、「若し私が当潮汕地区を皇軍が占領されない以前に来たとしたならば、どんなに私が努力して見ても百人は愚か一人半人の弟子も得られなかったであらう」と語り、日本仏教に対する中国人の関心の背景に、日本軍の中国侵略があったことを指摘している[21]。

そのため、日本の仏教教団の布教活動に焦点を当てた先行研究では、日本仏教の侵略性を強調する研究が多いといえる[22]。日本の仏教教団と日本政府の関係に焦点を置くリ・ナランゴア（Li Narangoa）の研究はその好例である。一九三〇年代のモンゴルにおける日本人仏教者の活動についての研究において、リは日本仏教の活動を日本軍の特務機関の活動の延長線上にあるものと見なし、布教活動を理論の上で日本政府の政策と結びつけ、日本仏教の大陸活動であった国策の一環としている[23]。

むろん、以上の日本仏教の布教活動と帝国日本の大陸政策との関係は否定できない事実であり、日中の仏教交流の全体的な歴史背景として、日本と中国の間に存在していた力関係の不平等性を指摘することは重要である。しかし、日中仏教交流を主に日本側から捉えることは、日本仏教側の積極性を重視しすぎるという逆効果を生み出してしまうとも思われる。日本側の活動を軸とするアプローチによれば中国側は仏教交流において受動的な存在として描かれることになってしまうが、実際の交流における力学はもっと複雑なものであった。中国人仏教者は単に日本人仏教者の活動に対して受け身の姿勢で対応しただけではなく、積極的に日本仏教との接触を求めることもあったのである。日中仏教交流のこうした側面を理解するためには、研究の焦点を日本の仏教教団の活動から転じて中国人仏教者自身の活動に置き、彼らが日本仏教とどのように接していたのかを直接調査する必要がある。加えて、日本と中国の間で行われた思想的交流にも注目しなければならない。

日中仏教における思想的交流

以上は、日本仏教の側から近代における日中仏教の交流をみたものである。次に、中国仏教側の視点からの先行研究を紹介するが、数は決して多くはないのが現状である。

まず取り上げなければならないのは、釈東初の労作『中日仏教交通史』（一九七〇年）であろう。同書では交流の事実関係が列挙され、近代における日中仏教の交流についても触れられているものの、中国仏教史の大きな流れのごく一部としてのみ扱われており、考察の多くが記録的な段階にとどまっている。日中の交流は思想的な交流をともなうものだったが、同書にはそうした近代における日中仏教交流の思想的な側面についての分析が乏しい[24]。

近年の著作では、ゴーテリンド・ミュラー（Gotelind Müller）の *Buddhismus und Moderne*（『仏教と近代』一九九三年）が、民国期の仏教にとっての日本仏教の位置づけについて短く触れるなかで、太虚が創設した武昌仏学院や在家信者欧陽漸の教育施設において、日本の仏書から中国仏教史を学ぶことが行われていたことを明らかにしている。日本仏教は中国人仏教者にとって近代化の可能性を示した「顕著な模範（anschauliches Beispiel）」という機能をもっていたというミュラーの指摘[25]は、本書の構想にとって重要なインスピレーションを与えてくれるものであった。しかし、中国仏教に対する日本仏教の影響についてのミュラーの捉え方は、太虚の日本仏教観に基づいたものであり、その日本仏教観自体についての批判的考察は加えられていない。

ミュラーが指摘した日本の書籍による影響という点は、陳継東と葛兆光の研究によって、より明らかとなってきており、両者の研究は、日中仏教交流に対するより重要な視角を提供すると思われる。本研究も大きな刺激を受けた『清末仏教の研究』において、陳継東は「近代中国仏教はその内在的要因だけではなく、外来の刺激を受けることによっても展開していった」と指摘しており[26]、中国仏教の立場から、近代中国仏教にとっての日本仏教という論点に注目している。たとえば、陳継東は、楊文会が南条文雄から唯識の経典を入手したおかげで中国において近代仏教を代表する唯識思想の復興が始まったと指摘している[27]。また、中国人研究者葛兆光も、中国仏教の復興が日本仏教との交流と密接に関係していることを指摘している[28]。葛兆光は、近代日本仏教の中国仏教に対するもっとも大きな影響は、中国仏教を「内省と閉鎖された思想から、論理の開放」というポジティブな方向へ導いたことであると述べている[29]。清朝末期の多くの進歩的知識人たちが仏教を社会改革のための資源として評価していた。しかし、仏教は最終的にこの役割を果たせなかった一方、「彼らは仏教思想と歴史を新たに解釈するにあたって、近代宗教学の思想的理論を吸収し、かえってその後の中国仏教研究の近代的転向をつくりあげたのである[30]」というように、葛兆光は、近代日本仏教の中国仏教に対する影響を、過去の枠組みから解放的なものとして描き、日本仏教の影響が当時の中国における仏学を「宗派的で漠然とした伝統方式」から「精密な近代方式」へ転化させたと指摘している[31]。しかし、葛兆光は、日本仏教の影響力を認めながらも、日本仏教を単に中国仏教の近代化のきっかけとして位置づけるのみであって、近代中国仏教に対する日本仏教の影響をまだ表面的にしか捉えていない。本書で示したいのは、日本仏教との交流が宗派的な枠組みからの解放をもたらしたのではなく、むしろ宗派概念そのものを中国の仏教のなかにキーワードとして位置づけたことである。近代において日本仏教は、葛兆光が以上で指摘している役割を果たす一方で、中国仏教内部により根本的な問題を新たにもち込んだのである。

　この点については小林武の清末知識人章炳麟（号太炎、一八六九〜一九三六年）についての研究が示唆的である。小林は明治思想界の清朝末期の中国人知識層に対する影響を指摘し、その影響の一例として、明治仏教界における厭世観が章炳麟に及ぼした影響を指摘した(32)。つまり、小林の研究では、明治期仏教界が近代中国思想・仏教界の形成そのものに対して与えた、より深層にまで及ぶ影響が指摘されているのである。したがって、近代日中仏教交流の意義を究明するためには、表面的な影響について論じるだけではなく、日本仏教界の影響下で近代中国仏教の「深層」がどのように構築されたかという問題に注目しなければならない。ここでいう深層とは、意識と認識のあり方ということである。

以上に論じたところを一言で表現するなら、日本から大きな影響を受けた中国の近代化の一部として仏教の近代化も生じたのであり、当然、中国仏教の近代化に日本仏教は大きな影響を与えていたということになる。従来、中国の近代における仏教は、主に隋唐の全盛期以降の「衰退」と「堕落」、そしてそこからの「復興」という二段階的な歴史の語りを通じて説明されてきた。さらに、この復興は過去〔隋唐〕の仏教の再現であるべきだとされていた。しかし、先行研究においては、清朝における仏教の衰退が唱えられる一方、仏教の社会における根強さと強大な影響力も指摘されている。先行研究におけるこのねじれは、従来の歴史の語りに対する疑問を筆者に抱かせることとなった。中国社会に対する影響力がそれほどに大きかったのならば、それをわざわざ「堕落」と想定する物語はどこから生まれてきたのであろうか。中国の近代化に日本が大きな思想的影響を及ぼしたのと同様に、中国仏教の近代化にも日本の影がうかがえる。この「仏教の堕落」という歴史の語りの形成に中心的な役割を果たしたものこそ日本仏教である、というのが、本書を通じて筆者が主張したい点である。つまり、近代中国人仏教者の歴史認識は日本仏教の影響下で形成されており、この歴史認識の中心には、さらに日本から取り込んだ強い宗派意識が働いていた。本書の目的は、この歴史認識の形成過程を究明し、日本的な宗派概念がいかに中国仏教によって受容されたかを確認することである。中国仏教の「堕落」と隋唐仏教の再現による「復興」は、日本的な歴史観の受容による産物にすぎない。この観点からは、近代中国における仏教復興の試みは近代化過程の一部として行われ、中国ナショナリズムの形成と多くの接点をもっているが、その中身は日本仏教が創造した物語によって構成されていたという皮肉な現象がみえてくる。この意味では、冒頭で紹介した和辻哲郎の文章は、この思想の構造をうまく表現したものだったといえる。中国（中国仏教）の回復のために必要とされている過去は、本当に中国（中国仏教）の過去なのであろうか。この歴史のアイロニーは、現在にも及ぶ問題である。

本書の構成

本書の各章はそれぞれ独立した課題を扱っているため、個別に読むことも可能であるが、以下の順によって、日本的宗派概念の受容による近代中国仏教における歴史認識の形成という大きな物語を描くことを、筆者としては意図している。

第一章は、明治・大正期に中国に渡った日本人仏教者における中国仏教観を分析する。太平天国や廟産興学運動などが仏教に対して現実に負の影響を与えたことは確かだが、日本人仏教者の中国仏教観が先入観に強く影響された認識の問題であったことを明らかにし、日本人の眼差しのイデオロギー性を指摘する。当時の日本人仏教者は中国仏教を理想視した結果、中国仏教の現実を見た瞬間に大きな失望感を抱かざるをえなかった。それゆえ、多くの日本人仏教者は、中国仏教を堕落し衰退した仏教として軽蔑するようになった。そして、この中国仏教を軽視する態度において、宗派概念が中心的な役割を果たしていたことを示す。日本人仏教者は、仏教は複数の独立した宗派に分類されるという日本仏教の枠組みに基づいて中国仏教を捉えようとしたため、中国における宗派の欠如に気づいたとき、中国仏教の堕落の一つの証拠としたのである。

第二章では、清末・中華民国初期の中国人仏教者自身の中国仏教観を分析する。中国人仏教者においても、中国仏教の堕落を主張する思想が存在したことが確認できる。しかし、日本人仏教者の場合と同様、その思想的背景を究明すれば、この仏教堕落言説のイデオロギー性が明らかとなり、彼らの言説を決して客観的な事実の描写と見なすことはできないことが了解される。本章では、その一例として、当時の末法思想を取り上げる。当時の末法思想論では、仏教内部の実態よりも、仏教の堕落論という思想が中国全体の危機の一部を構成するものとして扱われている。筆者は当時の一般思想界の仏教界に対する影響を指摘し、清末仏教界における末法思想を「ナショナライゼーション」という概念で説明し、それを、形成されつつある国民国家のなかへ仏教が取り込まれる過程として位置づける。また、中国人仏教者の言論活動においても宗派概念が重要な役割を果たしたことを指摘し、従来の中国仏教では宗派概念はそれほど重視されていなかったのに対して、民国期の仏教堕落論では中心的な構成要素となっていたことを示す。そのうえで、宗派概念の登場は、日本仏教による影響を示唆するものであるという見通しを示す。

第三章では、日本的宗派概念の受容過程を分析する。章の前半では、まず明治・大正期日本の中国仏教史研究における宗派概念の役割を分析し、日本の中国仏教研究に対する鎌倉時代の僧侶凝然（一二四〇～一三二一年）の影響を示す。また、日本の中国仏教史研究において、宗派概念は過去の中国仏教の偉大さを示すものであった一方で、同時代における日本仏教の優位を主張するイデオロギー的機能を果たすものであったことを明らかにする。第三章の後半では、日本の研究者と仏教者が提供した宗派を中心とした中国仏教史観が、中国人仏教者によって受容されていった過程を描く。凝然の著作の影響下、仏教を「十宗」や「十三宗」に分けるという、かつてなかった分類方式が中国仏教界に普及し、支配権を得た。このように、中国人仏教者は日本の宗派中心的な歴史の語りを受容したが、東アジアにおける中国仏教の優位を主張するために宗派概念を転用するようにもなった。近代東アジアにおける仏教に関する言論空間において、日本的な宗派概念は諸国の仏教の位置づけと上下関係を決める中心的な概念となったと判断できる。その後、中国では宗派中心的な歴史の語りに対する批判も唱えられたが、日本的な中国仏教史観が提供した宗派的枠組みを完全に脱することはできなかった。

以上の三章では、近代中国仏教に対する日本仏教の影響を、主に抽象的な歴史認識と宗派的分類様式という観点から分析するが、第四章では、密教復興という具体的な社会現象を取り上げることによって、日本仏教の影響が中国に対してどのような意味をもっていたのか考察する。密教復興は日本的な宗派概念の導入がもたらした産物として、もっとも知られた事例である。日本的宗派観の影響下、特に一九二〇・三〇年代に、中国仏教界の注目を集める密宗の復興が試みられた。中国で喪失したとされた密宗を回復するため、中国人の出家者と在家者が日本に渡り、高野山などの密教道場において修行した。しかし、日本からの密教の逆輸入は、最終的に、中国仏教界において在家者教団と出家界の間の衝突を生じさせることとなった。密教をめぐるこの衝突の問題の所在を明確にするため、王弘願という在家者と彼が創立した震旦密教重興会という教団の例を詳細に取り上げ、彼と太虚の間で交わされた論争を分析する。本章以外では、いかに中国仏教が日本仏教の構築した思想的空間のなかへ吸収されたかを示したが、ここでは王の活動に注目することによって、近代日中仏教交流における中国人仏教者の積極性と創造性を紹介している。日中仏教交流はダイナミックな運動であり、日本仏教と中国仏教のいずれに対しても、コントロールできない力をもっていた。この分析の副産物として、先行研究において仏教進歩派の代表者として描かれてきた太虚の保守的な側面が明らかとなる。また、中国人仏教者が抱いていた日本仏教観の知られざる重要な側面もみえてくるであろう。

結論においては、本書の内容を総合的に振り返って、清末・民国期の日中仏教交流が現代にまで及ぼしている影響に触れ、近現代における日中仏教関係についてまとめることとする。

註

（1）和辻哲郎『風土――人間学的考察』（東京：岩波書店、一九四四年〈一九三五年初刊〉）、二二一〜二二二頁。興味深いことに、戦前の一九三五年に刊行された『風土』において、和辻はむしろ日本と中国が文化的に相違していることを主張した。

（2）Dirlik, Arif, 2005, "Modernism and Antimodernism in Mao Zedong's Marxism," *Marxism in the Chinese Revolution*, p. 116.

（3）山室信一『思想課題としてのアジア』（東京：岩波書店、二〇〇一年）、一六頁。

（4）Chan, Wing-tsit, 1953, *Religious Trends in Modern China*, p. 65, p. 69.

（5）Ch'en, Kenneth, 1964, *Buddhism in China: A Historical Survey*, p. 434.

（6）麻天祥『20世紀中国仏学問題』（武漢：武漢大学出版社、二〇〇七年）、二頁。

（7）王雷泉「走出中国仏教的低谷」（二〇〇四年）（『太虚大師全書』第三五巻（北京：宗教文化出版社、二〇〇五年）、四四頁。

（8）同書、四五〜四六頁。

（9）楊健『清王朝仏教事務管理』（北京：社会科学文献出版社、二〇〇八年）、五〇〇〜五〇一頁。

（10）同書、一頁。

（11）陳兵・鄧子美『二十世紀中国仏教』（北京：民族出版社、二〇〇〇年）、二一〜二二頁。

（12）同書、二一頁。

（13）ホームズ・ウェルチが一九六七年の *The Practice of Chinese Buddhism, 1900-1950*（『中国仏教の実践』）にお

いて、近世・近代に対する衰退したイメージを批判した（特に四〇八頁を参照）。

(14) クラウタウ・オリオン『近代日本思想としての仏教史学』（京都：法藏館、二〇一二年）、一八四頁。

(15) Blackburn, Anne, 2001, *Buddhist Learning and Textual Practice in Eighteenth-Century Lankan Monastic Culture*, pp. 8-9.

(16) Welch, Holmes, 1968, *The Buddhist Revival in China*, 特に第XI章を参照。

(17) 陳継東『清末仏教の研究――楊文会を中心として』（東京：山喜房佛書林、二〇〇三年）を参照。

(18) 槻木生瑞「「満州」開教と布教師の教育活動」（『同朋大学紀要』第五号、一九九一年、一～八二頁）、二八～三〇頁、四四頁、四七頁。

(19) Müller, Gotelind, 1993, *Buddhismus und Moderne*, p. 83; Reynolds, Douglas, 1989, "Japanese Buddhist Work in China and the Challenge of Christianity, 1869-1915," p. 15.

(20) 杉本良智編『華南巡錫』（東京：護国寺、一九四三年）、序文、八頁。

(21) 同書、二一一頁。

(22) たとえば、何勁松『近代東亜仏教――以日本軍国主義侵略戦争為線索』（北京：社会科学文献出版社、二〇〇二年）を参照。

(23) Li Narangoa, 1998, *Japanische Religionspolitik in der Mongolei, 1932-1945. Reformbestrebungen und Dialog zwischen japanischem und mongolischem Buddhismus* を参照。

(24) 釈東初『中日仏教交通史』（台北：中華大典編印会、一九七〇年）を参照。

(25) 前掲註(19)Müller, *Buddhismus und Moderne*, pp. 91-2.

(26) 前掲註(17)陳『清末仏教の研究』、一二頁。

(27) 同書、一八九頁。

(28) 葛兆光「西潮却自東瀛来」（『西潮又東風』上海：上海古籍出版社、二〇〇六年、四七～六六頁）、四八頁。

(29) 同書、五四~五五頁。
(30) 葛兆光「論晩清仏学之復興」(前掲註〈28〉『西潮又東風』、七七~一〇一頁)、九八~九九頁。
(31) 前掲註(28)葛「西潮却自東瀛来」、六〇頁。
(32) 小林武『章炳麟と明治思潮——もう一つの近代』(東京:研文出版、二〇〇六年)を参照。

第一章

明治・大正期における日本人仏教者の中国仏教観とその思想的背景

第一節　課題の設定

本章では、日本人仏教者が、なぜ当時の中国仏教を衰退もしくは堕落したものと見なしていたのか、という問題に注目したい。当時の中国仏教に対する日本人仏教者の認識は、その後、日本仏教が中国仏教に影響をもたらすきっかけとなるものであった。そのため、日中仏教の交流を探るうえで、日本人仏教者および中国人仏教者が中国仏教をどのように認識していたのかは、重要な課題となる。中国仏教についての衰退や堕落という認識が、近代における日中間の仏教関係の枠組みを形成したとすらいえるのである。

あらかじめ日本人仏教者の対中国仏教観の一例を挙げておくと、浄土真宗本願寺派の大谷光瑞と朝倉明宣が一九〇〇年の時点で、中国仏教の現状と日本の仏教者の中国仏教に対する任務について、次のように述べている。

唐宋以来近く元明に及ぶまで左しも盛大を極めし彼国の仏教が今日此の如く衰へたりと云へども未だ之を以て絶望すべきではない、之を振ふに其人を得之を興すに其道を以てせばいかで頽瀾を既倒に廻し堕緒を茫々に紹ぐこと能はざらんや、而して之を振興するもの我邦の仏教徒を除いて他に其人はない(1)。

しかし、中国仏教に対するこのような見方はどこから生まれてきたのであろうか。衰退、堕落したものとしての中国仏教、という日本人が抱いたイメージの形成には、当時、中国に渡った日本人仏教者の体験が大いに影響していると思われる。

アメリカの近代日本仏教の研究者リチャード・ジャッフィ（Richard Jaffe）は、日本の近代仏教の形成にとって、欧米の文化や欧米の仏教学との交流のみならず、アジアとの交流も中心的な役割を果たしていたと指摘している。(2)近年、この観点からの研究が増えつつあり、日本人仏教者のアジア体験と近代日本仏教の形成との関係が注目されるようになっている。ジャッフィは主にインドやスリランカなどの南アジアとの交流に注目しているが、筆者は中国仏教との交流も重要であったと考える。

明治期に中国を訪ねた日本人仏教者を取り上げた研究としては、たとえば小川原正道編『近代日本の仏教者――アジア体験と思想の変容』がある。この論文集は明治・大正期に南アジアや中国に渡った人たちのいくつかの個別の事例を紹介しており、近代アジアを舞台とした仏教交流に関する重要な研究成果となっている。小川原は、彼ら日本人仏教者のアジア体験の特徴として、各地域における仏教が衰退や停滞の状態に陥っているという共通認識をもっており、彼らがそこからアジアにおける日本仏教の重要性とその拡大の必要性を説いたことを指摘する。(3)ただし、この論文集においても、当時の中国仏教が衰退していたということは各論文の大前提となっている。これは先に取り上げた大谷光瑞と朝倉明宣の当時の思考にも反映されている観点に他ならない。日本人仏教者が当時のアジア諸国における仏教の状況を悲観的にみていたという小川原正道の指摘は重要だが、彼はアジア体験におけるオリエンタリズムの問題を指摘しながらも、アジア各地の仏教を衰退または停滞したものと見なす眼差し自体の問題には気づいておらず、日本人仏教者の眼差しとオリエンタリズムがいかに関係しているかについては、あまり考慮していない。

　近代中国仏教を堕落したものと見なすこうした捉え方は、当時の仏教者たちの観点を疑うことなく取り入れたものである。だが、序論でも指摘したように、当時の中国仏教は本当に衰退、堕落、停滞していたのだろうか。こうした本書の疑問からすると、近代日中間の仏教交流の当事者たちが現地仏教に向けた眼差し自体を問題視し、その成立と思想的背景を探る必要がある。この点については、植民地期の南アフリカに関するデイヴィッド・チデスター（David Chidester）の研究が示唆的である。チデスターの植民者による現地宗教に関する描写は、当時の現地人と支配者である植民者との力関係に密接に関係していたことを示している。たとえば、現地の人たちが宗教をもっているように描写されるか否かは、その現地人の集団がまだ植民者と闘争状態にあるか、すでに屈服しているかということと関係していた。よくあるパターンとしては、闘争相手の現地人たちは一般的に宗教をもっていない文化として認知され、屈服後は宗教をもつ文化とされることで植民支配体制に統合された。異文化間接触における観察者たちの眼差しと彼らが他者に見いだす差異と類似性は、客観的な所与の現実ではなく、権力関係と関連しながら生み出され、作り直されるものなのである。(4) 観察する側の眼差しを疑うべきだというこのアプローチを借りて、日本人仏教者の中国仏教に対する眼差しにおけるイデオロギー性を分析することが本章の目的である。

　本章では、「堕落した中国仏教」というイメージを日本人仏教者側から分析することとするが、日本人仏教者が中国仏教を衰退したものと見なしていた理由は、もちろん一つではなく、いくつかの要素が彼らの認識において組み合わされている。また、日本人仏教者のすべてが同じ見方をもっていたというわけではない。だが、日本人仏教者の近代中国仏教に対する眼差しにはいくつかの共通する要素がうかがえる。本章では、中国に渡った日本人仏教者をすべて個別に取り上げることは、もとよりできないが、明治・大正期に出版された主な中国旅行記と滞在記に基づいて、多くの日本人仏教者にみられる共通認識とその構成要素を析出し、そうした認識の政治的意味を分析したい。

ただし、当時の中国仏教を衰退したものと見なす態度をイデオロギーや主観的観察によるものとして扱うからといって、当時の中国仏教がまったく現実的な問題に直面していなかったと主張したいわけではない。たとえば、十九世紀半ば、キリスト教の影響を受けた太平天国の乱が起こり、その勢力下にあった中国南部と中部の多くの寺院が破壊を受けた。清朝末期になると、「廟産興学」運動による寺院の没収と学校への転用がみられる。(5) 真宗大谷派の小栗栖香頂が中国を訪れた一八七〇年代は、太平天国の乱によって破壊された寺院を再建する運動が盛んに行われていた時期であった。(6) だが、太平天国がもたらした破壊の現実を認めても、それを中国仏教全体の衰退と同一視することは、さまざまな問題をはらむといえよう。実際にあった破壊を認めたうえで、さらに観察者の主観的な眼差しの要素を考慮に入れなければならないというのが、筆者の考えである。また、実際の破壊された状態と、観察の次元におけるその解釈の関係は複雑である。

あらかじめ、本章の分析の要点を述べると、日本人仏教者の中国仏教に対する眼差しは、次の三つの要素によって形成されていた。

①当時の中国仏教寺院の現状
②日本人仏教者がもっていた中国仏教の過去についての理想像
③日本仏教の組織制度に基づいた、中国仏教に対する期待

より具体的に説明すると、仏教寺院の現状に対する評判に基づいて、多くの日本人仏教者は、中国仏教は外見のみならず内部も衰退していると判断した。さらに、日本人仏教者は、中国仏教の現状を常に理想視された過去の中

国仏教と比較して、理想と現実の間のギャップに気づかざるをえなかった。そして、これらの過去と現在の中国仏教は、主に日本仏教のコンテキストから理解されており、中国仏教がもっているはずの形態、中国仏教のあるべき姿についての日本人の期待は、もっぱら日本仏教の「宗派」概念に基づいて形成されていた。個人差は存在しているとしても、多くの日本人仏教者の当時の中国仏教観は、以上の三つの要素を共有していたといえる。

なお、明治・大正期に中国に渡った日本人仏教者や仏教学者は数多いが、本章においては代表的な仏教者と学者の例を取り上げるとともに、あまり知られていない仏教者にも注目する。彼らが書いた旅行記や滞在記を分析しながら、先に挙げた三つの要素が彼らの認識に共通していたことを指摘したい。具体的にはまず、以下の五人に焦点を当てたい。一八七三年から一年間北京に滞在した真宗大谷派の僧侶小栗栖香頂（一八三一～八二年）[7]、一八九九年と一九一四、五年に中国に赴いた浄土真宗本願寺派の大谷光瑞（一八七六～一九四八年）、一九一四年に二カ月ほど江蘇省と浙江省の寺院を廻った曹洞宗の僧侶来馬琢道（一八七七～一九六四年）、一九一七年に二カ月かけて中国を廻った臨済宗の釈宗演（一八六〇～一九一九年）、同じく一九一七年に二カ月間中国を旅行した京都大学の仏教学者松本文三郎（一八六九～一九四四年）である。なかでも小栗栖香頂は、明治維新以降もっとも早く中国に渡った日本人仏教者であるとされ、近代における日中仏教交流の原点ともいえる人物である。

このうち、大谷光瑞と釈宗演は特に有名である。両者は、中国のみならず広く海外を探検した人物である。大谷光瑞は近代浄土真宗本願寺派の中心人物であり、父親は西本願寺第二十一世門主大谷光尊であった。大谷光瑞は一八九九年、中国仏教の現状を観察する目的で清朝治下の中国に渡っている。続いて、彼はヨーロッパを旅行し、一九〇二年には中央アジアも探検した。その翌年、大谷光瑞は本願寺派第二十二世門主となるが、一九一四年、本願寺派において起きた巨額の負債整理の事件によって、本願寺派管長と法主を辞任し、海外を放浪する生活を始めた。

彼はこのとき再び中国を訪れており、以後、大アジア主義思想を唱えるようになった(8)。

釈宗演は一八五九年に福井県で生まれた臨済宗の僧侶である。出家後は最初、京都の妙心寺にいたが、その後、鎌倉円覚寺の洪川和尚に師事して修行した。釈宗演は一八八六年から三年間セイロン（スリランカ）に留学し、その帰途インドの仏跡とタイを訪れている。帰国後は鎌倉円覚寺の管長となった。また、一八九三年にはシカゴで開催された万国宗教大会にも参加するなど(9)、釈宗演は近代臨済宗の中心人物のひとりであった。東京万隆寺の住持であった来馬琢道は近代曹洞宗の重要人物であり、雑誌『仏教』の主幹として活動したほか、仏教青年運動に参加し、曹洞宗の宗議会長を務めた(10)。

本章ではそのほかに、長く中国に滞在した僧侶の水野梅暁（一八七七〜一九四九年）と真宗大谷派の中国福建省泉州布教所駐在員として布教活動に関わった田中善立（一八七四〜一九五五年）の記録と滞在記を取り上げている。田中についての情報はあまり知られていない。水野は広島県の士族の家族に生まれたが、七歳から広島県の曹洞宗長善寺住職水野桂巌に養われ、はじめ曹洞宗に属した。日清戦争後、彼は中国に関心をもつようになり、上海の東亜同文書院で勉強し、天童寺の住職敬安（別名寄禅）との親しい交流をもち、湖南省の長沙市において僧学堂を設立した。大谷光瑞との交流は緊密で、のち（明治四十二年頃）に僧籍を本願寺派に移したほどである。仏教に限らない中国との交流を長期にわたって行った(11)。また、僧籍はないが、明治期に仏教について何冊も本を著した在家仏教者であり記者であった森井国雄（一八六七〜一九二九年）にも触れる。森井は二十世紀に入ってまもなく、『人民新聞』に勤めた際に中国に渡り、その後『天津日日新聞』でも記者となり、一九〇三年に『北支那毎日新聞』を創刊した(12)。

以上の人物の中国に渡った理由と目的は多様であるが、彼らが著した記録は、日本人仏教者の対中国仏教観の典型を示しているといえよう。また、日本人仏教者の観点との比較のため、日本人の一般旅行者にみられる中国仏教観にも言及することとした。

筆者の考えでは、日本における中国仏教観の形成に重要な役割を果たしたのは、訪中体験である。昭和初期になると、あらかじめ固定化したイメージをもって中国に渡る人が増えるが、このイメージの原点は明治・大正期の仏教者にさかのぼる。訪中体験は、中国仏教に対する眼差しのみならず、日本人仏教者の日本仏教に対する眼差しにも影響を与え、中国仏教との関係の再定義にもつながった。

第二節　近代日本人仏教者の中国仏教観と廃墟

それでは、以上に挙げた日本人仏教者は中国仏教をどうみていたのであろうか。旅行記を見ると、一つの特徴として、日本人仏教者にとって、中国仏教の衰退状態は、特に廃墟と化した寺院によって象徴されるものであったことが挙げられる。たとえば大谷光瑞は、一八九九年に中国を旅していた際、「清国の仏教は現今殆ど衰残の極に達し国内至る処大小の寺院は多く荒廃に帰し軒落ち柱傾き木仏塑像は空敷風雨の侵蝕す」と述べている(13)。大谷光瑞と旅を共にし、旅の記録である『清国巡遊誌』の大部分を記した朝倉明宣も、旅行で目にした荒廃した寺院の存在を指摘する。彼は「此間六箇月を経一百余日を費せり。到る処上海、香港、広東、武昌、漢口より北京、長城に及び、道程数千里足跡殆ど禹城に遍し、或は廃寺を榛莽の墟に吊ひ、或は荒院を孤駅の中に訪ひ、以て古今盛衰の跡を察し」た(14)。近代日本の中国旅行記を研究したジョシュア・フォーゲル（Joshua Fogel）は、日本人仏教者にみられる、荒廃した寺院に対する驚きを指摘している(15)。寺院の荒廃した有様を嘆く記述は大谷と朝倉だけではなく、日本人仏教者の記録に広くみられるものなのである。以上の引用からもわかるように、日本人仏教者は個別の寺院の問題として荒廃した状態に注目したのではなく、寺院の荒廃を中国仏教そのものの衰退の証しとして捉えていた。荒廃し、廃墟と化してしまった寺院の姿が、多くの日本人仏教者の中国仏教観の基礎を形成したといっても過言ではない。

日本人観察者にとって、中国の寺院の荒廃した姿は、期待と大きく異なっていたため、ことさら廃墟に関心が向き、廃墟となった理由と背景についての考察が行われた。たとえば、荒廃した寺院を太平天国の乱による危害の結果とする理解もみられる。この解釈は、直接中国人から情報を得ることによって生じたものであり、現地人が日本人の印象に影響を与えたことがうかがえる。仏教者ではないが、海軍軍人の曽根俊虎（一八四七～一九一〇年）は、一八七四年に杭州の浄慈寺を訪ねた際、住持の吾哲と筆談を行った。吾哲は浄慈寺の現状について、次のように述べる。

嗚呼釈氏何ノ罪アリテ、其兵燹焼害ニ遇ヒ、今日ニ至ル迄寺中ハ片瓦破磚ノ存スル而已ニシテ昔日ノ浄土華室モ目下ハ荒蕪荊棘ノ地ト変リ、深夜ニハ鬼火燐々狐狸悲々、白日ニモ陰雨樹ニ泣キ迷鳥煙ニ咽ヒ、詣拝人稀ニシテ山門常ニ鎖ス、老衲今ニ於テ往時ヲ憶ヒ出レハ、愁涙潸々常ニ衣膺ヲ沾セリト、余因テ僧ニ問フラク、適《サキ》間《ホト》城内ヲ徘徊スルニ、髪賊ノ焼害ヲ被リテ荒蕪如此ト云ヘル地ノ到処ニ猶ホ多キヲ見ル(16)。

つまり、吾哲は浄慈寺の荒廃した状態を嘆いているが、それを、あくまで「髪賊」（太平天国の軍隊のこと）の害によるものとして理解している。

小栗栖などの仏教者も、中国人僧侶から太平天国の乱の及ぼした破壊について聞いている。一八七三年、小栗栖が上海で僧侶所澄と会話を交わした際、所澄は、天寧寺や金山寺、高明寺などの有名な伽藍はすべて太平天国の害を受けて、「乱に遭った後、次第に法が衰えた（自遭乱後，漸法衰）」と述べた。[17] この頃、少なくとも江南地方では、仏教の衰退が太平天国の乱と結びつけられていた。ただし、寺院がすべて太平天国による迫害を受けたまま廃墟として放置されていたわけではない。ヴァンサン・ゴーセール（Vincent Goossaert）によると、太平天国の乱後、地元の小さな廟は、現地のコミュニティーの支援があり比較的早く再建されたが、大きな叢林などの「寺観」は特定の団体の支援を受けることができず、再建に苦労した。だが、一八八〇年の段階で、大きな寺院の大多数も、少なくとも部分的には再建された状態にあったようである。[18] それでもやはり、日本人にとって、廃墟寺院は中国仏教についての描写の中心的な要素であった。

廃墟寺院というレンズを通して中国仏教を理解する見方は、この頃にこの地域に行った日本人仏教者に限られたものではない。「廃寺」と「荒院」に対する注目は多くの記録に見られ、中国仏教全体の衰退の視覚的証拠とされていた。一九一七年に中国を訪れた京都大学の松本文三郎は、中国仏教について「然るに乾隆以後に至っては支那、特に北方支那の一切寺院は、自然と人為との毀損荒廃に一任せられ、其名藍大刹の空しく桑田と変じ、其遺跡の由って尋ぬべきなきもの十中八九に居る」と述べている。[19] 日本人仏教者の期待が、この仏教の荒廃した有様にいかに裏切られたかということは、松本の次の描写からもうかがえる。

特に彼大同や龍門、鞏県石龕仏像の如き、何れも崇拝の本尊として荘厳微妙を極むるのみならず、単に美術作品として之を観じても、実に天下の至宝であり、東洋の美術史上無上の価値を有するものである。然るに現時の支那人は啻に之を自然に放任し、風雨の侵害を擅にせしむるのみならず、或は以て兵営と化し、其賄所となし、或は貧民の巣窟と変じ、馬秣処となし、尚ほ甚だしきに至っては或は仏像の顔面を毀ち、或は其手足を損し、尚ほ厭足らざれば、其全身を奪ひ去らしめ、恬として顧みざるに至っては、愚といはんか、痴といはんか、実に言語道断である。(20)

また、松本と同じ頃中国に渡った曹洞宗僧侶の釈宗演は、禅の開祖とされている菩提達磨が滞在した少林寺を訪ねている。少林寺は禅僧である彼にとって大変重要な意義をもっていた。だが、実際の少林寺を目の前にして、彼は複雑な気持ちを覚えた。森厳な気持ちを感じる一方で、不満も抱かざるをえなかったのである。「境致鎮静、七堂伽藍倶に備はり、森厳仰く可し。但し乾隆再建より以来、荒敗して顧みず、上漏下湿、修造を施さず、真に歎す可きなり(21)」と述べている。

以上に取り上げた文献において、廃墟や荒廃寺院の描写は、中国仏教の不振を具現化して表す機能をもっていたといえる。

だが、これらの描写には奇妙な点がある。修繕が必要な状態ではあるものの、まだ寺院として機能している寺院でさえ、「廃寺」という枠組みに入れられているのである。釈宗演らが洛陽の白馬寺を訪れた際、釈は「今世を隔つ二千年、法は衰へ僧は希に、唯当時の盛時を乱塔断碑、敗殿破廊の間に見るのみ」と記す。釈とともに中国に渡った華族の二条厚基（一八八三～一九二七年）も、「夫れから境内の殿堂を見たが、皆荒れ果てゝ」いると述べるが、「然し奥で小僧の寺子屋式で読書の声が聞こえた」とも記している。白馬寺は、建物は修繕されていないものの、まだ寺院として機能している姿がうかがえる。(22)大谷らの記録に、外見は荒廃しているが、僧侶もいて宗教施設として機能している寺院の描写がみられる。たとえば、雲林寺については、「本堂は髪賊の乱に灰燼に附せしも、僧堂、客室、本門のみ僅に災を免れ、僧徒今尚二百名あり」と記されている。[23] 二百人もの僧侶がいれば、寺院として機能していることが十分推測でき、少なくとも「衰退」しているというイメージには結びつきにくいはずだが、それでも日本人観察者の全体的な印象は、寺院の荒廃した外見に引きずられている。外見こそがいかに全体的な印象を決定づけるかを、これらの描写からうかがうことができる。これらの描写は、廃墟というレトリカルな表現が、レトリックであることを越えて認識を支配するものであることを示唆している。寺院の建物の状態に目がとまることによって、これらの寺院がすでに寺院としての機能を失ってしまったという印象が認識を支配し、僧侶たちの数や活動からすると決して生命力を失った「廃墟」とはいえないはずの現実が、みえなくなるのである。

したがって、以上で紹介した中国仏教観、特に寺院に対する眼差しは、当時の中国仏教を正確に把握できているかどうか、疑わしいということになる。

仏教者ではない日本人旅行者の記録を見ると、それほど寺院の荒廃に注目しているわけでもない。たとえば、一九〇〇年の義和団の乱後まもなく、山本讃七郎という日本人の写真家が『北京名勝』という写真集を制作している。この写真集では北京の名所が紹介され、北京付近の多くの寺院の写真も収録されている。だが、この写真集において寺院が荒廃しているなどという指摘はみられない。逆に、北京の寺院は興味深い観光地として紹介されている。[24] 日本人の間でも、中国仏教の状況についての見方は、かならずしも一致していなかったのである。明治期の例をさらに挙げると、大蔵省が一八八八年に刊行した『禹域通纂』によると、「仏教ハ清国過半民数ノ帰依スル所ニシテ此国ノ民教ト称シテ可ナリ」ということになっているが、[25] 一八九九年の『実歴清国一斑』は、「現今尤モ盛ニ行ハル、ハ儒教ニシテ此ニ次クモノヲ道教トス仏教モ一時隆盛ヲ極メシモ刻下萎靡振ハス」としている。[26] このように中国宗教文化の現状に対する認識が一致していないということは、「中国仏教の衰退」が客観的事実として厳然と存在していたわけではないことを示していると、筆者は考える。そして、こうした当時の認識の不一致こそが、日本人仏教者における固定的な対中国仏教観を疑い、批判的に分析する必要性を示唆していると思える。

また、寺院が実際に荒廃した状態にあることを目にしても、そのことが何を意味するのかについて、解釈が異なる場合がよくある。そのため、中国仏教の描写における主観性と個人差に注目する必要がある。つまり、寺院の状態を仏教の衰退の証拠と見なすことは、唯一の可能な解釈ではなかった。仏教者以外で一例を挙げると、明治・大正・昭和を通じて活躍した知識人徳富猪一郎（蘇峰、一八六三〜一九五七年）は、中国に対して強い関心をもち、数度にわたって中国を旅行するなかで寺院古蹟の嘆くべき状態に気づいているが、日本人仏教者とは異なる結論にたどりついている。

> 余りに理屈めきたる事のみ、申上候処。北京はさる殺風景の地のみにあらす。孔子廟、国子監、雍和宮、天壇の如き、何れも見物するの価値は、十二分に候。郊外に於ては黄寺あり、天寧寺あり、白雲観あり。何れも一往の必要あり。玉泉山、万寿山の諸勝に至りては、申すに及はす候。何れを見ても零落、荒廃の感は、免かれ不申候。支那人は、不思議なる人種に候。精々念を入れて作り候得共、愈よ作り上げたる後は、丸るで無頓著に候。而して其の無頓著さ加減の大胆なる、只管呆れ入る外無御座候(27)。

徳富にとって、寺院などが荒廃していることは中国人の国民性の結果であって、それについては、さらに以下のように言及している。

併し概して論すれは、支那は何事も、造れは、造り放しにて、其の後の手入保存抔は、夢にも想はさるか如く候。故に支那程古き歴史を有する国にして、支那程古き歴史の面影少き国も、此れなかる可く候。天然は其の儘なれとも、天然以外のものは、唯た時間の荒廃せしむる儘に、荒廃せしめ候(28)。

徳富のこの観点からすれば、寺院の荒廃状態は、かならずしも中国仏教全体の現状について大きな意味をもっていない。しかも、これは徳富のみならず、当時の多くの外国人と日本人旅行者の見方でもあった(29)。また、明治・大正期の日本人旅行者のみならず、研究者であるホームズ・ウェルチ（Holmes Welch）も、中国仏教（さらには中国文化）には建築の修繕を行う習慣がないことを指摘している。彼は、多くの寺院が、外来の旅行者には荒廃しているように見えるかもしれないが、それは仏教そのものの荒廃によるのではなく、このような修繕していない状態を気にしない中国人の性格によると説明している(30)。

中国仏教の特徴の一つとして、各寺院における「monastic cycle（寺院の興亡の循環）」の存在があるというウェルチの主張も、この関連で興味深い。中国には、全国レベルですべての寺院を管理する組織が存在せず、多くの寺院が独立した状態にあった。ウェルチは、多くの寺院は、修繕が必要となれば自ら寄付金募集の活動を行わなければならなかったため、常に荒廃と復興を繰り返すことになったと指摘する。一度荒廃したら、寺院はその復興を計る僧侶が登場するまで荒廃状態のままで存続することになる。ウェルチの主張では、荒廃と復興（または中興）は中国仏教寺院の自然な循環なのである(31)。

以上の主張にしたがえば、個別の寺院の荒廃を中国仏教全体の荒廃を示す証拠と見なすことはできなくなる。徳富猪一郎やウェルチの解釈を念頭に置くと、日本人仏教者が観察した荒廃状態は、特定の寺院の問題でもありうるとともに、中国人の国民性によるものでもありうる。だが最終的に、日本人仏教者は「荒廃状態」を中国仏教全体の衰退の証拠として捉えるという解釈を選択した。

日本人仏教者がなぜこの解釈を選択したのかを考えるには、釈宗演の例が手掛かりとなる。禅の発祥の地とされるため釈宗演が所属する臨済宗の歴史に重要な意味をもつ少林寺が、「荒廃状態」にあったことは、彼に大きなショックを与えた。彼が受けたショックがどういうものであったかを考えるうえで、廃墟がそれを見る者に与える特別な感情的効果を指摘する研究が参考になる。中国の研究者李海燕（Haiyan Lee）は、アロー戦争（一八五七～六〇年）の際に欧米列強によって破壊された円明園の廃墟をめぐる議論と、それをめぐるさまざまな解釈を分析している(32)。彼女によると、西洋列強の帝国主義的侵略行為のシンボルとして、円明園の廃墟を破壊されたままの状態で展示することには、それを見る者に喪失感や愛国心などの感情的反応を呼び起こすという機能が期待されているという(33)。この意味では、廃墟にはイデオロギー的機能があるといってよい。また、ロバート・ギンズバーグ（Robert Ginsberg）は、戦争や破壊のなかから生まれた廃墟は「喪失、誇り、アイデンティフィケーション、継続、苦痛と存続に色付けられている公共的次元」という感情的効果を見る者に与えると主張している(34)。ギンズバーグはさらに、廃墟との邂逅は基本的に気まずい出来事だとする。廃墟は明らかな役割と機能に欠けており、人が一般に建物に対してもつ、何らかの機能を果たすであろうといった期待を裏切ってしまう。そのため、廃墟は人を混乱させるというのである(35)。

これらの指摘を先に紹介した寺院の描写に当てはめると、日本人仏教者についても、このような感情的効果を見いだせるのではないだろうか。寺院の荒廃した状況は、明らかに日本人仏教者の期待を裏切るものであり、日本人仏教者に焦燥と失望の感情を引き起こすこととなった。いくら僧侶がいて勤行が通常に行われていても、全体的な印象は、寺院建物の「廃寺」としての見た目がもたらす影響を免れることはできなかった。「廃寺」というシンボルが、仏教そのものの衰退という印象を引き出したのである。だが、こうした中国仏教観は、あくまでも主観的な観察の結果であって、現実に中国仏教が衰退していたかどうかとは別のものであることを理解する必要がある。

日本人仏教者が中国仏教の観察において建築物の現状をこれほど重視したことは、彼らの旅行の仕方とも密接につながっていると考えられる。長期滞在した小栗栖と水野梅暁以外は、中国語が話せる人はほとんどいなかった。大谷らと釈宗演には通訳者もいたが、多くの場合、日本人と中国人の間のコミュニケーションは筆談によって行われていた。[36] そのため、中国人仏教者との交流はきわめて限定的なものであった。中国人との直接的な交流に乏しい日本人仏教者は、主に建築物の見た目を通して中国仏教を経験、理解せざるをえなかったといえよう。[37]

釈宗演や大谷光瑞らの旅行記を読むと、非常にタイトなスケジュールで中国を廻っていたことがわかる。彼らは短時間で多くの場所を訪れたため、時間をかけてじっくりと中国仏教を見ることができなかった。当時の中国仏教の中心的な大伽藍の一つであった金山でも、釈宗演らは一泊するように勧める住職の招待を断り、列車に乗って足早に次の目的地に向けて出発している。[38] 彼らが中国語を理解し、より時間をかけて中国の寺院を廻っていたら、受けた印象は違っていたかもしれない。

「形式仏教」

寺院の外見を重視する眼差しは、中国仏教全体に対する評価へとつながっていった。荒廃した寺院が中国仏教そのものの衰退という印象を与えたとしても、寺院のなかで勤行生活を続けている中国人僧侶の存在は、そうした「衰退」の印象に反するはずだが、日本人仏教者は、そのギャップをも、最終的には中国仏教の内部的衰退として解釈した。外見の荒廃が内部の堕落の証拠として理解されたのである。この見方は、二条厚基の少林寺達磨殿（法殿）についての描写からうかがうことができる。

一行が足を此の堂内へ踏み入れた時、玉蜀黍の実が隈なく敷きつめられてあったには尠からず不快の念に駆られた。最も清浄皎潔に為す可き義務のある所を、かくも穢すのは全く住職の無学無能と、無責任とを証拠立てるもので悲しかった。寺の荒廃と共に精神上の荒廃が夫れ以上に荒んでゐるのが判る。(39)

また、松本文三郎の記述のなかにも、寺院の荒廃状態が僧侶の頽廃と密接に関連づけられている箇所が見られる。

寺院の荒廃斯の如く、僧侶の堕落彼の如くであって見れば、仏教経典抔の彼地に求むべからざるは言ふ迄もない、余輩は支那至る所に於て、古版仏典の我邦に見る可からざるやうなものを索めたが、更に得る所はなかった。(40)

この二つの記述には、寺院の外見上の状況と中国仏教内部の状態を同一視する眼差しがみられる。さらには、寺院の荒廃を僧侶の「精神上の荒廃」の現れとすることによって、寺院に僧侶が住んでいるとしても、彼らが行っているのは本当の仏教ではないと主張されることになった。寺院の荒廃とともに、中国人僧侶の実践は単なる「形式」や「虚礼」に陥ってしまっていると解釈されていくのである。以下、このように批判された仏教を「形式仏教」と呼ぶこととしよう。

当時の中国仏教における実践を単なる形式として軽視する眼差しは、日本人仏教者の間に広く存在していた。松本文三郎は、中国の寺院を訪れると、「真の宗教的意義」をここに見いだすことはできないと述べている[41]。中国仏教の外形的な存在は認めざるをえないとしても、行われている実践は形骸化したものとして無視されたのである。

その明確な一例を挙げよう。記者であり在家仏教徒でもあった森井国雄は、一九〇一年に北京に滞在した際、「清国の仏法は肉ありて霊なき有様」だと主張した[42]。ここでの「肉」は寺院や線香などの外形的な要素を指しており、仏教の「霊」となる中身は完全に欠けていると森井は判断した。中国の仏教は、森井の目には「死仏法」と映ったのである。

紙銭、線香等の消費額の多寡は、以て清国に於ける仏教の隆盛に足る次第であるから、日本人の目から見ては如何にもをかしく感ぜらるゝか、清国現時の仏法がからきし性根なしの死仏法であって、唯迷信によって僅かに外形を維持して居る有様であるから、清国の仏教事情を調査する上に於ても、寺院の多少と、紙銭、線香の消費額を標準として其盛衰を知るより外致方がない[43]。

また、大谷光瑞は、一九一五年に一人で中国を旅行し、杭州の雲栖寺を訪ねた際、

寺の中興とも云ふべき袾宏禅師は、近代の高僧にして、善導大師の念仏門を復興して、一代を風靡したり。今尚全支那に念仏の弘通せるは、禅師の遺沢なり。廟あり、題して西方教主と云ふ。別に師の遺筆を蔵せり、而も今や師の遺業なく、寺僧は形式のみに泥めるが如し。蓋し宗教は精神によりて興り、形式によりて亡ぶ[44]。

と、中国仏教の実践を形式主義にすぎないものと批判している。しかも、大谷らは、こうした形式仏教に陥った原因を中国仏教の内部にもとめる。

然ば則ち仏教今日の衰退は政府施政の失にもあらず、学者の咎にもあらず、泰西文明の影響にも、固より外教侵入の故にもあらざるなり、仮令一分是等の為めよりとするも其は真に一分なり、他は皆仏教徒が自ら招きし過にして、其実は仏教が社会の無用物となりし当然の結果なり、因果応報の理顕然たり、優勝劣敗の数争ふべからず。(45)

釈宗演と松本文三郎も中国人僧侶について同じような判断を下して、釈宗演は、「其後、各朝、相継ぎ、仏教も之に伴うて、栄枯盛衰を経、現時に於いては、僅かに其の形骸を止めて居るに過ぎない状態になって居る」(46)といっている。また、松本文三郎は中国人出家者について、「斯く支那現代の僧の多くは形僧にして其実農に過ぎないが、唯此に一の異なる点がある、それは即ち肉食妻帯をしないことである。彼等の形式は洵に能く仏戒を保持する、世人も亦之を以て彼等に於ける唯一の特色とするのである」と述べる(47)。中国人僧侶が肉食妻帯しないという禁欲生活を送っている現実を目の前にしているにもかかわらず、それをただの形式にすぎない「特色」として軽視してしまう態度がここにある。

だが実は、日本人仏教者にとって、この形骸や形式としてしか存在しない「形式仏教」としての中国仏教さえ、喜ぶべきものであった。二条厚基は武漢地方の帰元寺について、次のようにいう。

同所から数町歩んで、三時前に禅宗の帰元寺へ行った。伽藍は平凡な所に建てられてあるが、建物は整然されて、寺内の隅々迄清浄に掃除されてあった。寺と僧とが、形式的であっても、斯く完備されてゐる寺は、今迄に見ないことで、今日が始めてであって、何となく嬉しかった。(48)

だが、もちろんこれは褒め言葉ではない。儀礼主義を「形式」として批判する日本人仏教者の見方は、中国仏教に対してだけではなく、日本国内の「旧仏教」に対しても向けられたものであった。形式批判・儀礼批判は、明治期の新仏教運動など、日本仏教の近代化を意図した人たちが「旧仏教」を批判する際の中心的な論点でもあったのである。この点について、たとえば碧海寿広は、「新仏教徒たちは、各種の儀礼や習慣にそなわった「形式」から脱することにより、「真の活ける信仰」を体得するべき「自己」を追求することを望んでいたのである」として、新仏教徒たちは、儀礼や習慣の「形式」を、「真の活ける信仰」の対極に位置づけていたと分析する。(49) 対中国仏教観においては、「自己」の問題があまり登場しないが、このような「形式」と「真の活ける信仰」を相容れない存在とするロジックが、中国仏教についての記述の背景には存在しているわけである。この意味では、対中国仏教観の形成は、中国に限られた過程ではなく、日本仏教界内の言説ともつながっていたのである。

こうした「形式」批判は、中国仏教の社会性の批判へもつながってゆく。形式仏教の儀礼は虚礼に堕ち、社会との関係を保っていないゆえに、仏教を衰退させてしまう結果になったとされるのである。朝倉明宣は仏教が隆盛するうえでの社会との関係の重要性を主張する。「故に事物の盛衰興亡は一に事物其者が社会に対する関係如何と、其関係より生ずる功力作用の如何とにありて、決して其他にあらざるなり」という。社会にとって「有用」な宗教は盛んとなり、社会にとって「無用」なものは衰えていくという理解である。(50) 朝倉は最終的に「是に由て之を観れば仏教今日の衰退は全く社会の風潮に遅れたる必然の結果なれば」と述べ[51]、社会に貢献することこそが仏教に求められていると主張する[52]。

そして、当時の中国仏教は社会にとって無用なものとなっているとの認識が、多くの日本人仏教者にみられる。釈宗演は中国人僧侶の修行ぶりを認める一方で、「実社会に対する活動」の乏しさを批判した[53]。また、湖南省に長く滞在した水野梅暁は、大谷や朝倉や釈宗演に比べれば中国仏教をやや肯定的にみていたが、社会との関係に関しては朝倉らと同様の観点をもっており、社会にとって「殆ど無用の長物に等しからんとする清国仏教」を批判した[54]。

日本人仏教者にとって、このように「形式」に陥った状態と社会に貢献しない現状は、中国仏教がかつてもっていた偉大な姿との比較において特に顕著であった。寺院荒廃の現状のみならず、ある種の理想化された中国仏教史観も、日本人仏教者に中国仏教を衰退したものとして認識させた。寺院荒廃の現状に対する認識と中国仏教の過去に対するイメージは深く関連しているため、次節では、日本人仏教者にみられる中国仏教史観と同時代の仏教に対する眼差しの関係を分析する。

第三節　過去と現在の中国仏教

多くの日本人仏教者は中国仏教に対する期待を抱いて中国に渡った。この期待は、中国仏教の過去に対するイメージに大きく影響されて形成されたものである。江戸時代には、日本人は実際に中国に渡る機会がなかったため、理想視された過去のイメージを通して中国を理解しようとする態度が一般的であった。そのため、小島晋治は江戸時代の日本人の中国観を「理念的、観念的」なものと呼んでおり、「これらの中国崇拝は、儒教、その教えのみを文化すなわち「華」とみなし、中国をその中心「中華」とする極めて理念的、観念的なもので、現実の中国社会を直接見聞する機会をもつことができなかった「鎖国」という条件の中で形成されたものと言えるだろう」と指摘する。[55]明治期に入ってからも、この理想的な過去に対するイメージは、当時の日本人の中国観において重要な機能を果たしていた。ジョシュア・フォーゲルは日本人が書いた中国旅行記を研究し、そこにみられる現実の中国と彼らがもっていた過去の中国に対するイメージの間のギャップの重要性を指摘している。多くの日本人は中国の古典などを通じて中国に対するイメージを形成し、偏った親近感をもっていた。現実には、戦争、疫病、飢餓などが中国とその歴史の重要な一部をなしているにもかかわらず、それらの「現実的な姿」は彼らのイマジネーションから排除された。[56]フォーゲルは、この理想的な過去の中国に対するイメージは、主に明治初・中期の日本人において著しかったが、一般的には一八九四～九五年の日清戦争以後、その重要性を失っていったと述べる。[57]だが、仏教者と漢学者の中国に対する期待は、その後もこの過去のイメージによって形成された。[58]

では、過去のイメージは、具体的に日本人仏教者の中国仏教観にどのように影響したのだろうか。少し長い引用であるが、曹洞宗の来馬琢道が一九一四年に杭州の浄慈寺を訪れた際の描写が、この過去と現在の比較が生み出す心境をよく表している。道元の師であった宋朝の如浄禅師の墓に参る目的で、来馬が船に乗って寺院に近づいていったときの所感である。

この塔が雷峰塔で、其向ふが浄慈寺であると聞いた時には、モウ途中の景色などは何でも宜いから、早く其処に着きたいといふ感じがしたのであります、軈て、船は浄慈寺埠といふ所に着いて、陸にあがると一つの池がある、多分万工池といふのであらうと思ひましたが、其池の両方の所に、可なり大きな門があって、「震旦霊山」と書いた額があった〔中略〕モウ一つの門にも額があったが、何と書いてあったか記憶して居りませぬ、正面に進むと、勅建浄慈禅寺といふ額が掲げてある、〔中略〕先づ布袋和尚の木像に礼拝して、四天王の立並ぶ間を往くと、誠にお気の毒の感が起きるほどの荒果てたお寺である、右の方に斎堂、祖堂、左に羅漢堂などが建てられてあるが、何れも些かなものであった、然し、以前は余程大きなものであったらしく、殿堂の礎石であったらうと思はるゝ、直径三尺位の円い石が、転々其辺に散らばってあり、又大な金属の香炉も置いてあって、昔しは大伽藍であったに相違ないといふことを語って居る。(59)

この叙述において強く出ているのは、来馬の、中国仏教の現状に対する失望と、想像された過去に対する理想視である。「あったらしく」や「に相違ない」という表現に、来馬の期待と想像が表れている。目の前の浄慈寺は彼が想像した寺院とは明らかに異なっていた。しかも荒廃した浄慈寺の規模のささやかさだけではなく、僧侶に聞いても如浄の墓のことを知らないことに、来馬は驚く。それでも、墓を探してみると、偶然に如浄の墓が見つかる。これらの体験は、結果として「如浄禅師の御由緒の寺といふ感じは甚だ薄くなったやうなことでありました(60)」と述べられている。来馬にとって、彼が尊敬する如浄禅師とのつながりがこの寺院であまり重視されていないならば、浄慈寺は寺院としての価値とおもしろみを失ってしまう。

だが、破壊を受けた寺院が修繕されていたとしても、なかなか日本人仏教者の納得を得ることはできなかった。修繕された浄慈寺も、やはり日本人仏教者には気に入らなかったのである。釈宗演とともに一九一七年に中国へ渡った二条厚基は、浄慈寺について次のように言及する。

此寺は（後）周の顕徳三年の建立で、支那五山の一つとして、古来有名な寺であるから、多くの高僧名僧と深い因縁のある寺だと云ふ。行って見ると、境内は仙境の地ではなく、カラリとした明るい所である。建物も名刹としては甚だ物足りない気がした。寺の周囲には、低い雑木林ばかりで、古木大樹はなかったが、併し昔法の盛んに行はれた時には、鬱蒼と樹木も茂り、宏大な伽藍もあったに違ひない。此寺は今殿堂の修繕手入れに忙しさうであったが、早速刺を通じて方丈に面会を求めると、又例に依って不在を喰はされた(61)。

来馬が一九一四年に浄慈寺を訪ねて以後、多少の修繕が行われていたようであるが、それでも二条はあまり満足できなかった。荒廃しているとの描写は見られないにしても、有名な寺にふさわしい古い大樹もないし、建物は「名刹としては甚だ物足りない」という批判が下されている。やはり、彼の期待と実際に目の前にある浄慈寺は違っていたのである。

ここでも、来馬の文章において注目した「に違いない」という表現が、日本人仏教者におけるイマジネーションの働きを知るうえで示唆的である。来馬や二条がもっていた期待は、過去の中国仏教に対するイメージによって形成されていた。明るい寺院はやはり「仙境の地」としては認めがたい。日本人仏教者の旅行記を見ると、過去のイメージが常に現在の中国仏教を測る物差しとなっていることがわかる。日本人仏教者は、理想視された中国仏教の過去と比べて、現在の仏教を物足りないものとして経験した。

多くの日本人仏教者にとって、有名な寺院を見ることは中国に渡る重要な目的の一つであった。来馬は自分を「訪古者」と呼んでおり、仏教史において重きをなした寺院に特別な関心をもっていたことが、こうした自己意識を表していると思われる。また、少林寺を訪れた際、釈宗演は寺院と僧侶の状態について、「抑も少林は、吾が祖の根本霊場たり。而して寺衆座禅せず、読書せず、只拳法小技を習し、稼穡是れ事とす、驚概す可きなり[62]」と不満を表している。釈宗演にとって少林寺は、宗祖菩提達磨の「根本霊場」という理想的なイメージがあまりに強く、そのイメージが、実在する少林寺に対する彼の期待を形成したといえよう。この理想があまりにも高かったため、釈宗演が抱いていた期待が現実によって裏切られることとなったのである[63]。

このように、理想としての「過去」や「歴史」というレンズを通して中国仏教を観察するのが、中国仏教全体に対する日本人仏教者の姿勢であった。松本文三郎にとって、珍しい、あるいは古い経典の欠如こそが、中国仏教の衰退を代表する現象であった。松本は「大寺にあっては龍蔵乃至は明蔵を備ふるものもあるが、多くは日常勤行に用ゐる経典か、若くは極めて普通の板経を蔵するのみで、古写古版の仏典の如きに至っては到底之を見るを得ない[64]」と述べている。また、「多数の寺院は唯僅かに日常仏前勤行に用ゐる小冊子の如きものを備ふるので、殆んど仏典の見るべきものはない、大寺に於ては稀には経蔵を有するものもないではないが、其蔵する所は龍蔵か然らざれば明蔵で、其他の珍籍は皆無である」とも述べる[65]。

この松本の観察には二つの重要な概念が現れている。まず、「日常勤行」に使う経典ではなく、「古写古版の仏典」の存在こそが、中国仏教の死活の指標となっている。松本は中国仏教を、現実の日常の次元に存在する宗教として認めていない。清朝末期と中華民国初期の仏教は過去との関係からのみ評価されている。そのため、新しく建立された寺院建築も、松本は評価しない。たとえば、彼は武漢の帰元寺について、「寺は出輪奐甚だ美にして、内には五百羅漢の像もあるが、俗悪見るに足りない。寺を出て、黄鶴楼に至る、楼は長髪賊の為めに焚かれ、黄鶴を共に楼も亦空しく、余す所は唯其後に建った煉瓦の俗悪なる建築のみである[66]」と述べる。

また、松本は寺院の外見にも注意を払っているが、あくまで経典を中心として中国仏教を理解している。教典に対する注意が失われているため、中国において仏教は衰えたというのである。

> 仏徒は無学であり、儒者は仏典の尚ぶべきを知らないので、稀覯の至宝も何時しか消滅し了ったのであらう。現時上海に於て新に出版せらるゝものは、必ずしも之を支那に求むるには及ばない、比較的普通の経典が多いのである。仏と僧とは既にあらず、而して今や法亦地を払って空しい。支那に仏教の伝はって以来二千年、其衰退今日の如きは未だ曽て有らざる所である。(67)　（傍点筆者）

中国仏教においてどの経典が普及しているかも、中国仏教の現状を示す証拠と見なされたのである。三宝のなかの僧と仏はすでに消え、さらには仏法を伝承する経典も失われた、こうした状態こそが、中国仏教全体の危機を表していることになる。松本にとって、中国において普通の経典だけが普及し珍しい経典を見ないことが、中国仏教史上、そのもっとも衰えた状態を示唆するものとなっているのである。

その他、真宗大谷派の福建省泉州布教所駐在員として中国に滞在した田中善立もまた、過去の中国仏教と、彼が当時直面していた現実の中国仏教の間に大きなギャップを感じていた。彼は五年間中国に滞在し、仏教布教者として、当然ながら中国の宗教、特に仏教に強い関心をもつだけでなく、広く「支那問題」に感心をもっていた。彼には特に、昔の僧侶に対する強い憧憬がみられる。

> 古の僧侶は、何れも世上の塵垢を脱却して清浄無為の境に入らむとしたものであるから、其思想や高尚にして、其行為や、純潔であった。又数多の名僧智識は、仏祖の深恩に報いんとして、常に勇猛精進に、伝道をなした

ものであるが、宋以後には、漸次堕落し、果ては色と財の餓鬼となり、数多の経巻は徒に虫餌に供して不顧、説法の如きも更に試みむともせざる様になり、今や此の風は其極度に達し、僧となる者は概ね糊口に苦しめる貧窮の徒や、生業を営むを欲しない懶惰の輩か、又は商業の失敗或種々の犯罪者抔である故、其官民に侮蔑せらるゝは当然である。各地の廟や寺に黒の頭巾形の帽を被って居る尼僧は、皆下等の淫売者たると聞いて、何人も呆れざる者はあるまいが、当今の尼僧は総てが事実左様である(68)。

この中国人出家者に対する厳しい評価においては、理想視された過去のイメージの作用が著しい。すべての問題点が排除された中国仏教の理想像が過去に投影され、それとの比較のうえで清朝末期・民国期の仏教の現実が批判されている。第三章においてより詳細に触れるが、多くの場合、唐代が中国仏教の理想的な時代とされた。だがウェルチは、中国仏教研究における唐朝や宋朝の仏教を理想視する傾向を批判している。たとえば、一八五〇年から一九五〇年にかけての期間には、唐朝や宋朝と異なって、寺院が金持ちの在家者の税金逃れの手助けをするという現象も見られないし、寺院の荘園で働く奴隷が僧侶に虐待虐殺されることもなく、国家が金儲けのために肩書きだけの聖職者地位を売ることも見られない(69)。こうした観点からすると、近代の仏教は過去の「良き仏教」の堕落だとはいいにくくなる。したがって、過去の理想視が目の前にある仏教の評価をゆがめることになっているわけだが、この見方こそ当時の多くの日本人仏教者に共有されたものであった。

開封の大相国寺ついての朝倉明宣の描写にも、この中国仏教観が明瞭に表れている。

寺は此地に有名の大寺なり、北斉の天保年間に創建する処、歴朝の崇敬最も厚く、再三の修繕を経て今に至りたり。現今の建築は清乾隆三十一年巡撫阿思哈の奏し請ふて重修する所に係ると云ふ。本堂には釈迦、弥陀、薬師の三尊を安じ、八角堂には中央千手観音の像、周囲に五百羅漢の像を安置せり、又二層の経楼あり、上層は大士の像にして、下は毘盧舎那仏なり、建築の壮大にして荘厳に巍々たるは、金碧蛍煌の跡既に消滅せりと云へども、尚以て当時の如何に盛観を極めしがを想像するに足りる。惜しい哉今や雲甍瓦空敷風雨の漫剝に任せ、彫欄画棟徒らに莓苔の侵蝕に委せり。住持を真明和尚と云ふ、白眉の老僧なり、出て相接し、二三問の結果、寺は禅を奉ずる事、目下一百名の住僧あり、一日三度の座禅を為す事、仏前の勤行としては旦暮に楞厳経、弥陀経を誦する事等を知るを得たるも、其他教義の如何に至りては更に要領を得ず(70)。

朝倉は明らかに、寺院の荒廃状態の背景に太平天国の乱があり、今なお修繕と再建の活動が行われていることに気づいている。しかも、大相国寺は僧侶も多く、宗教活動の拠点として機能していることを記してもいる。だが、それでも「金碧蛍煌の跡既に消滅せりと云へども、尚以て当時の如何に盛観を極めしかを想像するに足りる」と述べており、あくまでも過去との比較に基づいて現在をみているといわなければならない。ここにみられる、過去の隆盛を断片だけでも見いだそうとする態度は、広く共有されていた。釈宗演は白馬寺について、「寺は後漢明帝梵僧摩騰等をして、始めて仏教梵本を訳せしむる所の道場なり。当時仏教は、旭日東天に冲するの勢ひを以て、四百余州に普及するもの、明帝外護の力、多きに居る矣。今世を隔つ二千年、法は衰へ僧は希に、唯当時の盛事を乱塔断碑、負殿破廓の間に見るのみ(71)」と述べる。過去が常に湧き出て、観察者の現在に対する眼差しを形成してしまうのである。

こうした歴史認識の働きは、中国仏教史に限ったものではなく、日本仏教史を通じて中国仏教をみる側面にもあった。松本文三郎は、歴史上、中国仏教が日本仏教にとって果たした役割というレンズを通しても、目の前の中国仏教をみている。そのため、日本の仏教史にとって重要な寺院が衰えていることに特に注目している。

我邦平安朝の始、弘法や慈覚、智証等の密教を学んだ青龍寺や、弘法の悉曇を学び、慈覚の止観を習ひ、乃至霊仙の共に心地観経を訳した般若の居た醴泉寺や、将た円載が宣宗皇帝の勅によって住せしめられた西明寺等の如きは、啻に支那に於ける名刹であるのみならず、又我邦仏教に取っても最も因縁の深い寺院であるが、今や蕩然として空しく、其遺址すらも之を尋ねるを得ないのである。(72)

日本人仏教者は、理想視された過去のイメージに基づいて中国寺院の現状をみ、中国仏教全体が形骸に陥ってしまったという中国仏教観にたどりついた。そして、このような眼差しが、最終的には、中国仏教が自ら復興しない以上は、日本人仏教者こそが中国仏教を復活させる任務をもつという結論を形成させるに至ることとなる。

第四節　日本人仏教者の中国仏教観と日本仏教の使命

以上のように、日本人仏教者は当時の中国仏教を衰退したものと見なしたわけだが、そこに再生の可能性を見いだしてもいた。中国仏教の復興もまた、日本人仏教者にとって重要なテーマとなったのである。

小栗栖香頂の場合を次節で詳細に紹介するが、彼も他の仏教者と同じく中国仏教を衰退したものと見なしており、早くからその革新を唱えた。一八七四年、中国から帰国した後、小栗栖は中国仏教の現状について「人ハアレトモ宗風ハナヒ云コトナリ」と語り、中国におけるキリスト教の普及について、「コレヲ以テ支那僧ノ直打ハ分ルナリ、唯土風トシテ僧寺ハ存スル迄ナリ、今改革セネハ遂ニ尽ク耶蘇教ニナルヘシ[73]」と警告した。仏教の復興は、西洋列強の帝国主義と、それにともなうキリスト教の布教との関連で、緊急の課題とされていたのである。

小栗栖の影響があったかどうかは明らかではないが、その後、多くの日本人仏教者が、中国仏教の衰退した現状を描写するのと同時に、中国仏教の復興の必要性を唱えた。衰退した現状と将来における仏教の復興という組み合わせが、大谷光瑞とともに中国に渡った朝倉明宣の次の叙述にみられる。

国内至る処宏大なる仏寺堂塔の、前朝の偉観を留めて今に現存するものあり、其僧徒は無学無識にして、社会無用の長物なるにせよ、彼等は尚口能く経文を誦し、手能く仏像を模拝することを忘れざるなり。之を譬ふるに清国現時の仏教は、恰も枯木死灰の如く一点の生気をも止めざる如しと云へども、若し何等かの手段により て幸に一団の活火を点ずるを得んか、枯木再び春を回し死灰再び暖を吹くこと決して無しと云べからず[74]。

また、大谷光瑞が中国に渡った際にも、彼の中国への旅を中国仏教に対する日本仏教の使命と関連づけ、「支那は日本仏教の為には第二の祖国なり、現今日本流布の教典は皆支那訳の書なり、而して彼れ今仏教衰退して見るべくものなく我より却て之を弘通せんとす、［中略］是に於て乎、我より進んで彼れに至り、教田を拓き仏種を蒔くの必要を生ずることとなる、我嗣法猊下の斯行ある此の必要に促され給ひたるに由る[75]」と述べている。また、大谷光瑞は中国仏教の頽廃を中国全体の頽廃と結びつけて、中国仏教の復興のためには日本仏教による布教活動が重要であるとし、「今や其国を挙げて頽廃萎靡の極に陥れる清国四億の斯民を後にして根本より宗教、人種、事情を異にせる欧米人を先にせんとするは本末難易を誤まれるものと謂ふべし故に仏教徒にして苟も海外布教を試みんと欲せば勢い清国より先きなるは無く清国より急なるは無し[76]」と説いている。そして、西洋列強の侵略を目の前にして、「果たして然らば清国と僅に一葦帯水を隔て唇歯輔車の関係を持てる我邦が独り晏然として傍観の地に立つを得べきや否深く考ふべき事である」と大谷は主張した[77]。これらの主張からうかがえるように、大谷における仏教布教は国際情勢と密接に関連しており、地政学的な観点から理解された中国仏教の復興は、中国だけの問題ではなく、日本にもかかわる問題とされていた。

大谷らにみられる考えは、日本人が西洋列強の帝国主義に対してもっていた危機感から生まれたものだといえるかもしれないが、二十世紀に入ってから、大谷光瑞において、中国仏教の復興と日本自体の帝国主義のつながりは、より著しくなった。一九一五年、彼は再び中国を旅行した際、兵営に転用されている寺院を訪れて、次のエピソードを記した。

聞く所によれば、日支交渉中伝教の一項は、彼云はく、我邦既に仏教あり、何ぞ日本人の宣布を要せんやと。実に然り、彼れ既に仏教を興隆せば、我往くの要なし。殿堂は占有せられ、僧侶は昆迷し、禹域〔中国のこと〕果して何処に仏教ありや、疑惑なき能はず。然れども我邦仏教僧徒、亦この条約を完全に確実に履行せんとする決心ありや、帝国の僧侶信徒に問はんと欲す[78]。

以上の引用における「日支交渉」は当時の対華二十一カ条要求を指しており、その一部として中国における日本人の布教権も求められていた。日本によるこれらの要求に対して中国人が表した不満について、大谷光瑞は、日本仏教こそが中国仏教を復興できるという自負とともに、日本仏教以外にそれはできないという排他的な使命感を示している。このように、大谷光瑞においては日本仏教と日本の帝国主義のつながりが比較的強く出ているが、彼は極端な例でもある。たいていの日本人仏教者には、これほどアグレッシブな帝国主義的傾向はみられない。ただし、多くの人が類似した使命感を抱いていたのも事実である。

たとえば森井国雄は、中国仏教の救済を仏祖に与えられた宿命的任務として理解した。

然るに大日本仏教の本源であった支那の仏教の衰亡を座視して救はないと云ふのは、啻に同教相救ふの誼に戻って居るのみではない、所謂稜々たる俠骨に対しても恥入る次第ではないか。そこで清国の仏教を衰亡の玄奘より救ひ起して再び法統を禹域四万万蒼生の上に耀かすと云ふ一事は、実に大日本帝国仏教徒の仏祖より命ぜられたる天職であると吾輩は確信して居るのである。(79)

興味深いもう一つの例を挙げると、松本文三郎は、以下のように述べている。

我邦仏教の今日あるは、全く支那先徳の賜であるといはなければならぬ。而して支那現代の仏教をして、仮令ひ隋唐の盛時に反することは出来ないとしても、少なくとも之をして社会上意義ある存在となし、幾分なりとも之れによって以て国民に慰安を与へしむるは、唯我邦人の力を俟つの外はない、而して又是れ実に我邦人に取っては報恩の業といはなければならぬ。(80)

この引用においても、すでに指摘した過去の中国仏教に対する理想視の傾向が現れている。中国仏教は日本仏教の母体としては尊重すべきであるが、それはあくまで「隋唐の盛時」の過去の仏教である。これらの盛時に戻ることはもうできないが、少なくとも中国仏教を社会にとって有意義なものにすることは日本人仏教者の使命だと主張されている。

仏教が社会にとって有意義なものとなり、社会や国家に貢献しなければならないという考え方は、明治期における日本の仏教近代化運動と改革運動に頻繁にみられる主張である(81)。つまり、日本人仏教者は、こうした思想的変遷がある程度終わり、あるいは、こうした思想の受容が進行している段階において、中国仏教と接触したということである。そして、こうした思想からの使命感が、中国仏教に対するイメージ形成に動員されたことは重要である。

釈宗演は日本仏教の中国仏教に対する使命について、「衲は、此の見地からして、現在及び将来に亘って、生命ある宗教を以て、支那人に与ふるところあらんと欲するものである」と述べた(82)。中国人仏教徒は「日本仏教徒の布教を羨望し日本僧侶の感化を待って居る」存在として、日本人仏教者による救済を期待しているかのように描かれたのである(83)。

曹洞宗の水野梅暁は、上海の東亜同文書院で中国語を学んだ後、交流のあった天童寺の住職敬安の奨めによって、湖南省の長沙に僧学堂を設立し、長く湖南省に滞在した(84)。彼もまた、中国仏教の衰退した姿を指摘しているが、「然れども翻りて詳細なる観察を下す時は、外面に於てこそ殆んど歯牙に掛くるに足らざるが如きも、二千余年の歴史は、一朝の外形を以て云為するを許さず」と主張し、中国仏教になお宿る生命力の存在を指摘した(85)。だが、そうした彼であっても、中国仏教が宿すその生命力をよみがえらせるには日本仏教が必要だと主張した。

清僧、清人の日本及仏教に対する観念、如是順適の境遇に際し、清僧清人を啓発して千有余年同教相依るの誼に酬ひ、一面彼我両邦の邦交を益々強固ならしめ、現今、殆ど無用の長物に等しからんとする清国仏教をして共に東亜大局の為め一分の功を効さしむるは、所謂仏陀無限の大悲にして、又菩薩不請友の願心にあらずや、而して日本仏教家の其之をなすは、彼の基教徒の如く到処紛々として教会を建設するの顰に倣ふを要せず、現今各処所存の大叢林に投して之を指導し啓発すれば即ち足る。(86)

水野はキリスト教宣教師の戦略を使用すべきではないと主張しつつも、日本仏教と中国仏教の関係を「東亜大局」の地域情勢のなかに位置づけて、中国仏教に対する啓発者や指導者としての任務が日本仏教に与えられており、中国仏教は自ら中国仏教の復興を成し遂げることができないため、日本人仏教者の援助と介入がどうしても必要なのだと述べた。

以上に挙げた引用において、中国仏教と中国人仏教者は消極的な受け身の存在とされており、日本人仏教者の介入の対象としてしか描かれていない。日本人仏教者は中国仏教に対する「文明化の使命（civilizing mission）」を自任し、それを布教活動などによって実現しようとしたといえよう。(87)

その結果として、歴史上の仏教の日中関係が再定義されるようになった。中国仏教の衰退した現状を指摘することによって、アジアにおける日本仏教の相対的な優位性が主張されることとなった。小栗栖がすでに一八七四年一月に、「仏法はインドに起こり、中国を経て、日本に伝わった。しかし、インドにおいて先に衰え、中国がそれに継ぎ、わずか日本においてのみ見ることができる（夫仏法起印度、経支那、伝日本。而印度先衰、支那継之、日本僅有可観者）」と述べている。(88)実際に中国に行った経験はないものの、井上円了も好例である。彼は一八九八年の時点で、

「然るに其本土たる印度は婆羅門教及回教の蹂躪する所となり、仏の遺教殆んど地を払ふに至れり、支那三韓は仏教尚ほ依然たるを見るも、其精神已に去りて、唯骸骨を留むるが如き観あり、而して僅に活気を存するものは、独り我日本の仏教あるのみ、且つ将来の望を属すべきものも、亦唯此仏教のみ」と主張し、日本を仏教伝統の生命を保つ唯一の国として位置づける(89)。日本は唯一の仏教国だという主張は森井国雄においてもみられ、「且つ四ケ国の中でも暹羅《シャム》と韓国とは独立の名あって其実なく、清国は実に気息奄々、そこで真の仏教国と云ふべきは惟り我が大日本帝国のものである。随って仏教として面目を保っておるのも亦実に我国の仏教のみである(90)」と述べている。

さらに、中国仏教の表象は、対外的に日本仏教と中国仏教の関係を再定義する機能をもつのみならず、日本国内において仏教の価値を示す機能も有していた。この点では、場合によっては中国仏教を衰退していないように描写することもあった。たとえば小栗栖香頂は、すでにみたように中国仏教が衰えており、キリスト教の侵略という危機に直面していると主張する一方で、日本における廃仏運動に言及する際、「今の支那の教と法はおよそ五つある。曰仏教、儒教、道教、イスラム教、キリスト教。この中では仏教がもっとも盛んである（方今支那教法、大凡有五、曰仏、曰儒、曰道、曰回回、曰耶蘇。而仏為最盛(91)）」とも論じた。ここでは、小栗栖には珍しく、中国仏教が盛んだという主張がみられる。続いて、彼は中国仏教が盛んであるという表象を、日本仏教は日本の国家外交に貢献するという主張にたくみに結びつける。

もしも大臣が清国に入り、協議がうまくいかなかったなら、武力に訴えることになるだろうが、たとえ支那全国を我が版図に帰したとしても、排仏の策では、人心を得ることはできない。支那人の仏に帰依する様は天性の如くである。これを神道に導き、その天性を捨てさせようとしたところで、まさか彼らが受け入れるはずはあるまい。むしろ仏教を残して僧侶を守り、支那全体に布教させれば、その得失・利害は一体どうなることであろうか。清人はそもそもキリスト教を好まず、心は仏教に深く帰依しているのだから、仏教と仏教が心を通じ合わせ、僧侶と僧侶が交流しあい、二国の親睦を深め、これによって東洋の局面をよくすることこそ、真に万全の良計なのである。

(且夫大臣入清国、議若不合、則将訴之干戈、縦今収支那全国、帰我版図、排仏之策、不可以収人心。支那人之帰仏、如天性然。導之神道、令棄其天性、彼豈肯之哉。存仏護僧、使之挙其全力、布教支那、則其得失利害、果如何哉。清人固不喜洋教、心深帰于仏、仏与仏感、僧与僧契、二国親睦、以全東洋局面。是実万全之長策也。)(92)

以上の引用の背景には、明治初期の仏教迫害と神道国教化政策に対する仏教者の反応がみられる。小栗栖は日本仏教の外交上の役割を主張することによって、日本における仏教の存在価値をアピールすることを意図していたと思われる。ただ、そのため、彼のほかの文章とは異なり、中国仏教を盛んな宗教として描く必要があった。このように、中国仏教の表象は、異なる受け手へ向けては異なる描写がなされることもあり、この点に中国仏教の表象がはらむイデオロギー性が際立っている。

第五節　日本仏教に基づいた中国仏教理解

次に、中国仏教に対する表象のもう一つの要素に注目したい。それは、いかに日本仏教の組織制度が中国仏教に対する期待とその評価に影響したかという問題である。ここでは、「宗派」が中心的なキーワードとなる。日本人仏教者の中国仏教観を形成した要素として、日本仏教的な宗派分類に基づいて中国仏教を理解しようとする傾向がある。当時の多くの日本人仏教徒は、日本仏教に存在する各宗派がそのまま中国にも存在するという期待を抱いており、日本仏教の宗派構成を前提として中国仏教の組織や制度を理解しようとした。だがしかし、中国仏教は日本仏教とは異なる組織と構造をもっていたため、日本仏教における宗派構成を前提とすることは、日本人仏教者の中国仏教に対する理解をゆがめることとなった。さらには逆に、日本人仏教者がもっていた宗派概念がその後、中国人仏教者によっても注目されるようになり、近代中国仏教者の歴史認識にも大きな影響を与えることとなった。

中国仏教を日本仏教の形態から理解しようとする考え方は、日本人仏教者だけではなく当時の一般の日本人に広く見られるものである。たとえば、一八九九年、中国研究者の西島良爾（一八七〇～一九二三年）は、仏教は中国においてかつて隆盛をみたが、今は「萎靡敗壊ヲ極メ」ると述べ、中国仏教の問題点を次のように述べる。「僧徒其人ナク又教規ハ甚タ紊乱シテ寺院僧侶ヲ取締ルノ管長ナク総括スル本山ナク空ク其壊頽ニ委ス」[93]。ここには、中国仏教は日本のように本山がないため組織性が欠けており、それが衰退の一つの原因となったという見方がうかがえる。もちろん、「本山」は日本仏教の本山・末寺制度の概念で、寺院が個別に独立している中国仏教には当てはまらないし、たしかに存在してはいなかった。

また、日本人の中国仏教観において強く現れていたのは、中国寺院に「禅寺」や「浄土寺」などという宗派的なアイデンティティを与えようとする傾向である[94]。たとえば、大蔵省が一八八八年に刊行した『禹域通纂』では、「仏教ハ分テ臨済曹洞賢首慈恩律是ノ五宗トス」という中国仏教の分類方式が見られる[95]。編纂者がこの「五宗」という分類の仕方をどこからもってきたかは明らかでないが、宗派という枠組みを使用していることが興味深い。また、一八九一年から一八九二年にかけて、主に長江デルタ地帯を旅行した安東不二雄は、「支那の宗教は禅宗、律宗、天台宗並に道家にして、律宗、天台宗は至て少な」いと述べる[96]。さらに、律宗と天台宗については「律宗は甚だ稀れなり。天台宗は天台山、支那全国に一山のみ。律宗は重もに祈禱を修し、常に綿服を着し、袈裟にも鼠色の木綿を用ふ、食事に他の器皿なく、鉄鉢に飯菜を盛り、匙にて喫す。天台宗の法式、行事等は禅宗に異なることなし」という[97]。安東は、天台宗と禅宗にはほとんど相違がみられないことを認め、律宗と禅宗との相違も曖昧なのに、律宗と禅宗と天台宗を明確な独立性を有する組織として把握しようとしている。

中国仏教を宗派に分けようとする傾向がもっともよくみられるのは、真宗大谷派の僧侶小栗栖香頂である。以下では、中国に渡った最初の日本人仏教者である小栗栖を中心軸として、日本人仏教者の宗派概念を詳しくみていくこととしたい。

小栗栖香頂の中国仏教観

小栗栖香頂は一八三一年、現在の大分市にある真宗大谷派の妙正寺に生まれた[98]。一八七三年、四十三歳のとき、キリスト教に対して、インド・日本・中国など仏教諸国をつなぐ同盟の結成を企て、その準備として中国に渡るという計画を立てた。長崎の聖福寺という中国寺院で陳善と無等という二人の中国人からある程度中国語を学んでから、小栗栖は中国に渡った[99]。後に小栗栖は、中国語の学習、高僧と会うこと（「接名僧碩学」）、そして護法の大策を求めること（「問護法大策」）を中国に渡った目的として挙げている[100]。一年間北京に滞在してから帰国した小栗栖は、中国での布教活動を勧めるようになり、彼の進言もあって、大谷派は海外布教の方針を決めた。その後、小栗栖はもう一度、数人の日本人僧侶とともに上海に渡り、「真宗東派本山本願寺別院」を設立した[101]。以下では、一八七三年の北京滞在中の出来事に注目しながら、特に小栗栖の中国仏教観の形成とそこにおける宗派意識に言及したい。

日本から船で上海へ向かった小栗栖は、まだ海上にあるとき、北京とそこにある仏教に対する期待を「私は、北京は元明大清三代の都なので、古刹と高僧は多くあると思う。普陀山は名山といえども、高僧は少ないと思う。そのため、私は先に北京に行きたい（我想，北京啊，元明大清三代的都城，想古刹多高僧多。普陀山拉，雖是個名山，想高僧少。所以，先要進京）[102]」と説明している。ここから、小栗栖のイマジネーションにおいて、北京は中国仏教の要地となっていたことがうかがえる。上海に上陸して北京へ向かう途上、小栗栖は行き会った中国人僧侶と会話を交わした。その僧侶は小栗栖に、北京には高僧がいないため、別の寺院に行くことを勧めた。この助言が小栗栖の北京に対するイメージとあまりにも異なっていたため、小栗栖は中国人僧侶の話を信じないことにし、「北京は五大洲の中の第一の都市である。さらに皇帝が仏法を信じている。寺院にはいくらでも高僧がいるはずである。彼はどうしてこんな話をしたのであろうか（北京啊，五大洲中第一都会，又添上皇上信仏，多少寺廟必有高僧，他甚麼説者個話？）[103]」とこの中国人僧侶に対する疑念を述べている。これらの引用からは、小栗栖の中国仏教に対する高い期待と中国仏教を理想化した考え方をうかがうことができる。その後、小栗栖は北京に着くと龍泉寺を訪ね、その雄大壮麗であることを褒めた[104]。龍泉寺で、彼は中国人僧侶本然と出会い、本然の紹介で清慈庵という小さな寺に住むこととなり、中国語の勉強を始めた。

このように、中国へ到着した時点では、小栗栖はまだ理想化された中国仏教のイメージを抱いていたが、まもなくこの中国仏教観はさまざまな挑戦を受け、変わっていくこととなった。小栗栖は徐々に、中国仏教を衰退した宗教と見なす立場に近づいていった。しかし、この中国仏教衰退観は小栗栖が完全に独自にたどりついた結論ではなく、中国人仏教者との交流のなかから生まれた観点である。たとえば、中国滞在の初めの頃、小栗栖は中国人僧侶から、太平天国（「長髪賊」）の乱が仏教にもたらした悪影響と破壊行為について知り、中国仏教の現状をより悲観的に捉えはじめた[105]。

また、小栗栖の中国仏教は衰退しているという理解は、イスラム教に対する中国人の見方に感化されている点が興味深い。小栗栖は天津を訪ねた際、二人の僧侶との会話のなかで、天津における仏教の盛衰如何を聞いた。僧侶たちは、仏教は盛んではないと答え、仏教と道教は衰えているが、イスラム教が隆盛していると主張した。その後、小栗栖は天津のモスクを訪ね、イスラム教の隆盛を嘆き、「末代の濁世では、邪徒の勢いが盛んである。なんと悲しいかな（末代濁世，邪徒興旺，悲哉！）[106]」と叫ぶことになる。こうした事例をみると、小栗栖における現地の仏教に対する認識が、中国人僧侶との交流によって彼らに感化、影響されていったことがわかる。

小栗栖の中国仏教に対する悲観的な見方においては、太平天国やイスラム教などの外在的な要素のみならず、中国仏教に内在する問題も意識されていた。これも、中国仏教の状況に関する本然との意見交換が小栗栖の中国仏教観に大きな影響を与えた結果と思われる。本然は同時代の中国人僧侶の資質が悪いことを批判しており、本然の影響下で、小栗栖も同じ判断に至った。

然ルニ古ハ天台浄影玄奘慈恩賢首清涼等ノ豪傑、時機ヲ見テ仏法ヲ一新スル故ニ、教化モ行レタレトモ、明末《ママ》ヨリ元ニ移リ、方今ニ来テハ唯一不立文字ノ弊ハカリ、残リテ、更ニ仏法ヲ更張スルノ活眼ナキナリ、北京ニ大小百ヶ寺余アリ、学問ヲスルハ唯龍泉寺一ヶナリ[107]。

さらに、今の中国仏教は、旧習に基づいて葬儀を行い現世的な幸福を祈っているのみで、民衆の支持を失ってしまっており（「俗ハ腹中ニ仏法ト云ハナキナリ[108]」）、中国人僧侶は「書を読まないし、経を唱えないし、説法をしない。

日夜ぼそぼそ俗事の話をする（不読書、不念経、不説法、日夜喃喃、徒談俗事）」と批判した[109]。そして、小栗栖は最終的に「中国仏教の式微不振の状態について、私の悲しみは日に日に強くなっている（中土仏教、委微不振、香頂之憂、日甚一日）[110]」といい、中国仏教の現状に対して非常に悲観的な観点にたどりついた。

中国でのこれらの経験を踏まえて、小栗栖は本然宛の手紙において仏教全体の現状とキリスト教やイスラム教からの強大な危機を嘆いた。

謹んで思いますに、現今の仏法の衰微は、獅子身中の虫とも言うべき僧侶たちによって、衰退が加速されています。僧侶が無学無能で、目に一丁字もなく、みだりに尊大にして、庶民を威嚇し、自己満足しているばかりである。護法の策を尋ねても、まともに答えることもできず、「我らは不立文字で、真理は知にあるのだ」と言うばかりである。ああ、なんと考えの足りないことであろう、祖師が文字を立てなかったからといって、後人もそれでいいのだろうか。不精の者が「不立文字」を口実にして、自分の無学無能を粉飾するなど、仏祖の罪人以外の何物でもありません。西洋のキリスト教、イスラムの回教は、通俗浅薄なもので、見るべきものは何もありません。しかし、その布教の方法を見ますと、丁寧にして誠実で、中間層以下の人々の心をよく摑んでいます。彼らは天文や地理に通じ、富強の原を講じ、その真意はわかり難いですが、仏教徒が尊大にして、何もせず、無駄飯を食っているのとは、雲泥の違いがあります。数十年も経たないうちに、天下が全て外道邪説に征服されてしまうというような事態も、考えられないではありません。衆生は水のようなもの、教法は器のようなものです。仏をもって（衆生を）導けば、皆仏になるが、耶蘇をもって衆生を誘導すれば、皆耶蘇になります。人天の大導師（である仏様）にして、衆生が刀林剣樹の域に陥るのを座視することができましょうか。八万四千の（仏教の）経巻には、今日に通用する教えが無いとでも言うのでしょうか。教化の方法は機根に対応していくことが最も重要です。一つの方法に拘泥し、旧習を墨守する必要は有りません。融通無碍に適応することが出来なければ、箱だけ大事に守っても箱の中の宝物は壊れてしまう、というような事態になります。嗚呼、悲しいかな。洋教の教会は巍然として空に聳え、仏陀の殿堂は傾いていくのを支えられません。私はこのことを思うと、思わず涙がこぼれます。上人におかれましては、座禅〔禅観〕の余暇に、どうか護法の大策をご教示下さいますよう、伏してお願い申し上げます。失礼を省みず、率直に申し上げました。どうか、ご海容下さい。

（香頂謹案、方今仏法之衰微、獅虫之僧、自速衰微耳。僧人不学無識、眼無一丁、漫自尊大、畏嚇蠢民、以為得計。問之護法策、不能吐一語、曰我党不立文字、真面目在知耳。嗚呼、何其不思之甚。祖師不立文字、祖師而後可。懶惰之徒、籍以為口実、装其不学無識、豈非仏祖之罪人乎。西洋耶蘇之教、回回天方之法、謭劣膚浅、無一可睹。雖然、観其布教術、丁寧懇款、大得中人一下之心。彼徒通天文、達地理、講富強之原、其意実難測、与仏徒尊大自処、一事無為、恬然坐食、天淵懸絶。不出数十年、天下尽陥外道邪説、亦不可知也。衆生如水、教法如器、以仏導之、人人是仏、以耶蘇誘之、人人是耶蘇。堂堂人天大導師、忍目衆生之陥於刀林剣樹之域耶。八万四千之経巻、豈無適於今日之教乎。適化無方、無如適機。何必拘泥一法、墨守旧套。不知通変之方、則美玉遂毀於櫝中耳。嗚呼悲哉。洋教之堂、巍立摩空、仏陀之殿、傾仄難支。香頂一念至此、不覚泣下。伏冀上人禅観之余、示香頂以護法之大策。敢布腹心。幸寛貸。）[11]

だが、小栗栖の中国仏教に対する評価は、決して一方的で単純なものではなかった。小栗栖はここまでに概観した中国仏教観を繰り返し彼の著作において主張しているが、滞在日記を見ると、実際に見た寺院での勤行の描写はかならずしも批判的なものではない。彼が実際に見た中国仏教と、彼が抽象的なレベルにおいて抱いていた中国仏教全体に対する評価は、完全には一致していない[112]。中国に渡った他の日本人仏教者と比べれば、彼は比較的数多くの中国人僧侶との交流経験をもっており、小栗栖の個人的な経験の描写を見ると、ポジティブなエピソードも少なくない。一例だけ取り上げれば、彼は、北京滞在中に宿としていた清慈庵という寺の住持釈柱を高く評価し、清慈庵における規則厳守の出家生活を評価した。「主僧は寺の規則を厳しくしており、少年僧には会話が許されていない。且つこの庵の主釈柱は大戒律を守り、灸痕が全身に点々と残り、身にはぼろぼろの僧衣を纏い、ほとんど天台老羅漢のような人であった（主僧厳寺規、少年僧不許対話。且夫庵主釈柱、持大戒、四肢五体、灸痕星羅、身穿破衲、殆類老天台羅漢[113]）」と述べている。

このようなポジティブな評価があったとはいえ、中国仏教全体を評価するとなると、小栗栖は悲観的な観点をとった。また、この悲観的な観点は、主に本然など中国人仏教者と交流しながら形成されたものであるが、小栗栖の中国仏教観は、中国人仏教者の中国仏教批判をそのまま取り入れたものではなかった。彼は彼自身の独自の見方ももっていた。小栗栖の中国仏教観における独自性は、宗派の存在に対する関心に現れている。

小栗栖は上海に到着すると、さっそく中国人僧侶との交流を求めて寺院を廻りはじめた。その際、小栗栖は寺院の所属宗派に特別な注意を払っていた。彼は「上海に着いた後、天津に行き、北京に入り、訪ねたのはみな禅寺であった（香頂航上海。到天津。入北京。所暦参。皆禅刹也[114]）」と述べ、禅宗が中国で支配的であることを指摘した。ただ、この点に関して、日本的な宗派制度に基づいて中国仏教を理解しようとした小栗栖と、中国人僧侶との間には、ミスコミュニケーションが次々と発生した。たとえば、小栗栖が龍華寺という寺院を訪ね、僧侶に龍華寺の宗派の所属を聞いたときのことである。僧侶は「この国には宗・教・律という三門があり、今この寺は教門に属する（本国有宗教律三門，現在本寺教門也[115]）」と答えた。小栗栖の宗派についての聞き方からすると、この答えは小栗栖が期待した答えではなかったと思われる。小栗栖が尋ねた質問の背景には日本的な宗派意識があったと推測できる。だが、小栗栖が考えていた宗派と、中国人僧侶が理解していた寺院の所属と寺院のアイデンティティは、一致していなかった。このエピソードの後、小栗栖は中国仏教の組織制度が気にかかったようで、中国仏教における「宗」や「派」のことを中国人仏教者によく尋ねている。天津に行った際、小栗栖は大悲院という寺院の中国人僧侶澄空にも宗派のことを聞き、「支那の仏教には何派あるか」という質問をした。これに対して、澄空から「仏教には宗・教・律の三つ（の分類）がある。臨済、曹洞、法眼、断橋、仮菩薩、これらが五派を為している（仏教有宗，教，律之三。臨済，曹洞，法眼，断橋，仮菩薩，此為五派）」という答えをもらった[116]。これもまた小栗栖がもっていた宗派意識と異なり、龍華寺の僧侶も挙げた「宗」「教」「律」という大きな枠組みのほか、「臨済」「曹洞」「法眼」「断橋」「仮菩薩」という禅宗の流派を述べた答えとなっている。

また、北京滞在中、小栗栖は五台山から北京に来た僧侶大沁と会話を交わした。大沁は禅僧であるため、小栗栖は彼に、臨済宗なのか曹洞宗なのかを尋ねた。大沁の答えもまた小栗栖の想定していた日本的な宗派制度に当てはまらなかったといえる。大沁は、「我が宗派は摩騰・竺法蘭の二菩薩の派に係属し、五派のなかには入っていない。五台山は天下における仏法創建の地であり、三宗と五派が起こる以前のものである。ゆえに、私は三宗五派を並行し、区別はしない（我宗派系摩騰竺法蘭二菩薩之派，不在五派之内。五台山，天下仏法首創之地，在三宗五派以前也。故我三宗五派並行不二[117]）」と答えた。また、本然との交流のなかでも宗派が大きなテーマとなったが、これについては次章で述べる。

このように、所属宗派が小栗栖の大きな関心事であったが、中国人仏教者から得た答えは、彼がもっていたカテゴリーによって理解できるものではなかった。この宗派的アイデンティティに対する関心が、小栗栖の『北京護法論』という興味深い著作を生み出すこととなった。陳継東は、この著作は一八七三年に北京に入ってから半年が経った時点で、龍泉寺の僧侶本然のために書かれたものだと推測している。内容は、鎌倉時代の僧侶凝然の『八宗綱要』と『三国仏法伝通縁起』という二作を基礎として、さらに浄土真宗、日蓮宗、時宗と融通念仏宗についての情報を追加し、宗派を中心とした日本的な仏教観を紹介するものであった。小栗栖の各宗派の説明には日本仏教の特徴が色濃く出ている(118)。

さらに、『北京護法論』は日本の各宗派を紹介するのみならず、各宗派の紹介文の最後で、その宗派の中国における現状についてかならず尋ねている。たとえば、法相宗に関して、「今、(日本の)本願寺と智積院ではこの法相の学問がもっとも研究されている。支那ではどの寺でこの学問が盛んなのかを教えてください(方今本願寺智積院。最究法相之学。支那何寺振此学。乞上人示之)(119)」と記している。また、三論宗について、「今、(日本において)この宗は大いに衰えています。中国のことは知りません。失礼ですが、今なお吉蔵の子孫がいるかどうかをお尋ねします(方今此宗大衰。不知中国。尚有吉蔵之子孫否。敢問)(120)」という質問がある。『北京護法論』には、小栗栖が抱いていた中国における諸宗派の現状に対する強い関心が表れており、本然のために書かれたことから判断すると、以上の質問は本然に向けられたものだったと推定できよう。

このように、『北京護法論』は日本的な宗派意識を表し、日本の宗派制度に沿って中国仏教の現状を探ろうとする態度を示している。以上に取り上げた中国人僧侶との宗派所属についての問答を背景として考えれば、この著作は二つの異なる宗派理解の衝突によって生まれたものとみることができる。

第六節　中国に渡った日本人仏教者の宗派意識

さて、小栗栖のみならず、明治期から昭和初期にかけて中国に渡った多くの日本人仏教者において、宗派は、重要なキーワードとなった。一九一七年、釈宗演とともに杭州の霊隠寺を訪れた二条厚基は、他の寺と比べると、「禅宗らしい処があって頼母《たのも》しい[121]」と述べた。二条にとって、「禅宗らし」さとは、寺のアイデンティティをはっきりさせ、安心させてくれるものだったようである。

だが、所属宗派を重視する観点は、宗派的分類が比較的薄い中国仏教に対する全体的な印象に影響することとなる。日本人仏教者は、中国寺院の所属宗派をいわばレッテル貼りしてみていたわけだが、当時の多くの中国寺院では、禅宗や律宗といった所属宗派と、寺で行われている勤行は一致していなかった。このことがまた、日本人の観察者を戸惑わせることとなった。一九一一年四月に『中外日報』に掲載された記事では、中国には「天台宗の寺もあるが形のみで其僧侶の信ずる所は禅と念仏である[122]」と指摘されており、宗派的所属と実践のギャップが意識されていたことを表している。また、釈宗演らが「焦山定慧禅寺」を訪ねたときのことである。釈はこの寺院に良い印象を受けたが、二条は、この寺の「禅寺」であることと僧侶が行っている修行の間にギャップを感じ、「此寺は勿論臨済禅刹であるが、余り坐禅は熱心でないやうだ。どちらかと云ふと黙照禅らしい。詰まり雲水を世話する人物が無いからかも知れない[123]」と述べた。「黙照禅」は、宋代に曹洞と臨済の間で行われた論争において、臨済宗の公案を中心とした「看話禅」に対して、曹洞宗の実践として主張されたものであるが、モルテン・シュリューター（Morten Schlütter）が指摘するように、中国の寺院では座禅を組むことは法脈と関係なく広く行われており、勤行と特定の宗派の関係はかならずしも固定していない[124]。狭義的に「黙照禅」と「看話禅」をそれぞれ曹洞宗と臨済宗の宗派的な実践と見なすことは、むしろ日本における禅宗のあり方を表す[125]。これを考慮に入れれば、二条は、日本仏教のカテゴリーに基づいて、中国仏教における実践を理解しようとしていたことがうかがえる。二条にとっては、なぜ臨済宗に属している寺院で黙照禅が行われているのかが疑問点となり、定慧禅寺の宗派的なアイデンティティの確認を困難とさせたのである。

また、釈宗演らが、「臨済禅刹」として紹介されている西園戒幡寺を訪ねた際には、以下の描写がある。

此寺内には、百人からの僧侶が居るさうだ。お経を読むのは、夏安居には一日五回、冬には二回程しか読まないが、其代り坐禅すると云ってゐた。坐禅堂は仲々立派なもので、日本のとは少し違ふが大体は同じことである。併し僧侶は熱心に坐禅はしないやうで、他力宗の方に傾いてゐる。之もまた已むを得ないことであらう[126]。

「臨済禅刹」であるはずのアイデンティティと、この寺院で行われている他力宗（浄土宗のこと）の実践の間のギャップは、釈宗演らにとってあまり好ましくなかったようである。

このような日本的な宗派意識は、中国寺院に対する眼差しにさまざまな形を取って現れている。江蘇省と浙江省を旅行した曹洞宗の僧侶来馬琢道の旅行記では、杭州の昭慶寺を訪ねた際、来馬は、この寺院は「律宗」に属しているとして、「今も堂宇並に其戒壇は現存して居ることであるが、何国も同じく、律宗と云ふものは、中断し易いもので、寺は、あまり盛大だとは云へないやうであります[127]」と述べている。この描写において、来馬は中国で「律宗」というカテゴリーに属している寺院と日本の律宗の寺院との同一性を想定し、日本では律宗が盛んでないため、中国も同様だと推定していることを読み取ることができる。来馬は、日本仏教を通じて中国仏教を理解しており、昭慶寺の衰退は、単に昭慶寺という一寺院の衰退として理解されるのではなく、中国と日本の両国における律宗の衰退を象徴するものとされているのである。

水野梅暁にも、日本的な宗派観に基づいた中国仏教理解の興味深い例がある。水野は、彼が当時まだ属していた曹洞宗の開祖とされる石頭希遷（七一〇～七九〇年）の道場であった湖南にある南嶽を復興させた淡雲和尚という僧侶を高く評価したが、淡雲が臨済宗に所属していることを取り上げ、日本ではありえないことであるとして、「而して其淡雲和尚の如きは其法系臨済にかゝれるにも拘らず、南嶽の祖跡の荒廃を憂ひてかゝる義挙に出たり、之を我日本仏教の各宗割拠し同門相伐ち、紛々擾々として殆んど寧日なきに、比すれば其差豊只霄壌のみならんや」[128]と称賛した。ここにおいて、南嶽は曹洞宗と不可分な関係にあると想定されており、臨済宗と曹洞宗は互い相容れない存在として捉えられているが、中国仏教においては寺院の宗派的アイデンティティは不変のものではなく、しかも寺院の所属と住持の法脈の所属はかならずしも一致していなかったので、臨済宗法脈の人が曹洞宗ゆかりの南嶽を復興させたことは、実はそれほど不思議なことではない。

すでに小栗栖の中国人僧侶との問答において登場した問題であるが、清朝の仏教は宗派に分類されて存在していたわけではなかった。中国の寺院は宋朝以降、宗派ではなく、主に「講」「禅」「律」という三つのカテゴリーに分類されていた。「禅」寺院は坐禅を専門とし、「講」の寺院は経典研究を専門とし、「律」の寺院は戒律または実践を専門としていた。これらのカテゴリーに属していた僧侶たちは色の異なる僧衣によって区別されていた[129]。ただ、こうしたカテゴリーによる区分がどれほどはっきりしていたかは明らかではない。ホームズ・ウェルチは、中国人僧侶の宗派所属について、宗派は法脈上の所属にすぎないものとして理解すべきで、宗派的所属は僧侶の実践や思想とほとんど無関係だったと主張している。たとえば中国仏教では、禅宗に属している僧侶が天台思想を学んだり、浄土念仏を実践したりしたとしてもおかしくないのである(130)。中国と日本における宗派概念については、第三章においてより詳細に取り上げるので、ここではまず日中の仏教のこうした違いを指摘しておきたい。

宗派概念はまた、中国仏教全体の評価においても、中心的な役割を果たすこととなった。中国における宗派性の薄弱さが、中国仏教の欠点として理解されたのである。はっきりした宗派制度の欠如が中国仏教の衰退の証拠とされることで、宗派概念が中国仏教の衰退という物語の一部として機能するようになった。たとえば、田中善立は中国において各宗派が消えたことを嘆き、宗派を失ったことを中国仏教全体の衰退と関連づけている。彼は福建省の仏教の現状について、「（唐代に各地で建設された開元寺は）今尚ほ各地に当時の俤を存してある。何れも禅宗に属し、就中臨済が最も多数の寺院を有し、曹洞、黄檗は至って尠なく、天台真言の如きは皆無である(131)」と説明し、「本省に於ては、唐宋時代に最も隆盛でありし宗派は真言と禅宗で、其に次げるは浄土門にして、真言は唐朝に全盛を極め、宋以後には大いに衰頽し、明時代には殆むど其の跡を絶ち、浄土門も宋以後に至りては萎靡振はず、独り禅宗のみ其の形骸を今日迄残し来った様である(132)」と述べている。中国仏教が多くの宗派を失ったことは中国仏教全体の衰退過程と密接な関係をもっているとされた。

かつては諸宗派があったが、その後多くの宗派が徐々に消えていき、禅宗が支配的になった、という中国仏教についての説明は、よくみられるものである。松本文三郎は次のように中国における禅宗の支配的な位置を指摘している。「北方支那の寺院は現時大抵皆禅宗に属し、而も何れも皆臨済であるといふ。思ふに彼等創建の時にあっては、必ずしも皆禅に属したものではなからう。併し乍ら唐宋以後禅の一代に盛となるに及んで、彼等は何れも其所属を禅に変じたに相違ない(133)」。

むろん、日本人仏教者のすべてが中国仏教の実際のあり方を理解できなかったわけではない。特に小栗栖や水野梅暁のように中国に長期滞在した人たちは、最終的には中国仏教の現実に気づかされることとなった。小栗栖香頂は一八八六年の『仏教十二宗綱要』において、中国に存在する仏教を、チベットとモンゴルの仏教である黄衣派と、漢民族の仏教である青衣派という二つのグループに分けた。そして、青衣派についてはその基本的なあり方として、さまざまな思想と実践が混合していることを認めた。「青衣派は、支那の僧である。彼らは宗・教・律の名を決めており、禅を宗とし、華厳・法華等を教とし、四分を律とする。ゆえにすべての寺にこの三つが備わっている。五台山は清涼の宗だが、禅と律を兼ねている。天台山は智者の宗で、禅と律を兼ねている。各宗を交ぜ合わせて一つの和合の宗にしているようである（青衣者。支那僧也。此派立宗教律之名。以禅為宗。以華厳法華等。為教。以四分為律故各寺皆具此三五台之山。清涼宗而兼禅律。天台之山。智者宗而兼禅律。蓋似混合各宗。而為一和合宗者也）[134]」と述べている。ここに登場する清涼は僧侶澄観（七三八〜八三九年）に死後与えられた名前であり、澄観は中国華厳宗の第四祖とされている。智顗（五三八〜九七年）は天台宗の第三祖とされる人物である。小栗栖はここで、宗・教・律という中国で通用している枠組みを、日本の宗派では何宗に当たるのか、という観点から説明している。中国仏教の分類カテゴリーを、日本人仏教者の理解できるカテゴリーに「翻訳」したわけであり、清朝末期の中国仏教は、諸宗派が混合した状態で存在していることを指摘している。

また、大正期に中国に行った来馬琢道も、寺院における禅・律・講という分類の仕方を中国仏教の描写において意識しており、日本的な宗派概念が中国仏教に当てはまらないことを指摘している。

まづ、支那の仏教には、何んな宗派があるかと云ふに、宗派と云っても、日本のやうに、政治組織のやうにはなって居ないやうであるが、兎に角、宗派としては先づ禅宗が一番で、禅宗の内でも臨済宗の系統を引いて居る派が一番多い、従って又其の方の御寺が多い、其の禅宗ではどう云ふことをして居るか、矢張り日本の禅宗のやうに坐禅をして居るかと云ふと、無論坐禅もして居る、坐禅をして居るけれども、一方にはお念仏を唱へる。[135]

森井国雄も「要するに宗派の別がない訳ではないが、その宗派との間に甚だしい異点がないのと、門戸の見がひどく八釜しくないのとは、一寸奇異のように感ぜらるゝが、是れが清国仏法の特色であるかも知れない[136]」と、宗派性の弱さを中国仏教の特徴として指摘している。

実は、後年の水野梅暁は、この中国仏教における宗派性の薄弱さを肯定的にすらみていたふしがある。

何となれば、膨大なる支那の領土は、世界各国の人種を居乍らにして、多数に吸収して居るのみならず、支那と云ふ自由にして、且つ解放的なる国土にあっては、仏教徒が相互に相親しむ上に於ても、日本の如く宗派の墻壁少き為、最も親しみ易き傾向を有して居る。[137]

以上の数例にみられるとおり、中国仏教の独自のあり方を理解した日本人仏教者もおり、中国仏教の現実を肯定的に描写しようとする試みも存在していた。ただ、このような描写もあったとはいえ、全体的に見れば、宗派概念を通じて中国仏教を理解しようとする傾向が強かった。宗派概念の根強さを究明するため、最後に昭和初期の二例を取り上げたいと思う。

第七節　昭和初期における鈴木大拙の中国滞在

昭和初期になると、中国仏教には明確な宗派の区別がないという認識が、広く見られるようになっていった。[138] この頃、日本人仏教者が書いた中国旅行記としては、鈴木大拙（一八七〇～一九六六年）の『支那仏教印象記』が有名である。鈴木は一九三四年に数カ月中国を旅行し、主な寺院を見て廻った。旅行前、彼は中国仏教の現状についての悪評を数多く耳にしていたが、実際に中国へ行ってみると、生きた宗教と出会ったと述べている。有名な寺院の荒廃した遺跡の見聞に基づいて、中国仏教の衰退を唱えてはいけないとも断言する。

成程、仏教の衰へて居るところへ行けば、衰へたところは勿論あらう、廃頽したお寺の跡――歴史に名は残って居ながら、何処にその跡があるか分からぬと云ふやうな、さう云ふやうなところ――を探して歩けば、シナの仏教は衰へて居ると云ふことも宜からう。併しそんなことは日本にでもいやほどある。[139]

また鈴木は、過去の歴史上の仏教に対するイマジネーションがもたらす問題を強く意識してもいた。同じ中国滞在について英語で発表した論文において、鈴木は書籍から得た知識が現実を正しく認識することを困難にしてしまうと警告している。[140] さらに、中国仏教では、日本のように宗派が独立しているのではなく、さまざまな仏教思想と実践が混合した有様が一般的だということも理解していた。

そこで、シナ仏教に就て著しく目につくことは、先づシナでは禅宗と云ふものが別にあるのではなく、又浄土も天台も華厳も日本のやうに、それぞれ個個別別の宗派といふものにはなってゐない。さうしてどの寺も同じお経が読まれ、同じやうに作法が行はれて、さうして或る寺は禅寺と云ふし、又或る寺は講寺と云ひ、律寺と云ふ。その律寺でも講寺でも、其処へ坐る住職が禅宗主義の人であるなら、必ずしもその寺の伝統に因はれないで、自分の宗旨を鼓吹して差支へないのである。勿論特に禅寺と云ふやうなものはある。例へば金山・高旻・天寧とか云ふやうな寺は禅を主として唱導して居る。併し禅と云ふても念仏をやらぬと云ふのではない。念仏もやり禅もやる。(141)

朝夕の日課として読まれる教典には、密教系の陀羅尼が多く含まれており、「禅宗と云っても、全く日本の真言宗のやうだ」とも指摘する。(142)鈴木はこのように中国仏教独自の組織制度を理解しており、日本的な宗派概念が当時の中国仏教に適用できないことも意識している。だが、その鈴木にしても、最終的には中国仏教の評価において宗派という枠組みを越えることはできなかった。

シナのお寺は今云うた勤行課目で推測せられる如く念仏である。念仏宗である。かう見れば、必ずしも禅宗の経典が多量に読まれぬと云っても、シナの禅寺には差支へないわけだ。つまりシナには禅宗がなくなって、念仏宗だけが残って、そこに又真言宗から残された陀羅尼が随分と附け加へられた、これがこの点ではシナの仏法だとすれば、それで話はつくと見てよい。日本の禅宗の方は、宋から伝はって来たので、さうしてそのままの形を、今日まで、シナに於けるよりも、より純粋に保って来たのである。(143)（傍点筆者）

以上の引用文を見れば、鈴木は中国仏教において仏教の諸思想と諸実践が混合していると理解しているようだが、最終的には、中国仏教全体に宗派的アイデンティティを与えようとする。多くの日本人仏教者と異なり、鈴木は中国仏教を、禅宗ではなく浄土宗であるとした。最後の日本の禅宗との比較も示唆的である。鈴木にとって、宋代に日本へ伝わり、そのまま保存された「純粋」な日本の禅は、同時代の中国の禅より優れたものであった。つまり、中国仏教においては、仏教の諸思想と諸実践の混合が宗派の純粋性をなくしてしまったが、混合していないより純粋な宗派を保つことが、本来、仏教にとって望ましいという暗黙の了解を、この文章から読み取ることができる。

昭和初期のもう一つの例を挙げると、浄土真宗本願寺派の禿氏祐祥（一八七九〜一九六〇年）が一九三八年の『日華仏教研究会年報』において、中国仏教との比較を通じて、日本で存続している宗派制度を、以下のように高く評価している。

印度並に支那にあっては、宗派の興廃常ならず。古来行はれた幾多の宗派は大部分滅亡し、現在に於て支那の仏教といへば、殆んど禅宗に限られているのである。我国に於て古来の宗派が、少数の例外を除いて全部伝っているのとは大に趣を異にしている。かくて、十三宗五十余派が行はれているのは、宗派としての団体統制が存するからである。現在の宗派組織が具体化したのは江戸時代の初であって、その頃に成立した諸山法度は現今の宗制寺法に比して甚だ不完全ではあるが、各宗派に亙って、それぞれ規定を設けた事は画期的の事件であったのである。本末関係と宗派統制とに重きを置いた寺院制度は、我国の仏教に鞏固なる基礎を与えたものであって、我国に於ける唯一の法難時代ともいふべき幕末維新の廃仏運動に際しても、よくこれに抵抗し得たのはこの為めである。支那の仏教、印度の仏教にありても受難時代に際し、護法の為め献身的な運動を試みた名徳が現はれたことを伝へているが、その際に宗派としての団体的統制が行はれていたならば、更に効果的であったことと思ふ(144)。

この文章は、同時代の中国仏教における宗派の欠如をマイナス面と捉えていると読むことができる。禿氏祐祥は日本仏教を中国の諸宗派の継承者として位置づけ、全体的な宗派体制を整えている仏教形態を評価しており、結論として日本仏教をインド仏教と中国仏教に比して優位にあるものとしている。

以上の二例に見られるとおり、中国仏教における宗派性の薄弱さが中国仏教の現実として認識されたとしても、それは中国の独自性として認められていたわけではなく、日中仏教の比較においては、常に日本の宗派概念が仏教本来のあり方であるとの暗黙の了解が想定され、中国仏教の現状はあくまでもその「欠如」と見なされていた。そして、そこから、宗派をもたない中国仏教に対する日本仏教の優位が主張された。

また、日中仏教の比較において、宗派概念は、理想視された過去の中国仏教に対するイマジネーションとセットとなっていた。宗派の存在は、過去の中国仏教の理想的なあり方を構成する中心的な部分の一つとされており、宗派性を失ったことによって、その隆盛も終わったとされたのである。この歴史的イマジネーションと宗派概念の関係については、また第三章において言及する。

第八節　小　結

本章では、明治・大正期の日本人仏教者における中国仏教の表象を分析した。以上の分析によって、これらの表象は現実の忠実な描写ではなく、そのままで受け入れるべきものではないことが明らかになったと思われる。全体的には、中国仏教は、日本人仏教者によって堕落したものとして理解された。もちろん、当時の表象はまったくの空想ではないが、本章で示したように、日本人仏教者の眼差しにおけるイデオロギー的な要素の存在を指摘しなければならない。

とはいえ、日本人仏教者が中国仏教の現状を問題視し、日本仏教の優勢を主張するのは、近代独自の現象ではない。江戸時代、大陸から禅宗の黄檗宗が日本に到着した際、黄檗の念仏と禅を組み合わせた宗風は、日本人仏教者にとって中国における禅宗の堕落を意味し、日本の禅宗の優勢を主張する根拠となった[145]。ただ、明治・大正期における日本と中国の仏教の接触は、それ独自のコンテキストのなかで位置づけ、理解する必要がある。多くの日本人仏教者が中国仏教を観察した際、そこには当時の日本の仏教にとって進行中、またはすでにくぐり抜けた改革過程が反映されていた[146]。「形式主義」や「社会貢献」など、もともと日本の仏教を批判対象とした近代主義の中心概念が、日本仏教との比較のなかで中国仏教を後進的な存在として特徴づける機能をもったのである。さらに、こうした認識は日中仏教の関係の再定義をもたらし、結果として日本仏教をアジアにおけるもっとも優勢な仏教として位置づけるイデオロギー的な機能をはらむこととなった。日中の仏教交流と帝国主義との接点もここにある。

近年、末木文美士は、戦前の日本人仏教者たちのアジア大陸における布教活動を悪意に基づいたものとして捉えてはいけないと論じている[147]。本章で取り上げた仏教者をみると、こうした主張には一定の説得力がある。大谷光瑞のようなアグレッシブな帝国主義的イデオロギーの持ち主もいたが、明治・大正期の日本仏教者全般を単なる国家の道具と見なすことができないのは確かである。長期にわたって中国に滞在し、中国仏教と中国人仏教者に対する大きなシンパシーを示していた小栗栖香頂と水野梅暁は、特にそうである。両者は中国の仏教と中国全体の運命を悩み、日中仏教間で行われる交流が政治と絡んでしまうことを警戒した。小栗栖は、大谷に提出した『支那開教見込』のなかで、中国の開化の必要性を説き、それにおける日本の役割も主張しながら、日本は決して侵略などの強引な手段を使うべきではなく、「自然ト感心シテ互ニ世話スル様ニナルカ千秋ノ長策ナリ」と警告している[148]。また、水野梅暁が辛亥革命直前の一九一一年八月に著した「清国の現状と日本仏教徒の覚悟」という論説にも、似たような意識が見られる。

日本の仏教徒として之に対するにはもう其の国家主義も帝国主義をも全然払ってしまって、所謂仏陀平等の大慈に基づき徹頭徹尾この内外の圧迫に堪へきれない国民そのものに深厚なる同情を注いで諸有ゆる慰藉の方法を与へ、精神上に病み居る者には精神上の慰安を与へ、衣食に窮せる者には大ひに勉強の方法を説いて聞かす。［中略］支那国家の改造は支那人自身にやらせる決して他より干渉することをさせないといふ決心をなさしめ、之を実行せしむることは、実に日本仏教徒の天職である同時に、仏教徒として最も神聖なる任務であらうと思ふ[149]。

この文章は、日中交流における平等と平和を主張するものであり、中国人の主体性を尊重する態度を示してもいる。問題は、多くの日本人仏教者が、シンパシーを示しながらも、中国仏教を時代遅れのもの、または中国人仏教者は自ら中国仏教を復興させる能力をもたず、日本人仏教者による救済を必要とするという目で見ていたことである。近年の帝国主義研究では、帝国主義・植民主義におけるシンパシーの役割が注目されるようになっている[150]。悪意がなかったからといって、帝国主義とは無縁だという主張は成り立ちがたいのである。

この点について示唆的なのが、十九世紀のレヴァント地域における現地キリスト教徒を対象としたヨーロッパからのキリスト教宣教活動に関する、ウサマ・マクディシ（Ussama Makdisi）の研究である。マクディシが論じているように、彼ら宣教師はフランスやイギリスの帝国主義政策と正式な関係はもっていなかったが、帝国主義・植民地主義とある種の思想的土壌を共有していた[151]。宣教師たちは世俗的な帝国主義官僚と同様に、自分を世界の周辺における近代の代表者として理解しており、現地のキリスト教を、以前にもっていた栄光を失い、祈りも形式になり、停滞したものと見なして、宣教師による現地キリスト教の復興を唱えた[152]。

こうした指摘を踏まえると、中国仏教を消極的なものとしてみる眼差しは、たとえそれがシンパシーに基づくものであったとしても、危うさは免れないということになる。水野梅暁の場合、十九世紀末から二十世紀初めにかけての水野の中国仏教体験は、まだ日本の帝国主義と一致していなかった。だが、中国の政治情勢にも強い感心をもっていた水野は、一九二四年になると『支那時報』という政治雑誌を出版し、日本の大陸侵出と深い関係をもつようになった[153]。それ以前の中国仏教体験には、後の帝国主義との「協力」につながる思想的な種がすでに宿っていたといえる。

また、小栗栖や大谷光瑞にみられたように、仏教国連盟の設立への希望が挫折すると、中国仏教の復興を日本仏教の一方的な任務とする独善的な態度に陥るということもあった。アジアにおいて日本の仏教がもっとも進歩した仏教だという認識の形成は、これらのアジア諸仏教との直接的な邂逅のなかから理解する必要がある。日本人仏教者と日本の帝国主義との結びつきは、日本をアジアにおける啓蒙化と近代化の担い手として想定する発想の延長線上にあったといえよう。この意味では、日本人仏教者の帝国仏教観と中国仏教との接触は、デイヴィッド・チデスターが提案する「帝国の比較宗教（imperial comparative religion）」という枠組み内で捉えることが可能だと思える。チデスターは「帝国の比較宗教」を、帝国を準備するものであると同時に、帝国に随伴し、帝国の結果として生じるものでもあって、支配関係に影響を受けつつ支配を正当化する学問的事業であると定義する(154)。

日本人仏教者の対中国仏教観の重要な構成要素としては、過去を理想視する彼らの歴史的想像力も挙げられる。中国に渡った初期の仏教者をみると、彼らは出発の時点ではかならずしも中国仏教に対してネガティブなイメージをもっていたわけではない。逆に、理想的なイメージと大きな期待を抱いて中国に渡った人が多かった。多くの日本人仏教者にとって、中国仏教は、日本仏教の起源として日本仏教の理想化された過去であった。したがって、中国仏教は日本仏教と大きく異ならないはずだったが、実際の中国仏教の組織制度も寺院における日常の勤行も大きく違っていた。このことは日本人仏教者の中国仏教観を混乱させ、中国仏教に対する評価を複雑にした。

本章で分析した旅行記における中国仏教の表象は、現地における体験と事前に抱いていた理想との衝突を通じて形成されたものなのである。日本人仏教者と中国仏教との邂逅は、文化人類学者のメアリー・プラット（Mary Pratt）が「コンタクト・ゾーン（接触領域）」と呼ぶ空間のなかで起きたといえるだろう。「コンタクト・ゾーン」概念は、いかに主体が相互関係によって構築されるのかということを強調する概念である。この概念によってプラットは、植民地支配者と被支配者の関係を、分離したものではなく、共存、相互作用、絡み合いとして扱っている(155)。支配者から被支配者への一方的な関係ではなく、支配者も被支配者から影響を受ける。以上で指摘した日本人仏教者の中国仏教に対する優越感は、観察と中国人仏教者との交流によって徐々に形成されたものである。小栗栖香頂の例を思い出してみると、彼がもっていた歴史的イマジネーションや期待だけではなく、中国人仏教者の中国仏教観が、彼の中国仏教観の形成に影響したことは明らかである。このように、日本人仏教者がもっていた中国仏教観はかならずしも一方的に形成されたものではない。だがそれは、当時の地域秩序の再編成という国際政治の潮流のなかで、結果として日本仏教の中国仏教に対する優位を主張するために利用されたといえる。

廃墟と化した寺院のイメージは、これらの表象の中心的な要素として機能しており、中国仏教の全体的な状況を象徴するレトリカルな手段として使用されていた。すなわち、中国仏教がすでに生命力を失った形骸でしかないのであれば、それに介入することは、生きた存在に対する「侵略」ではなく、すでにもう何もなくなっている空間へ「入る」だけのこととなる。廃墟というレトリックが、日本仏教による介入の暴力性を覆い隠しているのである。

もう一つ、プラットが提供した概念を用いると、廃墟の表象には「反―征服（anti-conquest）」の機能がある。プラットは「反―征服」を「ヨーロッパの中産階級主体がヨーロッパのヘゲモニーを主張するのと同時に、それが無罪であることを保証するために使用する表象戦略をさす意味で用いている」[156]と定義している。たとえば、アレクサンダー・フォン・フンボルト（Alexander von Humboldt）が南米の描写において大自然に注目し、そのなかで暮らしている住民を無視することによって新大陸が無人空間とされ、ヨーロッパ人の征服のために開かれた。日本人仏教者についていうと、彼らは廃墟と化した寺院のシンボルを通じて中国仏教を生命力の失われた「死仏法」として描き、中国仏教を日本仏教による介入の空間として開いたといえる。

最後に、中国仏教の表象のもう一つの重要な要素は、宗派に対する注目である。多くの日本人仏教者にとって、宗派概念は日中仏教の比較の主要なキーワードとなっていた。主に唐代において中国で創成された諸宗派は、中国では失われたが、日本に純粋な形で継承されているという認識がよくみられる。これは日本人仏教者にとって、中国仏教がもともともっていた正統性を失ったことを意味した。日本人仏教者にとって宗派概念が中国仏教の理解においていかに重要であったかは、最後に取り上げた鈴木大拙と禿氏祐祥の二例にうかがうことができる。日本的な宗派概念は中国仏教に適用できないと認めても、宗派概念が各地における仏教の現状を評価する基準となっていたのである(157)。

中国仏教との邂逅のなかで、日本人仏教者は中国仏教を衰退したものと見なすに至ったわけであるが、小栗栖の中国滞在記でみたように、実は当時の中国人仏教者のなかにも、中国仏教を堕落、または衰退したものと見なしていた仏教徒がいた。次章では、この清末・民国期の中国仏教自体における中国仏教の現状に対する批判に注目し、その歴史的思想的背景を分析したい。興味深いことに、中国人仏教者の言説においても、宗派概念が中心的なキーワードの一つとして登場する。

註

（1）朝倉明宣・教学参議部編『清国巡遊誌』（京都：朝倉明宣、一九〇〇年）、御親諭、七～八頁。

（2）Jaffe, Richard, 2006, "Buddhist Material Culture, 'Indianism,' and the Construction of a Pan-Asian Buddhism in Prewar Japan," *Material Religion*, vol. 2, no. 3, p. 268.

（3）小川原正道編『近代日本の仏教者――アジア体験と思想の変容』（東京：慶應義塾大学出版会、二〇一〇年）、x頁。

（4）デイヴィッド・チデスター著、沈善瑛・西村明訳『サベッジ・システム――植民地主義と比較宗教』（東京：青木書店、二〇一〇年）、一三～一四頁。

（5）たとえば、黄運喜『中国仏教近代法難研究　1898-1937』（台北：法界出版社、二〇〇六年）、六三頁以降を参照。「廟産興学」に関しては、以上の黄『中国仏教近代法難研究　1898-1937』と Goossaert, Vincent, 2006, "1898: The Beginning of the End of Chinese Religion?," *The Journal of Asian Studies*, vol. 65, no. 2 を参照。

（6）ヴァンサン・ゴーセールは、当時の寺院再建の際に行われた寄付金応募活動について言及している。僧侶が

「関」と呼ばれる個室に閉じ込められることによって町人の寄付金を集める活動が、広く行われたと指摘する。Goossaert, Vincent, 2002, "Starved of Resources: Clerical Hunger and Enclosures in Nineteenth-Century China," *Harvard Journal of Asiatic Studies*, vol. 62, no. 1 を参照。

（7）常光浩然『明治の仏教者』上（東京：春秋社、一九六八年）、二三一～三二頁。小栗栖については後に詳細に触れるため、ここでは紹介を省略する。

（8）常光浩然『明治の仏教者』下（東京：春秋社、一九六九年）、六三～六四頁。

（9）前掲註（7）常光『明治の仏教者』上、六三～七七頁。

（10）竹林史博編『曹洞宗正信論争』（阿東町〈山口県〉：龍昌寺、二〇〇四年）、六頁。

（11）前掲註（8）常光『明治の仏教者』下、三八九～三九九頁。

（12）森井国雄の略伝については『明治新聞雑誌関係者略伝』、二六九頁を参照。

（13）前掲註（1）朝倉『清国巡遊誌』、七頁。

（14）同書、四四頁。実は、この旅行記はほとんど中国仏教に言及していない。上海や香港の近代文化の産物や中国内陸の鉄道などの設備が旅行団の注目を引いている。

（15）たとえば、ジョシュア・フォーゲルは、中国における仏教寺院の状況に対する大谷光瑞の探検隊の中国 仏教寺院の状況に対する驚きを指摘している。Fogel, Joshua, 1996, *The Literature of Travel in the Japanese Rediscovery of China, 1862-1945*, p. 89.

（16）曽根俊虎『清国漫遊誌』（東京：績文舎、一八八三年）、四六～四七頁。

（17）小栗栖香頂「北京紀事」（陳継東・陳力衛整理『北京紀事 北京紀游』北京：中華書局、二〇〇八年）、一二頁。

（18）前掲註（6）Goossaert, "Starved for Resources: Clerical Hunger and Enclosures in Nineteenth-Century China," p. 118. 特に注91を参照。

（19）松本文三郎『支那仏教遺物』（東京：大鐙閣、一九一九年）、五〇頁。

(20) 同書、五一～五二頁。
(21) 釈宗演『支那巡錫記』(東京：平凡社、一九二九年)、一六六頁。
(22) 同書、二一三～二一四頁。
(23) 前掲註(1)朝倉『清国巡遊誌』、一〇三頁。また、他の寺院についても同じような描写が見られる。大谷と朝倉らが浄慈寺を訪れた際、「今は僅に旧趾を存するに過ぎず」というが、「三十五の僧徒ありて仏像を護するを見る」という描写も見られる(九六頁)。
(24) 山本讃七郎『北京名勝』(東京：山本讃七郎、一九〇一年)を参照。
(25) 井上陳政編『禹域通纂』(東京：大蔵省、一八八八年)、三八二頁。
(26) 西島良爾『実歴清国一斑』(東京：博文館、一八九九年)、一五二頁。
(27) 徳富猪一郎『七十八日遊記』(東京：民友社、一九〇六年)、一〇一～一〇二頁。
(28) 同書、二六七～二六八頁。
(29) アーサー・スミス著、渋手保訳『支那人気質』(東京：博文館、一八九六年)を参照。また、桂頼三『長江十年』(東京：同文館、一九一七年)、一八六頁。
(30) Welch, Holmes, 1968, *The Buddhist Revival in China*, Cambridge, Mass.: Harvard University Press, p. 87.
(31) Ibid., p. 90.
(32) 李が使っている英語の「ruinscape」は中国語の「残景」の英訳である。
(33) Lee, Haiyan, 2009, "The Ruins of Yuanmingyuan : Or, How to Enjoy a National Wound," *Modern China*, vol. 35, no. 2, p. 164.
(34) Ginsberg, Robert, 2004, *The Aesthetics of Ruins*, New York: Rodopi, p. 109.
(35) Ibid., p. 52.
(36) 来馬琢道は筆談の困難さに言及している。来馬琢道『蘇浙見学録』(東京：鴻盟社、一九一六年)、一六五頁以降を参照。
(37) 釈宗演の場合、彼が中国寺院の住持と行った筆談にはかなりアグレッシブな側面もあった。霊隠寺の住持能和が釈宗演に試されていることを感じて怒ったというエピソードもある（前掲註〈21〉釈『支那巡錫記』、二七二頁）。
(38) 前掲註(21)釈『支那巡錫記』、二四七頁。
(39) 同書、一七五頁。
(40) 前掲註(19)松本『支那仏教遺物』、五八頁。
(41) 同書、一六頁。松本はこれを北京にある雍和宮についていう。
(42) 野鶴生（森井国雄）「清国仏教視察談」（一九〇一年）（『仏教』第一七三号）、一七五頁。
(43) 森井野鶴（森井国雄）「清国仏教視察談」（一九〇一年）（『仏教』第一七五号）、二八四頁。
(44) 大谷光瑞『放浪漫記』（東京：民友社、一九一六年）、二八～二九頁。
(45) 前掲註(1)朝倉『清国巡遊誌』、一九頁。
(46) 釈宗演『快人快馬』（東京：日新閣、一九一九年）、一六九頁。また「支那を今日の状態に導き、国家の独立を危うくし、人民の体面を損ぜしむるに至った主なる原因となった。即ち、儒教の形式、礼儀を重んずる結果から生じた弊害として、徒らに虚礼に流れ、形式に囚れ、虚偽の孝子、忠臣増加し、繁文褥礼となり、遂に精神を全く没却して、形式をのみ取れば可なりと云ふ有様となり」（一六七～一六八頁、その後の葬儀習慣についての文章は徳富猪一郎の著作から取ったと思われる）。だが、釈宗演は、中国の他の宗教と比べると、仏教については好意的な描写をする場合もある。「第三に仏教は、帰依者たり保護者たる国王亡び、纔かに山林に余喘を保つの振はざる状態にあるが、衲の見るところを以てすれば、江蘇、浙江、福建地方の如き、尚ほ盛んに行はれ、数に於いても、其の実質に於いても、之を他の宗教に比すれば立派である」（一七一頁）。
(47) 前掲註(19)松本『支那仏教遺物』、六二頁。
(48) 前掲註(21)釈『支那巡錫記』、二二二頁。

(49) 碧海寿広「儀礼と近代仏教――『新仏教』の論説から」(『近代仏教』第一六号、二〇〇九年、二七～五〇頁)、特に四三～四四頁。碧海は新仏教運動に焦点を当てながら、精神主義運動においても儀礼に対する批判が見られると指摘する。たとえば、日課の一部をなす読経が単なる機械的な動作に陥ってしまうことに危険性を見いだすなどである(三六～三七頁)。
(50) 前掲註(1)朝倉『清国巡遊誌』、六～七頁。
(51) 同書、一〇頁。
(52) 中国仏教を日本仏教と対照的に捉え、前者を世間や社会と離れている「出家仏教」や「山間仏教」として位置づける傾向が、当時の日本の仏教研究者の間に広く見られる。代表的な例に、常盤大定『支那の仏教』(東京：三省堂、一九三五年)がある(特に二二三～二二四頁)。
(53) 釈宗演「支那漫遊所感」(釈宗演『叩けよ開かれん』東京：小西書店、一九一九年)、二〇四～二〇五頁。実は釈宗演は、日本仏教の社会に対する活動が足りないと主張しており、これを中国仏教のみの問題としては理解していない。
(54) 水野梅暁「湖南仏教視察報告」(安井正太郎著『湖南』東京：博文館、一九〇五年、五六七～六二四頁)、六二二頁。
(55) 小島晋治『近代日中関係史断章』(東京：岩波書店、二〇〇八年)、三頁。
(56) 前掲註(15)Fogel, *The Literature of Travel in the Japanese Rediscovery of China, 1862-1945*, pp. xiv-xv.
(57) Ibid., p. 136.
(58) Ibid., pp. 152-3.
(59) 来馬琢道『蘇浙見学録』(東京：鴻盟社、一九一六年)、一二九頁。
(60) 同書、三三頁。
(61) 前掲註(21)釈『支那巡錫記』、二六四頁。
(62) 同書、一八一頁。

(63) 二条厚基の少林寺の僧侶についての描写と比べると、彼はそれほどネガティブな意見を述べていない。「寺には四十幾人の僧侶が居て、彼等は分業的に働いてゐる。即ち寺の庶務を担任する者、読経を専ら為す者、農作牧畜を働く者、及び児童の教育を授ける者とである」(前掲註〈21〉『支那巡錫記』、一七八頁)。

(64) 前掲註(19)松本『支那仏教遺物』、一五頁。

(65) 同書、五八頁。

(66) 同書、四三頁。

(67) 同書、五九頁。

(68) 田中善立「南支那殊福建の宗教」(田中善立『台湾と南方支那』〈東京:新修養社、一九一三年〉)、三〇三~三〇四頁。

(69) 前掲註(30)Welch, *The Buddhist Revival in China*, p. 263.

(70) 前掲註(1)朝倉『清国巡遊誌』、一七八~一七九頁。

(71) 前掲註(21)釈『支那巡錫記』、二一二~二一三頁。

(72) 前掲註(19)松本『支那仏教遺物』、二七~二八頁。

(73) 小栗栖香頂・小栗栖憲一『支那開教見込』(一八七三年)、六~七頁。引用は陳継東「小栗栖香頂──中国体験と日本仏教の再発見」(小川原正道編『近代日本の仏教者──アジア体験と思想の変容』慶應義塾大学出版会、二〇一〇年)の八二頁にある。

(74) 前掲註(1)朝倉『清国巡遊誌』、三九~四〇頁。

(75) 教海雑誌社(社説)「本派嗣法猊下の支那飛錫」(一八九九年)(『教海一瀾』第三七号)、四頁。

(76) 前掲註(1)朝倉『清国巡遊誌』、凡例、三頁。

(77) 同書、五~六頁。

(78) 前掲註(44)大谷『放浪漫記』、一六〇~一六一頁。

(79) 森井野鶴（森井国雄）「清国行脚を我仏教家に勧む」（一九〇二年）（『仏教』第一八年第九号）、三一二頁。
(80) 前掲註(19)松本『支那仏教遺物』、六二～六三頁。
(81) 近代日本における仏教改革と社会参加については、ムコパディヤーヤ、ランジャナ『日本の社会参加仏教』（東京：東信堂、二〇〇五年）、特に五一～五三頁を参照。
(82) 釈宗演「支那及び支那の宗教」（前掲註〈46〉釈『快人快馬』）、一七五頁。
(83) 白尾義夫「支那宗教事情（二）」（一九一〇年九月二十六日）（『中外日報』）を参照。
(84) 前掲註(7)常光『明治の仏教者』上、三九〇頁。
(85) 前掲註(54)水野「湖南仏教視察報告」、五九七～五九八頁。
(86) 同書、六二一～六二二頁。
(87) この点に関して、日本人仏教者はかならずしも一貫して同じ立場を取っていたわけではない。釈宗演は、中国に対する布教権の獲得の試みを批判する姿勢も示している。釈宗演「支那漫遊所感」（前掲註〈53〉釈『叩けよ開かれん』）、二〇二～二〇三頁。
(88) 魚返善雄（小栗栖香頂）「同治末年留燕日記（下）」（『東京女子大学論集』第八巻第三号、一九五八年、四五～八一頁）、五一頁。
(89) 井上円了『僧弊改良論』（東京：森江書店、一八九八年）、九一頁。
(90) 前掲註(79)森井「清国行脚を我仏教家に勧む」、三一三頁。
(91) 前掲註(88)魚返（小栗栖）「同治末年留燕日記（下）」、七九頁。
(92) 同書、七九頁。
(93) 前掲註(26)西島『実歴清国一斑』、一五四頁。
(94) 宮内猪三郎「寺院」（宮内猪三郎『清国事情探検録』〈東京：東陽堂、一八九四年〉）、六～七頁。
(95) 前掲註(25)井上『禹域通纂』、三八一頁。「賢首」はここで「華厳宗」のことを指しており、慈恩は「法相宗」のことを指している。
(96) 安東不二雄『支那漫遊実記』(東京：博文館、一八九二年)、一八三頁。
(97) 同書、一九八頁。
(98) 小栗栖香頂の生涯については、主に前掲註(7)常光『明治の仏教者』上を参照。また、小栗栖の中国体験については前掲註(73)陳「小栗栖香頂」を参照。
(99) 前掲註(7)常光『明治の仏教者』上、二八頁。中国に渡った背景には一八七三年の「日清修好条規」もあったと陳継東は指摘する(前掲註〈73〉陳「小栗栖香頂」、五四頁を参照)。
(100) 小栗栖香頂「呈本然上人書」(小栗栖香頂『北京護法論』戸次村〈大分県〉：小栗栖香頂、一九〇三年)を参照。
(101) 前掲註(7)常光『明治の仏教者』上、三一頁。
(102) 前掲註(17)小栗栖「北京紀事」、一〇頁。
(103) 同書、二九〜三〇頁。
(104) 魚返善雄(小栗栖香頂)「同治末年留燕日記(上)」(『東京女子大学論集』第八巻第一号、一九五七年、一〇〜五一頁)、一九頁。
(105) 前掲註(17)小栗栖「北京紀事」、一二頁。
(106) 同書、一二頁。
(107) 前掲註(73)小栗栖『支那開教見込』、五頁。前掲註(73)陳「小栗栖香頂」、六〇頁に引用されている。
(108) 同書、五頁。前掲註(73)陳「小栗栖香頂」、六〇頁に引用されている。
(109) 前掲註(88)魚返(小栗栖)「同治末年留燕日記(下)」、五一頁。大谷派の僧侶が中国人僧侶の肉食を批判する態度にはダブル・スタンダードを読み取ることもできる。当時の中国仏教に対するこのような見方が『北京護法論』においても詳細に紹介されている。特に五一〜五二頁を参照。
(110) 同書、五一頁。

(111) 前掲註(104)魚返（小栗栖）「同治末年留燕日記（上）」、三五～三六頁。訳文は、陳継東訳（未刊）による。
(112) たとえば、前掲註(88)魚返（小栗栖）「同治末年留燕日記（下）」、五三～五四頁にある修法事の描写を参照。
(113) 同書、三八頁。釈柱のみならず、本然も、天津で出会った僧侶澄空も、彼に仏教者として高く評価されていた。
(114) 前掲註(100)小栗栖『北京護法論』、一六頁。
(115) 前掲註(17)小栗栖「北京紀事」、一一頁。
(116) 同書、一〇八～一〇九頁。
(117) 同書、六〇頁。
(118) 前掲註(73)陳「小栗栖香頂」、六七頁。浄土教の説明について、陳は「この浄土教の流れや教義の言説は慧遠を始祖とする中国浄土の九祖説と全く異なっており、中国仏教者にとっては全く耳にしたこともないものにほかならない」と記す（七一～七二頁）。
(119) 前掲註(100)小栗栖『北京護法論』、一三頁。
(120) 同書、一六頁。
(121) 前掲註(21)『支那巡錫記』、二七八頁。
(122) 中外日報社「支那の仏教現状」（一九一一年四月十四日）（『中外日報』）、一頁。
(123) 前掲註(21)『支那巡錫記』、二四五頁。
(124) Schlütter, Morten, 2010, *How Zen Became Zen: The Dispute over Enlightenment and the Formation of Chan Buddhism in Song-Dynasty China*, Honolulu: University of Hawai'i Press, p. 172-3。
(125) Ibid., p. 183。
(126) 前掲註(21)釈『支那巡錫記』、二五四頁。
(127) 前掲註(36)来馬『蘇浙見学録』、四一頁。
(128) 前掲註(54)水野「湖南仏教視察報告」、六一四頁。

(129) Yu Chun-fang, 1981, *The Renewal of Buddhism in China*, New York: Columbia University Press, pp. 147-9.
(130) 前掲註(30)Welch, Holmes, 1968, *The Buddhist Revival in China*, pp. 194-5.
(131) 前掲註(68)田中「南支那殊福建の宗教」、二五九頁。
(132) 同書、二八七頁。
(133) 前掲註(19)松本『支那仏教遺物』、五九〜六〇頁。
(134) 小栗栖香頂『仏教十二宗綱要』（東京：仏教書英訳出版舎、一八八六年）、八頁。
(135) 前掲註(36)来馬『蘇浙見学録』、一四六頁。
(136) 前掲註(42)野鶴生（森井国雄）「清国仏教視察談」、一七六頁。
(137) 水野梅暁『支那仏教の現状に就いて』（東京：支那時報社、一九二六年）、一〇〇頁。
(138) たとえば、小野勝年・日比野丈夫「五台山の現在と過去」（『日華仏教研究会年報』第五年、一九四三年、三七〜七四頁）、五〇頁。
(139) 鈴木大拙『支那仏教印象記』（東京：森江書店、一九三四年）、九九頁。
(140) Suzuki Daisetz Teitaro, 1935, "Impressions of Chinese Buddhism," *The Eastern Buddhist*, vol. VI, no. 4, p. 327.
(141) 前掲註(139)鈴木『支那仏教印象記』、一一七〜一一八頁。
(142) 同書、一四三頁。
(143) 同書、一四六頁。
(144) 禿氏祐祥「日本仏教と宗派組織」（『日華仏教研究会年報』第三年、一九三八年、二一〇〜二一五頁）、二一三頁。
(145) Baroni, Helen, 2000, *Obaku Zen: The Emergence of the Third Sect of Zen in Tokugawa Japan*, Honolulu: University of Hawai'i Press, p. 106, p. 127.
(146) 明治期仏教界の重要人物であった島地黙雷（一八三八〜一九一一年）が、一九〇二年九月に開催された万国青年仏教連合会において、日本仏教の革新とその後のアジア各地の覚醒を一つの統一した課題として宣言したことが、国内における改革と海外に対する発信の関係と同時性を見事に示す。万国仏教青年連合会本部「宣言」（一九〇三年）（『万国仏教青年連合会会報』第一号）を参照。

(147) Sueki Fumihiko, 2010, "Chinese Buddhism and the Anti-Japanese War," *Japanese Journal of Religious Studies*, 37:1, p. 10.

(148) 前掲註(73)小栗栖『支那開教見込』、四頁。

(149) 水野梅暁「清国の現状と日本仏教徒の覚悟（四）」（一九一一年八月二十一日）（『中外日報』）、一頁。

(150) たとえば、Rutherford, Danylin, 2009, "Sympathy, State Building, and the Experience of Empire," *Cultural Anthropology*, vol. 24, no. 1:1-32. を参照。

(151) Makdisi, Ussama, 1997, "Reclaiming the Land of the Bible: Missionaries, Secularism, and Evangelical Modernity," *American Historical Review* vol. 102, no. 3, p. 712.

(152) Ibid., p. 687-91.

(153) 詳細は、辻村志のぶ「近代日本仏教と中国仏教の間で――「布教使」水野梅暁を中心に」（『国家と宗教――宗教から見る近現代日本』上巻、京都：法藏館、二〇〇八年、三六〇～四〇三頁）を参照。

(154) Chidester, David, 2014, *Empire of Religion: Imperialism and Comparative Religion*, Chicago: University of Chicago Press, p. 6.

(155) Pratt, Mary, 2008, *Imperial Eyes: Travel Writing and Transculturation*, New York: Routledge, p. 8, p. 133.

(156) Ibid., pp. 8-9.

(157) 朝鮮半島の仏教に対しても、宗派概念の同様の機能が見られる。植民地支配において、朝鮮半島の仏教は中国仏教の各宗をそのままで受容したのみで、独自の宗派的発展がなかったため、朝鮮半島の仏教の独立性は認められなかった（川瀬貴也『植民地朝鮮の宗教と学知――帝国日本の眼差しの構築』東京：青弓社、二〇〇九年）、一五四～一五五頁。

第二章

近代中国における仏教堕落論

第一節　課題の設定

前章では、日本人仏教者の中国仏教観を分析し、その特徴とその思想的背景を究明した。しかし、中国仏教の現状を悲観的にみていたのは当時の日本人だけではなかった。清末・民国期において、中国人仏教者のなかにも、末法の到来を唱えて、中国仏教の現状を悲観的にみて、仏教の堕落を指摘していた人たちがいた。[1] 日本人仏教者が特に仏教寺院の現状などの外見的な側面から堕落を評価したのに対して、中国人仏教者の眼差しは、むしろ仏教の精神的な内面あるいは僧侶の資質に向けられていた。[2] 敬安・楊文会・宗仰・太虚ら仏教家はそのような考えを共有し、仏教の堕落状態を嘆き、その復興を唱えていた。

この堕落論の代表的な一例は、僧侶印光（一八六二〜一九四〇年）が、一九一三年に仏教系雑誌『仏学叢報』の編集部宛の手紙において、中国における仏教の衰頽の原因について言及したものである。

順治帝は、仏の制定したものを深く尊敬し、それに従っていた。仏教の発展に大いに便宜を図り、僧侶資格を得るための試験を廃止し、自由に出家することを許可した。そのため、皇帝の法令によって、護戒証明書を作ることとなり、その時から永遠に僧尼身分証明書を免除した。仏法の衰退は実にこれにもたらされた。［中略］（乾隆帝の時から）浅薄で無頼の人たちが数多く仏教に入った。自分でさえ仏法に対して無知であるのに、いかに生徒たちを教えて修行できるのであろうか。この時から日に日に世代ごとに（仏教が）衰えていき、今に至ると僧侶は少なくはないが、文字を読める人は十人に一人もいない。

（世祖遂仰遵仏制。大開方便。罷除試僧。令其随意出家。因伝皇戒。製護戒牒。従茲永免度牒矣。仏法之衰。実基于此。［中略］鄙敗無頼之徒。多皆混入法門。自既不知仏法。何能教徒修行。従茲日趨日下。一代不如一代。致今僧雖不少。識字者十不得一。）(3)

つまり、清朝初期の順治皇帝（在位期間一六四三～六一年）によって僧侶の教育水準を保証する国家試験制度が廃止され、特に清朝中期以降は多くの犯罪者が僧侶になり、出家者の人口増加とともに資質が大いに下がったことが仏教の衰頽の原因であったと、印光は主張する。ここにおいては試経制度の廃止が出家界に対して及ぼした影響はかならずしも明らかではないが、研究者のなかにはその影響の大きさを指摘するものもいる。しかし、その一方で、度牒という僧尼身分証明書の免除と試経制度廃止による出家者の無秩序の増加や資質の低下は起こらなかったと考える研究者もいる。(4)

以上の一例からわかるように、中国人仏教者が主張した堕落論をそのままで信じることはできず、仏教の堕落とそれにともなう復興に関する記述の具体的な背景とイデオロギー性を分析する必要がある。清末期の仏教の堕落は今まで多くの研究の大前提となっているため、当時の仏教者の思想を分析する前に、先行研究を検討する必要がある。

第二節　先行研究と中国仏教堕落問題

序論において、すでに中国仏教の衰頽が戦後の中国仏教研究の前提であったことを指摘した。ホームズ・ウェルチ（Holmes Welch）が一九六〇年代にこの堕落論に対して強い反論を加えたが、堕落論は研究者のなかに今日なお根強く残っている。多くの近代中国仏教の研究者は清末・民国期の仏教改革派の言論をそのまま受容しており、中国仏教の衰頽状態を主張しているのである。たとえば、二十世紀中国仏教についての代表的な研究業績を上げた陳兵と鄧子美は、太虚や常惺など、民国期の仏教改革者による中国仏教批判を引用したうえで、テキスト批判をせずに、その言説が「実情」であったと見なしている。(5) また、仏教研究者の麻天祥も、清末における仏教堕落を指摘する際に、清末の僧侶敬安が一八七九年に「法門が確実に秋残に至り、宗風の寂寥の末法の時だ」と述べたことを、そのまま衰頽状態の証拠として引用している。(6) この二つの事例が示すように、過去の宗教者の認識が無批判に受容されているため、先行研究では堕落概念が非常に単純化して扱われている。

これに対し、ウェルチ自身は一九六七年に発表した *The Practice of Chinese Buddhism*（『中国仏教の実践』）の最後で、「いかなる力によって中国仏教がこの悪名を得たのだろうか」という問いを読者に投げかけはしたが、仏教が堕落していたという見方がどこに起源をもつかという問題を明らかにしているわけではない。(7) 翌一九六八年に刊行された *The Buddhist Revival in China*（『中国仏教の復興』）において、ウェルチは近代中国仏教における「復興（revival）」概念を批判的に分析し、仏教はそもそも堕落しておらず、近代中国において生じた現象は、正確な意味での復興運動ではなかったことを主張した。(8)

近年、復興運動の再考が積極的に試みられている。たとえば、唐忠毛は、「近代中国仏教復興」という単純すぎる視座が、当時の中国仏教において実際に起きた変遷をむしろ隠蔽していると批判した[9]。また、復興概念に対して別の概念を提供しようとする研究者もいる。たとえば、学愚と名乗る中国人研究者が、近代中国仏教に対して「復興」という語は適用できないことを主張し、代わって「覚醒」という概念を提供したのである。学愚は清末・民国期の仏教運動を当時の政治的な動きであった「中華民族の覚醒」という課題と関連づけて、中国仏教者の「覚醒」による現象として位置づけている[10]。当時の中国仏教における諸変遷を当時の社会的・文化的な変化と結びつける学愚の指摘は妥当性をもっている。さらに、香港の研究者葉紅玉（Ip Hung-yok）は「復興」と「覚醒」の両概念を棄てて、当時の現象を「仏教の拡大主義（Buddhist expansionism）」と呼んだ[11]。これは、仏教がそれまで無関係であった、さまざまな新しい領域へ拡大していったという観点である。

これらの指摘と観点はそれぞれ意義のあるものであり、復興思想を評価する立場であるが、復興概念の裏面をなしていた堕落概念が、以上の諸研究ではほとんど無視されている。ウェルチは当時の「復興」概念を使用することを批判し、仏教の堕落状態を否定したため、その結果として、当時存在していた堕落や衰頽についての言論を看過している。学愚と葉は復興概念の代わりに「覚醒」と「拡大」という概念を提供している。これらの主張もそれぞれ有用ではあるが、ウェルチが堕落という概念に対して唱えた疑問を共有してはいない。学愚は清末・民国期の仏教を堕落したものと見なしており、仏教者の「覚醒」はこの衰頽した現状に対する覚醒であると捉えている。葉は、仏教の堕落状態に直接にはほとんど言及せずに、近代中国仏教における諸現象を中立的な「拡大」という概念を使って理解しようとしている。

結果として、中国仏教が堕落していたという観点が無批判的に再生産されるか、またはウェルチのように当時の仏教堕落に関する言論が無視されるか、という二つの極端な議論が平行線をたどっているのが現状である。その意味では、清末・民国期の仏教における堕落言論の問題が未解決のままなのである。筆者は基本的にはウェルチの主張が妥当であると考えているが、仏教が堕落していなかったというウェルチの主張を認めるならば、それを清末と民国期に同時代的に存在していた堕落言論といかに整合的に説明することができるかという問題が出てくる。

この問題を究明するために、当時の新しい思想的潮流のコンテキストを手掛かりに、堕落言論を分析したい。つまり、近代中国思想史の研究者張灝（Chang Hao）が提供した「思想的環境（intellectual milieu）」という概念が大変示唆的である。張は、清末の知識人たちの思想を正確に位置づけるため、知識人たちがいた思想的環境を理解しなければならないと主張している。この思想的環境は、知識人たちが身を置いていた生活空間のなかに流れていた思想、または彼らが直面していた「社会的状況（social situation）」によって形成されている。社会的状況はここでは客観的な環境ではなく、知識人たちが認識していた生活空間（life-world）を指している。「社会的状況」というコンテキストのなかで「思想的環境」が具体的な意味をもつ。両者は相互関係にある[12]。このアプローチを清末の仏教者に適用すると、彼らの思想と活動を仏教界内部の観点からだけではなく、彼らがいた思想的環境のなかから理解する必要がある。つまり、仏教者と一般思想界との関係に注目するアプローチである。

従来の研究において、清末の思想界が仏教者に与えた影響が指摘されていないわけではないが、十分に問題視されてはいない。たとえば、陳善偉（Chan Sin-wai）の先駆的な研究は、清末の改革派と革命派の思想家たちが仏教に関心をもっていたことに注目している[13]。また、近年の葛兆光の研究もこの思想的環境を重視するというアプローチを取っている。葛によれば、当時の改革派・革命派の知識人たちが仏教を中国の復興のために動員可能な資源と見なしており、仏教に強い期待をもっていた。葛はさらに当時の日本仏教界との関係に言及し、井上円了の著作を取り上げ、中国では多くの改革派知識人が明治期の護国仏教思想に感化されたことを指摘している。葛は、その後の仏教のなかで現れた入世間の傾向や仏教を改良しようとする動きも、この日本の影響を受けた現象であると推測している。[14] 陳と葛のこれらの指摘と研究成果は非常に重要ではあるが、二人は仏教と一般思想界の関係を主に改革派・革命派の世俗的な思想家たちの観点から捉えているため、当時の仏教者にあまり焦点を当てていない。仏教者により注目している葛も、清末における仏学の「短期間の復興」が宗教的な意味での仏教の復興ではなく、文化的意義をもつ仏学であったと主張して、[15] 仏教者の観点に言及していない。

また、学愚は当時の一般思想界において広く使われていた「覚醒」概念を借りて、それを仏教者に転用しようとしているが、学愚の「覚醒」概念の扱い方には問題があり、この概念がもつイデオロギー性を見落としている。近代中国史研究者のジョン・フィッツジェラルド（John Fitzgerald）は、中国近代史における「覚醒」概念が、清末・民国期の改革者と革命家たちによって社会の諸領域を政治空間と結びつけるために用いられたという、そのイデオロギー的な役割を指摘している。[16] したがって、覚醒概念は歴史事実を描写するための中立的な概念ではないのである。フィッツジェラルドの指摘は仏教における堕落言説分析にとって示唆的である。本章において検証されるように、「堕落」概念にもイデオロギー的なニュアンスが含まれていた。

以下で詳細に取り上げる、仏教改革を目指した僧侶太虚（一八九〇～一九四七年）の思想において仏教思想と清末の近代思想が結合していた状況は、当時形成されつつあった近代的ナショナリズムと仏教の関係をよく示している。彼が章炳麟（号太炎、一八六九～一九三六年）や梁啓超などの清末思想家たちの著作を読んだことは、彼の弟子印順の『太虚大師年譜』によって知られる。[17] しかし、清末思想家たちによるこれらの本を読むことが、太虚にとって具体的には何を意味していたのかについてはあまり言及されていないように、ナショナリズムと清末仏教界の関係は、先行研究において十分に注目されてこなかった。最近の研究において、ジェームス・カーター（James Carter）はウェルチが近代中国仏教をナショナリズムと無縁なものとして描いている傾向に反論して、彼が研究対象とした民国期の僧侶倓虚の例に基づき、ナショナリズムが仏教において大きな役割を果たしていたと指摘している。[18]このように、太虚とナショナリズムとの関係はこれまでも多少は指摘されていた。たとえば、太虚の研究者であるドン・ピットマン（Don Pittman）は、太虚が当時の新しい国家建設の流れを模範として、新しい仏教の創造が可能であるかどうかを真剣に考えるようになったことを指摘している。[19]つまり、ピットマンは国家建設と仏教改革が同時並行的に試みられたとみたうえで、前者が後者に影響を与えたとしているのである。しかし、筆者が以下で究明するように、ピットマンが指摘するような「新国家（建設の試み）と平行な関係」という以上に、太虚の思想における、国家と仏教の関係は密接なものであった。太虚に限らず、ナショナリズムが、当時の仏教の思想的環境の重要な構成部分をなしており、仏教における堕落言論の主な背景をなしていたと筆者は考える。

本章において、筆者はまず仏教の堕落に関する清末の仏教者の言論活動を分析し、これを清末・民国初期の思想的環境というコンテキストのなかに位置づける。これによって、近代中国仏教がなぜ悪評を得ていたかというウェルチが指摘した問題について、部分的に回答を与えることができよう。

本章において、仏教堕落に関する言論を当時の日本仏教との関連性のなかで議論することもあるが、このテーマに対する詳細な検証は第三章に譲る。

本章では、近代中国仏教の思想空間にとって決定的に重要な時期であった清末と辛亥革命前後の時期に焦点を当てる。まず、しばしば中国仏教復興の原点とされている清末の僧侶敬安（一八五二〜一九一二年）に注目したい。敬安は当時の仏教衰頽論の複雑さを示す好例だからである。

第三節　近代仏教者敬安における仏教衰頽論

寄禅という字でも知られている敬安は一八五二年、湖南省湘潭石潭県の農家に生まれた。若い頃、両親を失い、彼は一八六九年、湘陰の法華寺において出家した。一八七七年、阿育寺の仏舎利塔の前で指二本を燃やしたため、その後「八指頭陀」としても知られていた。一八八四年以降、彼は中国各地を遊歴して、衡陽の上封寺と大善寺、寧郷の潙山寺、長沙の上林寺の住持を歴任し、これらの寺を復興させた後、一九〇二年に寧波にある天童寺の主持となった。一八九〇年代以後、清朝の改革政策の一部として廟産興学運動[20]が起こると、敬安は寺院を国家から守るために尽力し、僧教育会を創立した。死去する直前の一九一二年には、新しく設立された中華仏教総会の会長となった。

敬安はその作詩活動でも知られており、生前すでに詩集も刊行されていたが[21]、民国期の仏教者と現代の研究者によって、近代中国仏教復興の開拓者として高く評価されている[22]。現在の研究者の一例を挙げると、葛兆光は「十九世紀後半に至ると、仏教内の人々はみな仏教がすでに衰退していることを感じた。一八七九年、寄禅が「近頃は正に暮秋、我々の宗の風儀は衰え、言うに忍びない状況ですらある」と嘆き、その十三年後も状況がまだ好転しておらず、「嘉慶と道光年間以来、禅の河が漸次涸れてしまい、法幢がくじき折れてしまった。咸豊と同治年間の際、魚山では梵天の声が止み、獅座が塵を被っている」と嘆いた」と述べている[23]。麻天祥も敬安を当時の仏教の衰頽状態を直視していた仏教者として紹介しており、敬安の著作に基づいて、清末を「末法の時（末法時期）」と呼んでいる[24]。これにより、敬安は中国仏教の堕落した現状に目覚めて活動を始めた人物とされ、彼は近代中国仏教復興という物語のうえで不可欠な人物とされている。

しかし、敬安の例こそは「衰頽」と「復興」という両概念を用いて説明されてきた近代中国仏教に関するこれまでの議論を再考するための好例であると思われる。たとえば、上述の葛の文章は、敬安が一八七九年に開慧という僧侶に書いた手紙の一部であり、その続きには以下のように書かれている。

昨年[25]、天童寺の波旬[26]が事件を起こしたことは、正に獅子身中の虫が自ら獅子の肉を食らうというものである。ああ、大きな力をもつ人が、法幢を立て、法鼓を鳴らして、魔軍と戦って追い払わない限り、古い屋根は苔がむし、法堂に草が生い茂ってしまう。

（去臘天童波旬滋事，此正所謂獅子身中虫自食獅子肉也。嗚呼！　若非大力量人，竪法幢，鳴法鼓，戦退魔軍者，必苔生古屋，草満法堂也[27]。）

以上の引用文に関して指摘しておきたいのは、ここでの描写が、仏教全体ではなく浙江省にある有名な天童寺において生じた僧伽内の喧嘩沙汰を指しているということである。「近頃は正に暮秋、我々の宗の風儀は衰え、言うに忍びない状況ですらある」という文では仏教全体の衰頽が唱えられているという捉え方も可能であるが、この文は右の文章との関連で理解しなければならない。ここで敬安が問題視しているのは、仏教全体の衰頽ではなく天童寺において生じたもめごとだと思われる。「宗の風儀は衰え」たという主張は、天童寺という個別の寺院において生じた出来事に対する非難の表現手段として読むのが妥当であると思われる。当時の天童寺で具体的に何が起きたかは判然としないが、これは敬安が特定の僧侶や寺院を批判するために仏教の堕落に言及した唯一の例ではない。

一八九〇年、敬安は長沙の上林寺について、「哀しいかな、二千年も経ったのに、法運はまだ遍く伝わっていない。獅子の洞窟はなぜ狐と兎の巣窟になってしまったのだろうか。禅の枝は日に日にしおれており、それを思うと私の憂いは深くなる（哀哉二千年，法運猶未周！　如何獅子窟，今成狐兔丘？　禅枝日凋謝，念茲深余憂）(28)」と記している。上林寺での問題が何であったのか、その詳細はわからないが、ここでも天童寺についての手紙における「獅子の中の虫」に似たような「獅子の洞窟は狐と兎の巣窟になってしまった」という表現を使っていることで、彼が、不審者と見なされる一人または複数の僧侶に注目していたと判断できる。

また、一九〇五年、徳恒和尚という僧侶宛の手紙において、敬安は最近揚州の高旻寺で起きた事件について、次のように言及した。

最近ある僧侶が高旻寺から帰ってきて、座下がすでに退いた（空席になった）地位を争ったため、いたずらに師を抑えたため、寺院の大衆が不服として、あれこれ不満を述べている、といっておりました。ああ、どうして仁のある人や君子が我慢することができましょうか。ましてや今、仏法の運が傾いている時であり、波旬が時をうかがっているというのに、仏教内部の師匠と弟子が内輪もめするというのは、師匠までも獅子身中の虫となり、自ら獅子の肉を食らおうというのですか(29)。

（近有僧帰自高旻，云座下因争已退之席，以徒控師，致合寺大衆不服，嘖有煩言。嗚呼！　此豈仁人君子所忍為乎？況今法運垂秋，波旬伺便，而法中父子，同室操戈，師又忍作獅子身中虫，自食獅子肉也？(30)）

ここにおいても、具体的な出来事との関連で仏教の衰頽（「法運垂秋」）が主張されている。一九〇五年のこの出来事の背景には、高旻寺において師匠と弟子である月朗と徳恒という二人の僧侶の、主持のポストをめぐる争いがあったことが知られている(31)。

この引用において使われている「獅子身中の虫」という表現は、一八七九年の天童寺と一八九〇年の上林寺に対して行われた批判とよく似ていることを指摘できる。筆者には、これらの文章においてみられる具体的な問題に対する非難と仏法の堕落を嘆くことが結びついた批判の一形式にみえる。したがって、敬安の主張を無批判に事実と見なすのではなく、それぞれの仏教堕落や衰頽に関する主張をその具体的なコンテキストのなかで読む必要がある。

敬安の文章からは、別の問題からも仏教の衰頽を唱えるコンテキストを確認することができる。それは寺院の募金活動である。たとえば、一八九〇年に衡陽という都市にある大羅漢寺の修繕金募集の際、彼はまず大羅漢寺が昔盛んであったことを指摘した。しかし、その次には仏教の堕落が嘆かれている。

しかし時は正に劫濁(32)に当たり、法運は変わりやすい。応真〔唐代の禅僧耽源応真〕は逝去し、僧伽〔観音菩薩の化身として祭られたという唐代僧侶僧伽和尚のことと思われる〕は亡くなった。釈迦が亡くなった沙羅双樹の林には光を失った悲しみがあり、宝月〔法華経に登場する宝月菩薩のことを指すと思われる〕には永遠に満ちる光がない。遂には厳しい霜が夜のうちに降り、忍辱草〔羊が食べたら醍醐になる草のこと〕は朝には萎れてしまった。仏殿と楼閣は崩れ落ち、空の紺碧の光はなくなり、なんと仏を供養する散花のにぎやかさもないのだから、金をまいたような麗々しさがあるはずがあろうか。

〔然時当劫濁，法運易周。応真既逝，僧伽雲亡。双林有埋照之悲，宝月靡恒満之曜。遂乃厳霜夜落，忍草辰凋。殿閣崩隕，紺碧光滅。曽無散花之奇，詎有布金之麗?(33)〕

ここにおいて、大羅漢寺の現状のみならず、仏教全体の状態が問題とされている。そして、以上の文に続けて、官僚、在家者と文人に寄付金の募集を求めている。

官吏や居士、善事を行う文人が喜捨してくださり、荘厳・妙善になりますよう謹んでお願い申し上げます。華池の八徳[34]がそこから滴り落ちる流れを分け、瑞祥である五色の雲はその陰を貸してくださるでしょう。重雲殿[35]を再び震旦〔中国のこと〕において輝かせましょう。祇園精舎はすでにこの美しさを萎れ去ってしまいました。功徳は無量で、賞賛が尽きることはありません。謹啓。

（伏望宰官居士，慧業文人，円成喜捨，荘厳妙善。華池八徳，分其滴流；慶雲五色，借其余蔭。使重雲之殿，再光於震旦；祇樹之園，謝美於前代。功徳無量，賛頌靡尽。謹啓。[36]）

また、一八九四年に衡陽の上封寺修繕の寄付金を募集した際、この寺を仏教史を踏まえて、「震旦の鶏園[37]、支那の鷲岭[38]」と呼んだ後、敬安はその現状を嘆いた。

ただ洞穴が穿たれているだけで、猿や鳥の登る姿はない。九天には厳しい霜が降り、紺宇〔仏殿〕は崩れ落ちそうである十地には激しい風が吹いているため、誰が黄金を敷き詰めることができようか[39]。花冠が萎れ落ち、帝釈には五衰[40]の衰えが起きている。浄土の宝樹が枯れ落ち、僧侶は四依[41]の庇護を失っている。

（惟岩岫孤削，猿鳥無階。九天霜厲，紺宇将摧。十地風厳，黄金誰布？　花冠萎落，帝釈興五衰之衰；宝樹凋零，比丘失四依之蔭。[42]）

コンテキストから考えると、これらの資料にみられる仏教の衰頽や堕落状態についての主張も、レトリックの手段としてみることができる。ここでは、仏教の現状を嘆くことによって読者の共感を得て、寄付金を集めようとする敬安の姿がうかがえると思われる。

仏教の堕落を嘆くもう一つのコンテキストは、敬安が尊敬していた人物を褒めることにあった。一九〇七年、敬安は南京の毘盧寺の屛公大和尚宛の手紙において、毘盧寺の僧堂の首座（担当者）であった玄公がすでに亡くなったことを聞いたと述べて、「ああ、魔が強くなっており、仏教が弱まっている今、我が禅門の大黒柱を失うことは、我々の法門にとってはどれほど不幸であろう（嗟嗟！　当此魔強道弱之時，失我禅門砥柱，何我法門之不造也！）」[43]と嘆いた。ここでは、仏教全体の衰頽のイメージによって、玄公の存在の重要性と彼の死亡に対する悲しみが強調されている。

以上に紹介した仏教の衰頽を嘆く敬安の言論活動は、さまざまなコンテキストで理解しなければならない。ここで想起すべきはウェルチが提示した「monastic cycle（寺院の興亡の循環）」という大きな枠組みであろう。これは、衰退と中興を繰り返すという寺院のライフサイクルを指す概念である。敬安の仏教衰頽の主張は、特定の寺院の廃頽や復興というコンテキストにおいてなされたのであり、仏教全体に関して歴史的な現実を示しているわけではなかった。敬安の使命は、ウェルチが指摘したような「monastic cycle」のなかで廃頽状態に陥った寺院を巡回し、復興させることにあった。この意味では、敬安の活動と言動は、中国仏教において従来から存在する寺院興亡のパターンを体現するものであり、当時の仏教全体の堕落の証拠と見なすことは難しい。たしかに、辛亥革命直前の敬安の言動には以上のパターンに当てはまらない堕落の主張も見られる。しかし、仏教の衰頽および堕落をめぐる彼の言説は仏教の末法思想と不可分に結びついているため、それに関する清末・民国期における議論を把握しておきたい。

第四節　末法思想とその役割

敬安の仏教の現状に対する見方との関連で、大羅漢寺に関する引用文で使われていた「末劫」という言葉が示唆的である。「末劫」は仏法が衰えている時代を指す「末法」という言葉と同義語である。この末法概念は、敬安のほかの文章でも使われている。たとえば、一八九四年の石葵上人に宛てられた手紙において、敬安は次のようにいう。

近頃縁あってこの町に来たところ、あなたが最近杲山を選び、夏安居を終えて自恣[44]を行っていると聞きました。心を澄ませて内省し、外界と絶縁し、戒律を厳しく惑うこと無く守り、斎法〔僧伽における規則のこと〕を謹み敬うというのは、誠に末法のなかの精進ののぼり旗です。仏教が次第に衰え、法輪がその動きを止め、伽陵[45]が響きを絶やし、祇樹の樹々が花開かなくなった今、衰退から復興するため、優秀な人物が現れることを望んでいます。

（頃因縁来城，聞吾弟近卜杲山，休夏自恣。澄心内照，絶意外縁，厳静毘尼，粛恭斎法，誠末法中精進幢也。方今象教凌夷，法輪輟動，伽陵絶響，祇樹不花，振衰起廃，有望来秀。）[46]

しかし、ここでの末法概念の使用もまた、前節で紹介した事例と同じように、仏教全体の衰頽状態を強調することによって、石葵上人の修行ぶりが一層際立つ効果をもっている。

実は、清末において、敬安のみならず、多くの中国人仏教者が末法概念に基づいて物を書いていた。たとえば、清末の経典出版活動で知られる在家仏教徒の楊文会（一八三七～一九一一年）も末法思想を有していたことで知られている。楊は安徽省出身の官僚であり、清朝公使館勤務で何回もヨーロッパに滞在したことがあったが、人生の悩みを抱えたため仏教に帰依した。その後、彼は南京において金陵刻経処を開設して経典の出版活動を行い、仏学教育に没頭して、改革派思想家の譚嗣同（一八六五～九八年）や民国期の改革派僧侶太虚などの人物にも大きな影響を与えたといわれている[47]。たとえば、楊は当時の仏教を「末法において衰頽している象（末法衰頽之象）」と呼びながら、仏教者の努力による仏教の復興に対する希望を表現した[48]。また、江蘇省出身の僧侶宗仰（一八六五～一九二一年）も同じ認識を表していた。宗仰は二十歳で出家し、出家後は三蔵の諸教義のみならず英語と日本語も勉強していた。また変法運動の挫折に衝撃を受け、救世活動に力を入れて、章炳麟、蔡元培などの世俗的な革命家と交流をもっていた。二十世紀初年頃、『蘇報』という革命雑誌に寄稿し、一時期日本に渡ったこともある[49]。一九〇九年、彼は『頻伽大蔵経』刊行事業の背景に言及した際、次のように述べた。

> 愚僧は末法の世に生まれ、幼くして禅の教義に耽溺し、よく寺院で時を過ごしては、優秀な師に会えないことを嘆いていたが、かつて虞山で海印居士（学者王伊（一八三八～一九〇九年）のことだと思われる）の弟子になることができ、深く経典を検討し、最上の教えを多く得た。そこで人々に経を広め、世の中を啓発して深く反省させたいと思ったが、いまだ縁なく、卑賤の身にとどまり、わずかに同じ信念をもつ人と法会を行うことで得た布施で『華厳疏鈔』を刊行したのみである。間もなく世俗を離れ、清らかに智慧を追求し、三峰（虞山の清

涼寺のこと〕で出家し、浮玉〔金山寺のこと〕で法を受けて以来、資金を募って内典を印刻するという願いをもつようになり、そのことを久しく考えてきたが、最終的にはそれを成し遂げる方法がなかった。

（不慧生丁《ママ》〔于〕末法，幼耽禅説，常栖興於梵林，慨碩師之難覯，曽於虞山得従海印居士，幽討経典，飫受醍醐，便欲流布衆経，発世深省，因縁未至，扼於微薄，僅与同徳用其礼懺施賒刊行華厳疏鈔，已乃解脱世維，浄参智果，披度於三峰，受法於浮玉，便植願心，募鐫内典，懐此既久，末由径遂。）[50]

以上の二例をみると、楊文会の場合には、末法は彼が直面している状況と彼の経典出版活動などの時代背景に対する認識を形成し、宗仰の文章では末法意識が直接仏教の現状を非難するためには使用されず、彼の出生や出家のきっかけなど、人生についての語りの大きな背景として使われていた。

また、仏教徒ではないが、末法概念の興味深い使い方をしたのは、清朝の改革を図った洋務派官僚の張之洞（一八三七～一九〇九年）である。張は有名な著作『勧学篇』（一八九八年）のなかで西洋の近代的知識と学問の修得を説き、新式の学校建設を目的として、次のように仏教寺院財産の没収政策案を説明した。

仏寺と道観を（学校に）すればいい。今天下は何万もの仏寺と道観があり、大都市には百の余、大きな県には数十、小さな県でも十数余りあり、皆田産[51]を持ち、その財産は皆布施で得たものである。これを学校に作り変えれば、建物も田産も備わっており、臨機応変かつ簡易な方法である。今キリスト教は日ごとに盛んになり、（仏教と道教の）二つは日ごとに衰えており、その勢いを長く保つことはできない。仏教はすでに末法半ばであり、道家もその神々が霊験を失うという憂いのなかにあるのだから、もし儒学の気風が興こり、中国の義が安定すれば、（仏教と道教）二つもまたその保護を受けるだろう。

（可以仏道寺観改為之。今天下寺観何止数万，都会百余区，大県数十，小県十余，皆有田産，其物業皆由布施而来，若改作学堂，則屋宇，田産悉具，此亦権宜而簡易之策也。方今西教日熾，二氏日微，其勢不能久存，仏教巳際末法中半之運，道家亦有其鬼不神之憂，若得儒風振起，中華義安，則二氏固亦蒙其保護矣。[52]）

ここには、仏教寺院の財産を没収して寺院自体を学校に転用することを正当化するために、末法概念を使用する張の姿勢が看取される。

清朝末期において、当時が末法であるという意識は仏教徒の間で広く流布し、しばしば唱えられていた。しかし、このような末法意識の存在自体は驚くべきことではない。以上の数例が示しているように、末法概念は、仏教においては特殊な表現ではなく、一般的なものであった。また、表現手段のみならず、末法概念は仏教思想の基礎的な構成部分でもあった。仏教の教えのなかには、仏法が必然的にいつか衰えてしまうという思想が存在していた。仏法は「正法」という隆盛時代の後、「像法」の時代を経て、最終的に「末法」という衰頽時代に至らざるをえないという形で、仏教における衰頽と堕落が予言されているのである。仏教研究者のジャン・ナティエ（Jan Nattier）が指摘しているように、「末世」や「末法」という表現自体はインドの初期仏教にはみられないが、その思想の存在はすでに早い段階から確認することができる。[53] 末法の始まりについてはさまざまな説が存在しているが、釈迦の滅後、正法の五百年間に続き、像法が五百年間あり、その後末法の時代に入るという説が、大乗仏教の経典において一般的であった。[54] つまり、仏教が最終的には衰退していく過程にあるという意識が根強く存在していたのである。この思想の背景下で考えると、仏教者が末法や仏法の衰頽を唱えたことは驚くべきことではない。

当時の中国仏教界における末法思想の位置づけを考えるうえで、ジェーミー・ハバード（Jamie Hubbard）が六世紀の中国における三階教という教派についての研究で提示した三階教における末法思想の役割に関する指摘は、示唆的である。ハバードによると、当時の末法思想には、末法にふさわしいとされる特定の実践や教義に正統性を与えるという役割があった。したがって、彼は末法思想を一種の「衰頽のレトリック（rhetoric of decline）」と定義する。[55]末法を一種のレトリックと見なすハバードのアプローチは妥当だと考えられ、特定の実践に正統性を与える役割は清末・民国初期にもみられた。たとえば、僧侶印光は辛亥革命直後に末法を唱え、禅や教義的な仏教に対して、浄土系の実践と思想こそが当時にふさわしいものであると主張し、「末法において、衆生は根機が劣っている。禅や教義の諸法はただ自力にのみ頼る。それゆえに、悟ることが困難で、まして解脱などできない。ただ仏の力に頼る浄土法門だけがある。ただ真信と切なる願いさえ備えれば、たとえ五逆十悪に染まった身であっても、輪廻を脱し、諸尊の集会に参ずることができる（末法衆生。根機陋劣。禅教諸法。唯仗自力。契悟尚難。何况了脱。唯有仗仏力之浄土法門。但具真信切願。縦五逆十悪。亦可永出輪廻。高預海会）[56]」と述べた。また、楊文会も念仏を末法にふさわしい実践として評価した。[57]しかし、敬安など先に紹介した事例を振り返ってみると、末法レトリックは、一つの目的に限定されずに多様な目的のために動員された。仏教の堕落を唱える末法思想は一貫した言論ではなく、多様なコンテキストにおいて多様な目的のために利用されるレトリックの手段であると、ハバードの主張を言い直すことができる。以下では、清末・民国期に特に顕著に現れた、末法思想の一つの潮流を詳細に分析したい。

『二十世紀中国仏教』において、陳兵と鄧子美は末法意識の問題を取り上げ、近代中国仏教のコンテキストのなかで末法意識こそが仏教内改革を阻害した要因であったと批判した。二人によると、唐宋時代以来、中国仏教において存在していた強い末法意識は、仏教が努力しても不可避的に衰退してしまうという挫折感を仏教徒に与えてしまうマイナス効果をもっており、末法においてできることは、すべてを運にまかせて念仏を唱えることしかなかった。[58]

しかし、末法意識をネガティブにみる陳兵と鄧子美と異なり、ポジティブな見方も存在する。ナティエは、仏教の衰頽後、わずかに保存されている仏教をそのまま守旧しようとする南・中央アジアにおける仏教衰頽思想と違い、東アジアでは末法概念が仏教の改革と新しい思想誕生の刺激となったことを指摘している。ナティエによると、「仏教の宗教史上、堕落の思想は明らかに多義的で、一見すると矛盾しあっている目的のために働いていた[59]」というのである。

中国仏教史において、改革運動が起きた明末にも末法概念が現れていた。たとえば、湛然円澄（一五六一～一六二六年）という僧侶が書いた『慨古録』（一六〇七年）は当時の仏教現状を批判する著作で、「常々（湛然法師は）末世の仏法が衰退していることを嘆き、慨古録一巻を著したのである（常慨末世仏法陵夷。因為慨古録一巻）[60]」と執筆の背景を説明している。円澄は当時の仏教が堕落した原因として、国家による寺院の管理の悪影響などの外的要因以外に、弟子が師匠にしたがわないことや僧侶が新しい寺院を建立したがる傾向などの内的要因に重点を置いていた。[61]また、明末の有名な僧侶雲栖袾宏（一五三五～一六一五年）は、末法概念を当時の僧伽の現状を非難するために利用した。たとえば、「古今人不相及」という短文では、「末法の世〔である今の世〕の人々は、やたらと尊大になって古の祖師を軽視してはいけないし、また自暴自棄に甘んじて豪傑になるのをあきらめてもいけない（然則末法中人、不可妄自尊大而軽視古徳、又不可甘心暴棄而不為豪傑也）」と唱え、「僧習」という文章では「今日、末法の僧侶には、書道や詩文や書簡文を習うものがいる。だが、この三つはいずれも、（官僚知識人層をなす）士大夫がたしなむものである。その士大夫がそれらを放り出して禅を習い、僧侶たちが逆に、彼らの放り出したものを修めて、自分自身の一大事の因縁には目もくれないでいる。如何にこのように逆転したのであろうか（末法僧有習書。習詩。習尺牘語。而是三者皆士大夫所有事。士大夫捨之不習而習禅。僧顧攻其所捨。而於己分上一大事因縁置之度外。何顛倒乃爾）」といって、僧侶たちの俗化を嘆いている。[62] 袾宏にとって、末法概念は現実性をもっており、末法となったからこそ仏教が衰頽し、かつていたような高僧が現れないというロジックとして理解されていた。[63] 以上の明末の例は、台湾の仏教研究者江燦騰が「借古諷今」と呼んでいる、理想とされた過去の仏教を借りた現状批判を示している。[64]

すでに第一章で指摘したように、ウェルチは、極端に理想化された唐朝仏教との比較に基づき、近世仏教が廃頽しているという発想に対して強い疑問を呈した。[65] 仏教界内からの観点ではなく、仏教界外からの観点でみれば、近世中国仏教の違う姿がみえてくる。たとえば、ティモシー・ブルック（Timothy Brook）は、明清時代の直隷省（現河北省）の地方志における仏教や道教の描写を分析した論文において、地方志編纂の際に士大夫たち地方エリートが仏教と道教を敵対視しながらも、それらの地方社会に対する強い影響力を認めざるをえなかったと指摘している。これらの地方志には、堕落や衰頽という仏教像は示されていない。[66]

したがって、円澄や袾宏における末法概念は、ナティエが指摘するように改革思想に正当性を与えるためのものと見なした方が説得的であると思われる。もちろん、それは彼らがシニカルに末法概念を悪用したことを意味しない。僧伽の改善のために末法が唱えられたが、末法思想の存在自体はかならずしも僧伽の客観的な堕落を意味するものではなく、末法概念は現状を批判する機能をもっていたのである。

以上の明清時代の状況を踏まえて、清末の仏教者の事例を考えてみたい。小栗栖香頂と交流があった北京龍泉寺の僧侶本然は、当時の僧侶の大多数を次のように批判していた。

サンスクリット語の「ブラーフマナ」〔婆羅門〕とは「浄い後裔」を指しており、インドではその種類は一つではない。中国の諸邪教は、皆これを模倣しているにすぎない。仏教と道教双方の衰えは、〔僧侶と道士が〕幼くしては儒書を読まず、長じては経典を講ぜず、朝に夕にぶつぶつと経文や呪文を唱えていて、心で道理を解しておらず、八哥鳥が人の言葉を学ぶのとそっくりである。邪教徒は、口で伝え心で受け、その邪教をよく伝える。世尊は「末法の邪師の説法は恒河〔ガンジス川〕のようである」といっているが、まさにそのとおりである。（梵語婆羅門，此曰浄裔，印度其種不一。中土諸邪教，皆仿乎彼而已。僧道両衰者，原於幼不読儒書，長不講経典，朝夕喃喃，口誦経咒，心不解道理，太似八哥児学人語。彼之教人，有口伝心受，善伝其邪理。世尊有言云，末法邪師，説法如恒河。真然。）[67]

また、楊文会も仏教の現状を批判しており、たとえば、一八九九年に南京の日本東本願寺派別院において講演を行った際、「本朝の初め頃、禅宗が極めて盛んだった。〔中略〕近世以来、僧侶たちは陋習に甘んじ、学識もなく、仏法が支那に入って以来の壊滅に導いた（本朝初年。禅宗鼎盛。〔中略〕近世以来。僧徒安於古陋。不学無術。為仏法入支那後第一隳壊之時）[68]」と主張した彼も、すでに本然や本章の初めに引用した印光にみられた僧侶の「不学無術」を批判している。また、別の機会に「近頃僧侶たちのなかには著名でありながら、仏の意を悟っていないにもかかわらず人々の師匠として多くの布施と礼拝を受け、まるで人々を教え導く仏のように敬われている。これはまったく悟りに対する楽しさを与えることができないのである（近時僧中有負盛名而未達仏意。竟作人天師表。受徒千百供養礼拝。敬之如仏而所開導於人者。実未能施対証之楽也）」と批判した[69]。

また、一九〇七年に仏教者蘇曼殊（一八八四～一九一八年）によって書かれた「儆告十方仏弟子啓」というエッセイがある。蘇は一八八四年、横浜で日本人と中国人の間に生まれ、日清戦争後に一家で広東省に帰り、香港の学校で勉強している間に広州の慧龍寺において受戒して、沙弥となり、一九〇三年、海雲寺において比丘戒を受けた。その後、蘇は革命派知識人たちや改革派仏教者たちと広く交流していた[70]。蘇が書いたものに革命派思想家章炳麟が手を加えたとされるエッセイがある。このエッセイは中国仏教が直面している堕落状態をテーマとし[71]、当時広く注目されたものである[72]。このエッセイにおいて、蘇は仏教は中国において漢代から唐代まで隆盛したが、宋代以降はついに「衰微」してしまったと主張した。この堕落には外因も挙げられているが、全体的にはその原因は仏教内部に求められている。蘇にとっての堕落の基準は特に僧伽の俗化と戒律の弛緩にあった。彼は金山・高旻・宝華・帰元などの少数の大きな伽藍では戒律が依然として遵守されていることを認めているが、多くの寺院では生活規範がすでに弛緩してしまっていると批判した。

その他の寺院の場所は皆都市と接しており、世俗に近づくとすぐに汚染され、裸で茶屋にいたり、博打をしたり、集まって芝居を見たり、女にちょっかいを出したりする。雑多な小寺では、しばしばこのような風潮を聞く。叢林には規範があるものの、多くはすでに緩んでしまっている。（僧侶たちが）瞑想や坐禅して一日中落ち着いて修行せず、説法や講経を行い、人のために礼拝懺悔の儀礼をしていると聞くことはない[73]。
（其他刹土，率与城市相連，一近俗居，染汚便起。或有裸居茶肆，拈賭骨牌，聚観優戯，鈎牽母邑。碎雑小寺，時聞其風。叢林軌範雖存，已多弛緩。不事奢摩静慮，而惟終日安居：不聞説法講経，而務為人礼懺。[74]）

敬安、印光、楊文会、本然、蘇曼殊の批判をみると、円澄や袾宏のそれとの類似性が浮かんでくる。戒律の弛緩、師匠に対する弟子の不服従、僧侶の俗化などはすべて、すでに明末に問題視されていたものであり、仏教の現状に対する批判の決まり文句であるといえよう。この観点からすると、清末の仏教者にみられる仏教の現状に対する批判はそれに酷似している。楊文会が袾宏の著作を多く読み、それに感化されたといわれていることからすれば[75]、彼の仏教堕落観と末法意識をその延長線上に位置づけることは可能であろう。また、過去を仏教の黄金時代と見なす傾向にも前例がある。すでに宋代において、唐朝を仏教の黄金時代として描く傾向が存在していた[76]。仏教の歴史を唐朝以降の実際の堕落過程としてみるより、これらを常に仏教界内に存在していた批判としてみた方が妥当であると筆者は考える。しかし、もちろん、清末仏教者たちの仏教の現状に対する批判は、単に明末の模倣であるわけではない。たとえば、本然が取り上げた「末法の邪師」は、彼が強く敵視していたキリスト教徒とイスラム教徒を指している。仏教の現状に対する批判は、共通点をもちながらも、それぞれ独自の背景を有している。それゆえ、具体的な批判の論点よりも、仏教堕落や末法が唱えられていた歴史的なコンテキストの方が重要であり、本書においては清末・民国期における一般的な歴史背景を検討することが、同時代の仏教堕落を唱える言説や末法思想を理解するうえで必要となるのである。

第五節　末法意識と近代中国の危機

清末・民国期における末法意識と仏教堕落観の重要な背景には、当時の中国ナショナリズムの形成と近代国民国家の誕生があると筆者は考える。これはウェルチが仏教復興運動の分析において見落としていた論点であろう。ウェルチは仏教復興運動を主にキリスト教の進出と当時の廟産興学運動に対する反応として位置づけたが、仏教堕落と末法到来に関する言論をみると、ナショナリズムとの強い関係がみえてくる。末法概念の近代化と呼びうる現象が看取されるのである。以下では、末法概念、または仏教衰頽に対する認識を、その近代的なコンテキストのなかで分析したい。

再度、敬安の例に立ち返ると、彼の末法意識は伝統的な「寺院の興亡の循環」のコンテキストのなかで理解することはできるが、この観点に含めることのできない部分もある。

一九一一年に書かれた「夜雨不寐、聞虫声感賦二首」における末法概念の使い方が興味深い。

草虫吟復断，　草の虫が鳴いたり止んだりするのを繰り返し、
百感動寒宵。　さまざまな思いが寒い夜に動く。
迢逓愁風鶴，　遥かに風にさらされる鶴を憂い、
凄涼聴雨蕉。　寂しく芭蕉が雨にうたれるのを聞く。
可憐衰晩世，　哀れな衰退の晩世、
苦憶聖明朝。　（かつてあった）聖なる輝かしい時代を苦しく憶う。
四海日凋瘵，　四海は日々に衰えてゆき、
来蘇望帝堯。　堯（のような英明な君主）が現れてくるのを人々は待望する。
禅心老難遺，　禅心〔禅の境地〕は老いてしまえば〔弟子に〕残すのは難しいので、
独坐倚枯藤。　独りで枯藤にもたれかかっている。

豈似黄巾擾，　どうして黄巾の乱に似て、
応符白水征。　白水の征〔三国志における戦の一つ〕と一致することがあろうか。
時危争作将，　危険な時期に（俗人は）争って将兵になるが、
国変幸為僧。　国が変わって平和になれば僧侶になる。
強制衰時泪，　衰退する時勢を考えて涙するのを無理に抑え、
観空入仏乗。[77]　空の理を観じて仏乗に入るのである。

この二編の詩は具体的に一九一一年のいつ頃作られたのか明らかではないが、おそらく上述の「国変」を当時起きた辛亥革命として理解するのが妥当であろう。この詩からは敬安の当時の中国に対する悲しみが伝わってくる。詩の中の「晩世」という言葉の使い方に注目したい。「近頃」という意味での一般的な使い方もあるが、仏教では「晩世」を仏法の末世と類似した意味で使うこともある。ここでは、一つの言葉に二重の意味が付与されているように思われる。当時の仏教の衰頽状態のみならず、世の中の全体を「末世」として認識する敬安の姿がみえる。これは清末における末法意識を理解するための重要な手掛かりとなる。後年の敬安にみられる末法概念は仏教内の衰頽に限定されず、広く当時の中国情勢とつながっていたのである。

実は、社会または国家の動乱を指す「劫濁」という言葉は昔から末法思想の重要な構成要素であった[78]。だが、中国全体の衰頽という発想は初期の敬安にはみられず、その後期に現れていることには注意すべきである。仏教の衰頽と中国の衰頽はしばしば彼の思想において一緒になって論じられていた。たとえば、上述の詩が発表されてから二年経った一九一三年の時点において、敬安は仏教の衰頽を当時の世界情勢と中国の衰頽と関連づけて、以下のよ

うに述べている。

（私は）最後の一息は残っているものの、あらゆる縁がすでに寂れている。新聞を読み、日露協約、日韓合併、属国の新たな滅亡を知り驚いたのである。強大な隣国がますます迫り、内では仏法の衰微を憂い、外では国の弱さを傷み、人も天も交々泣いているのである。万感こみあげ、過去のことがいっぺんに思い出されて、大海のごとき憂いが煮え立ち、全身の血がたぎっている。さらに七節二十一章を作り、塔に書きつけ、これを遺志として遂げた。ああ、君主と親の報いはまだできておらず、仏教は危機に瀕し、私の体がぼろぼろになっており、虚空は砕けようとしている。筆を投げて何度もため息をつき、長い暗闇を嘆いている。

（一息雖存。万縁已寂。忽閲邸報。驚悉日俄協約。日韓合并。属国新亡。強鄰益迫。内憂法衰。外傷国弱。人天交泣。百感中来。影事前塵。一時頓現。大海愁煮。全身血熾。復得七截二十一章。並書堵波。以了末後。嗚呼。君親未報。象教垂危。髑髏将枯。虚空欲砕。擲筆三嘆。唱矣長冥。[79]）

これは本章の冒頭で紹介したような仏教の現状に対する感嘆と異なる。「内憂法衰、外傷国弱（内では仏法の衰微を憂い、外では国の弱さを傷む）」という表現が代表するように、仏教の衰頽は国の衰頽と関連づけられて考えられていたのである。仏教の運命と国（国家）の運命は密接に結びつけられていた。

「内憂法衰、外傷国弱」という対句は敬安のこれ以外の文章にも出てくる。上記の文章の翌年に書かれた手紙において、敬安は僧侶の無知を嘆き、廟産興学政策下の僧伽における悲惨な現状を批判しているが、そのときも「内では仏法の衰微を傷み、外では国の危機を憂う（内傷法弱、外憂国危）」という表現を使っていた[80]。

仏教と国の運命を並列に扱うのではなく、一九一〇年の「感事二十一截句附題冷香塔」では、敬安は「法運」（つまり仏教の情勢）が国の情勢（「国運」）に左右されると主張して、両者がさらに当時の世界情勢により危機にさらされていることを指摘し、「法運は国運とともに動くものであり、両者とも外魔に欺かれている（法運都随国運移，一般同受外魔欺）[81]」という。敬安の思想において、仏教の運命と中国全体の運命は密接に結びついていた。仏教における「末法」と国の「晩世」が彼の思想においては結合していた。以上の敬安後期の文章をみると、末法の具体的な背景は「日露協約、日韓合併」または辛亥革命などの政治的な出来事であった。これは敬安の初期の文章と比べると、彼の思想における末法概念が新たな段階に入ったことを示している。ウェルチが当時の仏教者に対する廟産興学の影響を指摘してはいるが、実際には仏教界という範囲を越えた現状認識を、敬安の仏教衰頽観に見いだすことができるのである。

敬安に限らず、中国の衰頽という認識のもとで仏教の衰頽を唱えることは、清末・民国期の多くの仏教者に見られた現象であった。楊文会の人的ネットワークに目を向けると、国と仏教におけるそれぞれの危機が同一視されていた手掛かりを見つけることができる。一九〇八年、楊文会による仏学院祇洹精舎設立計画のために寄付金を募った文章のなかで、募集の背景として国家と仏教の危機が指摘されている。この募集文の執筆者である沈曽植、蒯光典、陳三立、魏允恭と梅光羲の在家者たちは、当時中国国家が国内外の危機にさらされていることを主張する一方で、仏教も「敵に囲まれている」状態にあると嘆いて[82]、国家と仏教の直面している状況の類似性を認識していた。

仏教と中国の情勢を同一視していた仏教者の別の例は僧侶宗仰である。彼は一九〇二年に「五大洲が盛んに通じあい、列強が雄を競いあって強者が日に日に増長しているのに鑑みると、弱者はいつかかならず消滅するだろう（際此五洲大通，列強雄競，強者日見膨脹，則弱者必日見消滅）」と嘆いた後、「国の衰亡とは、公僕の屈辱であることはもとより、我が国民の大きな恥である。ゆえにこの恥をすすいで国を強化しようとするならば、我が国民が精神の教育を重んじなければ、愛国心による団結は不可能である（国之衰亡，固公僕之辱，実則吾国民之大恥也。是故欲雪恥図強，非吾国民重精神教育，愛国合群不可）」と国が直面している危機を主張した。このように主張した後、話題は仏教の現状に移る。

　我々の教は衰退し、寺院は地に堕ち、宗徒が頑迷で愚昧でことを成し遂げ、起ち上がって強くなろうとするには足りないことを悲しむ。今後はただ愛国者諸君が精進の旗を立て、塗毒鼓[83]を打って、同胞の苦境を解き、仏教と民族を保って新しい国を建て、二十世紀という新世界において大いなる光りを放ち、共に福果を享受することだけを願っており、これが私が朝に夕に心から願い、心をこめて祈禱していることである。

（我教陵遅法社墜地，悲吾徒冥頑痴蠢，不足集事，起而図強。今而後惟希望愛国諸君子樹精進幢，打涂毒鼓，倒解同胞之倒懸，保種教以新国，於二十周新世界大放光明，共享福果，是衲所馨香蚤夕，翹勧祈禱者也。[84]）

この文章においても、仏教と国に対する危機感は一致している。また、仏教用語と近代的政治の新しい概念が同列に用いられていることが示唆的であり、国家と仏教の不可分な関係が想定されていることを表している。宗仰は一九一二年に「世運（世の盛衰）は仏運（仏教の盛衰）によって動かされるものではないが、仏法は世運を衰頽から救うことができる（世運雖不以仏運為転移，而仏法自可挽世運之末劫）」と主張した。[85]ここにも末法思想が現れるが、その前の文章をみると、この「末劫」という言葉は中国が「瓜分」され、国が滅亡してしまうという危機を表している。

仏教の衰頽と中国における亡国の危機を関連づけて考える傾向は、清末のみならず民国期に入ってからも続いていた。たとえば、第三章でより詳しく取り上げる仏教史研究者蔣維喬（一八七三～一九五八年）が、一九二九年に「嘉慶年間〔一七九六～一八二〇年〕以後、国はますます衰退し、仏教もまた共に衰えた（嘉慶以後，国勢凌替，仏教亦随之衰頽）[86]」と述べた。また、一九三〇年代の例を挙げると、僧侶法舫（一九〇四～五一年）が当時の仏教について以下のように述べている。

我々が過去の中国仏教を語る時、多くの盛大な時期があり、非常なる栄光を覚えるのである。然るに談一度中国仏教の現状に及べば勿論多少の例外はあるにしても、而も十中八九までは実に睹目傷心寒心すべきものがあるのである。現在中国社会にあっては一切の事が弁法を持ってをらぬ様に思はれる。政治は立憲の軌道を走ってゐない。社会には健全なる組織がない。それで人民生活は甚だ不安定である。一切の宗教も同じく統治組織を有してをらぬ。宗教が既に統治と組織を持ってをらぬから、当然其の宗教が尽すべき所の責任を果遂することはできぬ。仏教と中国の国民生活の関係は極めて重く且つ深いものがある。本来ならば五濁の中に苦悩してゐる現在の中国社会は、正に仏教の救済を要とすべきであるのであるが、各方面共に弁法がないことによりて如何ともなす能はず、所謂「因縁の繋る所業値からの感ずる所」で、仏教は全然無能力のみじめな現状を暴露してをり、寺院庵堂すべて皆破家然たり、僧尼信徒も皆廃家の子弟の如くである[87]。

ここでも、現在の中国が直面する社会的・政治的危機は末法思想と密接に関連する「五濁」概念を使って特徴づけられている。また、清末に始まり、民国期まで、仏教の衰頽は、仏教そのものの内部的要因が認められる一方で、中国全体の衰頽のなかから生まれた産物とも見なされていた。総じていえば、今まで紹介してきた例に見られるとおり、清末における末法思想（これには仏教堕落についての言論を含む）は、その具体的な批判をみれば、僧侶が戒律を守らないなど、仏教そのものに対する批判のほかに、さらに中国が西欧近代的な世界秩序の一方的な進出への対応を迫られていた状況もその背景にあった。この意味で、当時の仏教衰頽に関する言論は当時の一般的な思想環境のなかから捉えられなければならない。

国家と仏教の危機がともに唱えられることは清末に初めて起きたことではない。すでに明末において、仏教と国家の運命が関連づけられて考えられていた前例がある。[88]この意味で、亡国と末法がセットとして現れることは近代独特の現象とはいえない。しかし、明朝を継いだ清朝の成立は王朝体制の存続を意味していたのに対して、清末・民国期という近代国民国家への転換期は、仏教と仏教者に次元が異なるレスポンスを余儀なくさせた。

第六節　亡国危機と経世仏学

敬安などの仏教堕落観の思想的背景には、中国全体の危機が看取される。つまり、「亡国」の危機である。この亡国意識は、当時の多くの思想家たちが共有していたものである。張灝は清末を、同治年間（一八六二〜七四年）における同治中興の挫折以後、従来の体制に対する信頼が失われ、知識人たちの間では自信喪失と自己の再検討という現象が広まったと特徴づけている。[89]そのうえ、彼らは、帝国主義列強によって中国が「瓜分」されてしまうのではないかと恐れていた。[90]

近代中国史の研究者ジョン・フィッツジェラルドは、「亡国」概念とそれに対する恐怖が近代中国思想界においてもっていた重要な役割を指摘している。[91]亡国の危機に対して、清末・民国期の知識人たちはそれぞれの救国策を提案したが、フィッツジェラルドは亡国のレトリックが「救国」の言説と表裏一体であったと指摘し、愛国主義者は自分が救国者を演じるために亡国の危機を唱えたと論じている。[92]つまり、亡国は、ただ消極的に危機状態を確認するのではなく、積極的に、改革や革命など政治的または社会的変更の必要性を唱える人たちの、レトリックのキーワードでもあった。

この救国策の一つとして、改革派と革命派の思想家たちは宗教が果たしうる役割に注目し、そのなかで、仏教が特に注目されていた。このように、中国の衰頽と復興の言論が宗教に関する言論と結びつくのである。その一例として、仏教界に対しても大きな影響力をもち、一八九八年の変法運動に参加した改革派思想家、梁啓超(一八七三〜一九二九年)が挙げられる。戊戌変法の失敗後、梁は日本に亡命し、言論活動を続けた。中国の衰頽とその復興は梁の思想における大きなテーマであった。梁は、清末にナショナリズムに基づいた歴史学の必要性を唱えた中国の近代歴史学の創始者の一人であった。彼は西洋の近代歴史学から「古代」から「中世」を経て「近代」へという歴史の分け方を借りて、これに基づいて中国全体の衰頽した現状を位置づけた。梁はこの歴史の時代区分を西洋独自のものではなく普遍的な発展過程として理解し、中国に当てはめた。堕落は、近代化への過程のなかで必然的に起こるものであり、それは、どの国においても克服しなければならない現象として認識されていた。[93]つまり、堕落は復興の裏面として位置づけられていたのである。

梁の「論中国学術思想変遷之大勢」というエッセイは、中国における堕落と復興の思想を代表するものである。このエッセイは、改革派の雑誌『新民叢報』に、一九〇二年から一九〇四年の間に断続的に連載され、そのなかで、梁は中国思想の展開を中国の衰頽という大きな物語のなかに位置づけた。彼は「一つの国にある学術思想は、人々がもつ精神に似ている。そして、政治・法律・風俗および歴史上のさまざまな現象はすなわちその外形である。ゆえに、その国の文明の強さの程度を知りたければ、かならず学術思想で判断すべきである（学術思想之一国。猶人之有精神也。而政事法律風俗及歴史上種種現象。則其形質也。故欲覘其国文野強弱之程度如何。必於学術思想焉求之）［94］」と述べ、文明の強弱を思想の現状の問題と結びつけた。中国は衰頽していたが、梁にとって中国の現状は決して絶望すべきものではなかった。彼は清代の二百五十年間のみを中国の思想の堕落時期と捉えており、近い将来、それが復興することを期待した［95］。梁は西欧の近代を可能としたのは「古学復興」（西欧における文芸復興のこと）であったとして、中国の復興を昔の学問の「復古」に期待し［96］、「この二百余年間は、すべて中国の『文芸復興時代』と名づけることができるが、ただその興起は漸次的であって、急激ではなかった［97］」と述べた。そして、中国における仏教の歴史もこの物語のなかに位置づけた。梁は南北朝および唐朝の諸時代を「仏学時代」と呼び、仏学時代を「先秦」（春秋末および戦国の全盛時代）に並ぶ中国思想の最隆盛時代として高く評価した［98］。

マリアンヌ・バスティドブリュギエール（Marianne Bastid-Bruguière）は、初期の梁啓超の宗教に対する関心が「救国」と国の革新を目的としたことを指摘している［99］。以上にみてきたとおり、梁の思想において仏教も中国の衰頽と復興という物語の一部として位置づけられ、政治革新思想の要素となっていた［100］。同時期、梁は「論宗教改革」（一八九九年）や「論仏教与群治関係」（一九〇二年）などのエッセイを書いて、宗教、特に仏教の国家に対する有益性を主張した。仏教を国家革新という観点から考える傾向は当時の思想家たちにおいて広くみられた。麻天祥は、仏教を国家の革新強化のために動員しようとした思想を「経世仏学」と呼んでいる［101］。麻は経世仏学を居士による純粋な仏学と対照的なものとしている。麻は楊文会をこの純粋な居士仏学の代表として取り上げ、経世仏学はそれと異なり、「最終目的が社会変革の実現にある［102］」と述べている。以下で挙げるいくつかの例から、この「経世仏学」

の内容を概観したい。

経世仏学においては、強国の必要条件として国民道徳の振興が想定されており、それを仏教によって築くことが期待されていた[103]。経世仏学の代表的な人物は、後に北京大学学長となった革命派の思想家蔡元培（一八六八〜一九四〇年）である。蔡は一九〇〇年の「仏教護国論」において「学者たちが国を護ろうと思うにもかかわらず、もし仏教を捨ててしまっているならば、何を使うのだろうか?」と、読者に対して国家における仏教の重要性を主張した[104]。続いて、「ゆえに教というものは、人と人が接する道を明らかにするものである。国に教がなければ、人は獣のようになって国は滅びる。そのため教というものはいずれも護国を宗旨としている（教者、所以明人与人相接之道者也。国無教、則人近禽獣而国亡、是故教者無不以護国為宗旨者也）」と、国にとっての「教」の重要性を主張した[105]。だが、宋・明両時代に儒教も仏教も断絶してしまったため、中国が獣の状態に近づいていると嘆いた[106]。蔡の関心は結局中国の復興のために仏教を利用することにあったが、中国復興における仏教復興も、ここでは課題となった。この仏教に対する期待は蔡のみならず、同時代の他の思想家にもみられた。一九〇六年の雑誌『民報』に革命思想家の章炳麟の「演説録」が発表され、仏教が国民の道徳を「増進」するために有効であると主張された[107]。

我々の中国は元々仏教国と呼ばれ、仏教の理論は優れた知恵をもつ人にとって信ぜざるを得ないものであり、仏教の戒律は愚昧な人にとって信ぜざるをえないものであった。（社会の）上下に浸透し、これがもっとも有用なものであった。しかし今日通行している仏教には、雑多な部分が多く、本来の教えとは異なるところが多くあり、方法を講じて改良しなければ用いることができない。浄土の宗がもっとも愚夫愚婦に信じられているので、彼らが求めているのは現在の幸福と子孫繁栄だけなのである。

（我們中国。本称為仏教国。仏教的理論。使上智人不能不信。仏教的戒律。使下愚人不能不信。通徹上下。這是最可用的。但今日通行的仏教。也有許多的雑質。与他本教不同。必須設法改良。纔可用得。因為浄土一宗。最是愚夫愚婦所尊信的。他所求的。祇是現在的康楽。子孫的福沢[108]。）

章は続いて、民間信仰の仏教に対する悪影響を指摘し、最後に華厳宗と法相宗の思想に基づく仏教改良を説いた。つまり、現存する仏教ではなく、「改良」された仏教こそが社会に対する教化の役割を果たすべきであるとされた。仏教の改革という発想は経世仏学思想の中心に存在していたのであった[109]。このような「宗教改革」は一九〇六年以前より意識されていた課題であった。たとえば、梁は一八九九年の「論支那宗教改革」において、「西洋に文明があるのは、宗教改革と文芸復興のおかげである（泰西所以有之文明者、由於宗教革命、而古学復興也[110]）」と述べて、宗教改革を文芸復興と並ぶ西洋の近代文明の基礎と見なしていた。このような国の強化のための宗教改革に注目した思想家は梁と章だけでなく、当時の改革・革命派のなかにも広く存在していた[111]。

また、進化論も当時の思想家たちに大きな影響を及ぼしていた。清末の知識人である厳復（一八五四～一九二一年）は、一八九八年に社会進化論の代表作であるトマス・ハクスリー（Thomas Huxley）の *Evolution and Ethics*（『進化と倫理』）を中国語に翻訳し、『天演論』を出版した。厳復は社会進化論を中国の危機と結びつけて、進化によってこそ中国が強くなると主張した[112]。「進化」はその後、中国思想界において重要なキーワードとなった。梁啓超を例に挙げれば、彼の世界観では競争による進化に基づいた文明発展という思想が形成され[113]、当時の中国の競争と進歩の欠如が亡国危機をもたらした要因の一つとされていた。章炳麟はこの進化論的論理を仏教に転用して、先に引用した「演説録」において、仏教はもともと宗教発展の最頂点である「無神教」であったが、中国に入ってから現地の思想と混合したために「多神教」に変化してしまい、「無神教」の前段階である「一神教」のキリスト教より劣ってしまったと主張した。[114]中国仏教の現状は、進化発展段階論的な観点から「多神教」に堕落してしまった状態であると認知されていた。

以上のような経世仏学は、「衰頽」「復興」「競争」「進化」などの諸概念が示すように、当時の中国における亡国危機というコンテキストのなかで唱えられて、仏教よりも「中国」の存亡がその論説の主なテーマとなっていた。経世仏学は当時の国民国家「中国」の形成過程の一部と見なすのが妥当であろう。梁啓超が仏教を中国思想史おいて重視していたことからわかるように、経世仏学を唱えた思想家たちには、仏教と中国が不可分なものと想定されていたが、その最終目標は仏教ではなく、中国の復興であった。章が「建立宗教論」（一九〇六年）において、「まして宗教の盛衰は国事にかかわる」と主張したことは、この国家に焦点を置く宗教意識を代表するものといえる。[115]

麻は経世仏学と純粋居士仏学を区別しているが、実は敬安、楊文会、宗仰らの言論活動をみると、経世仏学思想家たちとの用語の共通性に気づく。たとえば、敬安の短文「除夕示衆」（著作年不明）をみると、彼は当時始まっていた廟産興学運動の対策として、「進化と競争の世では、門を閉じ、自分を守ることは不可能である。仏教を保全したいのであれば、かならず学校を興さなければならない（今値此天演競争之世、不能閉門自守、欲図保教扶宗、必須興立学校）[116]」と主張した。この文章から、敬安の世界観は、少なくともこの時点において「天演」（進化のこと）と「競争」という社会進化論的概念に深く影響されていたことがわかる。

梁啓超において競争と進化が中国の衰頽の背景概念となっていたのと同様に、これらの概念は仏教者に転用されて仏教衰頽論の思想的土壌となった。宗仰は一九一三年に発表したエッセイにおいて、進化と競争の両概念を仏教衰頽と以下のように結びつけている。

今日、仏教が衰頽し、時勢が危機に直面して、人心の道徳は日増しに頽廃し、進化の競争力は弱まっている。その原因をさかのぼると、仏教の教義が埋もれて明らかでなくなり、哲学が衰微しているからに他ならず、そのために人々は戸惑い、君主と佞臣が背きあっている。そして社会における妄想や邪念があらゆる迷信を盛んにし、諸宗風を取り込んで、我が仏教を何度も誹謗していることは、実に忌々しいことである。

（今日象教淪替，時勢阽危，人心之道徳日頽，天演之競争力薄。窮源溯本，未始非仏義堙郁，哲学衰微，故致群生惘惘，辟佞両乖，而社会上之顚眸邪見，遂挙一切迷信，納諸宗風，重誣我仏，可勝慨哉！）[117]

ここでは、仏教と国に対する危機の原因が、道徳の衰頽と進化競争に勝ち抜く力が弱まったことに求められている。しかも、この文章においては、競争と進化のみならず、章炳麟などが経世仏学の中心的な要素と見なしていた国民道徳論の影響も確認できる。一九一二年の「中華仏教総会章程」を含めて、国民道徳は実に当時の多くの仏教資料のなかで言及されていた[118]。

また、一八九九年に行った演説で、楊文会は進歩の重要性を説いている。

身を立て、自分を確立し、家を治め、国を平らかにすることが、世間法である。参禅し、教義を学び、念仏を唱え、往生するのが、出世間法である。世界各国は世間法の分野で、日々向上しようとしている。出世間法の分野でも、同じように進歩しようとするべきだろう。支那の国では、経典についての試験をしなくなってから、戒律の厳しさが緩み、仏教者たちは不学無術で見識がなくなってしまった。今仏教を振興するには、かならず学校設立から始めるべきである。

（立身成己治家斉国。世間法也。参禅学教念仏往生。出世法也。地球各国於世間法。日求進益。出世法門。亦当講求進歩。支那国中。自試経之例停。伝戒之禁弛。漸致釈之徒。不学無術。安於固陋。今欲振興。必自開学堂始。）[119]

ここでは仏教の衰頽した直接的な原因が、直接試経の停止と僧侶の「無学無能」に求められているが、進歩意識の欠如も間接的に仏教の堕落と関連づけられている。これとの関連で、楊文会の別の資料における表現の選択が興味深い。楊は陶榘林という友人宛の手紙において、次のように述べた。

鎮江の金山江天寺、常州の東門外の天寧寺は共に管轄下にあり、僧学堂を開設し、仏教を振興すべきである。しかし各寺院の住職は保守に甘んじ、維新を好まない。大きな権力を得てその機会を促さなければ、奮起して事を為すことはできない。

（鎮江之金山江天寺。常州之東門外天寧寺。均在治下。亦宜開設僧学堂以振興仏教。但各寺主持僧安於守旧，不楽維新。非得大権力以鼓動其機，不能奮発有為也。）[120]

楊がここで「維新」という概念を使用していることは、彼の仏教の現状に対する批判が言語的に政治思想の空間と結びついていることを示唆している。筆者はここでの「維新」を当時の中国思想界に対する明治維新の影響の延長線上で読むのが妥当であると考える。[121] 梁と章が使用していた宗教改革という概念も、しばしば民国期の仏教者の言論において登場したのである。[122]

以上の事例からうかがえるように、清末において仏教の堕落を指摘していた仏教者たちは、改革派の思想家たちの世界観とその中心的用語を共有していた。これは仏教者と改革派思想家たちが同じ思想的環境のなかに置かれていたことを示している。この思想的環境は、列強による亡国の危機という状況、そして中国の復興という目的の、二つの要素によって形成されていた。しかし、単に同じ状況に置かれていただけではなく、経世仏学の仏教者に対する直接的な影響があったことも確認できる。

敬安の場合は直接的な影響を指摘することは困難であるが、彼は、一九一一年に章炳麟の「護法論」（蘇との共著である「儆告十方仏弟子啓」と「告宰官白衣啓」を指していると思われる）を高く評価していたことからもわかるように、章炳麟の存在を強く意識していた(123)。また、宗仰が自らの著作のなかで仏教に対して用いた宗教発展論は、章の「多神教」「一神教」と「無神教」のそれに類似しており、章からの直接的な影響があったと思われる(124)。太虚に対する梁啓超と章炳麟の影響はすでに彼の弟子印順により指摘されているが、太虚も章の宗教発展理論を一九一三年の「無神論」という記事において使用していることは示唆的である(125)。また、一九一二年、仏教雑誌『仏学叢報』の編集者であった濮一乗（生没年不明）が、「中華民国之仏教観」という記事において宗教を存続させるためにはその改革が必要だと主張したことも、梁や章の直接的な影響を物語っていると思われる(126)。

総括すれば、仏教の堕落や衰頽を唱えた清末・民国期の仏教者をみると、彼らが使用していた言説は世俗的思想家たちの思想と共鳴していた。これは少なくとも部分的に改革派・革命派思想家たちの経世仏学の理論を受容したことを物語ると筆者は考える。これは、彼らの仏教堕落に関する言論が、単に仏教界内の現象ではなく、当時の亡国思想と密接に関連して現れてきたことを意味する。仏教の堕落を唱えた言論は当時の中国が直面していた危機の産物であり、その対象も、仏教よりは形成途上にあった中国の国民国家であったといえよう。次節では、これをより詳細に示したい。

第七節　末法のナショナライゼーション

インド近代史の研究者パルタ・チャタジー（Partha Chatterjee）は十九世紀に、インドの前近代的な歴史記述に見られる、堕落概念が近代的な歴史学のなかへ吸収されていく現象を指摘している。イスラム教徒の侵略についての前近代的な歴史記述では、ヒンドゥー教の国王がイスラム教の侵略者に負けた理由がバラモンのものたちの堕落に求められていた。国王の敗北は、バラモンのものたちが国王を指導するという義務を果たせなかったため、神々が罰を与えたとの説明がなされてきた[127]。つまり、歴史の主体は超自然的な力となっていた。近代になると、この神聖な力の仕業を重視する歴史観は世俗化していくものの、堕落という根本的な発想は保存され続けたのである。近代的歴史記述において、ムガルというイスラム教の支配者たちの時代は、インドの堕落時代と見なされるようになった。なぜならば、インドの文化的本質はヒンドゥー教にあるとされていたため、異教徒の支配は、近代のヒンドゥー教徒の歴史学者にとってヒンドゥー教の堕落を意味した[128]。堕落という概念を共有している一方で、その焦点は、従来の宗教思想ではなく、ヒンドゥー教に代表される近代国民国家に置かれていた。

近代中国の仏教者における言論にも似たような現象が見られる。中国史研究者の山田賢は、清末における「末劫」という終末論的概念の流行を分析して、「末劫がまもなく到来する」という思想やそれに対する救劫活動の背景に、太平天国など、清末中国の激しい社会的動揺を見いだしている[129]。つまり、山田は、明朝と異なって、清朝における善書の流行を清末社会が直面していた危機感の産物として理解した。また、この思想の影響を清末変法運動思想家である譚嗣同にも見いだしており、「末劫」概念と政治思想界との関係を指摘している。譚の場合は、救済の対象は全世界となっていたが、「危機に瀕した「国家の救済」へと一まず限定的に囲い込まれていけば、それは容易に中華「救亡」のナショナリズムと共振していくだろう」と、中国の近代ナショナリズムとの関連に言及している[130]。この指摘は、同じ頃の仏教における末法思想・仏教堕落論と亡国思想との関係にも当てはまるのではないかと思われる[131]。つまり、本来は仏法の興亡をその主題とする末法思想は、次第に近代国民国家概念と結合して、中国の救国を最終目標とするようになり、中国という国民国家がこの堕落言論の真の中心的問題として現れたのである。本章では、この言説を「末法のナショナライゼーション」と呼ぶことにしたい。

以下において、仏教の衰頽を嘆き、その復興を唱える言論の裏に、国民国家概念が含まれていたことを、いくつかの例を挙げて示したい。たとえば、仏教振興策を提起する楊文会の二つの短文「支那仏教振興策一・二」においては、仏教復興と救国思想は密接に関係している[132]。これらの文章において、楊は仏教振興を当時の世界情勢のなかに位置づけた。先行研究においては前者が比較的注目されてきたが、後者も関連させて全体を見る必要がある。前者において、楊は「我が国の仏教の衰頽は久しい」と述べ、僧侶の教育を改新すれば、「仏教は漸く興隆し、新学は日々盛んになり、世出世〔世間と出家界のこと〕の法は互いに助け合って行われる。過剰財産がなく、国家は補助の利益を得」ると主張した[133]。楊はこの振興策を、当時の清朝政府の教育改革が仏教に与えた危害を考慮して理解しなければならないと主張したが、これは陳継東によりすでに指摘されている。

なお、後者の「支那仏教振興第二」を見ると、楊の視点は西洋との比較に移っている。

西洋各国の国家振興の方法は、おおよそ二つある。一つは通商、一つは布教である。通商によって損益を補いあい、布教によって心を通い合わせるのである。我が国では商業を推進する者は現れてきたが、宗教を広めようとする人はいない。

（泰西各国振興之法。約有両端。一曰通商。一曰伝教。通商以損益有無。伝教以聯合声気。我国推行商業者。漸有其人。而流伝宗教者。独付欠如。）[134]

続いて、楊は「今釈迦の真実の教義を復興したいのであれば、インドから着手して、それから全世界に広めるべきである。支那の名声と文化が各国に重視され、野蛮な国であると貶されないようになることを切望する（今欲重興釈迦真実教義。当従印度入手。然後及全球。庶幾支那声名文物。為各国所器重。不至貶為野蛮之国矣）」と主張し、仏教が「数年の後、西洋の各宗教と肩を並べるだけではなく、常規を超え、世界で第一級の宗教になるだろう（於数年之後。不但与西洋各教。並駕斉駆。且将超越常途。為全球第一等宗教）[135]」と予言した。この文章では、仏教の復興は、近代世界での中国の位置づけと世界情勢から考えられていた。「支那仏教振興策一」との関連でみれば、仏教の衰頽は、仏教界内の問題ではなく中国それ自体の問題として認識されており、西洋列国との衝突と競争のなかで捉えられていた。楊は官僚でもあったが、仏教が彼の思想における唯一の主体ではなく、仏教を国家と融合するものとして想定していた。

蘇曼殊が一九〇七年に章炳麟との共著で発表した二つの短文「儆告十方仏弟子啓」と「告宰官白衣啓」においても同じ思想的傾向が見られる。最初の「儆告十方仏弟子啓」において、「迦葉摩騰が東に像法を伝えてから、一千八百年が経った。漢から唐までは隆盛に向かったが、両宋以降は衰微に転じた（自迦葉騰東流像法，迄今千八百年。由漢至唐，風流郷盛；両宋以降，転益衰微）」と、中国仏教の衰頽状態が指摘されていた[136]。その続きにおいて、仏教の衰頽の原因は僧伽内に求められており、僧侶たちの無知状態が嘆かれていた。伝統的な僧伽批判ではあるが、この文章を「告宰官白衣啓」と合わせて読めば、また少し異なる側面が見えてくる。「告宰官白衣啓」においては、仏教の国家に対する有益性が大きなテーマであった。このエッセイが書かれた直接的な背景は、清朝政府による寺院没収と学校への転用を意図した廟産興学政策にあったようである。そのため、当然、著者たちは仏教の国家に対する有益性を主張することによって仏教の便宜を図ったと捉えられるであろう。だが、この短文の背景には、廟産興学に対する懸念以外に、さらに亡国の危機が強く意識されていた著者たちの姿勢をうかがうこともできる。彼らは「仏法があれば、民を啓蒙し風俗を改良することができるので、滅亡を憂える必要はあろうか（仏法得存，正可牖民善俗，何有亡滅之憂?）」と、仏教の国家に対する役割を主張した。また、章も唱えていた国民道徳論の影響が、この主張に強く現れている。結局、「隋・唐の仏法が隆盛した時には、まさに国力が盛んであった。宋・明の仏法を軽視していたときには、兵力が衰微に転じた（隋，唐隆法之時，国威方盛；宋，明軽仏之世，兵力転衰）[137]」と述べている。ここにおいて、仏教と国家の不可分な関係が想定されているのである。「儆告十方仏弟子啓」のなかで希求された仏教内の改革も、最終的にこの目的のために果たされるべきものとして見えてくる。つまり、楊と蘇の仏教現状批判と復興思想の背景には、近代中国国家の姿とその運命が主体として見えてくる。

この傾向は宗仰において著しい。宗仰は一九一二年に「仏教進行商権書」というエッセイを書き、そのなかで仏教の衰頽に注目している。敬安が使用していた「獅子身中の虫」などの批判表現が繰り返される一方で、仏教衰頽の直接的な背景についてはあまり言及されていない。しかし、宗仰のエッセイのなかでは、仏教衰頽と復興を直接結びつけるものとして、中華民国の建国が登場する。宗仰は「性海[138]が埋もれ、仏教が滅びようとする今、ちょうど民国が建国され、共和制が始まったところである。国民とともに幸福のために衰退の波から挽回してそれを防ぎ、濁流を疎通させて清らかにすることが事の根幹であり、誠に不変の言である（今当性海汨没，象教淪胥之際，適值民国肇建，共和初立之時，欲与国民同謀幸福，挽狂瀾而障之，疏濁流而清之，茲事体本，誠不易言(139)」と述べ、仏教の改革案として、清規の復古、新教育の振興、出家者の人数の制御と「赴応」（庶民に雇われて儀礼を行う行為）をやめることを挙げた。さらに、このエッセイの翌年に書かれた「論尊崇仏教為今日増進国民道徳之切要」と関連させて読めば、仏教の衰頽を主張しその復興を唱える言論と、亡国危機の挽回を主張し新国家建設を説く言論の相互関係が、一層明確になる。

中国は文明の開祖である。その始まりは二千年以上昔のことであり、ギリシャとローマよりもはるかに先んじており、このことは東西各国も公認していることである。そして、乱れてしまった黄族〔漢民族のこと〕と広々とした中国は栄枯盛衰や興亡を繰り返しながら、数千年間続き、今に及んでいる。ついに満虜を放逐し、漢民族の立場を復興させることができ、共和五色の旗を高く掲げ、二十世紀の競争世界に立ち、文明を回復することができた。どうして我が国民が維持する力が大きくかつ偉大でないことがあろうか。しかし、隆盛と衰退〔の循環〕は常に続いているが、〔漢民族の文明の〕衰頽は続いている。〔その現在における〕現れは形式的であり、その精神は明らかになっていない。存在しているのはただの抜け殻であり、智慧はほぼ消えてしまっている。天は暗く地は霧に覆われている(140)。時局は危うく民は恐れている。人も獣も紳士の衣服を纏い、虫と沙が塵芥で混ざっている。娼婦たちが勝ち、作り笑いをしてお互いに斬り合う。廉恥は失われ、裸の体で自ら配偶者を求める。

（中国者，文明鼻祖也，開代於二千年以上，遠在希臘，羅馬之先，為東西各国所公認。而蚩蚩黄族，莽莽神州，迭廃迭興，相継相続，或隠或顕，或存或亡，以逮今茲，卒能逐満虜而復漢業，搴共和五色之旗，標立於二十世紀之競争世界，以光復文明，豈非我国民維繫之力之多且偉哉？　然而興廢何常，継続垂替，其現者在形式，而精神未彰，其存者只軀殻，而霊智猶泯，天晦地霧，時危民恫，人獣齮齕於衣冠，虫沙混合乎塵芥，娼妓勝則笑刀相斫；廉恥喪而裸体自媒。[141]）

ここにおいて、中国の偉大な過去が唱えられる一方で、二十世紀の「競争世界」における亡国の危機が強く意識されている。現存しているのは形骸化した中国文明にすぎない。この危機はまた道徳的な危機として理解されている。そして、国民に道徳を与えることによって亡国の危機を挽回できるものが、仏教に他ならないと強調されている。「我が国の宗教問題はまだ安定していないが、真の道徳を救うためには、仏教を信じることが唯一の方法であり、起死回生の妙薬である（吾国宗教問題，猶未確実，但為挽救真道徳計，則信用仏教，実唯一不二之方針，起死回生之要薬[142]）」。この二つのエッセイを関連づけてみれば、仏教の衰頽と復興も亡国危機という状況のなかで理解されており、結局、近代国民国家が宗仰の仏教の衰頽と復興に関する言論の主体であることが見えてくる。

これらの著述において、中華民国の成立が衰頽からの復興の可能性をもたらすとされ、仏教にとっても重要な出来事として強調された。末法概念と国民国家成立の課題の結合をもっとも明確に代表して示したのは、一九一三年に発刊された雑誌『仏教月報』創刊号の「発刊辞」である。揚州天寧寺の僧侶文希は亜髠と名乗って、「釈尊の入滅後二千九百年余りして、今や新しい共和の中国が世界に現れた。いままさに釈尊の末法の終わり頃に当たる。［中略］政治体制は時代とともに改革しなければならないと知るように、宗教も時代とともに変わらざるをえない（釈尊滅後二千九百余年、而後有新共和之中国発現世界。適当我釈尊末法之末世紀。［中略］知政体之不得不因時而改革。即知宗教亦不得不因時而転移）」と述べ、共和国の成立を末法の終わり頃という時間的な枠組みのなかに位置づけることによって、中華民国の成立に対する期待を表明するとともに、政治体制とともに仏教も時代にふさわしい改革が必要であると訴えた[143]。この「発刊辞」において、末法という宗教的時間の枠組み、政治改革および仏教の改革という諸課題が、巧みに統合された形で表現されていることが興味深い。

筆者は、上述の仏教者たちの思想が「経世仏学」から大きな影響を受けたと考える。そのため、仏教に対して唱えられた危機感も経世仏学の影響による産物であり、清末・民国期の仏教者に見られる仏教の堕落を唱える思想を、亡国に対する危機感の延長線上に位置づけることができるとも考えるのである。換言すれば、中国仏教に対して認知されていた危機の裏には中国それ自体に対する危機感が宿っていた。それは仏教の衰頽と復興に関する言論において、中国という国が最終的な主体としてしばしば論じられていることからもうかがえる。むろん、近代国民国家としての中国がこれらの言論の主体となっているといっても、それは仏教者がシニカルに仏教の衰頽を唱えていたことを意味しない。亡国の危機のなかで、経世仏学の影響を受けた仏教者たちは敏感に仏教の危機を感知したが、これはすでに近代的ナショナリズムが形成されていた空間のなかで生じた現象であった。

以上の思想的傾向は、民国期の有名な改革派僧侶太虚のうえにも色濃く現れている。しかし、彼の仏教堕落に関する言論には本節で取り上げた人物に見られなかった要素が含まれていた。それは「宗派」概念であった。この宗派概念の存在は近代日本仏教の影響を暗示しているため、以下では太虚の例を詳細に取り上げることにしたい。

第八節　太虚における堕落言論と宗派概念

民国期の改革派僧侶太虚は、近代仏教研究のうえでもっとも注目されている人物であり、彼の影響は特に現在の台湾において強く残っている[144]。太虚は近代中国仏教研究においてもっとも関心を集めている仏教者であるといっても過言ではない。彼は浙江省石門県出身の人であり、十六歳で寧波の天童寺において受戒した。敬安の指導のもと、天童寺などの寧波周辺の寺院で修行した後、太虚は蔵経の勉強のために西方寺に移った。一九〇八年、華山という僧侶が西方寺を訪れ、太虚に世界と中国の情勢を教えて、仏教改革の必要を説いた。華山は、太虚に梁啓超の『新民説』、章炳麟の「告仏弟子書」、厳復の『天演論』なども渡して、太虚が近代思想に触れる機会を与えた(145)。前節まで取り上げた人物と比べれば、若干若い世代に属するが、彼は今まで登場した多くの思想家たちや仏教者たちと交流をもっており、その影響を受けていた。楊文会が設立した仏学院祇洹精舎で学んだこともあり、章炳麟や宗仰とも交流があった(146)。このような背景から考えると、太虚の仏教に対する見方はこれまで紹介してきた思想に非常に近く、経世仏学の要素も多く看取されることは驚くべきことではない。中国に対する危機、仏教の衰頽、国民国家概念を中心とした仏教復興などは全部、太虚の思想を構成する要素であった。

太虚の思想においては、仏教の現状が悲観的に見られているだけではなく、中国仏教の堕落を歴史的過程と考える側面が特に強く現れている。太虚の中国仏教の歴史に対する見方をみると、特に隋と唐の両時代を高く評価する傾向に気づく。一九一三年、太虚は「陳・隋から唐末に至るまでが中国仏教全盛の時代である。これ以降は閉鎖的・保守的になり、次第に衰え、衰退の極みというべき時代になった（自陳隋至唐末。為中国仏教之全盛時代。過茲以往。即為鎖関為守成為漸衰為衰極之時代矣）」と仏教の堕落過程を描写した(147)。さらに、太虚は隋唐時代を中国史における「仏学時代」としても位置づけ、中国文化の重要な構成部分として高く評価していた(148)。

そして、今や仏教が堕落しているため、革命が必要であると唱えた。梁啓超や章炳麟からその概念を借用した可能性が高いが、太虚は一九一四年において、宗教改革の概念を意識しながら、政治改革時の宗教と国家の密接な関係を主張した。

しかし欧米の近代文明について、論者は皆、十六世紀の宗教改革に端を発するという。そして日本の勃興は実に仏教をその原動力としているのであるから、文明国であるということができる。政治改革のとき、宗教だけは歴史の栄光と無関係であるはずがあろうか。世界に宗教と呼べるものはなく、仏教のみが万全の宗教である。（然欧美近代之文明，論者僉謂胚胎於十六世紀之宗教革命，而日本勃興実仏教為之原動力，顧可以素称文物之邦，政治革新之際，独闃無宗教関係為歴史之光栄乎？ 夫世界無宗教，惟仏教為万全之宗教。[149]）

政治体制の改革にとって宗教が重要な役割を果たすという思想は、太虚の仏教改革計画の概要をまとめた『整理僧伽制度論』（一九一五年）においても強く現れていた。太虚はそのなかで、章炳麟が「建立宗教論」において主張した「まして宗教の盛衰は国事にかかわる」という部分を引用して、すべてのことが国家に重点を置いており、それゆえに、国家と宗教も協力関係にあると、次のように主張していた。「政が行うことと教が修めることは固より相反している。それでも政は国を治め、教は俗人を導くというように、相互補完しあっている（政之所行，教之所修，道固相反；政以治国，教以淩俗，事還相成）[150]」。つまり、仏教が「文明教化」の役割を果たすというのである。さらに、一九二〇年に書かれた「仏乗宗要論」を見ると、太虚にとって、仏教のこのような役割は中国の亡国危機のなかで想定されていたことがわかる。太虚はこの文章において、仏教が国家と民族を超えていると主張する一方で、中国の救国は、かならず仏教によらなければならないとも主張していた。

中国がこの内憂外患、混乱、紛擾に直面している今、国内の賢士たちが日夜苦悩して東奔西走しているのは、国を救うために他ならないが、混乱は収まるところを知らない。国を救うのに仏教の力を用いるべきであるというのは、仏教が強大な権力をもっていて乱を治め兵を鎮めることができるというのでは決してなく、ただこの混乱が人心に拠り所がないことに起因していると推察するからである。

（今日中国際此内憂外患離乱紛擾之時，国内賢豪之士日夜擾思往来奔走，無非為救護国群，然而乱靡有定也。茲言救護須有籍乎仏教者，豈謂仏教具何強大権力而可定乱弭兵乎，亦惟推査乱源基於人心之無所帰宿。(151)）

太虚の仏教堕落に関する言論をより詳細にみると、一九一四年の論文「震旦仏教衰落之原因論」において、太虚は仏教の「衰落」についての詳細な考察を行い、中国仏教史と仏教の現状における問題点を取り上げ、仏教が衰退状態にある背景を分析した。「震旦仏教衰落之原因論」において、太虚は仏教の衰頽過程を生物学的な過程のようなものと見なしていた。

仏教の教化は中国全土に広がり、漢一代、両晋を経て、陳、隋まではいわゆる草木が発芽して勃然と成長した時期である。隋から会昌の大難〔会昌の廃仏〕までは、盛んに生い茂っていた満開の時期である。その後は、もの寂しい様子が続いた。ゆえに中国の仏教による教化は隋・唐に完成し、唐末以降は不安定になり、まったく成長しなかったのである。それを記して後世に伝えることができる者をも困らせているのだ。

（仏教化被震旦，歴一漢，両晋，以訖陳，隋，所謂勾萌坼甲勃然怒生之期也；由隋以訖会昌大難之前，所謂郁華茂之期也；又後，則蕭寥之象継之矣。故震旦仏教化成乎隋唐，唐季以来，不寧無所増益，即能伝述者，亦難乎其人！(152)）

実は、太虚は他の仏教者たちが使用していた末法概念を否定していた。たとえば、一九二七年の「救僧運動」において、太虚は、人々が末法思想によって仏教発展への信念を放棄してしまうため、それが仏教の衰落原因の一つとなったと批判している[153]。

末法思想を否定し、進化論的な表現を使っている太虚であったが、ジャン・ナティエの末法思想に関する指摘を思い出すと、太虚にも現状批判と改革提唱の手段としての末法思想の影を見いだすことができる。また、太虚は具体的な衰頽の原因として、「政軛」（支配者による弾圧）、「戒弛」（戒律の弛緩）、「儒溷」（仏教の儒教との混合）、「義喪」（教義に対する注目の喪失）、そして「流窳」（悪習慣の流行）という要因を取り上げた[154]。しかし、太虚の仏教堕落に関する言論において、さらに宗派の衰頽と喪失がその重要な原因として現れてくる。

太虚はすでに一九一三年の時点において、中国における仏教の情勢を宗派の興廃と結びつけていた。先に引用した「仏教史略」において、中国における仏教の歴史について語る際、太虚は唐代の重要性を強調する。この時代に「華厳、真言、浄土、慈恩、唯識諸宗が連続して成立した」と指摘して、中国にはまとめて十三の宗派ができたことを主張する。また、宗派の存在は、彼の中国仏教史全体の区分の仕方において、重要である。

それぞれ一家を為している流派は十三あり、千年の長さをみてもこれ以外にはない。そして聖僧たちの霊光が支那全土に満ち、法運が隆盛であった様は、古今を通じてもこの時代には及ばない。［中略］梁から唐初に至るまでは、中国の各宗派が創立された時代であり、唐初は仏教大成の時代である。

（総其流派。分匯為家者。一十有三。千載流伝。不外此数。而衆聖霊光充実支那法運之隆盛。古今無逾此也。［中略］自梁至唐初。為中国各宗派至創闢時代。唐初為仏教大成時代[155]。）

太虚がこの引用文で描く中国仏教の歴史的展開においては隋唐時代が高く評価され、中国仏教の最盛期となっている。太虚のこれらの時代に対する評価は、また宗派の成立とも密接に結びついており、太虚は中国仏教を十三の宗派によって定義しているということができる。そして、宗派の成立をみた隋唐を最盛期と見なしたため、宗派の衰頽と喪失は、太虚にとって中国仏教の衰頽を意味した。

我が国の仏教は、唐の初めに各宗派が成立し、その後晩唐に至って禅宗の宗風が流行した。真言・倶舎・三論・成実・頭陀諸宗は次第になくなり、戒律・浄土は各宗に取り込まれ、並行して行われるようになり、専門的に修めることはすでに少なかった。天台・華厳・慈恩三宗はまだ対等に対峙することができたものの、五代の混乱を経て多くが消滅し、朝鮮、日本に伝わった。

（我国仏教。自唐初各宗派大成之後。降至晩唐。禅宗之風弥暢。真言倶舎三論成実頭陀諸宗。漸帰湮没。而戒律浄土。入各宗兼帯行之。専修已少。天台華厳慈恩三宗。雖尚足相雄並峙。経過五代雑乱。亦多散失入朝鮮日本者。[156]）

この宗派を重視する観点は「震旦仏教衰落之原因論」においても述べられている。隋・唐の仏教は諸宗派を生み出した創造性に満ち、教義の新しい発展も多くみられ、諸宗派の成立が中国仏教の組織化を成し遂げたと、太虚は評価した。彼のこのような仏教観は、創造性と発展性、組織性という言葉で端的に表すことができる。さらに彼は、隋・唐の仏教が、儒教の影響を受けずに僧侶が律を厳守していた純粋なものであったことを主張した。[157] 唐末になると、仏教が一時期に弾圧され、その結果として禅宗と浄土宗以外の多くの宗派は継承されず、唐末以降、諸宗派が消滅するのみならず、仏教は古い教えをかたくなに守るだけで、その創造性を失い、新しい思想的な展開もみられなかったというのである。[158] また、諸宗派の消滅後、禅宗が独占的な位置を得たことは、唐代諸宗の総合性に反するものだ、と太虚は批判した。[159] その後の太虚の思想においては、喪失された宗派の再興が中国仏教全体の復興計画のなかでも重要な要素となった。『整理僧伽制度論』では、中国仏教を八つの宗派に分けて紹介したうえで、唐代諸宗派の「復古」が重要な目的とされた。[160] そして、改革に際して、太虚はかつての寺院を禅寺・講寺・律寺に分類する制度を「取り除（去除）」き、八宗は行政単位である「道」のレベルにおいて、一宗に一寺ずつ専門学校としての「宗寺」が設立されるべきであると主張した。[161] 太虚が目指した仏教の組織化は、中国仏教の諸宗派の復興にとどまらず、チベット仏教、上座部仏教を含めた統合によって、「世界仏学」を誕生させることであった。[162] 太虚は諸宗派の存在が仏教の完全性を保証していると考えたのである。宗派を中心的な構成単位とする唐代の仏教が中国仏教の全体を体現しているのであれば、唐代の法難以降、多くの宗派が失われたことは、単なる変化ではなく、以後の仏教の不完全性を意味した。[163]

また、宗派概念は、仏教の復興と結びつけられただけではなく、危機にさらされていた中国に対する救国思想においても間接的に現れる。一九三五年に著された「建設現代中国仏教談」において、太虚は中国文化を六つの特徴に区分して、「周秦の諸子」とともに隋唐代の仏教は、中国文化の柱として中国文化の復興において不可欠なものであり、「中国文化の精華」であると主張した。[164] 隋唐時代の仏教こそが、中国の「精華」された「固有文化」であり、その仏教が「衰頽」した中国に以前の「民族文化の精神」を植えつけ、中華民族を新たに自立させる力をもっていると、彼は考えた。[165] つまり、唐代仏教の復興は中国全体の復興ともなると、太虚は期待したのである。

改革を目指した太虚が創造性を理想とし、新たな発展のない停滞状態を仏教の衰頽と同一視したことは、その堕落説において重要な役割を果たした。彼のなかでは理想化された隋唐時代の仏教形態が消滅したことは、単なる変遷や変化としてではなく、堕落過程として理解されていた。したがって、太虚の改革思想においては、唐代の仏教形態と近代中国において構築すべき新仏教は多くの点で一致すべきものであった。太虚が唐代仏教に見いだした創造性と発展性、組織性は彼の改革思想のキーワードであり、それらによって唐代の仏教は、他でもなく太虚の理想を歴史上で体現するものであった。この意味で、太虚の仏教堕落に関する言論は彼の改革思想との関連で理解されなければならない。

さらに、太虚の中国仏教の歴史的展開に対する悲観的な捉え方は、宗派の行方に対する見方に代表されている。彼にとって、唐代の仏教は諸宗派の発生によって象徴されるものであり、諸宗派はその当時の仏教の創造性と新発展、組織性を体現していた。ここに太虚の歴史観の特徴の一つとして、中国仏教の「原点」を定義する試みがみられる。そして、中国仏教の原点として定義されている隋唐時代の仏教こそが、復興すべき仏教形態のモデルとなった。そして、宗派の多くが消滅した時代の仏教は必然的に堕落したものと見なされたのであった。太虚の仏教堕落史観の中心には宗派概念が存在したのである。

第九節　宗派と仏教の堕落と復興

「宗派」に特に注目し、その喪失を仏教の堕落と見なして、諸宗派の復興を仏教復興の必要条件として唱えていたのは、太虚に限らなかった。これは清末以降、そして特に民国期に入ってからよくみられる主張である。たとえば、太虚がそれを主張する以前に、楊文会が計画していた祇洹精舎という仏学院設立のための寄付金募集文では、晋朝から唐朝までの間に、「天台」「賢首」「慈恩」「三論」「禅」「密」「倶舎」「成実」「薩婆多」などの諸宗が成立して、仏教が隆盛していたことが主張された後、宋代以降、禅宗の方便が注目され、経と抄の本当の意味が失われてしまい、諸宗が現在の状況に至るまでに衰えてしまったという、仏教の堕落過程が描かれていた(166)。また、一九二二年の「広州仏教閲経社宣言書」において、雪筠という仏教者が仏教の衰退を次のように説明した。

経以外に従ってはならない。我が国は唐の武宗が仏教を滅ぼしたことで経・律の多くが散逸し、ゆえに禅宗が非常に盛んになった。元明両朝においては、いよいよ本質から離れ、教理や戒律を無視・批判して、ただ盲目的に坐禅を組み、棒で打って喝を入れることに励み、不立文字を以て単伝が向上すると述べた。結果、小乗の二宗は、誰も学ぶ者がいなくなった。三論・天台・法相・賢首の諸宗もきわめて停滞し、経・論のすばらしさは久しく顧みられず、学が廃れ思想が絶えてしまったことをさえ知らない。

（非経無可遵循。我国自唐武宗滅仏。経律多被摧残。故禅宗特盛。元明之季。変本加厲。斥教訶律。専務死坐。棒喝狂放。以不立文字謂為単提向上。致小乗二宗。無人講習。即三論，天台，法相，賢首諸宗。亦極銷沈。経論妙義。光明久晦。不知廃学絶思(167)。）

このようなさまざまな宗派の喪失を仏教の衰頽の要因と見なす傾向には、太虚自身の影響も小さくなかったと思われる。教育活動で知られ、太虚とも身近に交流していた常惺（一八九六～一九三九年）は、一九二八年に「我が国の仏法は唐朝のときに十三宗派が隆盛していたが、宋明以来、実際には禅宗と浄土宗の勢力だけがもっとも偉大であった（我国的仏法。在唐時雖有十三宗的鼎盛。宋明以来。実際上只有禅宗和浄土的勢力最為偉大(168)）」と主張した。常惺は、さらに、近来、浄土宗が完全に中国仏教を支配するようになったことこそが、僧侶たちの「萎靡不振」や彼らの消極的な態度、そして中国仏教全体の消極性をもたらしたと嘆いた。

仏教の衰頽や堕落を唱える言論における宗派に対する注目は、国共内戦期まで続いた。たとえば、一九四七年の仏教雑誌『正信』の社説がその好例である。そこでは、子彦という仏教徒が宗派教育の重要性を主張し、隋唐時代における宗派誕生を中国仏教の「鼎盛時代」として位置づけ、各宗派の教学が失われたことを民国期の仏教の根本的な問題と見なしていた。彼には、唐朝時代の出家者の知識を理想とし民国期の中国人出家者たちの無知を嘆くという、従来の仏教復興運動において顕著な批判の姿勢が見られる。そして、はっきりした宗派制度の復興こそが中国の仏教復興にとって必要だと主張したのである。

今後は宗派教育を提唱すべきである。たとえば律宗の律寺では、内部を充実させ、新しい教学の方法を用いて律学を講じるべきである。禅宗の禅寺では、禅学を講じ、浄土宗の浄寺では、浄土宗に関連する経と論を講じ、同時に一般常識も教授すべきである。その他天台・賢首・唯識などの教義についても広く教え弘めるべきである。叢林はこうせねば本来の教育価値を失ってしまう。
（今後応提倡宗派教育，例律宗的律寺，応充実其内部，採用新的教学方法講解律学。禅宗的禅寺，講解禅学，浄土宗的浄寺，講解浄土宗的有関経論，並随宜増授普通常識。其余天台，賢首，唯識等教義，更宜弘敷光大，這様的叢林纔不失原有的教育価値。）(169)

また、「今日の叢林における日常生活が、その本を捨ててその末を追求している。みなは朝から晩まで課誦に没頭し、これで叢林の責任を尽くしていると思って、祖師の規則への注意はきわめて少ないのである（現在的叢林日常生活、捨本逐末、都是在忙着晨昏課誦、以為如此即尽了叢林的責任、甚少注意其祖規(170)」と述べ、宗派的な教学にこそ叢林の存在意義があると主張した。

以上の数例から、「宗派」が当時の仏教の堕落を唱える言論の中心的なキーワードの一つであったことがわかる。しかし、すでに第一章で触れたように、多くの先行研究では、中国仏教においてそもそも宗派性が弱かったと指摘されている。そこで、どの過程で宗派概念がこれほど重視されるようになってきたのかという問題に答えるために、ここでは再度、小栗栖香頂と本然の交流に戻って考えてみたい。

小栗栖香頂の中国滞在を振り返ってみると、彼は北京で本然という中国人僧侶と知り合い、頻繁に交流を行っていた。小栗栖は中国において禅宗以外の他の宗派を見ないことを気にして、本然宛てに手紙を書き、中国における宗派の行方について尋ねた。その内容が興味深いので、以下にそのまま引用する。

日本の仏教は、支那から来たもので、およそ十三宗あります。倶舎宗と成実宗は、既に亡びてしまいました。律宗、法相宗、三論宗、華厳宗、この四宗は、勢いが有りません。天台宗は智者〔智顗〕を祖とし、真言宗は金智と広智を祖とし、禅宗には臨済・曹洞・黄檗の三派があり、浄土宗は源空を祖とし、真宗は親鸞を祖とし、日蓮宗は日蓮を祖とし、時宗は空也を祖とし、融通念仏宗は良忍を祖とします。この中、真言・曹洞・真宗の三宗がもっとも盛んです。今、支那には幾つの宗があるでしょうか。天台〔智顗〕・章安の教観、賢首・清涼の文章注疏、不空・恵果の真言、玄奘・慈恩の法相、嘉祥の三論、慧遠の涅槃などは果たしてどのような状況でしょうか。私はただ達摩の一花五葉〔禅宗のこと〕しか見ていません。どうか、中国の仏教の現状をご教示下さいますよう、伏してお願い申し上げます。

（日本仏教、従来支那、凡有十三宗、曰倶舎、曰成実、此二宗既亡矣。曰律、曰法相、曰三論、曰華厳、此四宗、微微不振。曰天台、祖智者。曰真言、祖金智広智。曰禅、有臨済・曹洞・黄檗三派。曰浄土、祖源空。曰真、祖親鸞。曰日蓮、祖日蓮。曰時、祖空也。曰融通念仏、祖良忍。而真言、曹洞、真三宗、為最盛。支那方今有幾宗。天台章安之教観、賢首清涼之章疏、不空恵果之真言、玄奘慈恩之法相、嘉祥之三論、慧遠之涅盤、果為何状。香頂唯見達摩一華五葉耳。伏乞上人示中土仏教現況(171)。）

この頃、小栗栖に対する返事において、本然は小栗栖の肉食生活を指摘したが、宗派の行方については言及しなかった。しかし、その後の小栗栖との会話において、本然が宗派の問題に関心を示すエピソードがある。第一章で述べたとおり、小栗栖は『北京護法論』という漢文の書物を著し、本然に渡した。この書物のなかで、小栗栖は日本の各宗派を紹介し、インド・中国・日本の仏教国連盟を結成する意図を述べた。本然は『北京護法論』を読んで、この書物に感化されたようであり、その仏教の修行度や教義に関する知識の教示を求めている。たとえば本然は小栗栖に、華厳宗・法相宗に関する修行経験の有無や、玄奘がいた（インドの）カナウジという町で確立した三支比量の教義である因明論に関する説明を求めた(172)。小栗栖は後者の質問に対して、以下のように説明した。「声が無常であるというのが宗であり(173)、所作生（条件依存的）であるから、というのが因（理由）である。瓶のように、というのが同喩であり、虚空のように、というのが異論である（声無常、是宗也。所作生故、是因也。如瓶是同喩、如虚空、是異論）」。説明を受け、本然は、「あなたは優れた僧侶である。この学問は中国ではほとんど絶えてしまっている（足下僧人之傑出者。此学中土殆絶響）」との驚きをもって評価をしている。そのような本然の反応に、小栗栖はさらに「ああ、（日本では）因明の論は普通の僧侶でも知っていることであるが、本然がこのように驚嘆するとは（嗚呼！因明之論、尋常僧人之所知、而本然驚歎如此[174]」と、驚いた姿をみせている。

以上の会話から、本然の中国仏教に対する観点は小栗栖によって感化されたことが推測できる。本然が因明学に対して示している関心は、小栗栖の『北京護法論』を読んだことと、小栗栖との交流によるものであり、本然は、すでに日本仏教との比較に基づいた中国仏教に対する眼差しになっている。日本仏教との交流のなかで、中国仏教において因明学が欠如していることが意識されるようになったのである。以上の例はあくまで小栗栖と本然という二人の間の個人的出来事であるが、もっと広くみれば、民国期の仏教者における宗派の欠如と諸宗派の喪失を嘆く態度一般は、日本仏教の影響と結びつけることができると筆者は考えている。宗派性を重視する見方がどのように中国仏教界で広がったかという課題を次章において考察したい。

第十節　小　結

本章では、清末と民国初期における仏教衰頽に関する言論を分析した。太平天国と廟産興学の影響を考えると、仏教が多様な問題に直面していたことは否定できない。特に近代化を図った清朝政府とその後を継いだ中華民国北京政府によって、中国における宗教の全体的な位置づけが大きく揺らいだのである。この意味では、ヴァンサン・ゴーセール（Vincent Goossaert）の清朝と中華民国の転換期に対する“the end of Chinese religion”（つまり従来の宗教と国家の関係の終結）という評価は妥当であるといえよう。[175]しかし、ゴーセールが当時の道教について指摘したように、多くの問題は道教や仏教そのものの問題ではなく、外部から押しつけられてきた問題であったことも確かである。[176]それにもかかわらず、当時の一部の仏教者および現在の研究者は、清末の仏教を内面的に堕落したものとして非難する傾向がある。彼らの評価のなかでは、当時の仏教は商業化され、無学無知な僧侶によって構成される、精神的に堕落した宗教であった。序論と本章で取り上げた先行研究からもうかがえるように、この批判的な認識は今日まで根強く存在している。本章の最初に取り上げた、当時の仏教がなぜ堕落したものと見なされたかというウェルチが提出した質問に立ち返ると、ウェルチ自身は、当時の仏教復興運動を主にキリスト教による中国への進出や太平天国がもたらした危害という外因の観点から捉えていた。これは仏教復興運動の重要な一側面を捉えているが、広く唱えられた堕落言論の存在の説明にはなっていない。

本章によって明らかになったことは、仏教の堕落と衰頽を唱える言論は統一されたものではなかったということである。さまざまな人物が異なる目的で仏教の衰頽や堕落を唱えた。そのため、末法思想を含む当時の仏教堕落論を一種のレトリックと見なし、その具体的な使われ方に注目した方が適切であると思われる。ただ、そのなかで清末からみられる特に注目すべき堕落論の潮流は、亡国危機という一般的な思想課題の一部として存在していたものであると思われる。麻天祥が提供した「経世仏学」という表現が示すように、その言論は中国の復興を目指すイデオロギーの延長線上に存在していた。この意味では、中国仏教における堕落のレトリックは、当時形成されつつあった近代ナショナリズムの言論と密接に結びついていた。

仏教堕落言論とナショナリズムの関係を考えるうえで、ナショナリズムの研究者ジョン・ハッチンソン（John Hutchinson）の文化ナショナリズムについての指摘が示唆的である。ハッチンソンは文化ナショナリズムを「共同体の道徳的復興」を目指すナショナリズムとして定義し、さらにこの復興運動の一部として「現在の批判として黄金時代の過去」を唱えるという現象が見られると指摘する。すなわち現在を批判するために過去が動員されるのであるが、それは単なる退化的な観点ではない[177]。理想化された過去のイメージに基づいて未来の形成が計られるのであり[178]、「復興」という形を取ることで、変更や改革により説得力を与える。現在を堕落や衰頽した状況と見なすことによってこそ、将来に向かっての動きが可能となる。

ハッチンソンが取り上げる要素——「復興」「黄金の過去」「現状に対する批判」——のすべてが本章で紹介した近代中国仏教界にみられる。また、「共同体の道徳的復興」という目的は、麻天祥が提供した「経世仏学」というカテゴリーにもよく反映されていた。仏教界における衰頽と復興の言論は、中国国家に関する同じような言論と並行してあっただけではなく、後者（ナショナリズムのプロジェクト）のなかに前者（仏教）を統合する機能をもっていた。亡国の危機のもとで中国知識人たちの自信喪失と自己を問い直す精神が仏教界にも及んだものといえる。末法概念という形で、僧伽が堕落し仏教全体が衰頽してしまったと現状を批判する思想は従来から存在していたが、清末・民国期という特定の歴史状況のなかで、この思想が新しい意味をもつようになったのである。

『二十世紀中国仏教』において、陳兵と鄧子美は仏教の近代化を次のように要約している。「（近代化における）社会の急激な変化は、長い間にわたって封建社会の中で形成され、すでに衰退状態にあった仏教と衝突し、さまざまな挑戦を与え、幾つかの挫折と苦難を経ながら、仏教の更新を引き起こし、復興の機会を与えた[179]」。ここでは、近代化が、仏教をその堕落状態から救い、新時代にも存続するための新しい生命力を与えてくれた救世主として描かれている。このような歴史観では、中国仏教の近代化と改革が不可避なものとして描かれており、堕落を唱えることが単なる現状に対する批判という消極的な役割にとどまらないことが見落とされてしまう。つまり、「復興」や「堕落」の両概念は、そもそもその克服すべき対象を作り出すという、より生産的な役割ももっていると筆者は考えている。近現代中国仏教の研究者である足羽與志子は、十九世紀末における西洋的な宗教概念の中国への導入とそれによる近代的宗教領域の設立に言及している。足羽は当時の仏教復興運動を、仏教をこの形成されつつあった宗教領域のなかに統合しようとした試みであるとみている[180]。したがって、仏教の堕落や衰頽を唱えた言論は、当時の客観的な現実を描写するものではなく、変わりつつある政治的・地域的空間のなかに仏教を再構築するための措置だったのである[181]。アン・ブラックバーン（Anne Blackburn）は、十八世紀のスリランカの仏教における堕落と復興の物語について、この物語は仏教を永遠に変わらぬものとして描かれているが、堕落と復興が逆にスリランカの仏教における根本的な変化を意味するものだと指摘した[182]。筆者も、十九世紀末の中国仏教にみられる堕落と復興の循環という物語の存在こそが、大きな変化を自然なものとし、過去との断絶を隠蔽する役割をもっていたと考える。近代における中国仏教の改革過程には、堕落論という形を取った末法思想が重要な役割を果たした。つまり、近代化という過程が自らを正当化し、中国仏教の改革を実現させるために、堕落概念を作り出さなければならなかったといえる。深刻な政治体制の危機または変遷のときこそ、堕落論が現れることも、近年明らかになってきている。たとえば、アリシア・ターナー（Alicia Turner）が、十九世紀ビルマの仏教にみられる衰頽論について、王朝体制の解体と植民地支配に対する危機感とを関連させて論じた[183]。中国の場合、全国に及ぶ直接的な植民地支配はなかったが、従来の王朝の崩壊と新しい政治体制の成立が、当時の仏教における堕落論の歴史背景をなした。この政治的な領域と仏教的な領域の重複が、見事に清末・辛亥革命期にみられる末法言論において表現されている。

そして、寄付金募集など堕落論の状況に合わせた利用とともに、中華民国成立前後から、仏教堕落論が、当時成立過程にあった中国文明や中国仏教についての大きな歴史物語のなかへ統合されるという重要な現象がうかがえた。結果として、太虚と民国期の仏教者たちの例に見られたとおり、堕落した当時の理想像として隋・唐の両時代が中国仏教の黄金時代と復興（または「復古」）の目標に想定されていた。この両時代に対する高い評価は、さらに宗派という概念とも深く関連づけられていた。敬安においては、この宗派意識がまだ希薄であったが、太虚と彼の弟子たちの中国仏教衰頽論のなかでは、宗派の喪失という問題が大きな役割を果たしたことがうかがえた。また、小栗栖と本然の場合でみられたとおり、宗派概念の登場を日中仏教交流にさかのぼる手掛かりも現れた。第三章では、視野を仏教史研究に転じ、宗派を中心とした日本的仏教観が具体的にどのような過程を経て中国仏教に受容されて、中国仏教において、どのような思想的役割を果たしたかという問題を検討する。

註

（1）ここでは、当時の中国仏教界の、仏教が堕落した、衰退した、または末法に陥っているという言論を、一括して堕落論として扱うことにする。当時の資料においては、「衰落」「衰頽」「衰退」など、堕落状態に関して多様な表現が使われているが、本章においては「堕落」と「衰頽」という二つの表現を使うことにしたい。それは、この二つの表現には、単に弱くなったという意味のみならず、当時の中国人仏教者がよく想定していた道徳的な零落というニュアンスも含まれているからである。

（2）むろん、その例外もある。第一章でもみられたように、太平天国の乱直後は寺院が受けた被害に対する意識が高かった。また、一九二八年に胡適が廬山を訪ねた際、彼は寺院建築の現状を嘆いていた。だが、全体的には日本人仏教者と比べると、寺院建築は注目されていないといえる。胡適「廬山游記」（一九二八年）（胡適全集編委会編『胡適文存』第三集巻二、合肥：安徽教育出版社、二〇〇三年、一四三～一七一頁）を参照。

（3）印光「与仏学報館書」（印光『印光法師文鈔』第一冊、蘇州：弘化社、一九三二年）、八頁。

（4）試経制度廃止の悪影響に関しては、陳継東「中国仏教の現在」（『新アジア仏教史　中国文化としての仏教』東京：佼正出版社、二〇一〇年）、三二一～三二三頁を参照。試経制度廃止による根本的な僧侶資質の低下を疑う立場に関しては、張雪松『法雨霊岩――中国仏教現代化歴史進程中的印光法師研究』（台北：法鼓文化、二〇一一年）、八五頁を参照。

（5）陳兵・鄧子美『二十世紀中国仏教』（北京：民族出版社、二〇〇〇年）、一三～一四頁。

（6）麻天祥『20世紀中国仏学問題』（武漢：武漢大学出版社、二〇〇七年）、五一頁。「己卯二月寄西湖開慧禅伯」では、敬安が「邇来法門秋末，宗風寂寥」と述べた。この一カ所だけではなく、麻はほかにも敬安の表現を自分の言葉として使って当時の仏教の現状を描写している。たとえば、「（仏教）の思想の河が日々に漸く干涸してしまった」という判断も、敬安が使った「禅の河が漸く涸れてしまう」という表現に非常に似ている。

（7）Welch, Holmes, 1967, *The Practice of Chinese Buddhism, 1900-1950*, Cambridge, Mass.: Harvard University Press, p. 408.

（8）Welch, Holmes, 1968, *The Buddhist Revival in China*, Cambridge, Mass.: Harvard University Press, p. 264.

（9）唐忠毛「20世紀中国仏教思潮及其研究反思」（高瑞泉主編『中国思潮評論第一輯　思潮研究百年反思』上海：上海古籍出版社、二〇〇九年）、一一一～一一二頁。

（10）学愚『仏教、暴力与民族主義』（香港：香港中文大学出版社、二〇一一年）、四一～四五頁。学愚はウェルチの主張を誤解しているようにみえる。ウェルチは「復興」概念を「衰退」や「堕落」を前提としている概念として問題視している。彼にとって、仏教は堕落していなかったため、この概念を適用することはできない。学愚は、ウェルチが当時の仏教は堕落していたため、復興は当てはまらないと主張していると解釈しているが、筆者からすれば、それは誤解である。

（11）Ip Hung-yok, 2009, "Buddhist Activism and Chinese Modernity," *Journal of Global Buddhism*, volume 10, p. 152. しかし、葉も最終的に「revival」概念の使用を完全に否定してはいない。

（12）Chang Hao, 1987, *Chinese Intellectuals in Crisis*, Berkeley: University of California Press, p. 4.

（13）Chan Sin-wai, 1985, *Buddhism in Late Ch'ing Political Thought*, Hong Kong: The Chinese University Press. を参照。

（14）葛兆光「西潮却自東瀛来」（『西潮又東風』上海：上海世紀出版、二〇〇六年、四七～六六頁）、五四頁。

（15）葛兆光「論晩清仏学之復興」（『西潮又東風』上海：上海世紀出版、二〇〇六年、七七〜一〇一頁）、九六頁。
（16）Fitzgerald, John, 1996, *Awakening China*, Stanford: Stanford University Press, pp. 3-4.
（17）印順『太虚大師年譜』（北京：宗教文化出版社、一九九五年）、一〇〜一一頁。
（18）Carter, James, 2011, *Heart of Buddha, Heart of China*, Oxford: Oxford University Press, pp. 192-3.
（19）Pittman, Don, 2001, *Toward a Modern Chinese Buddhism: Taixu's Reforms*, Honolulu: University of Hawaï Press, p. 68.
（20）廟産興学運動は清末と民国期において行われた、寺院を没収して、学校に転用することによって、近代的教育制度を発展させようとした運動である。たとえば、足羽與志子「モダニティと「宗教」の創出」（池上良正ほか編『岩波講座　宗教』第一巻、東京：岩波書店、二〇〇三年、八五〜一一五頁）、九五〜九七頁を参照。
（21）以上の敬安の生涯は于凌波『中国近現代仏教人物志』（北京：宗教文化出版社、一九九五年、一三〜一四頁）と前掲註（6）麻『20世紀中国仏学問題』（三九頁）と麻天祥『晩清仏学与近代社会思想』（開封：河南大学出版社、二〇〇五年、四九二頁）による。
（22）直接敬安と交流があった太虚は、敬安が「仏教を中興した」と主張した。太虚「中興仏教寄禅安和尚伝」（一九二一年）（『太虚大師全書』第三一巻、北京：宗教文化出版社、二〇〇五年）、五二〇頁を参照。この資料はもともと『海潮音』第二巻第四期に発表された。
（23）前掲註（15）葛「論晩清仏学之復興」、七八頁。
（24）前掲註（21）麻『晩清仏学与近代社会思想』、五〇三頁。
（25）「去臘」は去年の夏安居のことを指すが、ここではただ去年という意味で使われていると推測する。
（26）「波旬」は仏陀、菩薩や仏徒の修行を妨げようとする魔のこと。ここでは仏教界内で問題を起こしている人を罵る表現として使われている。
（27）敬安「己卯二月寄西湖開慧禅伯」（一八七九年）（梅季点編『八指頭陀詩文集』長沙：岳麓書社出版社、一九八四年）、四四七頁。
(28) 敬安「題長沙上林寺蔵経閣詩」（一八九〇年）（前掲註〈27〉梅『八指頭陀詩文集』）、一五四頁。
(29) 仏教者が仏教に対して危害を与えることを指す比喩。
(30) 敬安「致徳恒和尚書」（一九〇五年）（章亜昕編『八指頭陀』北京：中国文史出版社、一九九八年）、二六三頁。
(31) 前掲註(30)章『八指頭陀』、三九頁。
(32) 「劫濁」は末法思想において、末世の時代に生じる五濁の汚染の一つであり、社会悪が発生する時代を指す。雲井昭善「時代・社会苦――末法と苦」（仏教思想研究会編『仏教思想5　苦』京都：平樂寺書店、一九八〇年）、二五八頁。
(33) 敬安「募修衡州大羅漢寺啓」（一八九〇年）（前掲註〈27〉梅『八指頭陀詩文集』）、四六二頁。
(34) 「八徳蓮池」ともいう。浄土にある池を指す。この池の水は八徳をもっているとされ、その八徳は甘美、清冷、安和、軽軟、澄浄、潤沢、除饑渇、長養諸根の八つである。
(35) 「重雲殿」は梁朝の武帝の華林園にあった仏殿のことである。当時において、エリート層における仏教の中心となっていた。ここでは仏教の隆盛の象徴として使われていると思われる。
(36) 敬安「募修衡州大羅漢寺啓」（一八九〇年）（前掲註〈27〉梅『八指頭陀詩文集』）、四六二頁。
(37) 阿育王が鶏足山に建立した鶏雀寺のこと。
(38) 釈迦が無量寿経と法華経を説いたとされる霊鷲山のこと。
(39) 祇園精舎を買うときに寄進者が黄金を敷き詰めた故事のこと。
(40) 六欲天が死にかかっている際に現れてくる五つの兆候の一つ。
(41) 「四依」はここで「四事」の意味で使われて、衣服、飲食、臥具（寝具）、湯薬（薬）を指していると解釈する。つまり、僧侶たちが社会の支援を失ってしまっているということである。
(42) 敬安「募修南岳祝融峰上封寺啓」（一八九四年）（前掲註〈27〉梅『八指頭陀詩文集』）、四七六頁。

(43) 敬安「又致南京毘盧寺信」(一九〇七年)(前掲註〈27〉梅『八指頭陀詩文集』)、五〇〇頁。
(44) 「自恣」は、修行中のことを互いに反省し、自発的に罪を告白懺悔することを指す。
(45) 極楽浄土に住むとされる迦陵頻伽のことである。
(46) 敬安「与石葵上人書」(一八九四年)(前掲註〈27〉梅『八指頭陀詩文集』)、四七三頁。
(47) 坂元ひろ子「楊文会」(坂元ひろ子『連鎖する中国近代の〝知〟』東京:研文出版、二〇〇九年)、六三~六六頁を参照。
(48) 楊文会「与某君書」(「等不等観雑録巻六」)(楊文会『楊仁山居士遺著』第九冊、南京:金陵刻経処、出版年不明〈一九一九年初版〉)、三八頁。楊文会が書いた文章の著作年を確定することは困難である。『楊仁山居士遺著』は楊の没年後の一九一九年に刊行された。『楊仁山全集』も著作年を記さない。以下で確定できた著作年は陳継東『清末仏教の研究――楊文会を中心として』(東京:山喜房佛書林、二〇〇三年)による。
(49) 前掲註(21)于『中国近現代仏教人物志』、三六頁。
(50) 宗仰「《頻伽精舎校刊大蔵経》縁起」(一九〇九年)(沈潜・唐文権共編『宗仰上人集』武漢:華中師範大学出版社、二〇〇〇年)、三一頁。
(51) 寺院が所有している土地を指している。
(52) 張之洞「外篇」(『勧学篇』上海:上海書店出版社、二〇〇二年)、四〇~四一頁。
(53) Nattier, Jan, 1990, *Once Upon a Future Time*, Berkeley, Calif.: Asian Humanities Press, pp. 3-4.
(54) Ibid., p. 46.
(55) Hubbard, Jamie, 2001, *Absolute Delusion, Perfect Buddhahood: The Rise and Fall of a Chinese Heresey*, Honolulu: University of Hawai'i Press, p. 34.
(56) 印光「与仏学報館書」(前掲註〈3〉印光『印光法師文鈔』第一冊)、八頁。
(57) 楊文会「与日本町田書」(「等不等観雑録巻八」)(前掲註〈48〉楊『楊仁山居士遺著』第一冊)、一三頁。ただ、印

光に対して、自力を放棄して念仏や他力のみに頼るべきだという姿勢は示さなかった。陳継東が示したように、この理由で日本の浄土真宗をも批判した（前掲註〈48〉陳『清末仏教の研究』、二六〇～二六一頁）。

(58) 前掲註（5）陳・鄧『二十世紀中国仏教』、一六頁。

(59) 前掲註（53）Nattier, *Once Upon a Future Time*, pp. 138-9.

(60) 湛然禅師『慨古録』（一六〇七年〈万暦三十五年〉）（『新纂大日本続蔵経』第六五巻）、三六六頁。

(61) 江燦騰「晩明仏教叢林衰微原因析論」（江燦騰『中国近代仏教思想的諍弁与発展』台北：南天書局、一九九八年）、八九～九〇頁。

(62) たとえば、雲栖袾宏『雲棲法彙』の「竹窓随筆」に収録されている「僧習」と「古今人不相及」を参照。訳文は雲棲袾宏著、宋明哲学研討会訳注『竹窓随筆――明末仏教の風景』（福岡：中国書店、二〇〇七年）、八一頁を参照。

(63) Yu Chun-fang, 1981, *The Renewal of Buddhism in China*, New York: Columbia University Press, pp. 139-40.

(64) 前掲註（61）江「晩明仏教叢林衰微原因析論」、八七頁。

(65) 前掲註（8）Welch, *The Buddhist Revival in China*, p. 263.

(66) Brook, Timothy, 2009, "The Politics of Religion: Late-Imperial Origins of the Regulatory State," Yoshiko Ashiwa and David L. Wank (eds.), *Making Religion, Making the State*, Stanford: Stanford University Press, p. 36. また、呉疆（Jiang Wu）などの近年の研究も、従来の堕落論に対して近世仏教の活気性を主張する（Wu, Jiang, 2008, *Enlightenment in Dispute: The Reinvention of Chan Buddhism in Seventeenth-Century China*, Oxford: Oxford University Press. を参照）。

(67) 小栗栖香頂「北京紀游」（陳継東・陳力衛整理『北京紀事　北京紀游』北京：中華書局、二〇〇八年）、一三四頁。

(68) 楊文会「般若波羅密多会演説一」（「等不等観雑録巻一」）（前掲註〈48〉楊『楊仁山居士遺著』第七冊）、二四頁。陳継東はこの文章が基づいている演説を一八九九年とする（前掲註〈48〉陳『清末仏教の研究』、四五五頁）。

(69) 楊文会「与佳伯華書」（「等不等観雑録巻六」）（前掲註〈48〉楊『楊仁山居士遺著』第九冊）、九頁。

(70) 前掲註(21)于『中国近現代仏教人物志』、五二〇~五二一頁。
(71) 蘇曼殊・章炳麟「儆告十方仏弟子啓」(一九〇七年)(馬以君編『蘇曼殊文集』上、広州:花城出版社、一九九一年)、二六六~二八〇頁。章が日本に亡命していた際、姉崎正治と交流したことがある。姉崎もまた明治時代の日本における近世仏教堕落の史観と関係していた。この観点から姉崎が章に与えた影響を分析することは今後の課題の一つである。
(72) たとえば、敬安も太虚も、このエッセイを読んでいたことを記している。
(73) 「母邑」は女性を指す仏教用語である。
(74) 前掲註(71)蘇・章「儆告十方仏弟子啓」、二六六頁。
(75) Yu Chun-fang, 1981, *The Renewal of Buddhism in China*, New York: Columbia University Press, p. 228. しかし、禅に関しては、袾宏の意見と本然の意見は異なる。袾宏は、僧侶の大多数は禅を実践しないで経典について講じることに夢中になっていると批判していた(Yu, p. 179 を参照)。楊文会と袾宏など、明末仏教者の関係については前掲註(48)陳『清末仏教の研究』、三〇四~三一一頁を参照。
(76) Foulk, T. Griffith, 1993, "Myth, Ritual, and Monastic Practice," Patricia Ebrey and Peter N. Gregory (eds.), *Religion and Society in T'ang and Sung China*, p. 192. フォークによると、宋代の禅僧は自分に正統性を与えるために理想的な唐仏教のイメージを想像した。
(77) 敬安「夜雨不寐、聞虫声感賦二首」(一九一一年)(前掲註〈27〉梅『八指頭陀詩文集』)、四三〇頁。
(78) 桐谷征一「中国仏教における末法思想の形成と展開(上)」(『仏教学仏教史論集　佐々木孝憲博士古稀記念論集』(東京:山喜房佛書林、二〇〇二年、二一~五四頁)、三二頁。
(79) 敬安「感事二十一截句附題冷香塔(並序)録十四」(一九一三年三月)(『仏学叢報』第五期、文苑)、三頁。(前掲註〈27〉梅『八指頭陀詩文集』によると、この文章はもともと一九一〇年に書かれたものである。)
(80) 敬安「致宝覚居士書」(前掲註〈27〉梅『八指頭陀詩文集』)、五〇三頁。

(81) 敬安「感事二十一截句附題冷香塔並序」（一九一〇年）（前掲註〈27〉梅『八指頭陀詩文集』）、四一五頁。

(82) Franke, Otto, 1909, "Ein Buddhistischer Reformversuch in China," *T'oung pao*, ser. 2: 10 を参照。この文章には、楊文会自身の署名はないが、陳三立などの在家者の署名がある。国家に対する危機は五九五頁を参照。仏教に対する危機は五九九頁を参照。国家も仏教も敵に囲まれているという描写は類似しており、著者たちがもつ国家の危機と仏教の危機の共通性の認識が示されているといえよう。

(83) 「涂毒鼓」は仏教用語で、聞き手を殺す鼓のことである。ここでは、仏教と国家を守るために打つという意味で使われていると推測する。

(84) 宗仰「愛国学社開校祝辞」（一九〇二年）（前掲註〈50〉沈・唐『宗仰上人集』）、一四～一五頁。

(85) 宗仰「勧緇門急輸国民捐啓」（一九一二年）（前掲註〈50〉沈・唐『宗仰上人集』）、三九頁。

(86) 蔣維喬、鄧子美導読『中国仏教史』（上海：上海古籍出版社、二〇〇六年〈一九二九年出版〉）、二六四頁。

(87) 法舫「中国仏教の現状」（『日華仏教研究会年報』第一年、一九三六年、二九～四七頁）、二九頁。この記事は以前「中国仏教的現状」というタイトルで『海潮音』の第一五巻第一〇号（一九三四年）に中国語で発表された。

(88) 明末に関しては荒木見悟『憂国烈火禅――禅僧覚浪道盛のたたかい』（東京：研文出版、二〇〇〇年）、特に一三八～一三九頁を参照。

(89) 前掲註(12)Chang, *Chinese Intellectuals in Crisis*, p. 5.

(90) 当時における亡国の危機感と「瓜分」されてしまうことに対する恐怖については、たとえば吉沢誠一郎『愛国主義の創成』（東京：岩波書店、二〇〇三年）、八七～九二頁を参照。また、Rebecca Karl（レベッカ・カール）も *Staging the World*（『世界を上演する』、二〇〇二年）において、改革派・革命派の思想家たちにおける亡国概念の中心的な役割に言及している。

(91) Fitzgerald, John, 1994, "Reports of my Death have been Greatly Exaggerated," David S. G. Goodman and Gerald Segal (eds.), *China Deconstructs*, London: Routledge, p. 24.

(92) Ibid., p. 32.

(93) Tang Xiaobing, 1996, *Global Space and the Nationalist Discourse of Modernity*, Stanford, Calif: Stanford University Press, pp. 33-4.

(94) 梁啓超「論中国学術思想変遷之大勢」(一九〇二年)(梁啓超『飲冰室合集』I、北京:中華書局、一九八九年)、一頁。

(95) 同書、一頁。

(96) 同書、九七頁。

(97) 同書、一〇三頁。日本語訳は、梁啓超著、小野和子訳『清代学術概論』(東京:平凡社、一九七四年)にある(x頁を参照)。この文章では「この二百余年間」は「文芸復興時代」として位置づけられており、同じ時期を衰落時代とする立場とは逆説的に見えるが、筆者は梁がここで全体的な衰頽を主張する一方で、この時期に内包された可能性を主張していると考える。

(98) 同書、六三頁。

(99) マリアンヌ・バスティドブリュギエール(Marianne Bastid-Bruguière)「梁啓超与宗教問題」(『東方学報 京都』第七〇冊、一九九八年、三二九~三七三頁)、三三一頁。バスティドブリュギエールによると、梁の宗教観を四つの時期に区分することができる。第一期は一九〇一年秋以前の時期であり、宗教を救国との関係で考えていた時期である。第二期は一九〇一年秋から一九〇五年の年初までの期間である。この期間は、梁が国家革新に対する宗教の無益性の理由を考え、宗教が国家革新に提供できる可能性を探索していた頃であった。以上で取り上げた「論中国学術思想変遷之大勢」が第二期の初期に当たるが、救国の思想はまだ前面に現れていなかったと思われる。

(100) 「論中国学術思想変遷之大勢」の仏教界に対する影響については、次章でより詳細に言及する。ここでは、中国復興言論における仏教の位置づけのみを指摘しておきたかったのである。

(101) 前掲註(21)麻『晩清仏学与近代社会思想』、一二七~一二八頁。近年、研究者の蔣海怒はこの現象に対して「政治仏学」という表現も使っている（蔣海怒『晩清政治与仏学』上海：上海古籍出版社、二〇一二年を参照）。

(102) 前掲註(21)麻『晩清仏学与近代社会思想』、一一七頁。

(103) 葛兆光もこの思想的傾向を指摘している。特に前掲註(14)葛「西潮却自東瀛来」、四八～五二頁を参照。

(104) 蔡元培「仏教護国論」（一九〇〇年）（中国蔡元培研究会編『蔡元培全集』第一巻、杭州：浙江教育出版社、一九九七年）、二七四頁。

(105) 同書、二七二頁。

(106) 同書、二七三頁。

(107) 章炳麟「演説録」（一九〇六年）（『民報』第六号）、四頁。

(108) 同書、六～七頁。

(109) 蔡も「仏教護国論」において仏教の社会革新にとっての有益性を唱える一方、仏教の改革の必要性を主張した。

(110) 梁啓超「論支那宗教改革」（一八九九年）（前掲註〈94〉梁『飲冰室合集』Ⅰ）、五五頁。

(111) たとえば、「民族精神論」（一九〇三年）（『江蘇』第七期）、四～五頁。『江蘇』は中国留日学生江蘇同郷会によって刊行されて、共和政権成立をその中心原理として説いた清朝末期の雑誌であった。

(112) Poon Shuk-Wah, 2011, *Negotiating Religion in Modern China*, Hong Kong: Chinese University Press, p. 28.

(113) 石川禎浩「梁啓超と文明の視座」（狭間直樹編『共同研究梁啓超』東京：みすず書房、一九九九年、一〇六～一三一頁）、一一五頁。たとえば、一九〇二年の「新民説」では、彼は「競争は文明の母である。競争がいったん停止すれば、文明の進歩はたちどころに終わってしまう。［中略］競争が絶えれば、文明もまたそれと共に絶えてしまうのだ」と主張した（翻訳は石川禎浩による）。

(114) 章炳麟「演説録」（一九〇六年）（『民報』第六号）、八頁。

(115) 章炳麟「建立宗教論」（一九〇六年）（西順蔵・近藤邦康編訳『章炳麟集』東京：岩波書店、一九九〇年）、一九〇頁。「建立宗教論」はもともと『民報』の第九号に発表された論考である。この文章は『整理僧伽制度論』（一九一五年）において、太虚によっても引用されている。

(116) 敬安「除夕示衆」（著作年不明の『法語』に収録されている。前掲註〈27〉梅『八指頭陀詩文集』）、五一七頁。

(117) 宗仰「頻伽大蔵経自序」（一九一三年）（前掲註〈50〉沈・唐『宗仰上人集』）、五七頁。

(118) 「中華仏教総会章程」（一九一二年）（『仏学叢報』第一期）を参照。また、端甫「論今日振興仏教当以統一融合為第一要務」（一九一三年）（『仏教月報』第一期）を参照。

(119) 楊文会「般若波羅密多会演説四」（「等不等観雑録巻一」）（前掲註〈48〉楊『楊仁山居士遺著』第七冊）、二六頁。

(120) 楊文会「与陶榘林書」（前掲註〈48〉楊『楊仁山居士遺著』第九冊）、二七頁。だが、陳継東によって指摘されているように、一九一〇年の著作とされる「仏学研究会小引」において、楊は、仏教の「維新」ではなく、仏教の「復古」の必要性を唱えている（「仏学研究会小引」〈「等不等観雑録巻一」〉〈前掲註〈48〉〉楊『楊仁山居士遺著』第七冊〉、二一頁を参照）。日本語訳は前掲註〈48〉陳『清末仏教の研究』、四四八頁。

(121) Zarrow, Peter, 2004, "Late Qing Reformism and the Meiji Model: Kang Youwei, Liang Qichao, and the Japanese Emperor," Joshua Fogel (ed.), *The Role of Japan in Liang Qichao's Introduction of Modern Western Civilization to China*, Berkeley: Center for Chinese Studies, Institute of East Asian Studies, University of California を参照。当時、明治維新は康有為や梁啓超などの思想家たちに意識されて、彼らの政治活動の模範となっていた。

(122) 中華民国において、仏教の堕落を批判してその改革を唱える際、宗教改革とマルティン・ルターがしばしば取り上げられる。たとえば、化声「仏化前途与我国的国民性」（一九二二年）（『新仏化旬刊』第一二期）を参照。

(123) 敬安「寄章太炎君滬上八絶句、並招游天童」（一九一一年）（前掲註〈27〉梅『八指頭陀詩文集』）、四三二頁。

(124) たとえば、鳥目山僧（宗仰）の「論尊崇仏教為今日増進国民道徳之切要」（一九一四年）（『仏学叢報』第四期）はその好例である。

(125) 太虚「無神論」（一九一三年）（『仏教月報』第四期）を参照。太虚の弟子印順は、一九〇八年以降、若き太虚が当時の改革派思想家たちからの影響を受けたということを指摘した。印順によると、章炳麟の雑誌『民報』と梁啓超の雑誌『新民叢報』、または梁の「新民説」と章の「儆告十方仏弟子啓」と「告宰官白衣啓」などの文章が、特に太虚に影響を与えていた。前掲註(17)印順『太虚大師年譜』、一〇〜一一頁。

(126) 一乗「中華民国之仏教観」（一九一二年）（『仏学叢報』第二期）、二頁。この論文において、以上に取り上げた梁啓超の「論中国学術思想変遷之大勢」の影響が強く出ているため、宗教改革についての主張も梁の影響によると推測する。第三章で再び一乗を取り上げる。

(127) Chatterjee, Partha, 1992, "History and the Nationalization of Hinduism," *Social Research*, vol. 59, no. 1, p. 120.

(128) Ibid., p.129.

(129) 山田賢「世界の破滅とその救済」（『史朋』第三〇号、一九九八年、三二〜四一頁）、三三頁。

(130) 同書、四〇頁。また、民国期に存在していた数多くの結社の背景には、「三期末劫」概念とそのなかからの救済があった（Goossaert, Vincent and Palmer, David A., 2011, *The Religious Question in Modern China*, Chicago: University of Chicago Press, p. 93 を参照）。

(131) 先にすでに取り上げた資料では、仏教者も「末劫」という表現を使っている例がみられた。その場合は「末劫」という表現を仏教的な文脈で「末法」の類似語として読んでいるが、当時の中国社会において普及していたような「末劫」のニュアンスとの融合使用も否定しない。

(132) 著作年不明であるが、変法に言及して「新学」の必要性を唱えているため、おそらく二十世紀初頭の教育改革の頃のものだと推測できる。

(133) 前掲註(48)陳『清末仏教の研究』、四五〇頁。ここで使用している翻訳は陳による。

(134) 楊文会「支那仏教振興策二」（周継旨校点『楊仁山全集』合肥：黄山書社、二〇〇〇年）、一七頁。

(135) 同書、一七頁。

(136) 蘇曼殊・章炳麟「儆告十方仏弟子啓」（一九〇七年）（前掲註〈71〉馬『蘇曼殊文集』上）、二六六頁。

(137) 蘇曼殊・章炳麟「告宰官白衣啓」（一九〇七年）（前掲註〈71〉馬『蘇曼殊文集』上）、二八四頁。

(138) 真如の世界のこと。

(139) 宗仰「仏教進行商権書」(一九一二年)〈前掲註〈50〉沈・唐『宗仰上人集』〉、四七頁。

(140) 天と地の区別が曖昧になってしまっているというイメージは、秩序が混乱している状況を指すと解釈する。

(141) 宗仰「論尊崇仏教為今日増進国民道徳之切要」(一九一三年)〈前掲註〈50〉沈・唐『宗仰上人集』〉、五一〜五二頁。もともとは『仏学叢報』第四期(一九一三年二月)において発表された。

(142) 同書、五二頁。

(143) 亜髡「発刊辞」(一九一三年)〈『仏教月報』第一期〉、一頁。

(144) 太虚の多くの弟子たちが一九四九年に国民党と一緒に台湾に渡って、台湾の仏教界に大きな影響を与えるようになった。

(145) 前掲註(21)于『中国近現代仏教人物志』、一三三〜一三六頁。

(146) Krebs, Edward, 1998, *Shifu, Soul of Chinese Anarchism*, Oxford: Rowman & Littlefield.

(147) 太虚「仏教史略(続)」(一九一三年)〈『仏教月報』第二期〉、四頁。

(148) 太虚「整理僧伽制度論」(一九一五年)〈前掲註〈22〉『太虚大師全書』第一八巻〉、一一頁。

(149) 太虚「中興仏教寄禅安和尚伝」(一九一四年)〈前掲註〈22〉『太虚大師全書』第三一巻〉、一一二頁。

(150) 太虚「整理僧伽制度論」(一九一五年)〈前掲註〈22〉『太虚大師全書』第一八巻〉、一〇頁。

(151) 太虚「仏乗宗要論」(一九二〇年)〈前掲註〈22〉『太虚大師全書』第一巻〉、一七六頁。また、日中戦争が始まってから、太虚も亡国危機と仏教を結びつけて考える姿勢をみせた。同じ頃には清末における亡国危機を唱え、梁啓超、章炳麟らによる強国活動を評価していた(太虚「中国今後之文化」〈一九四三年〉〈前掲註〈22〉『太虚大師全書』第二二巻〉、一三一〜一四一頁を参照)。

(152) 太虚「震旦仏教衰落之原因論」(一九一四年)〈前掲註〈22〉『太虚大師全書』第三一巻〉、二九〜三〇頁。

(153) 太虚「救僧運動」(一九二七年)(太虚大師審定、范古農校訂、慈忍室主人編『海潮音文庫』第三編・仏学足論九

〈台北：新文豊出版公司、一九八五年〉、一八四〜一八五頁。もともとは『海潮音』第八年第一〇期に発表された）。

(154)「流寙」というカテゴリーのなかには、修行に没頭している「清高流」、叢林における肩書きを目指している「坐香流」、肩書きを目指しながら経典の講義を重視している「講経流」と、儀礼を行うことによって利益の獲得を図っている「懺焔流」という四つのグループが含まれており、最後の「懺焔流」が出家者人口の大多数を占めていると指摘されている（前掲註〈152〉太虚「震旦仏教衰落之原因論」、四二頁を参照）。

(155) 太虚「仏教史略（続）」（一九一三年）（『仏教月報』第二期）、三頁。

(156) 同書、五頁。

(157) 太虚「震旦仏教衰落之原因論」（一九一四年）（前掲註〈22〉『太虚大師全書』第三一巻）、二九頁。

(158) 同書、三二頁。

(159) 同書、三八頁。

(160) 紹介されている宗派として、南山宗（律宗）、少室宗（禅宗）、開元宗（密宗）、廬山宗（浄土宗）、慈恩宗（唯識宗）、天台宗、清涼宗（華厳宗）、嘉祥宗（三論宗）が取り上げられている。

(161) 太虚「整理僧伽制度論」（一九一五年）（前掲註〈22〉『太虚大師全書』第一八巻）、四五頁。太虚は中国漢民族の地域を「県」「道」「省」「国」という四つの行政単位に分けて、僧伽制度改革を計画している。

(162) 太虚「仏学概論」（一九三〇年）（前掲註〈22〉『太虚大師全書』第一巻）、一七頁。

(163) 太虚「建設現代中国仏教談」（一九三五年）（前掲註〈22〉『太虚大師全書』第一八巻）、一九七頁。

(164) 同書、二〇〇〜二〇一頁。太虚の順番に従って、中国文明史の六つの特徴は「周秦子学」「漢唐文学」「魏晋玄学」「隋唐仏学」「漢清経学」と「宋明理学」である。

(165) 同書、二〇七〜二〇八頁。

(166) 前掲註(82) Franke, "Ein Buddhistischer Reformversuch in China," pp. 590-4.

(167) 雪筠「広州仏教閲経社宣言書」（一九二二年）（『海潮音』第三年第一期）、七頁。

（168）常惺「僧界救亡的一個新建議」（一九二八年）（前掲註〈153〉『海潮音文庫』第三編・仏学足論九）、六三頁（もともとは『海潮音』第九年第四期に発表されたものである）。
（169）子彦「応提唱宗派教育」（一九四七年）（『正信』第一三巻五六期合刊）、二頁。
（170）同書、二頁。
（171）魚返善雄（小栗栖香頂）「同治末年留燕日記（上）」（『東京女子大学論集』第八巻第一号、一九五七年、一〇～五一頁）、三五頁。訳文は陳継東訳（未刊）による。
（172）「三支比量」は因明学における推理方法を指す表現である。
（173）因明学において、「宗」は「宗派」という意味ではなく、主張や説を指す。
（174）前掲註（171）魚返（小栗栖）「同治末年留燕日記（上）」、四六頁。
（175）Goossaert, Vincent, 2006, "1898: The Beginning of the End for Chinese Religion?," *Journal of Asian Studies*, 65:2を参照。
（176）Goossaert, Vincent, 2007, *The Taoists of Peking, 1800-1949*, Cambridge, Mass.: Harvard University Asia Center, p. 330.
（177）Hutchinson, John, 1994, *Modern Nationalism*, London: Fontana, p. 41.
（178）Ibid., p. 43.
（179）前掲註（5）陳・鄧『二十世紀中国仏教』、一頁。
（180）Ashiwa, Yoshiko, 2009, "Positioning Religion in Modernity: State and Buddhism in China," 前掲註（66）Yoshiko Ashiwa and David L. Wank (eds.), *Making Religion, Making the State*, p. 48.
（181）宗仰は一九一二年の『仏学叢報』において、共和国の国民がみな、今の総統は誰なのか、または中国の歴史上どういう時代と王朝があったのかなどを知らなければならないのと同様に、仏教徒も、現在は何という劫であるか、または現在や将来にどの仏があるかを知らなければならないと主張する。国民的なアイデンティティに基づいて民国における仏教徒の自己意識を定義することは、仏教がいかに共和国という政治的枠組み内で理解されているかを示している（「校経室秋夜槃談」『仏学叢報』第三期を参照）。中華民国成立以降、中国人仏教者が、教育改革など、どのような手段によって国民国家において仏教的市民権を作ろうとしたかは、たとえばLai, Rongdao, 2013, "Praying for the Republic: Buddhist Education, Student Monks, and Citizenship in Modern China (1911-1949)," カナダ・マギル大学に提出された博士論文を参照。

（182）Blackburn, Anne, 2001, *Buddhist Learning and Textual Practice in Eighteenth-Century Lankan Monastic Culture*, Princeton, N.J.: Princeton University Press, pp. 76-7.

（183）Turner, Alicia, 2014, *Saving Buddhism: The Impermanence of Religion in Colonial Burma*, Honolulu: University of Hawai'i Press. 特に第二章を参照。

第三章

近代中国仏教における宗派概念とそのポリティクス

第一節　課題の設定

一九三〇年、仏教雑誌『海潮音』の第一一巻第七期において、中国人僧侶満支は、将軍朱慶瀾（一八七四〜一九四一年）の陝西省における慈善事業を紹介し、将軍は慈善事業を行うとともに、現地の仏教の復興も計ったと述べている。この記事によると、陝西の「仏化社」という在家団体の居士である康寄遥が、将軍宛の手紙のなかで、隋唐時代の長安における仏教各宗の隆盛と比べ堕落してしまった現在の仏教の状態を嘆き、将軍による仏教復興活動を大いに歓迎したという(1)。朱の仏教復興活動として、満支は教育活動と寺院の再建事業を取り上げている。教育活動として取り上げられているのは、千年の間絶学していた「慈恩宗」という宗派の教育機関である「慈恩学院」の設立などである。一方、古刹再建事業として、満支は青龍寺と大慈恩寺を復興させたことに注目している。満支は、青龍寺がかつて、日本の真言宗の開祖空海（七七四〜八三五年）が学んだ密教道場として大変重要な寺院であったにもかかわらず、今は誰もその名前さえ知らないと記している(2)。日本真言宗の僧侶のみが青龍寺の遺跡を訪れ、この「密教根本道場」が廃墟と化していることと、密教の「法灯」（伝承のこと）が中国ですでに絶えていることを深く嘆き、その「再燃」（復興のこと）を願うという落書きを廃墟の壁に残したと、満支は語っている(3)。そして、日本人僧侶のこの感情に感動した朱が、地元の在家信者団体と一緒に青龍寺の再建に向かって動き出したと記している。その他、律宗を布教した浄業寺、三論宗を広めた草堂寺と、密宗を広めた大興善寺の復興も計画されていると満支は述べている(4)。

以上の資料に描写されている朱による仏教復興活動は、中国の従来の仏教観を反映するものではなく、日本仏教から受けた影響のもとで形成された認識を体現したものである。それぞれの寺院の宗派的アイデンティティが強調され、復興計画の基礎にも宗派を中心とした仏教の分類様式がある(5)。

ここまでの二つの章において中国仏教の堕落を指摘する言論に注目したが、日本人仏教者と中国人仏教者の中国仏教に対する認識において、「宗派」という概念が重要なキーワードとして現れていた。第一章では、宗派概念が日本人仏教者の中国仏教観において果たした役割を確認し、第二章においては、民国期の中国人仏教者による仏教の堕落に関する言論に宗派概念が存在することを確認した。また、中国仏教がかつて宗派的アイデンティティをほとんど重視していなかったことも先行研究に基づいて指摘し、清末・民国期の中国仏教界にみられる宗派概念は、日本仏教からもたらされた影響によるという仮説を立てた。

本章では、この仮説をより詳細に実証すべく、近代日本と近代中国における中国仏教史観の形成を分析する。一八八〇年代以降、特に日清戦争後、日本の思想的影響の強まった中国において、以下のような中国仏教史観が広く普及していた。つまり、「中国仏教は隋、唐代になって隆盛を迎え、三論、天台、華厳、唯識、浄土、禅宗といった主な宗派がいずれも発展の成熟期を迎えた。しかし晩唐以降は禅宗のみが盛んになり、浄土法門がその実践の容易さから大きな影響力を持っていたほかは、天台、華厳、唯識などの各宗派はすべて衰退した(6)」というものである。唐代を仏教の隆盛期と見なし、その後を衰頽の歴史とみるものであり、こうした歴史の語りでは、宗派の成立とその変遷が中心的な構成要素であった。

本章では以上のような歴史認識が形成された過程を跡づけることで、近代中国仏教がいかに日本的な宗派概念を受容したかを描写し、その思想的役割を分析したい。そのため、ここではまず、明治・大正期の日本における中国仏教史研究を取り上げることとする。これらの研究が提示する歴史の語りの特徴を分析したうえで、日本の仏教研究の中国仏教界に対する影響を論じることとする。これによって、日本の仏教研究が中国仏教について唱えた宗派を中心とする歴史の語りが、どのような経緯で中国仏教界に影響し、中国人仏教者に受容され、中国人仏教者の自己認識を形成するまでになったかが明らかとなる。さらに、中国人仏教者が消極的に日本的な宗派概念を取り入れたのではなく、一旦受容した日本的宗派概念を積極的に中国的な言説空間に取り入れていった過程も明らかにしたい。

第二節　宗派概念と近代日中仏教交流

葛兆光の先行研究によると、清末の仏学復興は、清末の知識人たちが期待した社会変革の資源にはならなかったが、二十世紀に入ってからの中国仏教の学術研究に新しい道を開いた。また、清末の知識人たちが用いた近代宗教学のアプローチは、中国仏教の学術研究を近代化させる効果をもたらしたという(7)。葛が指摘するこのような中国における仏教研究の近代化には、日本の仏教界と学術界が大きな影を落としている。民国期に仏教に関する日本の研究業績が数多く輸入され、中国語に訳されたことは、すでに中国人研究者肖平によって指摘されていることであるが、肖平は、この翻訳事業が及ぼした思想的な影響には言及していない(8)。

近代中国における仏教史研究をより詳細に分析したものとしては、周霞による研究がある。周は『「中国近代」仏教史学名家評述』で近代中国における中国仏教史研究を分析し、西欧が及ぼした影響とともに、日本の仏教学がもたらした影響を指摘している。周の見るところ、この影響は特に近代日本の仏教学研究書の翻訳事業を通じてのものであり、周は日本の仏教学の影響を次の三点に要約している。日本の近代仏教学は、①中国人仏教学者に問題意識を植えつけた、②近代的な研究方法と文献資料の扱い方を中国人仏教学者に伝授した、③日本に追いつけ追い越せというモチベーションを中国人仏教学者に与えた[9]。

上記三点のうち、周が特に重視したのが二点目である。つまり、中国人仏教史研究者たちは、主に日本の仏教研究の成果を受容することを通して、近代西欧の研究方法も吸収したというのである。周は、こうした日本の仏教学からの影響を「促進」として肯定的に評価している[10]。周は、近代中国の仏教史学は、西欧との文化衝突や日本からの影響を受けることで、数百年来の衰頽状態を脱することができたと捉えている。そして、海外から受容した近代的な研究方法を用いることで、近代中国の仏教学が理性に基づく客観的な研究となった点を高く評価している[11]。

しかし、こうした捉え方は、近代中国と日本の関係を単純化しすぎている。実際の相互関係はより複雑である。一八九四〜九五年の日清戦争は、従来の中国と日本の関係を根本的に変更させ、両国の思想界にも大きな影響を与えることとなった。東アジア近代史研究者の山室信一は、日清戦争後、「清朝中国において日本が模範国として選択されたことは、それまで地域世界の中心として清朝中国を思想連鎖の結節環としていた諸政治社会が日本に注目する契機となった」と主張している[12]。つまり、東アジアにおいて日本がその思想的中心の位置を得て、中国さえも日本の思想的影響下に置かれるようになったのである。したがって、日本の仏教研究の中国仏教者に対する影響も、こうした背景から理解しなければならない。つまり、周霞らの分析は政治的力学のダイナミズムを視野に入れておらず、中国の仏教史研究に対する日本の影響を中立的に理解しているところに問題がある。上記の歴史的背景を考えれば、近代日中の仏教学術交流についても、政治的力学の問題に対してより大きな注意を払う必要があるものと思われる。

ポストコロニアリズム批評が提供する観点もまた、この歴史的状況について示唆的である。ポストコロニアリズム批評は、植民地支配が生み出した「帝国的学知（colonial knowledge）」が被植民地の自己理解・アイデンティティにいかに影響し、それを形成したかという点に、特に注目する。たとえば、インド近代史の研究者バーナード・コーエン（Bernard Cohen）と彼の弟子ニコラス・ダークス（Nicholas Dirks）は、植民地時代と独立後のインドにおける帝国的学知の役割を探っている[13]。ダークスによると、カースト制度は、支配者であるイギリス人によって現地社会を理解するための重要なカテゴリーと見なされ、社会政策のうえで中心的な概念として使用された。だが、こうした植民地官僚のカースト概念は、かならずしも従来のインド人のカースト理解と一致していなかった。にもかかわらず、イギリス人官僚が権力を掌握するにともない、時とともに現地の人々は、植民地支配者がもたらしたカースト理解を内面化したと論じている[14]。

また、アンドレ・シュミット（Andre Schmid）の近代朝鮮半島におけるナショナリズム形成の研究も示唆的である。ダークスが描いた関係が植民地支配者を重視する一方向的な過程であるのに対して、シュミットは、近代国家形成において、内的要素と外的要素がいかに双方向的に絡み合っていたかを探っている[15]。この観点の相違は、ダークスの研究対象が明確な植民地支配体制であるのに対して、シュミットの調査対象は植民地時代以前の朝鮮半島であることに由来するであろう。シュミットは、十九世紀末の朝鮮半島におけるナショナリズム言説の形成に対する日本の学知の影響を指摘し、朝鮮人が「朝鮮文化」を定義する過程のなかで、日本から深く影響されたと主張している。一例を挙げれば、朝鮮半島の歴史資料上には現れないにもかかわらず、古代の半島に「任那」という日本の領土が存在していたという日本の半島史学の主張が、当時の朝鮮半島の自国史観のなかへ吸収されたということがある。任那の存在は、日本の朝鮮併合の際、朝鮮人の本質的な特徴である従属性の証拠として取り上げられ、朝鮮半島の自立性を否定するために使用されたとシュミットは述べる[16]。このことからシュミットは、日本からの知的な影響は結局、自立的な国民国家の形成を妨げるものであったとしている。

本章は、このような帝国的学知と政治的力学の問題を念頭に置いて日中の仏教学術交流を分析し、日本からの具体的な影響として、日本的な「宗派」概念と、その受容に基づく仏教の分類様式を取り上げることとしたい。

さらに、タラル・アサド（Talal Asad）が翻訳作業について指摘していることも、近代中国における歴史認識と日中の学術交流の関係を考えるうえで示唆的である。アサドは文化人類学における翻訳作業を権力との関係から考察している。アサドは文化人類学において行われる翻訳作業を批判して、そこに現れる「言語の不平等性」を指摘している。全体的な権力関係からすると、「弱い言語」と「強い言語」があり、文化人類学者自身の言語は、たいていの場合「強い言語」に属している。さらに、翻訳作業において「強い言語」が「弱い言語」を変更させる力をもっているとアサドは論じる。つまり、「弱い言語」の言葉に「強い言語」のニュアンスが翻訳を通して押しつけられる現象がみられるのである[17]。

この指摘を近代日中の仏教交流に転用すると、以下で詳説するように、「宗」や「宗派」という概念は、従来の中国仏教で使用されていなかったわけではないが、日本仏教とは異なるニュアンスで使用されていた。だが、日清戦争の勝利という権力関係の変化により、近代日本が中国に対して思想的に「強い言語」として現れることによって、日本的な「宗派」概念が、中国における「宗」や「宗派」という表現のニュアンスを変えさせる力をもつようになった、ということになる。

また、日本の仏教研究の影響のもと、「十宗」や「十三宗」という日本仏教的な仏教の分類様式が中国人仏教者に受容されて中国仏教界において普及し、中国仏教に対する自己認識を改変することにもなった。この点に関して筆者は、分類（taxonomy）を流動的な認識の道具として理解する中国近代史研究者トマス・ムラニー（Thomas Mullaney）の観点を継承している。ムラニーは、中華人民共和国成立直後に行われた民族識別と民族認定過程を分析して、当時使用された分類様式が中立的に現実を反映するものではなく、現実を積極的に作り出す力をもっていたことを指摘している。(18) これは大変重要な指摘であり、分類するという行為が、現実を描写するものではなく、現実を作り出す力をもつものであることを示している。

以上の観点やアプローチにしたがって、本章では、清末以降の中国が、それまで存在しなかった宗派中心的な歴史認識と分類様式を日本から受容し、それが、近代中国の仏教者の思想空間と仏教認識に対して、その認識そのものを変化させるまでの影響を与えたという現象を描く。この現象の起源は日本と近代日本の仏教学にあるため、中国において起きたことを分析する前に、まず明治・大正期日本の中国仏教史研究を分析することとしたい。

第三節　近代日本の中国仏教史研究と近代

日本における仏教教学は、それぞれの宗派の学林や檀林などと呼ばれる教育機関において、すでに近世において行われていたが、近代に入ってから、文明開化の影響下、教育の制度と内容が大きく革新された。明治維新以後まもなく、浄土真宗がいち早く教団の教育制度改革を計画し、有望な門徒子弟を西洋に留学させた。一八七六年、大谷派の南条文雄（一八四九～一九二七年）と笠原研寿（一八五二～八三年）がイギリスへ派遣され、有名なインド学者のマックス・ミュラー（Max Müller、一八二三～一九〇〇年）のもとで西洋の仏教学を学び、近代西欧の学術的方法を身につけた。また、日本の大学における仏教学は、一八七九年に原坦山（一八一九～九二年）が東京帝国大学において講じた仏書講読の授業を最初とする。[19]明治時代の東京帝国大学では、南条文雄、井上哲次郎（一八五五～一九四四年）、高楠順次郎（一八六六～一九四五年）、村上専精（一八五一～一九二九年）、姉崎正治（一八七三～一九四九年）などが教鞭を執って仏教について教えていた。特に、南条文雄と高楠順次郎は、西洋留学で学んだ西洋の文献学と言語学に基づく近代仏教学を東京帝国大学において発展させた。[20]ここには、伝統的な教学から近代的な仏教研究への発展がみられる。

このように、日本における近代仏教学の歴史は明治期に始まるが、仏教学者のジャッキー・ストーン（Jackie Stone）は大正期からの仏教学に注目し、そのめざましい発展の理由を欧米研究者との競争に見いだしている。競争があったからこそ、日本の仏教研究者たちは躍起になって研究に没頭し、その結果、『大正新脩大蔵経』などの労作が発表され、そして欧米の学術レベルを超えた仏教学が日本において確立されたのだとストーンは主張する。[21]実際、当時においても、こうした競争の必要性を主張する人物が存在し、その代表格が仏教学者渡辺海旭（一八七二～一九三三年）であった。一九一八年の『欧米の仏教』において渡辺は、日本にとっての西欧と、アジアの地域秩序における日本の位置づけを取り上げ、西欧の知的支配から脱してアジアを主導するためには、仏教学の発展が不可欠だと強調したのである。[22]

仏教学の発展を西欧との関係のみから捉えるのではなく、アジア諸国との関係から捉えると、明治期におけるその背景の重要性がみえてくる。ジェームス・ケテラー（James Ketelaar）は近代日本における仏教史研究を文明開化の思想空間のなかに位置づけ、その発展について、「仏教の歴史であれ、一般史であれ、歴史は世界的な文明と文化の進歩に密接につながる重要な発達過程として理解されていた。したがって、いやしくも仏教が理解可能であるなら、仏教の歴史と、世界的な文明発展の軌跡との関係を明らかにする必要があると明治期仏教者たちは主張していた(23)」と指摘している。

こうしてみると、近代日本の仏教学の展開もまた、世界における日本の位置づけに関する当時の言説と並行的に密接に結びついていたことがみえてくる。シュテファン・タナカ（Stefan Tanaka）が指摘するように、近代日本の東洋史学は、アジア諸国を劣ったものとして片づける西欧中心史観との競争のなかから、明治期後半に生まれた分野であり、西欧中心的な史観に対抗しうる史観として誕生したものである。その後、アジア大陸諸国と日本との歴史上の関係が重視されるようになり、西欧に対する「東洋」という概念が広く使用されるようになった。しかし、「東洋」は最終的に日本中心的な歴史観を支える概念であり、東洋史はアジアに対する日本の優位性を説く分野としての性格を際立たせながら発展する(24)。近代日本の仏教研究においても類似した傾向がみられ、その結果として、日本仏教こそがもっとも発達した仏教を体現したものであると唱えられるに至った。近代日本における仏教学の発展については、西欧との関係のみならず、アジアとの関係に注目しなければならないのである。

体系的な中国仏教研究にはなっていないものの、早い段階でこうした文脈から中国仏教に言及した日本人仏教者に、島地黙雷（一八三八〜一九一一年）、織田得能（一八六〇〜一九一一年）、井上円了（一八五八〜一九一九年）がいる。日本仏教の改革を計り、一八八七年に哲学館（現在の東洋大学）を設立した浄土真宗の僧侶井上円了は、一八八七年に記した『仏教活論序論』において、日本仏教に問題があることを認める一方で、アジアにおける日本仏教の優位性を主張した。井上は、インドと中国の仏教が衰頽したため、唯一、日本仏教のみが仏教を代表する力をもち、仏教を全世界に広げる任務をもつと主張している。

夫レ仏教ハ日本固有ノ宗教ニアラスシテ他邦ヨリ漸入シタルモノト雖ドモ已ニ今日ニアリテハ其本国タル印度ハ殆ント其痕跡ヲ絶シ纔カニ其地ニ存スルモノハ仏教中ノ小乗浅近ノ一法ノミ其最モ深遠高妙ナル大乗ノ法ハ其書其宗共ニ今日ノ印度ニ伝ラス是ヲ以テ耶蘇教者ハ大乗非仏説ヲ唱フト雖モ大乗ノ深法ハ愚俗ノヨク解スヘキ所ニアラサルヲ以テ印度ニ其法ノ今日伝ラサルハ其地ノ文化衰頽ヲ来セシニヨルノミ而シテ支那ニ至テハ大乗ノ宗書共ニ今日纔カニ存スト雖ドモ其宗ハ大抵禅家ニシテ経論ヲ用ヒス其僧ハ大抵暗愚ニシテ仏教ヲ知ラス其勢実ニ衰頽ヲ極メタリト云フ而シテ其宗其書其人共ニ存シテ大乗ノ深理ヲ知リ一乗ノ妙味ヲ知ルヘキモノ独リ我カ日本アルノミ。(25)

『仏教活論序論』は正確な意味での仏教研究とは呼べないが、その後、近代日本の仏教研究、また特に中国仏教史研究を貫く主題がここに明快に表現されているため、上記の文章を引用した。ここで井上は、宗派、仏書、人材のすべてを備えている日本仏教の、いわば完全性を主張し、そうした完全性を失ったインドや中国ではなく、日本の仏教にこそ、大乗の「深理」が保たれているとする。このような、日本仏教の完全性とそれに引き比べての中国の「衰頽」という認識は、近代日本の仏教研究の中国仏教に対する見方の基調をなしている。

一方、一八九〇年、島地黙雷と織田得能は『三国仏教略史』をともに著し、インドから中国と朝鮮半島を経て日本に至る仏教史を概観的に紹介した。この著作も学術研究とまではいえないものだが、仏教史概観の試みとして興味深い例である。織田得能と島地黙雷も、井上円了と同様、インド・中国・日本の三国にわたる仏教史の結論として、日本仏教のみが東アジアの仏教を代表できると主張した。

今更ニ仏教ノ大勢ヲ総論セハ。大別三部ニ分ツヘシ。曰南部仏教。即チ錫蘭、暹羅等ナリ。曰北部仏教。即チ西蔵、伊梨、蒙古、満州等ナリ。曰東部仏教。即チ日本ナリ。而して支那、朝鮮ノ如キハ。僅ニ其声臭ヲ有ツノミ。復タ論スルニ足ラス。(26)

織田と島地は、日本仏教は、「東部仏教」のみならず仏教全体を代表できる唯一の存在だとしており、井上円了と同じく、彼らにとっても、日本仏教の完全性が日本仏教の優位性の根拠となっている。

所謂南部仏教ハ。唯小乗ニシテ。嘗テ大乗ヲ雑ヘス。錫蘭六万ノ僧徒ハ。唯四諦ヲ観シテ。涅槃那ヲ希フノミ。所謂北部仏教ハ。喇嘛宗ニシテ。即チ密教ノ一部。唯呪禁祈禱ヲ事トスルノミ。所謂東部仏教ハ。金甌欠クル可ナク。教徒ヲ以テ之ヲ分タハ。小乗ノ行人一モ無シト雖モ。教理ヲ以テ之ヲ挙クレハ。大小顕密一モ備ハラサルナシ。(27)

以上の資料において意図されているのは、アジアのなかで日本仏教を位置づけることであり、日本仏教のアジア諸国の仏教に対する優位性を主張することである。そして、この主張の重要な根拠の一つが、日本仏教が「大小顕密」をすべて備えている完全性にある。以上の資料においては表に出ていないが、彼らがこうした日本仏教の完全性を主張できた背景には、「大小顕密」をそれぞれ代表する諸宗派が日本に存在した点があると推測できるのである。以下でより明確にするが、この「完全性」は各宗派が存在することを根拠としているのである。井上の文章でも、中国仏教において禅宗が支配的となり、ほかの宗派が消えてしまったため、中国仏教がその完全性を失ったという、宗派の有無を評価基準とする理解がみられる。このように、宗派概念が、近代東アジア各地の仏教の関係性を再定義する際に重要な機能を果たしていたといっても過言ではない。日本における中国仏教史の研究においても、この宗派概念が重要な役割を果たしたことがみえてくる。

第四節　近代日本の中国仏教史研究と宗派概念

近代日本の仏教史研究においては、長期にわたって宗派概念が基礎となっていたといえる。西欧の近代的方法論が受容されたとはいえ、仏教精神の展開をその内容とする伝統的な仏教学と客観的な仏教史研究が複雑に融合していた(28)。仏教研究者の末木文美士と下田正弘によると、近代日本における仏教研究は多くの場合、その前身であるそれぞれの宗派を支える教学の枠組みを完全に脱することができなかった。末木は、日本の近代仏教学を、「日本の仏教学は以後、国家的使命を担った帝国大学と各宗門の命運をかけた宗門系大学、西欧から輸入されたインド学的方法と伝統的教学とが重層する形で進行する(29)」と描いている。明治初期からの日本の仏教者たちの西欧留学によって、近代西欧の研究方法が日本の仏教研究に導入され、その発展に拍車をかけた。下田は、東京帝国大学関係者のみならず、伝統的な諸宗派も留学生をヨーロッパに派遣させ、それにより西欧の仏教学の成果が日本にもたらされたと述べ、さらに、こうした新しい方法で西欧の学知が吸収されながらも、仏教界においては「宗派の開祖と伝統的教義への関心は強固でありつづけた」とも指摘している(30)。つまり、宗派を超えた分野を確立しようとした東京帝国大学の一部の研究者を除けば、多くの仏教史研究者は、新しい方法を駆使しながらも伝統的な各宗派を中心とする教学研究を続けたということになる[31]。

近代的な学問としての仏教研究という分野が成立しつつあったと同時に、明治期の仏教者は、仏教を一般社会に向けてアピールする必要性にも直面していた。彼らはそのために仏教の統一的な表象を作り上げねばならなかった。一八八六年の『仏教十二宗綱要』や一八九六年の『仏教各宗綱要』をはじめ、各宗の紹介を重視した当時の『綱要』ものは、この試みの産物である[32]。また、各宗の誕生と発展を中心とした語りは、日本という国民国家の枠組み内で「日本仏教」とその歴史を描写するうえでも選択された[33]。このように近代日本において、「宗派」は、「仏教」や「日本仏教」を映し出すレンズとなるとともに、これらの大きな枠組みを構成する具体的な単位として重要な役割を果たした。

この近代日本の仏教研究における宗派性の「バイアス」には、鎌倉時代の華厳宗僧侶凝然（一二四〇～一三二一年）の著作の影響が大きい。凝然は伊予の出身で、十八歳のときに奈良の東大寺で具足戒を受けた僧侶である[34]。仏教教義についての該博な知識を身につけ、『八宗綱要』（一二六八年）、『律宗綱要』（一三〇七年頃）、『華厳法界義鏡』（一二九六年）、『三国仏法伝通縁起』（一三一一年）など、数多くの宗派を中心とした入門書を著した。なかでも『八宗綱要』がその後の仏教界に対して与えた影響は強大であった。この書は、インドにおける仏教の誕生を概略的に述べたうえで、仏教を倶舎宗、成実宗、律宗、法相宗、三論宗、天台宗、華厳宗、真言宗から構成される「八宗」に分類し、その伝承の歴史とそれぞれの教義を紹介する。最後に浄土宗と禅宗も短く紹介されるため、実は八宗ではなく、十宗が紹介されている。諸宗の中国における伝承が唐代まで紹介された後、記述は日本における伝承に移される。また、凝然は諸宗の順序について、諸宗の優劣に基づいたものではないと述べている[35]。仏教を宗派ごとに分類するという特徴のため、仏教研究者の牧田諦亮は『八宗綱要』を日本の宗派的仏教観の代表作として評価している[36]。凝然自身は、一宗に属して華厳宗の教義のみを学んだのではなく、律、天台、密教、倶舎、唯識など仏教の教義を幅広く学ぶことによって『八宗綱要』を著せるだけの学術的基盤を得たといわれている。凝然本人も自分について「予、一宗の教義、尚お軌とする所に非ず」と述べて、彼は八宗をむしろ兼学すべきものとして理解していた様子をみせている[37]。この点を、仏教学者の平川彰は「凝然は学者であったので、宗派的偏見が少なかったのである」と主張する[38]。しかし、凝然自身は諸宗の兼学を唱えたにもかかわらず、近代日本では『八宗綱要』を強い宗派意識から読む傾向が存在していた。さらに皮肉なことに、近代中国における『八宗綱要』の捉え方をみると、この著作こそが、宗派相互を排他的なものとして捉えるニュアンスをもつ宗派概念を導入したといえる。

『八宗綱要』の後、凝然によって一三一一年に著された『三国仏法伝通縁起』は、インドにおける仏教の誕生、仏教の中国への伝達、そして日本における発展を概観したものである。『三国仏法伝通縁起』において凝然は、インドにおける仏教の歴史について述べた後、中国仏教の歴史を概説し、中国仏教を「十三宗」に分けている。この十三宗は、毘曇宗、成実宗、律宗、三論宗、涅槃宗、地論宗、浄土宗、禅宗、摂論宗、天台宗、華厳宗、法相宗と真言宗である[39]。これらは中国における十三宗として紹介されるが、凝然は中国仏教諸宗の起源をインド仏教に求めている[40]。そして、唐代以降の仏教は堕落の過程として描かれ、「以上のごとく、十三宗を列したといえども、その後、（諸宗が）軽薄となり、次第に廃れて怠惰となり、まだ学ばれているものは多くない（如上已列。雖十三宗。後代澆漓。漸次廃怠。所学不多）[41]」と述べている。このことから、実はすでに凝然の著作のなかに中国仏教の衰頽という発想が含まれていたことがわかる。

さらに、明治期の仏教諸宗派の入門書に対する『三国仏法伝通縁起』の影響も確認することができる。たとえば、日本仏教の諸宗を紹介する小栗栖香頂著の『仏教十二宗綱要』（一八八六年）は、冒頭で中国における仏教の歴史に触れて、『三国仏法伝通縁起』で紹介された十三宗を列挙する。[42] 仏教学者の吉村誠は『三国仏法伝通縁起』の近代日本人仏教者に対する影響を指摘しており、日本の中国仏教史研究における「宗」概念の問題に注目する論文において、「法相宗」「涅槃宗」や「成実宗」という称呼は唐朝の資料には見えず、近代日本の研究におけるそうした呼称の使用は凝然の影響であると主張している。[43]『八宗綱要』について論じた平川彰の例をみると、彼は、「成実宗」について、「その後は三論宗の附宗となり、独立しなかった。このように成実宗は、日本で始めから一宗としての力を持たなかったのであるが、それをも一宗として立てるのは、中国仏教を範としたためであろう」[44]と述べている。平川は凝然における八宗兼学という思想を認める一方で、宗派を独立した存在として理解する姿を示している。皮肉なことに、日本人仏教者である凝然によって導入された称呼「成実宗」が、逆に中国仏教の産物と見なされているのである。この点においても、『八宗綱要』の近現代仏教者の歴史認識に対する影響は著しい。

ケテラーは、この『八宗綱要』が近代日本の仏教界において果たした重要な役割に注目し、この本が明治時代に諸宗の教育機関で広く教科書として使用されたことによって、近代日本の仏教学と仏教史観の基礎を形成したと指摘している。[45] 明治時代、数多くの解説付きの『八宗綱要』が出版された。その一例を挙げると、真宗大谷派の僧侶楠潜龍（一八三四～九六年）は、仏教諸宗諸流を概略的に記述し、宗派間にさまざまな相違が存在するにもかかわらず、諸宗派の基礎として共有された思想を描く著作として、『八宗綱要』を高く評価している。[46] ここからは、当時の仏教者にとって『八宗綱要』がどういう魅力をもっていたかがうかがえる。『八宗綱要』と『三国仏法伝通縁起』は近代日本の仏教研究者に、仏教の分類様式とともに、インド、中国、日本の三国をつなぐ歴史の語りを提供したのである。この著作の影響は、たとえば前節において取り上げた島地黙雷と織田得能の『三国仏教略史』において明らかである[47]。

明治後期になると、中国仏教史についての専門書も出はじめる。これらの専門書も宗派を中心とした仏教理解を反映したものである。早いものとしては、吉水智海（一八七一～一九〇四年）の『支那仏教史』（一九〇六年）がある。吉水が早く亡くなったため、浄土宗僧侶望月信亨（一八六九～一九四八年）が吉水の遺稿を編集して刊行したものである。この『支那仏教史』で吉水は、仏教が大宗教に発展したのは中国においてであったと主張している。

啻に支那は本邦仏教の母国たるのみならず、釈尊の教法は実に此の地に於て大成して完全なる宗教となれり、印度を源泉とすれば支那は之に比して河海なり、而して日本を初め朝鮮、満州等は之を其の支流と見做さゞるべからず、支那仏教の価値是に於てか極めて重きを覚ゆ[48]。

吉水は中国仏教史における宗派の存在を重視し、特に他宗からの独立を、各宗派が成立するうえでの重要な要素とみていた。

宗教として成立せし仏教は復た宗教として社会に処せざるべからず、然るに一時経論の講究大に興り各宗は一種の学派として世に現はれたりしも、互に門戸を張りて教判を組織し、他宗を排して已れ独り仏陀の真意義を得たりと云ふに至ては、茲に宗教の本質を発して宗派の分立を見るは自然の勢いなり[49]。

以上からみられるとおり、当初、中国において「宗」は学派として理解されているが、吉水は独立した組織としての宗派の成立と発展を重視している。吉水は多くの宗派に関して、学派から宗派になった時点に注目し、たとえば律宗について、「唐代に道宣出て、、教相を以て一代教を判釈し、戒律を以て教理の系統を立て以て各宗已外に独立し、茲に初めて律宗なる一宗派を見るに至れり[50]」と述べている。

吉水にとって、隋唐が中国仏教の理想時代であり、元代以降は「漸衰時代」となっている。清朝に至ると、中国仏教はほとんど死んだような状態に陥っているとして、「元明を経て漸く活力を喪ひたる仏教は明朝の滅亡と共に頓に衰滅し、清代に及ては殆んど有るか無きかの荒廃に陥ゐり、之に代りて喇嘛教は再び朝廷の尊重を受くるに至れり[51]」と述べている。清朝における仏教の衰頽についてはあまり詳しく説明されていないが、諸宗が活力を失ってしまったという元代についての主張からすると、近世における衰頽の原因を諸宗派の無気力さに結びつけて考えていたと推測できる[52]。

このように、宗派こそが、吉水の中国仏教の歴史についての語りの中心的な構成要素であった。彼はどの資料に基づいて書いたかについて言及していないため、彼に対する『八宗綱要』や『三国仏法伝通縁起』の影響を直接証明することはできないが、吉村の指摘を想起すると、「成実宗」や「涅槃宗」という呼称を使用していることを、凝然の影響の間接的な証拠とみることができる。鎌田茂雄は吉水の本を中国仏教に関する最初の通史と呼んだが、同じく高く評価したのが、「本書こそ中国仏教史の最初の書といってよい[53]」という境野黄洋の『支那仏教史綱』である。そのため、次節では境野の中国仏教史研究に注目したい。

第五節　境野黄洋の中国仏教史研究

明治後期から大正期にかけての中国仏教史研究の第一人者である境野黄洋（一八七一～一九三三年）の著作は、凝然の宗派理解が近代仏教研究のなかへ統合されたことをもっともよく示すものである。境野は宮城県の士族の家に生まれ、井上円了の哲学館で勉強して真宗大谷派の僧侶となったが、教団仏教から独立した存在を保った[54]。その後、明治末年に生じた仏教の改革を計ったいわゆる新仏教運動にも参加している。村上専精が仏教の歴史的研究が欠けていることを主張し、自ら歴史的研究を始めた際、境野は村上の助手の一人となって仏教史研究を始め、インド、中国と日本の仏教史について多くの研究書を著すこととなった[55]。この頃の仏教史研究は、従来の伝統的な仏教史理解に対する批判精神によって特徴づけられる[56]。仏教の「自由討究」の必要を唱えるなかで、歴史的研究の役割が主張された。たとえば、一八九六年九月の記事で境野は、自由討究の研究態度を理論的方面と歴史的方面に区分し、歴史的研究は「牽強付会の捏造」を排除し、「明確なる事実」を人々に知らせるという役割で、「旧派保守の習慣に反対して、仏教に付着せる、迷信謬妄を排除せざるべからず」とした[57]。仏教史研究は、村上と境野の仏教革新運動の思想と密接につながっていた。

さらに、村上や境野ら当時の日本人仏教研究者は、仏教を地理と時代背景に合わせて独自に歴史的発展を遂げてきたものとして捉えたため、仏教をそれぞれ国民国家的な枠組み内で考えようとした。つまり、インド、中国、日本の仏教は、それぞれ独自のアイデンティティをもつとされた[58]。中国仏教史において、特に諸宗の成立に注目する境野は、一九〇三年の記事で天台宗・華厳宗を中国仏教の本質と見なし、中国仏教を「理論的仏教」または「学問的仏教」として位置づけた。

六朝の末から唐の始めにかけて、支那は仏教の最隆盛時代であるが、此の間に天台華厳をはじめとして種々の大宗派が開かれて、所謂支那仏教の特色を頗る発揮したのである。〔中略〕そして此の理論的仏教が大いに栄えた年間は、決して甚た長かったとは言ぬが、然しこれから後仏教を解釈するもの、今日に至るもなほ天台の智者、華厳の賢首の範囲を脱するとの出来ぬのを見れば、支那の理論的仏教の生命は事実に於いて頗る長いものと言はねばならぬ。それ故に余は今こゝに支那仏教の特色として、特に理論的仏教、学問仏教を挙げる次第である。(59)

学問的・教義的な仏教は、境野にとって中国仏教の変わらぬ「特色」と「粋」をなしている。それは、中国仏教における実践が変わってもなおそうである。一九〇七年、彼は中国の「教義的仏教」を次のように、インドの「人格的仏教」、そして特に禅や浄土門に代表される日本の「教義的実際仏教」と区別する。

支那にありて教義的実際仏教は、決して盛ならざりしにあらず、特に宋以後明清の交にわたりては、殆んど禅と念仏との二大教を以て、支那の人心を支配したりといふも敢て不可なりとすべき理由なきを思ふ。然かも之を以て未だ支那仏教の特色とすべからず支那仏教の特色、支那仏教の粋は、教義的仏教にあり、而して教義的実際仏教を其の特色となすものは、実に我が日本国也。(60)

ここでは、中国仏教に「教義的仏教」というレッテルが貼られると同時に、このレッテルが中国仏教の現状を判断する基準ともなっている。中国仏教の位置づけの背景には、実は「教義的実際仏教」とされる日本仏教の影を見いだすことができる。また、「教義的仏教」はその次の発展段階となる「教義的実際仏教」の克服すべき前段階として位置づけられている。

一九〇七年、中国仏教史を詳細に取り上げた境野の『支那仏教史綱』が刊行された。その序論で村上専精は、歴史的研究の重要性について、「仏教を研究するには教理的研究と歴史的研究との二種の方法がある。而して此の二種の研究法、孰れも皆必要のものなりと雖も、仏教の如く多年の歴史を有し、而も伝播の範囲を広くするものは、歴史的研究に依らされば、教理的研究をして誤謬に陥らしむることあるを免れぬのである。故に歴史的研究は、教理的研究よりも一層必要なものといはねばならぬ[61]」と指摘する。

以上からみるとおり、村上と境野の目指していたのは科学的な客観性に基づいた歴史研究であった。しかし、これは中国仏教の歴史に関して容易に適用できるものではなかった。境野は中国仏教史研究の困難さについて、以下のように述べている。

但し現今にありては、支那仏教史の研究は、比較的困難なり。蓋し、在来組織的の支那仏教史と称すべきもの皆無なるがため、最も複雑なる史上の事実と、教理の発達とを安排して、之に順序を与ふることの、余輩の如き歴史に通ぜざるものに取りては、殆んと暗中に物を探るの感なきを得ざればなり。これ余が本書の不完全を世の学者に訴へて、其の是正を仰がんとするの念切なる所以なり[62]。

情報整理を可能とする先行研究が存在しないことが、境野にとって中国仏教史研究の難点だったのである。境野が中国仏教史について発表した著作を見ると、境野はこの問題を解決するために、宗派を中心とした歴史の語りという形を選択した。さらに、大きな枠組みとして、境野は凝然の著作が提供する宗派の分類様式を使用した。境野の『印度支那仏教史要』（一九〇六年）、『支那仏教史綱』（一九〇七年）、『支那の仏教』（一九一四年初刊）を見ると、すでに吉水の『支那仏教史』で見たような、隋・唐両朝における各宗派の成立と発展についての語りが、中国仏教史の大筋となっている。すなわち、「隋唐以後、漸く盛なるに至りし仏教の重なるものは天台、華厳、法相の三宗新に開け、其の他三論、浄土、禅の諸宗は、英俊輩出して、愈其の教義の宣布に力を尽し、密教はまた新に支那に入り来りて、仏教の隆盛は此の時に於て殆んと頂点に達したりし[63]」と述べているのである。

宗派の成立に関して、境野は各宗派がもっていた組織性を強調している。「六朝時代に輸入せられし仏教は、隋並に唐の初期に於て、厳然たる体系組織となり、所謂支那人の力によりて一宗の開立を見る時代となれり[64]」。境野はこのように、中国仏教の頂点を宗派の成立と発展によって特徴づけられる隋唐期に置いたのである。こうした見方からすれば、境野が中国仏教を「教義的仏教」と定義し、宋朝以降を天台や華厳に代表される中国仏教の本質から離れた時代として無視したのも不思議ではないと思われる。また、境野にとって宗派の成立は、外来宗教である「翻訳仏教」から土着宗教である「同化仏教」への変化を示すもので、仏教の中国化のうえで重要なものである[65]。このアプローチにしたがうと、中国仏教の後期、特に明と清の両時代は、宗派性が薄れたため、仏教の漸次的な衰頽と見なされる傾向があった。境野にとって、明朝以後、仏教は衰頽したのであり、多少寺院があっても現在の中国はすでに「無仏教の国」になっている[66]。

境野の中国仏教史観においてもまた、「宗派」が中心的な構成単位であったが、彼は中国仏教史において、どの宗派を確認したのであろうか。一九〇六年の『印度支那仏教史要』では、境野は隋唐前後を区別して、隋唐以前において毘曇宗、空宗（三論）、成実宗、涅槃宗、律宗、地論宗、浄土宗、摂論宗、禅宗という九宗を確認し、隋唐において倶舎宗、秘密宗、三論宗、天台宗、律宗、華厳宗、浄土宗、禅宗、法相宗という九宗を確認する。[67] 一九〇七年の『支那仏教史綱』では、境野は、隋唐の宗派として念仏宗・法相宗および華厳宗・律宗・禅宗と密教を取り上げる。[68] 凝然が提供した宗派モデルも意識されており、『支那仏教史綱』において境野は、「仏教が支那に来てから開けた宗派は、羅什以後十三種あるといふ［中略］のが凝然大徳の『三国仏法伝通縁起』や、『内典塵露章』などの説である」と述べて、隋唐以前はまだ宗派が存在していなかったことを主張して、「然しこれは、皆一つも、後世から言ふ様な宗派、または宗旨などといふ形のものではない[69]」といっている。

このように、境野黄洋の中国仏教史研究においては、宗派観念に対する疑念が見られると同時に、なお宗派を重視する姿勢もうかがえる。次の引用文に見られるように、境野は宗派の「純粋性」を重んじていた。

　唯こゝで附けて記して置かなければならないことは、学問としては華厳宗のことで、実際仏教としては念仏宗に関することである。然しこれも純粋の華厳宗、或は純粋の念仏宗といふものは殆んと見ることが出来なくなって、天台の影響を受けたとか、又は禅宗と抱合して行はれたといふ様な態になって居ることを見るのである。[70]

また、境野にとって、学派から宗派へと発展した時点も、大きな関心の対象である。「三論宗」は、彼にとってすでに羅什の頃以後には存在していたものであったが、「真に一宗の組織を大成したるものは嘉祥大師吉蔵なり」と主張する。[71] このように、境野にとって、組織としての存在が宗派成立の前提条件となっていたことがうかがえる。

『支那の仏教』において、境野は宗派と学派をはっきり区別する。

ところで、此等諸宗の中で、毘曇や成実は、隋唐以後は、最早独立の宗派として認められ、研究せられては居ないのであるが、なほ涅槃宗、地論宗、摂論宗なども、隋唐以前の宗派で、隋唐以後には、既に無くなったものと見なければならないのである。尤も此れ等のものは果して一つの宗派と見做す価値のあるものか否やも、実は甚だ疑問であって、これは単に、一学派とでも名けたら、まだ適当ではないかと思ふのであるが、今は仮りに従来の伝に従って置くのである。[72]

さらに、「なほ注意して置くのは、此の時代にはまた往々四論宗の名も見えるのであって、これも若し一宗として数ふべくんば、十三宗は総べて十四宗になるわけで、これも隋唐以前に無くなって居るものとして計算に入れてもよいのであらう[73]」と指摘している。

このように、境野は凝然の宗派モデルを批判するが、一方で、彼の中国仏教史に対するアプローチの基礎には、凝然の著作の影響を見いだすことができるのである。吉村誠は、「即ち、境野氏は隋唐以前と以後の「宗」の概念の違いに言及しながらも、その称呼は依然として凝然のものを使用するという態度を取っているのである。ただし、境野氏は必ずしも凝然の十三宗を絶対視しているわけではなく、「四論宗」を加えれば十四宗になるとも述べている[74]」と指摘する。境野の凝然に対する批判は宗派数に関するもので、凝然の宗派モデルそのものを適用することについては彼は疑問を抱いていない。境野の凝然についての関心は、彼が一九〇九年と一九一六年に著した『八宗綱要』の解説書によって代表されている。一九一六年の『八宗綱要講話』で境野は、「所謂八宗なるもの、大分は現に行はれて居ない」ことも認めながら、「今でもこれほど都合のよいものは殆んど見つからない」として、『八宗綱要』を自らの仏教理解の基礎としている[75]。

境野は凝然が提供するモデルに対して疑問を表する一方で、そのモデルの便利さにも気づいていた。中国仏教史についての体系的な書籍が欠けた状態において、凝然の著作は仏教を体系的に描くための枠組みを与えてくれるものだったのである。境野が凝然の宗派モデルに批判的であったとしても、宗派モデル自体を使用することによって、必然的に宗派が中国仏教史の語りの中心となった。宗派と学派の区別がなされ、宗派の数と成立の時点に関してもさまざまな批判が展開されたが、境野の研究の観点は、最初から凝然の宗派モデルによって定められていたといえる。

第六節　境野黄洋以後の仏教史研究

宗派を中心とした中国仏教史に対するアプローチはその後、日本の仏教研究において一般的となった。たとえば、浄土真宗の僧侶伊藤義賢（一八八五～一九六九年）は一九一〇年に『印度支那仏教通史』を著し、そのなかで十三宗を列挙する宗派中心的な歴史の語りを用いた。伊藤は凝然の十三宗モデルとほぼ一致する、三論宗、成実宗、禅宗、摂論宗、天台宗、涅槃宗、地論宗、浄土宗、法相宗、倶舎宗、律宗、華厳宗、真言宗から構成される十三宗モデルを使用している。伊藤が提供する歴史の語りもまた、隋唐における仏教隆盛の後の漸次的な衰頽を描くものであった。清朝が「支那仏教衰滅の時代」として位置づけられ、「従来の仏教は、之を青衣派と称して、一般国民の奉ずるところとなれり、然るに青派たる旧来の仏教には、華、天、密、禅、法相、浄土の諸宗多けれども、唯僅かに其伽藍を止むるのみにして、僧俗共に其意義を解する者なく、全然死滅の状態にあり」[76]と述べている。この主張は、伊藤義賢に中国仏教の現状についての知識が欠如していたことを示すと同時に、中国仏教を宗派のレンズを通して理解しようとする傾向の根強さをも表している。むろん、すべての中国仏教史研究書が宗派を中心としていたわけではなかったが、宗派中心的な中国仏教史観が広く中国仏教史研究の基盤として普及していた。[77]

中国における宗派中心的なアプローチの受容との関連で登場する重要人物に、昭和初期の東京帝国大学の仏教学者宇井伯寿（一八八二～一九六三年）がいる。彼は近代日本の仏教研究における宗派中心的アプローチの普及の代表例といえる。宇井は一九三六年に『支那仏教史』を著し、仏教の中国への伝来から清代までの中国仏教史を紹介している。この著作では、宇井も中国仏教史について宗派を中心としたアプローチをとっている。『支那仏教史』で宇井は、中国仏教を仏教史全体、つまりインド仏教と日本仏教を理解するために不可欠なものとしたうえで、中国仏教の隆盛を宗派の成立と結びつけ、「支那仏教の全盛を極めたのは隋唐時代であって、此時代に現はれた宗派が支那仏教の精髄をなすものである」[78]と、「宗派」を中国仏教の本質として位置づけている。宇井は、隋唐の仏教宗派について、次のようにいう。

宗派としていへば、地論宗・摂論宗は盛であって学者が活動して居るが、隋代には三論宗が成り、天台宗が立ちて、成実宗・涅槃宗は此二宗の中に入り、華厳宗成立して、地論宗は其中に入り、法相宗新に起って、摂論宗は衰へ、浄土宗は曇鸞の系統に於て成り、達摩の系統は禅宗として支那的に発達し、律宗は勢を得て三派に分裂する状態となり、密教新に伝へられて盛に流通したが、毘曇宗のみは倶舎宗となって影を潜めた。[79]

宇井がここで取り上げているのは、凝然の『三国仏法伝通縁起』に見られた十三宗である。そして、日本仏教もこの宗派モデルの上に位置づけられ、十三宗を仏教全体の中心と見なす観点が示されている。

更に又日本仏教を概観しても、此十三宗の継続発達であつて、それ等の中或ものは渡来せざるも、渡来したものが日本的に発達し、更に新宗派として発展して、真の日本仏教となつたのであるから、右の十三宗に基かざるはない。此の如く十三宗によつて大体支那仏教を尽くすとすれば、之を基として、経律論の重要なものを選取して、以て支那仏教、若しくは仏教全体、の中心的のものと看做すを得るに至るであらう。(80)

しかし、宇井は凝然が提供した宗派の分類様式に問題を見いださないわけではない。

然しここに宗といふは何を指すかを考へて、若し之を学問系統を指す意味と解すれば、毘曇宗の外に倶舎宗を、三論宗と共に四論宗を、或は律宗の四分律宗たる外に十誦律宗及び僧祇律宗を、又は般若宗を数へることも、必ずしも不可能ではなく、若し又宗を統制ある組織体の如き意味となさば、律宗・禅宗・浄土宗以外には、他宗は独立的に見るを得ない点があるのみならず、此外に三階教などを数へて来ねばならぬから、十三宗とは果して何れの標準によつて定めたかについて批評せられ得るであらう。然し十三宗となしたのは我東大寺凝然大徳が、恐らく何れかの古伝に基いて、いふ所並びに其他の人のいふ所であるから、今は大体之に従つたのであって、一応の便宜である。(81)

以上において、宇井は、凝然の十三宗モデルを自分の研究の直接の基盤としていることを明らかにしている。また、ある程度の疑念も表されているが、凝然は「恐らく何れかの古伝に基いて」書いているとして、結局、凝然の宗派分類様式の根源は問われていない。そして、凝然の観点を借りるという「一応の便宜」によって、宇井の研究の全体的な枠組みは宗派中心的なアプローチに定まっている。

また、宇井も境野と同じく学派と宗派を区別している。独立した宗派として長く伝承されなかった宗のことも指摘し、宗派概念を無批判に使っているとはいえないが、宗派概念が彼の（中国）仏教理解の基礎を形成していることは否定できない。宇井は、中国において伝承されなかった宗派の伝統がまだ日本において存続していることを主張することによって、日本仏教を中国仏教の継承者として位置づけた。また、宇井において中国仏教の衰頽や堕落に関する強い主張は見られないが、彼の注目は隋唐の両時代に置かれ、その後の中国仏教史は概略的にしか扱われていないことから、当時のアジアにおける日本仏教の優位性についての主張を読み取ることができる。

この読み方は、末木文美士の次の指摘を考えれば一層説得力をもつ。末木は宇井伯寿の仏教学を日本仏教中心的な仏教研究として位置づけ、戦後に書かれた宇井の『仏教汎論』（一九四七～四八年まで二分冊で出版された）について、「しかし、ともあれ日本仏教を究極とみることによって、宇井の仏教学は伝統的な諸宗派の立場と結びつくことになる。日本仏教の諸宗派は、最新の文献学という武器を手に入れることで、自らの護教論の再建が可能となったのであり、村上専精が『仏教統一論』において企図しながら挫折した、日本仏教の立場からの仏教統一的理解という課題を果したということができる」(82)という。この指摘は、おおよそのまま『支那仏教史』にも当てはめることができる。『支那仏教史』にみられる中国仏教史観は、日本仏教を前提として日本仏教の立場からなされた中国仏教の体系化に他ならない。

総括すると、明治・大正期（そしてある程度、昭和初期まで）の仏教史研究は、仏教史を描く際、仏法がインドに発祥し、中国を経て日本へ伝達した、という三国モデルが一般的であった。また、中国仏教史に関しては隋唐の両時代が宗派の大多数の成立期として位置づけられ、中国仏教の黄金時代とされた。凝然が中国仏教について提供した十三宗モデルは、部分的な批判を受けながらも多くの研究書の基盤をなしており、中国仏教の歴史を語るうえでの大きな枠組みを与えた。これらの諸研究において、独立した宗派による分類様式が「中国仏教」という枠組みの本質を表すものとして、いわば具象化された。「宗」をどのように理解し、解釈すればよいのかという問題に対しては、諸研究においてさまざまな捉え方と立場がみられるが、この諸解釈のなかで、「宗」を日本に存在している独立した組織の「宗派」と同一視する傾向が有力であったといえよう。(83)

吉水であれ、境野であれ、宇井であれ、彼らの中国仏教史研究は隋唐の仏教史を中心としており、その後の発展と歴史はほとんど無視されていたといってよい。宋代以降の諸時代はたいていの場合、中国における仏教の漸次的な堕落過程として描かれていた。このような歴史の語りにおいては、各宗派を生み出した中国において、その後、そうした諸宗派が失われていったことが、中国仏教のアジアにおける優位性の喪失をも意味しているとされた。そしてこの歴史の語りには、日本仏教がそれに取って代わるという主張が直接的あるいは間接的に含まれていた。(84)さらに、この各宗派の成立と発展を中心とする非常に日本仏教的な歴史の語りこそが、十九世紀末に始まった近代日中の仏教交流を通じて中国人仏教者に受容されたのである。

第七節　中国仏教と宗派概念

以上の諸研究からすると、隋唐両朝は宗派性の強い時代であったという印象を受けやすいが、実際にこの両時代の資料を見ると、どの僧侶がどの宗派に所属していたか、はっきりしないことを、台湾の仏教研究者藍日昌が指摘している。[85] さらに、藍は、近現代の仏教学において使用されている宗派の分類様式が近代の産物であることを指摘して、「八宗であれ、十宗であれ、中国の学者が賛成するにせよ疑問視してその修正を行うにせよ、志磐と比べると、（これらの研究において）三論宗、涅槃宗、成実宗、浄土宗、地論宗、摂論宗などの宗派名が明らかに多く出ている。これらの宗派名は唐宋に無かったのみならず、明清両朝の僧侶も（これらの宗派名を）提示することはみられず、これらの宗派の名前は明らかに近代の人たちが作ったものである[86]」といっている。本章で検討してきた事例からは、こうした近代の産物としての八宗や十宗の分類様式は、日本仏教から中国仏教に受容されたと考えることができる。

中国と異なり、日本では「宗」と「宗派」の概念が組織的なニュアンスで使用されることが多い。望月信亨は「宗」について、「古来経論中に就き其の所説の帰趣する所を名づけて宗となせり」と述べ、たとえば解脱や空慧などの諸経論の主旨を「宗」の意味とする一方、さらに「宗」概念の意味として、「又其の宗所立の義趣を宗旨と云ひ、門戸を分つの意にて宗門又は宗派等と称せらる[87]」と述べる。後者には、日本の各宗にみられる独立性と組織性のニュアンスが含まれており、日本的な「宗」理解を表している。[88]

以下では、その受容過程を究明したいが、その前に、簡単に中国仏教資料における「宗」と「宗派」の概念について言及しておきたい。

むろん、「宗」は日本仏教独自の概念ではなく、中国仏教の史料においても使われている。二つの示唆的な事例を取り上げたい。宋代の志磐の『仏祖統紀』（一二六九年）では、仏教が「達磨禅宗」、「賢首宗教（華厳教義）」、「慈恩宗教（法相教義）」、「瑜珈密教」、「南山律学」に分類されている。また、清朝と民国期においても広く使用されていた『宗教律諸家演派』（著作年不明）では、仏教は禅の五宗（臨済、潙仰、洞山、雲門、法眼）のほか、「天皇下宗派（聖寿宗）」、「天台教観」、「華厳賢首教」、「南山律派」に分類されている。しかし、主に凝然の著作の影響によって近代日本仏教で支配的となった「八宗」「十宗」と「十三宗」の分類様式は、中国仏教の史料にはみられない。したがって、中国仏教において「宗」概念による分類の存在を確認することができても、それは日本において使用されていた分類様式とは異なっていたことがわかる。

また、分類様式のみならず、「宗」概念自体がもっていたニュアンスも異なっていた。アメリカ人仏教学者ロバート・シャーフ（Robert Sharf）は、唐代には独立した仏教宗派が存在していたという発想が、独立した宗派の存在を前提とする日本の近代仏教学、特に各宗派内で行われた研究によって生まれた中国仏教史観にすぎないものであることを指摘している。シャーフによると、中国仏教史上、独立した教団としての「浄土宗」や「真言宗」の歴史的な存在は非常に疑わしいものであり、仏教の思想的・実践的なさまざまな流れは互いを排除するものではなかった。(89) 日本の仏教研究者牧田諦亮も、日本とは異なり、諸宗をはっきり区別しない通仏教的な形態が、中国仏教の現実であったと指摘している。(90) 牧田は、日本仏教に特徴的な宗派意識は中国仏教に非常に薄いと指摘して、日本人仏教者が宗派的な「判教」に基づいて、中国の経典を整理する際、「日本の各宗宗義の編成という現実を意識して、中国にも日本と同じような宗団組織の厳存を思い、中国仏教各宗の存在を誤認する。このような教団観が私たち日本の仏教者の中に支配的ではないのであろうか[91]」と述べている。そして、中国仏教における天台宗や真言宗の「成立」という発想は、あくまでも宗派的な仏教観をもつ日本の側からの主観的なものだと主張する[92]。中国仏教では各宗派は、独立した組織としてではなく、同じ寺院のなかでも、または一人の僧侶のなかでも、共存していた。

しかし、これは中国仏教史上に「華厳宗」などの「宗」概念がまったくみられないことを意味しない。ただ、「宗」という概念が文献上に現れる際、何を指していたかが問題となる。数例を挙げると、シャーフは、中国における「浄土宗」についての論文で、中世中国の仏教における「宗」概念は組織性をもった教団を指すのではなく、「大意」という意味で使われていたことを指摘している[93]。また、吉村誠も、中国仏教における「宗」概念は「学統」として理解すべきだと主張する[94]。アルバート・ウェルター（Albert Welter）による宋代の禅宗の研究では、「宗」は仏教全体の真理の源泉（grand progenitor）を意味するものでもあったと指摘されている[95]。

本来、中国において「宗」という字は親族集団に関連しており、祖先崇拝において使用されるものであった。たとえば、池澤優は、「宗」の原義は祖先祭祀が行われる場所である「宗廟」だとしており、そこから同じ祖先を出自とする父系親族集団とその関係を指す意味に転じたのである[96]。

ただし、唐代には独立した宗派は存在しなかったとはいえ、後の時代については、ある程度の宗派性が存在したとの指摘もある。アメリカの中国仏教研究者グリフィス・フォーク（Griffith Foulk）は、宋代に使用されていた「禅宗」概念は、現在の日本人や中国人研究者の「禅宗」概念理解のようにはっきりとした組織を指すわけではないが、父系親族集団に擬せられた僧侶の法脈を意味していたと論じる[97]。

だが、法脈によって構成されていた「禅宗」は、そもそも少人数の出家者エリートに限られたものであった。また、法脈によるつながりが想定されていたとはいえ、「禅宗」に属する僧侶たちが行っていた具体的な実践を見れば、それは他の「宗」に属している僧侶と変わらないものであった[98]。ピーター・グレゴリー（Peter Gregory）とパトリシア・エボリー（Patricia Ebrey）も、宗派性の存在を出家者エリート層に限って認める一方で、僧伽のエリート層以下では宗派的な所属の相違は大きな意味をもっていなかったことを指摘している[99]。また、中国仏教研究者のエリック・チュルヒャー（Erik Zuercher）は、中国仏教史の資料が主に僧伽のエリート層によって書き残されたため、必然的にこの層の観点を表していると指摘する。そのため資料が提供する中国仏教観をそのまま事実として扱うことは困難である[100]。しかし、エリート層に関しても、禅宗への所属は何を意味したかは明らかではない。たとえば、宋代の禅師には坐禅の専門家のみならず、浄土門、密教儀礼、教学や戒律の専門家がいた[101]。

学統であれ、法脈であれ、「宗」が中国仏教史上において最終的に何を指していたかということは、ここで考察の対象ではない。しかし、中国仏教の「宗」概念が近代日本の仏教と仏教研究における「宗」概念と大きく異なる概念だったことは、以上にみたさまざまな指摘から明らかであろう。中国仏教史において、宗派概念の存在を完全に否定する必要はないが、日本仏教的な枠組みによってではなく、中国仏教独自の枠組みのなかで理解すべきなのである。

なお、フォークによると、唐代において独立した禅宗が存在していたという想定に基づく歴史の語りは、宋代の禅僧が創り出したものである[102]。唐代を仏教の隆盛時代として理想視する観点の由来としては、近代日本仏教の仏教史観のみならず、宋代の禅僧が共有していた歴史理解という前近代的な起源も想定されるのである[103]。しかし、近代中国仏教において普及した中国仏教の宗派的分類様式、または「宗」を独立した組織と見なす傾向は、日本的な「宗」概念の輸入の産物であると筆者は考える。

では、日本的な宗派観念と分類様式がいかに近代中国人に受容され、彼らの中国仏教史認識を形成したのであろうか。二つの影響を指摘することができる。一つは凝然の『八宗綱要』などの著作による影響であり、もう一つは近代日本の仏教学の研究成果による影響である。

第八節　近代中国仏教における日本的宗派概念の受容

すでに第一章で指摘したとおり、日本的な仏教観と宗派モデルは、早くは小栗栖香頂が一八七四年に著した『北京護法論』によって、中国で紹介された。しかし、『北京護法論』は中国仏教史における宗派の数を問題視せず、仏教を倶舎宗、成実宗、三論宗、律宗、法相宗、天台宗、真言宗、禅宗、華厳宗、浄土宗、日蓮宗、時宗、融通念仏宗、浄土真宗という日本の十四宗に分けて紹介しており、この著作の影響力もあまり大きくなかった。

日本的な宗派概念と宗派モデルが中国で広がった起源を探究するためには、十九世紀末の楊文会と南条文雄の交流に注目しなければならない。一八七八年から一八八二年にかけて官僚としてイギリスに滞在した際、楊は留学中の日本人仏教家南条文雄と知り合った。二人は意気投合し、帰国したら互いの国にない仏教典籍を交換することを約束した。このように、楊は南条を通じて、中国ではすでに散逸してしまったさまざまな仏典を入手し、それを南京に設立した金陵刻経処から出版し、中国で流布させたのである[104]。詳細なことは明確ではないが、この仏典交換の際、凝然の『八宗綱要』も楊の手に渡ったと思われる。

以後、楊の仏教思想に『八宗綱要』の影響が現れる。楊が著した仏教入門書『十宗略説』と『八宗綱要』の関係は、すでに近代中国仏教研究者の陳継東によって指摘されている[105]。しかし、陳は主に楊の浄土思想と『八宗綱要』の関係に焦点を絞っているため、以下では視野を広げ、楊における復興思想と『八宗綱要』の関係について考察したい。

楊は『八宗綱要』に啓発され、二冊の仏教入門書を書いた。その最初の著作は上述の『十宗略説』(著作年不明)である。『十宗略説』では、楊は仏教を「十宗」に分類している。この十宗は律宗、倶舎宗、成実宗、三論宗、天台宗、賢首宗(別称華厳宗)[106]、慈恩宗(別称法相宗)[107]、禅宗、密宗(別称真言宗)、浄土宗である。序文で、楊は最近『八宗綱要』を読んだことを述べ、入門書として詳細すぎるため、よりわかりやすい入門書として『十宗略説』を書いたと述べている[108]。しかし、仏教を十宗に分類することや諸宗の歴史、伝承の描写において、楊は凝然が提示したものを模範として、ほとんどそれにしたがっている。また、中国仏教の唐代以降の歴史に言及していないことも、唐代までの中国での展開を重視する『八宗綱要』の影響を示唆している。また、唐代で終わる中国仏教の描写が、読者に対して、唐代以降は中国仏教の発展はなかったという印象を与えやすかったことは想像に難くない。

しかし、楊は『八宗綱要』が描く仏教観をただ受容しただけではなく、そこに独自の解釈も加えた。法相宗など、いくつかの宗名を変更したことは、志磐の『仏祖統紀』などの中国の従来の著作を意識していたことを示している。し、独自の教判によって、諸宗を紹介する順序を変えてもいる。特定の宗派を重視しない凝然の順序に対して、浄土の思想と実践を重視した楊は、意図的に浄土宗を最後に置いたのである。楊は特定の宗派に従事すべきではないとも主張し、十宗は「融通無碍」(互いを排除しない)だと論じているが、浄土宗にかなりの重みを置いている[109]。

二冊目の入門書は一九〇六年の『仏教初学課本註』である。これは、楊が自身の設立した仏学院祇洹精舎の教科書として著したものである[110]。『十宗略説』に比べれば、『仏教初学課本註』はより詳細にインド仏教の歴史と中国の諸宗派を紹介している。特に各宗の歴史に関する紹介の内容は、多くの場合『八宗綱要』の情報量を超えているが、依然として『八宗綱要』に基づいて仏教を十宗に分類する様式が使用されている。このことから、楊が仏教を分類し考察する主な基盤は「十宗」であり、それが彼の仏教理解の形成に深い影響を与えていたことがわかる。思想上の仏教理解のみならず、『八宗綱要』から借りた十宗モデルは、楊の仏学院のカリキュラムのなかで、第三年以降行われる「専門学」に位置づけられ、専門知識を分類する模範として実際に使用された[111]。

陳継東は、楊文会が唐代の仏教を理想視し、復古すべき仏教の模範としたことを指摘している[112]。そのように、楊が唐代を仏教復興の模範とした理由は、彼の思想における『八宗綱要』の受容と密接につながっていると筆者は考える。

『十宗略説』において楊は、中国において、さまざまな宗派の伝承が断絶していることを嘆いていた。三論宗、成実宗、法相宗などが唐代以降衰頽してしまった宗派として描かれ、その復興が訴えられている。そして、これら諸宗の復興のため、中国において失われてしまっている仏書の日本からの輸入が行われるべきであると説明される[113]。それに加えて、『仏教初学課本註』では、日本からの逆輸入による律宗の復興も提唱された[114]。

このように、中国仏教の諸宗の失伝を重視することにこそ、『十宗略説』と『仏教初学課本註』に共通する特徴の一つがある。したがって、楊はこの二冊において、客観的に仏教の現状を描いたというよりもむしろ、中国仏教の理想像を描き、その模範として唐代の宗派中心的な仏教制度を想定したのだというべきであろう。そして、この背景には『八宗綱要』の影響がみられる。『八宗綱要』は、楊の思想に対して、仏教の歴史と思想の客観的な記録としての役割を果たしたというより、規範的な機能をもっていたということができる。

また、楊の思想における「復古」概念について、陳継東は、「楊文会はこれからの中国仏教は守旧でもなければ、維新でもなく、「復古」によって進まなければならない、と自ら宣言している。[中略]従って現状をそのまま維持し継承しようとする旧守とは異なり、また伝統を一掃して新たに出発しようとする維新とも異なる。その「復古」

の目的は、釈迦の真の教を追求し、仏教思想全体を総括することにこそある。彼の言う「総括」つまり「総合」とは、異なる仏教の教義を融合する理論体系を構築することを意味する[115]」と述べている。『八宗綱要』は、ここで指摘されている「総括」や「総合」として、仏教の諸教義の総体的な整理を可能にする枠組みを楊に与えるものであり、楊はそれを積極的に受容し、使用したことがわかる。楊に見られる仏教の振興を計るという思想自体は、『八宗綱要』が初めて楊に与えたものではないが、その具体的な姿を形成させたのは『八宗綱要』に他ならない。

以上、『八宗綱要』と近代中国の楊文会の中国仏教観との関係に触れたが、『八宗綱要』のみならず、凝然の別の一冊も大きな影響を与えた。このことは、梁啓超による近代中国ナショナリズムにおける中国仏教史研究に確認することができる。

第二章ですでに登場した梁啓超は、近代中国思想史の中心的な人物であり、中国における近代歴史学の創始者の一人であるとともに、楊と同様、近代中国の仏教者に対して大きな影響力をもった人物でもある。清末の変法運動に参加した梁は、運動が一八九八年に挫折すると日本に亡命し、近代日本の諸学問に大いに影響された[116]。梁は日本に亡命する以前から仏教に興味をもち、変法運動の多くの仲間と同じく仏法を学んでいた。日本亡命中に受けた影響の一つとして、彼が日本の仏教学に接し、それによって彼の中国仏教史観が形成されたことが挙げられている[117]。亡命中、梁は楊にみられた十宗説ではなく、十三宗説による中国仏教史を主張するようになったが、その起源も凝然の著作である。ただ、『八宗綱要』に基づく十宗説と異なる十三宗説は、凝然の『三国仏法伝通縁起』の影響によるものである。

なお、梁は亡命中、宗教学者姉崎正治ら日本の知識人との交流をもち、日本の仏書に基づいて中国仏教史の研究を行った。この頃から晩年まで、仏教史に関する梁の関心は継続し、このテーマについて数多くの著作を著した。これらの著作のうち、梁が一九〇二年に著した『論中国学術思想変遷之大勢』は、当時の仏教界に大きな影響を及ぼした。『論中国学術思想変遷之大勢』において、仏教は中国思想史の一部として位置づけられており、その文脈のうえでの「中国的仏教」の定義が、梁にとっての重要な課題であった。梁は中国の思想史を八つの時代に分ける。①胚胎時代（春秋以前）、②全盛時代（春秋末および戦国）、③儒学統一時代（両漢）、④老学時代（魏晋）、⑤仏学時代（南北朝唐）、⑥儒仏混合時代（宋元明）、⑦衰落時代（最近の二百五十年）、⑧復興時代（今日）である。[118]そして、「仏学時代」の特徴として、毘曇宗、成実宗、律宗、三論宗、涅槃宗、地論宗、浄土宗、禅宗、摂論宗、天台宗、華厳宗、法相宗、真言宗という十三宗の存在を取り上げている。これは凝然が『三国仏法伝通縁起』において列挙する十三宗と同じである。梁啓超が凝然の『三国仏法伝通縁起』を直接読んだ証拠はないが、梁が、当時の日本の仏書を通じて十三宗モデルを間接的に受容したと推測できる手掛かりはある。

梁自身は『論中国学術思想変遷之大勢』の仏教に関する章を『八宗綱要』『仏教十二宗綱要』『仏教各宗綱領』などの本を参考にしながら書いたと述べている。[119]本人が特別にこの三冊を取り上げているので、これらの本は彼の仏教理解にとって重要な参考書となったと推察される。梁が『八宗綱要』の十宗モデルではなく、十三宗モデルを選択したことに関しては、特に『仏教十二宗綱要』が重要だと思われる。『仏教十二宗綱要』は、一八八六年に浄土真宗の小栗栖香頂と佐野正道によって編集されたもので、日本の十二宗を紹介する入門書である。その序文で、小栗栖香頂はインドと中国の仏教の歴史にも触れ、中国仏教を十三宗に分類する。[120]この十三宗は『三国仏法伝通縁起』の十三宗と同じであるため、梁も『仏教十二宗綱要』を経由して間接的に凝然の著作に影響されたと推測できる。[121]

本節では、清末・民国期の仏教界にとって重要な二人の人物が両者ともに凝然の宗派モデルに影響されて、中国仏教史を把握するようになったことをみた。さらにこの両者の影響のもと、中国人仏教者は、中国仏教史を日本人仏教者の目を通してみるようになっていくのである。

第九節　中国における凝然の宗派モデルの普及

『八宗綱要』が中国仏教界に入って以降、楊のみならず、凝然の宗派モデルが、広く中国人仏教者の中国仏教に対する認識を形成するに至った。中国における日本的な宗派モデルの流布の背景には、当時の中国仏教界にみられる活発な出版活動がある。楊文会自身が一八六六年に創設した金陵刻経処をはじめ、清末と民国期は蔵経刊行や仏教専門誌創設など出版活動が盛んとなり、印刷技術の改革と書店創設は仏書の社会における広い普及を可能とした(122)。

楊文会の『十宗略説』は、一九一三年に『仏学叢報』で紹介されたように、民国成立直後創刊されたいくつもの仏教雑誌にたびたびに掲載されることによって、中国仏教界において広く認知されるようになった。民国期に刊行された仏教入門書の多くは楊文会の影響を受けており、楊が提供した宗派モデルが多くの著作物の基盤として機能していた。単行本としては、黄復士の『仏教概論』（一九三三年）と黎錦熙の『仏教十宗概要』（一九三五年）がその好例である(123)。雑誌に掲載された記事や講演録にも、十宗モデルの使用がしばしばみられる。たとえば、一九二六年、仏教雑誌『頻伽音』に、諸宗派を紹介する「十宗法門釈略」という記事が連載された(124)。この連載記事の文体は楊の文章とほぼ一致しているところが多く、楊の書物に基づいて書かれたことが明らかである。また、孫藩声という著者の記事「仏教十宗概要」（出版年不明）も、楊が使用した宗名（賢首宗など）を使っており、楊の影響を示している。孫の記事に見られる諸宗の復興という発想も楊の思想の流れを汲んでいる。[125] さらに、漢口仏教正信会が出版した『正信週刊』も、一九三七年に楊の十宗モデルを「仏教十宗概略」という記事で連載しており、各宗を紹介する叙述も楊の文章に類似している。[126] 民国期の有名な僧侶弘一（一八八〇～一九四二年）も、一九三八年に行われた講演において、仏教の分類を解説する際、律宗、倶舎宗、成実宗、三論宗、法相宗、天台宗、華厳宗、禅宗、密宗、浄土宗という十宗を列挙している。弘一は、講演における各宗派についての説明を、「大半は近頃の人の説」によるものだと述べ、その詳細な情報源を明らかにしていないが、宗派の順番は異なるものの、凝然と楊の十宗モデルがこの講演にも反映されていると推測できる。[127]

十宗モデルを使用していたのは仏教界だけではない。政治家・歴史家として活躍した劉錦藻（一八六二～一九三四年）は、一九一二年の『十通』（各王朝についての政書のこと）の一つである『清朝続文献通考』のなかで、中国仏教を「十宗」に分類して、律宗、倶舎宗、成実宗、三論宗、瑜伽宗、天台宗、賢首宗、慈恩宗、禅宗、浄土宗の諸宗を併称している。[128] 劉がこの分類様式を具体的にどこから採ったかは究明できないが、密宗ではなく、「瑜伽宗」という呼び方を使用しているという相違点がある一方で、楊の宗派の順番をそのまま使っているため、この著作においても楊の影響を想定することができる。『清朝続文献通考』という正式な歴史書として広く認知された書籍に採用されていることは、凝然の宗派分類様式が、中国思想界において、どれほど市民権を得ていたかをうかがわせるものである。

楊の影響を受けながらも、少し異なる宗派分類を唱える場合もみられる。たとえば、太虚の場合をみると、彼の思想には「八宗」と「十一宗」という説が見られる。一九一五年に著された『整理僧伽制度論』で、太虚は仏教の宗派を大きく八つに分けることを主張し、「八宗」として清涼宗（別称華厳宗）、天台宗（別称法華宗）、嘉祥宗（別称三論宗）、慈恩宗（別称法相宗）、廬山宗（別称浄土宗）、開元宗（真言宗）、少室宗（禅宗）、南山宗（律宗）を挙げている[129]。これは楊文会の十宗モデルとは異なるが、太虚は半年にわたって楊が設立した仏学院祇洹精舎で勉強した経験があり[130]、その際に楊が唱えていた宗派分類様式に触れる機会も十分にあったと推測でき、太虚における「十宗」説も楊文会から影響を受けていると筆者は考える。また、『整理僧伽制度論』で太虚は、真言宗、法相宗、三論宗、華厳宗の諸宗が、日本からの書籍の逆輸入によって復興されることを期待しており、こうした姿勢がみられる点も、楊文会の『十宗略説』との類似性が強い。

こうした八宗のみならず、太虚はその後、十一宗説も立てた。一九二二年に著した「仏教各宗派源流」において、太虚は次のように書く。

上述の内容を総合すると、大乗には計十一の宗がある。しかし地論は華厳に取り込まれ、摂論は唯識に取り込まれ、涅槃は天台に取り込まれ、結果現存するのは八宗のみである。中国の仏法は、隋・唐が全盛期で、六朝以前は（仏教伝来の）初期だから微々たるものであり、五代以降は不具となって体をなさなくなった。隋・唐代の諸宗は、南山・少室・開元・廬山・嘉祥・慈恩・天台・清涼の八宗派に分けられる。

（綜前所述大乗各宗共有十一。然地論帰入華厳，摂論帰入唯識，涅槃帰入天台，則惟八宗而已。嘗論震旦之仏法，以隋唐為全盛，六朝以往発端而微，五代以降残廃而偏。於隋唐諸宗，大別為南山，少室，開元，廬山，嘉祥，慈恩，天台，清涼之八宗派[131]。）

「仏教各宗派源流」で、太虚は日本の仏教にも言及し、華厳宗についての叙述では凝然が華厳宗に属していたことを述べており、凝然の存在を意識していたことが示されている[132]。太虚は主に八宗と十宗モデルを使用していたが、十三宗モデルも意識していた[133]。さらに、たとえば、太虚が用いた八宗モデルが、一九二一年に陸覚によって書かれた「中国仏教小史」に反映されているように[134]、太虚から他の民国期の仏教者への影響もみられる。

このように、楊の十宗モデルは、近代中国仏教界においてしばしば再生産されており、中国人仏教者に深い影響を与えていた。楊の著作のみならず、『八宗綱要』自体も中国の仏教出版社によって出版されており、手に入りにくいものではなかった。たとえば、一九二九年に上海で創設され、民国期のもっとも大きな仏教系出版社であった上海仏学書局の一九三〇年と一九三七年の書籍目録では、『八宗綱要』が、主要な仏教入門書として掲載されている[135]。

『八宗綱要』がその影響を及ぼすのと同時に、凝然の十三宗モデルも広がりをみせている。以下では、そのいくつかの事例を紹介しよう。梁の著作による十三宗説の影響を、もっともよく代表するものとしては、一九一一年に雑誌『仏学叢報』において発表された記事「中華民国之仏教観」がある。この記事では、濮一乗が中国仏教を十三宗に分類している。彼がこの記事で使用している宗派の表は、梁の『論中国学術思想変遷之大勢』から取ったものであるため、一乗は十三宗モデルを梁啓超経由で受容したと推測できる[136]。しかし、たいていの資料は十三宗説を当時の中国仏教界に当てはめるのではなく、十三宗を歴史上の現象として捉え、現在に対しては十宗モデルを使用している。たとえば、先に取り上げた孫藩声の「仏教十宗概要」は十宗を紹介しているものの、隋唐時代については十三宗が存在したことを主張している[137]。僧侶常惺も、『仏学概論』（一九二九年）において唐朝には十三宗があったと述べているが、実際には十宗だけが詳細に紹介されている[138]。また、仏教史研究者の黄懺華（一八九〇～一九七七年）は一九三四年に『仏教各宗大意』を著し、宗派中心的な中国仏教観を紹介した。一九四七年の再刊の序文において黄は、「この各宗伝統の学説は、中国の仏教界において幾百幾千年も屹然としてその地位を守っており、仏学を研究する者でこの段階を経ていない者はあるまい（此各宗伝統之学説，在中国之仏学界，屹然歴千百年未替，所有研究仏学者，蓋莫不経此階段者也）[139]」と主張し、宗派を中国仏教理解に不可欠な基礎とした。黄も十宗モデルと十三宗モデルを両方使用して、両説の共存を次のように説明した。「中国にあっては律宗、成実宗、倶舎宗、三論宗、涅槃宗、地論宗、禅宗、摂論宗、天台宗、浄土宗、唯識宗、華厳宗、密宗の十三宗がある。十三宗のうち、涅槃・地論・摂論は後に天台・華厳・唯識に帰属し、現在まで伝わっているのは十宗のみである（其在中土，有十三宗，曰律宗，成実宗，倶舎宗，三論宗，涅槃宗，地論宗，禅宗，摂論宗，天台宗，浄土宗，唯識宗，華厳宗，密宗。十三宗中，涅槃地論摂論，後帰入天台華厳唯識，流伝迄今者，実唯十宗）[140]」。このように、たいていの場合、十宗モデルは同時代の仏教の分類に用いられていたのに対して、十三宗モデルは昔の隋唐時代の仏教の状況を表すものとして理解されていた[141]。

繰り返し強調しておきたいが、近代中国仏教において広がった八宗説、十宗説と十三宗説は、当時の仏教の現実に基づいた分類様式ではなく、日本から入った書籍に基づく抽象的な分類様式にすぎない。『八宗綱要』など凝然の著作の受容と楊の活動の結果、凝然が唱えた十宗と十三宗の分類様式が中国仏教界に受容され、当時の中国における仏教復興思想に大きな影響を与えたのである。

しかし、凝然の著作は日本的な宗派観念の唯一の起源ではなかった。一九三七年、中国哲学史研究者の范寿康（一八九六～一九八三年）は、『中国哲学史通論』において、隋唐両時代を仏教に特徴づけられる時代として位置づけた。彼は両時代を「同化仏教」の時代と見なし、さらに中国仏教の特徴として、毘曇、倶舎、成実、三論、禅、天台、華厳、法相、浄土、戒律、真言という十一宗の存在を主張した[142]。范は、『中国哲学史通論』の作成において使用した参考資料として梁啓超の著作を挙げる一方、「同化仏教」という表現が境野黄洋の影響を示唆するように、「付印題記」において境野黄洋の著作も重要な参考資料として挙げている。

近代日中仏教の交流が中国仏教にもたらした影響について考えるには、近代日本の仏教研究が中国仏教界と中国思想界に対してもった影響力も視野に入れる必要がある。以下では、仏教史研究の受容過程について言及したい。

第十節　民国期仏教界における中国仏教史認識と近代日本の仏教研究

『八宗綱要』と楊の著作を通じてのみならず、日本的な仏教史観は別の形でも中国仏教界に影響を与えていた。それは近代日本の学術的な仏教史研究の影響である。民国期の仏教者たちは積極的に日本の近代仏教学の成果を求め、日本の仏教研究の成果は中国仏教界でも注目されていた。日本の研究書は、太虚の武昌仏学院（一九二二年創立）でも、在家信者欧陽竟無（一八七一～一九四三年）の支那内学院（一九二二年創立）でも、教科書として使用されており、それらの学校では日本の仏書に基づいた授業が行われていた(143)。日本の仏教学の研究成果はどのようにして中国仏教界に受容されたのであろうか。

梁啓超の例ですでにみたように、日本の仏教研究の成果は日本に留学した中国人に読まれていたようであるが、梁以外にも、日本の仏教研究に基づいて仏教研究を始めたり、日本留学をきっかけとして仏教に帰依したりした中国人がいた(144)。この人たちは、凝然の著作だけではなく、日本で近代学問として成立しつつあった中国仏教史研究という分野に触れる機会ももっていた。留学経験は、日本の仏教研究を受容するきっかけの一つだったのである。

やや後の事例ではあるが、在家仏教信者顧浄縁（一八八九～一九七三年）の場合が興味深い。顧は湖南省長沙において「二学園」と「両湖仏化講習所」という仏教組織を創立し、一九二八年に日本に渡って真言密教と天台密教を学んだ。一九三〇年に帰国した後、上海で『威音』という仏教雑誌を創立した[145]。『威音』において、顧は宗派を重視した仏教観を示し、宗派ごとでの復興を、仏教を復興させるためにとりうる戦略の一つとした。「昔は法相・三論・天台・華厳・禅・浄に分かれていたが、その祖師の遺業が絶えていないものははたしていくつあるだろうか。あるいは宗門ごとに各々復興させることが、今の情勢にふさわしいのであろうか。あるいは新たに機軸を定め、融合させることを選ぶほうが、今の情勢にふさわしいのであろうか（昔日紛而為法相。為三論。為天台。為華厳。為禅為浄。其宗緒不絶者。又復幾何。将依門別戸。宗宗興復。為当於今之機歟。将別出枢軸。抉択融通。為当於今之機歟[146]）」。顧は、『威音』の第一期から第二四期に「入仏指南」という各宗派を紹介する記事を連載し、宗派を中心とした仏教観を発表した[147]。

インドにおける仏法は、小乗は内部で意見対立があり、大乗には空・有をめぐる議論があったが、多数の派閥が作られることはなく、盛んに宗派に分けられるようになったのは中国に伝わってからである。隋唐以来、各宗の著述や伝えられる教義は皆もともと中国に伝わった仏教の範囲内にとどまっていたが、今日に至って宗派の区別が明確になり、各宗それぞれの内容、各派それぞれの本質をもつ。
（仏法在印度。小乗雖有部執之分。大乗雖有空有之弁。却並未立許多門戸。到中国後。才宗派繁興。隋唐以来。各宗的著述和流伝的法門。大都離不了本宗的範囲。及至今日。宗派劃然。各宗有各宗的内容。各派有各派的本質[148]。）

以上からうかがえるように、顧は宗派を独立したものとして理解し、このような宗派性を中国仏教の産物と見なしていた[149]。すでにみたとおり、この描写は決して当時の中国仏教の現状を反映していなかったし、顧もそのことを意識していた。

もっとも多い時には、十六の宗派が存在していたが、その中にも絶えて久しいものもあれば、他の宗派に融合したものもあり、現在普通に「教下」といった場合、天台宗を指し、「宗下」は禅宗を指し、「律下」は律宗を指す。この三宗以外は、多く教えが絶えており、経籍も不完全である。各宗の概要を研究するなら、まずは各宗が伝えられた源流、盛衰の背景を明らかにしたうえで、内容を識別するべきである。

（最多時有十六宗派之多。其中也有不久絶響的。也有融入他宗的。到現在普通常説。所謂教下。就是指天台宗。所謂宗下。就是指禅宗。所謂律下。就是指律宗。這三宗以外。多已授受無聞。経籍不完。要想研究各宗的概要。先求明了各宗承伝的源流。盛衰的背景。然後再弁別他們的内容[150]。）

なお、顧は中国仏教において十宗を数えている[151]。各宗についての情報をどこから得たかについて、『八宗綱要』を取り上げて、次にみるような興味深いことを述べている。

そこで私は大蔵経を開き、各宗の概要を説明した本を探したが、見つからなかった。後に日本の凝然が著した『八宗綱要』を手に入れて少々研究したが、楊文会はこの本は初学者にはわかりにくいといったし、日本の境野黄洋もこの本を長年研究したが、彼もこの本は凝然大徳の若い頃の作であり、現在の人には満足のいくものではないし、あまりおもしろみもないといっている。

（所以我就展開大蔵。想尋一本説明各宗大要的書。却尋不着。後来得着一本日本凝然著的八宗綱要。研究了些時。但是楊仁老。還是説這本書。初学不易得懂。日本的境野黄洋。講解這本書多年。他又説這是凝然大徳早年之作。再現在人。自覚不甚満足。且無甚興味[152]。）

顧は凝然の『八宗綱要』の適切さに対して疑問を示し、その代わりに境野黄洋を学術的権威として取り上げている。続いて顧は、日本の研究書を見ると、数は多いが変な説もあるので、そういうものに近づくことを避け、各宗について自分で調べたと主張している[153]。しかし、「真言宗」「成実宗」などの日本仏教的な宗名を使用し、しばしば諸宗の日本における展開について言及しているため、顧もやはり、まったく独自に調べたのではなく、日本滞在中に日本の仏教研究の成果を受容し、それに基づいて書いたと推測できる。さらに、顧が境野黄洋を取り上げていることは、境野の中国人仏教者に対する影響を示唆している。

また、中国で出版された中国仏教史についての刊行物を見ると、こうした留学を通じた日本の仏教研究との接触だけではなく、早くから日本語からの翻訳が行われていたこともわかる。著名な一例を挙げると、最初に日本語から中国語へ翻訳された歴史書は、在家信者狄楚青（一八七三〜一九四一年）によって一九一二年から一九一三年まで上海において出版された仏教雑誌『仏学叢報』に連載された、島地黙雷と織田得能の『三国仏教略史』であった[154]。『三国仏教略史』の内容は変更されることなくそのまま中国語に訳されており、中国仏教を十三宗に分類して清朝における仏教をほとんど死滅したものとする観点も訳文に残されている。ほかにも多くの日本語の研究書が中国語に翻訳された。一九三〇年代までに日本の仏教学の主な著作が数多く中国語に翻訳されており、境野黄洋の『支那仏教史綱』（一九〇七年）と『印度仏教史綱』（一九〇五年）、織田得能の『八宗綱要講義』（一八九七年）、前田慧雲の『大乗仏教史論』（一九〇三年）は、その一部にすぎない[155]。仏教雑誌『海潮音』の第九期（一九二〇年九月）において、出家者か在家者かを問わず、仏教徒は皆、境野の『支那仏教史綱』を読むべきだと唱えられるほどであった[156]。さらに、民国期において中国人によって著された独自の中国仏教通史は、日本の仏教研究の影響のもとで形成された。そのもっとも著しい例は蔣維喬の『中国仏教史』（一九二九年）と黄懺華の『中国仏教史』（一九三七年）である。

蔣維喬（一八七三～一九五八年）は江蘇省出身の在家信者であった。清末、彼は革命思想と出会い、蔡元培など、革命思想家とも交流があった。この頃はまだ仏教を信じておらず、政府の廟産興学政策に賛同していた。中華民国成立後、蔣は徐蔚如（一八七八～一九三七年）の影響のもと、仏教に関心をもち、その後、多くの在家信者や改革派僧侶と交流し、仏教界で活躍した。仏教のみならず、中国哲学についても多くの本を残している[157]。蔣の仏教史研究の背景には近代的な歴史概念があった。蔣は『中国仏教史』の序文において、「歴史については、数千年の間、複雑な歴史があったにもかかわらず、参考にできる体系的な書物が一向になかったため、歴史を研究しようにもまるで暗闇のなかで探しものをするかのごとく、容易には得られなかった。このため、仏教徒に歴史観念が欠如していることは、インドにおいてすでにそうだったのであり、我が国の人もまたその影響を受けているのである（至於歴史，則数千年来，事実複雑，向無有系統典籍，可供参考，欲従而研究之，正如暗中索物，不易獲得。此其故，由仏教徒欠乏歴史観念，在印度已然；我国人亦承受其影響也）」と、中国仏教者における歴史意識の欠如を嘆いていた[158]。彼の仏教史に関する著作は、この欠如を埋めるための作業として理解することができる。しかし、蔣が行った研究は完全に独自のものではなく、『中国仏教史』の大半は境野黄洋の『支那仏教史綱』の翻訳である[159]。蔣が、『支那仏教史綱』の村上専精の序言における「学理的研究」と「歴史的研究」の区別をそのまま自分の意見として主張していることは、日本人仏教研究者が使用していた近代的方法論が、中国人仏教者に対して魅力的なものであったことを示している。[160]『中国仏教史』の後半を構成する近世・近代の中国仏教についての部分は、蔣維喬が独自に書いたものである。ただし、蔣は境野の本で使用されていた宗派中心的なアプローチを再生産しており、それを近世仏教にも当てはめ、近世・近代の部分においても、中国仏教の発展が律宗、禅宗、華厳宗、天台宗、浄土宗、法相宗、三論宗、密宗に分類されて、宗派ごとに紹介されている。

民国期の有名な中国仏教通史のもう一冊は、黄懺華によって著された。黄は広東省に生まれ、日本に留学して日本の大学を卒業した人物である。[161]一九一四年、黄は南京の仏教在家信者欧陽竟無の著作に刺激されて、欧陽の弟子となった。また、黄は金陵刻経処に付設されていた学院で仏教を勉強し、その後、太虚との交流を深めた。一九二八年、彼は南京で創立された中国仏学会の常務理事となった。黄の執筆活動は一九二〇年代後半から始まり、『海潮音』に頻繁に投稿するほか、一九三〇年代には数冊の仏教入門書を著した。[162]

一九三七年、黄は『中国仏教史』を刊行する。黄自身はこの書のなかで参考資料について言及していないが、この著作も蔣と同様、日本人仏教研究者が著した研究書に基づいている。黄の場合には宇井伯寿の『支那仏教史』が基盤であった。[163]宇井の著書にのっとっているため、黄懺華の『中国仏教史』においても宗派意識が色濃く現れている。当時の多くの仏教者と同じく、黄も隋唐の仏教と各宗の成立を不可分なものと見なして、「隋・唐の時代は中国仏教全盛の時期で、新宗派成立の時代であり、新しい教義が組織された時代であった。この時代の宗派とその教義は、中国仏教の精華である（隋、唐時代者，中国仏教全盛之時期，新宗派成立之時代也，新教義組織之時代也。此時代之宗派及其教義，為中国仏教之精華）[164]」といっている。

中国仏教の宗派として黄は、毘曇宗、成実宗、涅槃宗、地論宗、摂論宗、三論宗、天台宗、華厳宗、法相宗、律宗、浄土宗、禅宗、密宗の十三宗を挙げており、倶舎宗の代わりに「毘曇宗」という呼称を使用する以外は宇井の著作にしたがっている。宇井の原作と比べれば、黄は独自の資料を数多く取り上げ、宇井が提供する物語から離れることによって独自性もみせているが、宇井の著作が黄に宗派を中心とした大きな枠組みを与えていることは認めなければならない[165]。また、宇井は宋以降の仏教に関して「諸宗合同」という傾向を指摘し、宗派の個別的な描写というアプローチを中国仏教史の後期に対して使用していないが、黄は近世に関する部分を宇井より詳細に扱い、清朝の仏教を曹洞宗、臨済宗、華厳宗、天台宗、浄土宗、律宗に分けて、宗派ごとにその展開を紹介している[166]。しかも、先に引用した宇井伯寿の著作の「結尾」において表明されていた宗派概念に対する疑問は、黄の著作においては欠落していることも示唆的である。蔣と黄においては、中国仏教に対する宗派中心的なアプローチがすでに内面化されており、模範として受容しているはずの日本研究における懐疑的視点を捨象させるほどの力をもっていたのである。

以上の三節で取り上げた凝然の著作と日本仏教研究の受容過程の結果として、近代中国人仏教者は客観的な研究成果とともに日本仏教的な宗派観念と宗派モデルを受容し、それが近代中国仏教界の支配的なパラダイムとなったことを指摘できる。しかも、境野黄洋や宇井伯寿らの研究も大いに凝然の宗派モデルに基づいていることから考えると、近代日本と中国にみられる中国仏教史観の枠組みが凝然の著作を超えることはほとんどなかったといえる。また、蔣維喬と黄懺華の場合でみたとおり、日本的な宗派概念と宗派モデルは、消極的に受容されたというよりは、日本の研究ではあまり注目されていなかった近世と近代の両時代に対しても、積極的に当てはめられた。日本から受容した歴史の語りに対するこのような積極的な受容は、中国人仏教者の別の側面にも見いだすことができる。

第十一節　宗派中心的な仏教史の語りの転用

本章の最初に述べたとおり、明治・大正期の日本の仏教研究における宗派中心的な仏教史観は、隋唐時代の中国仏教を理想視しながら、その後の同時代に至る中国仏教の堕落を前提として日本仏教の優位を主張するという、イデオロギー的機能をもっていた。つまり、仏教史研究における宗派概念は、日本仏教を近代日本のナショナリズムとつなぐ思想的回路という側面も有していたのである。しかし、この、宗派を中心とした歴史の語りを受容した中国人仏教者たちは、中国仏教の衰頽と復興の必要を唱えたものの、同時代の日本仏教に対する中国仏教の劣等的位置づけについては決して承認しなかった。彼らは受容した語りを巧みに矯正し、独自の歴史の語りを作った。

蔣維喬の『中国仏教史』はこうした傾向の好例である。『中国仏教史』の模範となっていた境野黄洋の『支那仏教史綱』は、最終的に宋代以降の中国における仏教の堕落を主張し、「明より以後仏教は次第に衰頽に帰し、今日では、支那は既に無仏教の国であると言っても差支がないのであって、形ばかりの喇嘛教があり、昔の名残りの寺はあっても、既に仏教として見るべきものがないのであるから、清朝仏教に就いては多く言ふの必要を見ない」[167]と、同時代の中国を「無仏教の国」として描いていた。蔣は、境野の文章を基本的にそのまま中国語に訳したが、このような部分については、境野の歴史の語りに手を加え、独自の観点を提示した。この境野の文章に当たる蔣の「訳文」は、「明以降、仏教は次第に衰え、清代には形式的なラマ教のみが尊ばれた。有名な寺が残されてはいたが、ほとんど見るべきところはなく、ただ禅・浄の二宗が融合し、民間に流行していた。清末の学者の多くは仏学の研究を好み、仏教には復活の兆しがみえた（自明以後，仏教漸衰；至清代僅尊形式之喇嘛教；雖有遺留名寺，概無足観；

惟禅浄二宗，仍融合一致，流行於民間；清末学者，多喜研尋仏学；仏教乃有復興気象）[168]」となっている。蔣の文章では、一時的な衰頽は認めつつも、境野が主張する中国仏教の完全な堕落という書き方はされず、逆に仏教の復興の可能性が主張され、中国仏教の現状に対する楽観的な見方が表現されている。また、蔣は近世と近代について、境野の本にない独自の章を追加し、こうした独自の観点をさらに強調して、民国期における各宗の復興ぶりを描いている。

中国仏教史に対する日本人仏教者と中国人仏教者の異なる観点を表すもう一つの興味深い事例は、『三国仏教略史』の中国語訳の広告である。島地と織田の『三国仏教略史』は『仏学叢報』で連載された後、単行本としても刊行された。一九三〇年に仏教雑誌『仏学半月刊』に掲載された広告で、この著作は「仏法の東流は、支那がその淵源であり、朝鮮と日本が支流である（仏法東流。以支那為淵薮。以朝鮮日本為支流）[169]」という文章によって紹介されている。島地と織田のこの著作における全体的な歴史の語りを考えると、こうした紹介は原作者たちの意図とは大いに異なるといえ、中国人仏教者が『三国仏教略史』に中国仏教の優位性という歴史の語りを読み込もうとしていたことがうかがえる。

この例は、日本の書籍が描く中国仏教史を少しだけ矯正したものだが、日本の書籍が用いる歴史の語りを、より直接的に中国のナショナリズムのために転用する傾向が、民国期の仏教界には数多くみられる。その第一弾ともいえるのが、上述の梁啓超著の『論中国学術思想変遷之大勢』である。その特徴は、世界史を意識して中国思想史を分析したことにある。つまり、梁の目的は、他国に対して中国思想の独自性とその優越性を主張することであった。梁は中国を世界で唯一の現存する古代文明として描いている。近世においてのみ中国の思想の堕落がみられるが、彼は近い将来におけるその復興への期待を表明している[170]。そして、今日はただ二つの文明が存在すると述べ、それは欧米の西欧文明と「中華」（中国）が代表する東洋文明であるとしている[171]。中国を東洋文明の代表として位置づけるなら、仏教をインドから来た外来宗教ではなく、中国内部で成立したものとして描くことが必要となる。梁はそれを「仏学時代」という章で証明しようとしている。

「仏学時代」の章において梁は、以前、自分は儒家思想の衰頽のため六朝隋唐時代を「中国学術思想最衰時代」として軽視していたが、仏教の隆盛の観点からみれば、実は思想が衰えていた時代では決してなく、再評価すべき時代であったと述べている(172)。仏教は中国思想ではないという人もいるが、中国人も仏教の思想の生産に積極的に関わっていたのであるから仏教を「中国学術思想史」に含めるべきだと反論し、仏教を中国史と中国文化の一部としてみる必要性を説いている。そして、仏教に基づく唐代の再評価から、実はこの時代は「先秦」（春秋末および戦国の全盛時代）と並ぶ中国思想の最隆盛時代であったと高く評価する。最後に梁は、インドにおいて仏教がすでにその姿を消してしまったため、その「継法者」こそ中国であると主張する(173)。のみならず、中国において、仏教は従来の中国文化と交流し、新しい文化を生み出したのであって、この新しい文化は純粋の中国文化だと主張することで、彼は仏教を中国文化の産物として描こうとするのである(174)。すでに述べたとおり、梁は続いて中国の仏教を十三宗に分類するが、彼によれば、この諸宗派は中国が独自に生み出したものである。インドの仏教には諸宗の起源はみられず、宗派をアイデンティティの中心とするのは中国文化独自のものだという。さらに宗派の成立は完全に中国の創造性による産物であるとする梁は、日本仏教に由来する浄土真宗と日蓮宗を独自の宗派とは認めない(175)。このように、中国思想史における仏教の役割と宗派の存在が、近代ナショナリズムのアイデンティティ形成と密接に接合されるのであった。

梁にとっては、近代国民国家制度のなかに中国を位置づけることが喫緊の課題であった。その一部として、中国の文化的特徴を重視する傾向が『論中国学術思想変遷之大勢』にはみられる。梁は文化の本質を探る日本の国粋主義思想に啓発され、『論中国学術思想変遷之大勢』を書いたとされている[176]。この意味で、以上の中国仏教史観を当時の梁の「国粋」概念に対する関心と結びつけることができる。中国の春秋戦国時代とともに、仏教の隆盛を代表する唐代こそは、梁にとって中国の歴史における一つの理想時代であった。中国思想史研究者森紀子は、梁は日本の仏教書に啓発されて唐代を再評価したと指摘しているが、日本の仏教書と梁の唐代に対する再評価が具体的にどのようなつながりをもっているかについては触れていない[177]。筆者は、日本の仏教書が提示した、宗派成立をその中心的な構成要素とする歴史の語りこそが、梁が『論中国学術思想変遷之大勢』において構築したナショナルな歴史の語りの一つの重要な要素であったと考える。ただ、梁において、仏教史に関する日本の書籍の宗派概念は、日本仏教の優勢ではなく、中国仏教の優越性を証明するために転用された。『八宗綱要』が楊文会に復古すべき模範を与えたのに対して、梁と彼の影響を受けた仏教者たちにおいては、『三国仏法伝通縁起』が提示した隋唐十三宗説が中国文化の優越性を証明する論拠となり、さらには対外的な関係を含意するものともなった。梁たちの仏教史観では、唐代の宗派仏教が本質的に中国独自の産物として定義され、近代中国のアイデンティティ形成に動員された[178]。梁の直接的な影響もあり、その後、唐代の十三宗の存在を中国仏教の本質的な特徴と見なし、中国を唯一の大乗仏教国とすることによって中国仏教の優越性を主張する言説のパターンが、当時の雑誌の記事などにもしばしば見られるようになる。

梁との直接的な関係があるかどうかは明らかではないが、一九〇八年に楊文会の祇洹精舎設立の際に著された寄付金募集文に、宗派概念が日本に対する中国仏教の優位と結びつけられる傾向がみられる。この募集文は宗派中心的な中国仏教観を提示し、同時代の日本の強さは仏教によると述べる一方、仏教はもともと中国から日本に伝わったことを指摘し、日本の強さの起源は、実は日本にではなく中国に宿っていると主張した[179]。

特に一九一一年から一二年にかけての辛亥革命前後、梁の影響を受けた記事が仏教雑誌上にいくつも発表された。なかでも好例は、辛亥革命直後、濮一乗が『仏学叢報』に投稿した「中華民国之仏教観」という論考である。この論考において一乗は、当時の中国における仏教の意義と役割や、中国仏教の歴史を紹介している。一乗は仏教を中国の「国粋」と呼び、中国の「固有の精神」として位置づけている(180)。続いて、中国仏教の歴史を三つの時代に分類し、最初の「胚胎時代」は小乗仏教が中国に入った時期とする。次の「全盛時代」は両晋から元代まで続き、「式微時代」が明代の初めから始まり、仏教は現在に至るまで退廃しているとする。しかし、いくつかの宗派に関して、近年、日本からの逆輸入によって、その復興が計られているとも述べている(181)。そして、仏教がインドに発生したことを認めながらも、中国でもっとも隆盛したことを理由として、仏教をインドより中国と結びつけようとしている(182)。仏教の分類の仕方において、一乗は梁から借りた十三宗説にしたがっている。一乗のこの論考において、近代中国のナショナリズム言説と中国仏教史における唐代十三宗という発想の関係は特に明らかである。つまり、一乗は多くの宗派は中国の「自創」（中国において独自に創られた）のものだと主張することで、「十三宗」に代表される宗派的組織制度を「中国仏教」の特徴としているのであって、一乗の論は梁の国粋的な仏教史観の系譜を汲んでいる。大乗仏教の諸宗派は中国が生み出したものだと主張し、日本と朝鮮はただそれを輸入したにすぎず、インドには諸宗派はまったく存在しないと述べている。日本仏教に関しては特に日蓮宗と浄土真宗を取り上げているが、真宗をいい加減（「非驢非馬」）と評し、日本仏教の独自性を認めない(183)。また、インドに比べると、中国の方が仏教の歴史は長いとも主張している(184)。このように、「大乗仏教」「仏教諸宗派」と「中国仏教」という諸概念が、近代中国人仏教者にとって有力なアイデンティティを与えるものとなるように、巧みに結びつけられることとなった。

また、同じ頃の『仏学叢報』に掲載された滄江という仏教者の論考「論仏教与国民之関繫」は、国家に対する仏教の必要性を主張し、同じく宗派に基づいた中国仏教の優越性を説いていた。滄江は、宗教は多様な要素によって構成されている社会を統一するために不可欠だと主張し、中国において、その役割を仏教に求めている[185]。そして、中国仏教の特徴として、唯一の大乗仏教国であることと、仏教宗派のすべてが中国にのみ存在するという二点を挙げている[186]。民国期を通じて、こうした宗派概念に基づいて中国を仏教の真の故郷または第二の故郷とする論考がしばしば書かれた[187]。

太虚も、日本から受容した宗派概念に基づいて中国仏教を定義し、その優越性を主張するという思想的傾向を表していた。しかも、それは歴史における中国仏教の優勢ではなく、同時代的な優勢としても理解されていた。太虚は一九一三年に著した「仏教史略」において、中国仏教のアジアにおける優位をその完全性から説明した。ここで太虚は彼の生きている時代をアジア時代と呼び、次のように述べた。

アジア時代に突入して以来、アジア諸国は皆仏教国であるものの、ある国はようやく永らえているにすぎず、ある国では諸流派を残すのみ、ある国では表面的に伝えられているのみといった状況である。我々の輝かしく立派な中国のみが仏教の全容を大々的に発揚して余すところないのであり、これは誇るべきことである。
（夫渡入亜洲時代之後。亜洲諸国。雖皆為仏教国。而或僅保其余喘。或祇承其諸流。或但伝其皮相。唯我中国。煇煌俊偉。発揚光大。独能概仏教之全体大用而無遺。斯亦足豪矣[188]。）

太虚にとって、この完全性は宗派の成立と密接に結びついている。一九二〇年に広州において行われた講経会では、太虚は以下のように宗派と中国のナショナリズムを結びつけた。

上述のとおり、中国は仏教に頼らざるをえない。さらに仏教についてみれば、仏教が今の世に広まり、栄えているのもまた、中国に頼ってきたからであり、二者はまるで魚と水のように互いを必要としているのである。この点についていえば、仏法はインドで生まれたが、今インドでは却って衰微しており、インドの古い婆羅門の教えが復興したため、これを信じているものが全体の六、七割、イスラム教徒が二割、キリスト教徒が一割で、仏教を奉じている人は百人にたった二、三人という有り様で、末法の世が如来の予言どおり訪れている。またセイロンは小乗仏教のみで大乗の系統は伝わらず、現在は（大乗仏教は）中国と日本に存在している。日本は仏教が盛んであるものの、大乗仏教の教義や修行を中国ほど正確に理解できておらず、さまざまな宗派を創立しているが、特にすぐれている点はみられない。しかも昨今は専ら国家を重視し、同時に西洋化に努めており、仏教は三番目の地位にあり、国家に利用されるのみであるから、仏教推進の責務を負うことはできない。一方中国では大乗八大宗派が長らく栄えており、教理行果の四つもしっかりと備えている。本当に世の人々に仏教を広めようとするのならば、中国以外にその責務を果たせる者はいないので、ぜひ中国の人に頑張ってもらいたい。

（如上所言知中国須有藉乎仏教。茲就仏教観察，其能昌明弘揚於当今之世亦須有藉乎中国，二者相需如魚如水。請試言之：仏学発源於印度，今則反形衰落，以印度婆羅門古教復興，奉之者十居六七，回居十二，耶居十一，奉仏者百僅二三，末法之世已応如来預言。而錫蘭僅有小乗，大乗仏種之不継，今則端在中国与日本。日本仏教雖盛，而於仏乗理行殆不如中国体会精深，創立各宗無大殊勝。近且専以国家為本，兼重欧化，仏教実居第三位，僅能為其国家所利用，弘揚之責当不属之。至若中国大乗八大宗派盛行已久，教理行果燦然美備，誠欲昌明仏教普利世人，舍中国外実無第二者能当斯任，願国人勉旃！）(189)

さらに、日本では一時的に仏教が振興されたが、日本人は宗教性が薄く、学問も「隋唐高僧」に及ばないとする。また、楊文会のもとへインドから助けを求める依頼が来ていたことを挙げ、インド仏教の復興は中国の助けを待っていると主張する。(190) 当時の世界における中国仏教の優位を主張する背後には、インドの伝統を継承しながら、それを大乗八宗という形でさらに発展させたという中国仏教観があったのである。しかも、宗派に関しては、日本における独自の宗派的発展が軽視されることによって、中国の宗派だけが正統的な宗派であるとされている。すでに指摘したとおり、太虚はかならずしも宗派性を好意的にみてはいなかった。最終的には、彼にとって中国仏教は宗派的分裂を超えるべきものである。(191) とはいえ、彼の思想においても宗派概念は重要なキーワードであり、その仏教復興思想の中心的要素の一つをなしていた。その意味において、太虚の思想にあっても重要な役割を果たしていた。

僧侶常惺もこの宗派観念に基づいて中国仏教の優越性を主張した。常惺は一八九六年に江蘇省に生まれ、十二歳のときに出家し、月霞法師や諦閑法師のもとで学んだ。一九二四年に廬山で開催された第一次世界仏教連合会に太虚の招待で参加した後、ともに閩南仏学院で教えるなど、太虚と深い交流があった。(192) 仏教研究者于凌波は、常惺について、彼は仏教各教義に通暁し、「宗派観念に固執していない（不帯於宗派観念）(193)」と述べ、宗派的アイデンティティを超えた僧侶として描写しているが、それは決して常惺が宗派概念を重視していなかったことを意味するものではない。『仏教概論』（一九二七年）において、常惺は次のように述べている。

各方面の要求を満たし、世界の仏教祖国となれるのはどこの国であるか。仁にあたっては人に譲らず、何も恐れぬ勇敢な精神で考えれば、中華民国こそがそれである。仏教はインドに起源をもち、その支流の一つがビルマとシャムを経て、現在の東南アジアの小乗仏教になった。もう一つの支流は北に向かい、天山あたりを経て、東に折れて中国に入り、さらに朝鮮を経て日本に入って今日大きな勢力をもつ大乗仏教になった。このように繁栄している地域は広いものの、仏教を顕教・密教、小乗・大乗など余さず今に伝え、且つ独立した主権国家であるのは中国と日本だけである。インドは仏教の祖国ではあるが、教義は埋もれ、典籍はなくなり、今では釈迦牟尼がいたことを知らない人が多い。南洋諸国では、仏教の一部である小乗仏教しかなく、仏法全体の姿をみることはできない。日本は独立して主権をもつ強国であり、顕教・密教、小乗・大乗の各宗派が長きにわたって栄えているうえ、科学的な方法を用いて系統的な学説を完成させることができるのだから、仏教を遍く宣伝するにあたって、仏教を代表する唯一無二の国になれるように思われる。しかし現在行われている各宗派をみると、いずれも中国のものを受け継いだにすぎず、特に優れている点はない。

（然則能応各方之要求，儼為世界之仏教祖国者誰乎？　吾人当仁不譲，以大無畏之精神拠当之，則曰中華民国是也。蓋仏法自印度起源，一支東行，経緬甸暹羅，則成今日南洋群島之小乗仏教，一支北行，経天山左右，折而東入於中国，更由朝鮮入日本，而成今日発揚広大之大乗仏教。此中繁衍雖広，而能包孕整個仏法之顕密小大，其国且由独立自主権者，厥為中華於〈与〉日本。印度雖為仏教祖国，教義湮歿，典籍淪亡，今且多数人不知有釈迦牟尼其人矣。南洋各属，但有片段之小乗，不能代表整個仏法。日本既為独立自主之強国，奄有顕密小大各宗之盛，且能運用科学方法，整理成有系統之学説，作普徧之宣伝，宜若可為独一之仏教代表国矣。但其現行各宗，悉承中華之余緒，無特殊之光大。[194]）

そのため、日本ではなく、中国だけが最終的に仏教の代表となりうる。

故に日本人はこの上にない宝蔵をもっているが、保管の任務を負うのみで、自由に支配する力はない。よって仏教国の首席代表の地位は、中国に譲らざるをえないのである。（故日人雖擁此無上宝蔵，僅司保管之責，無自由支配之力，由是仏教国之首席代表，不得不譲之於中華[195]。）

まとめると、清末以降、中国人仏教者は、日本から受容した「宗派」を中国仏教の本質とする歴史の語りを、中国のナショナリズムと中国仏教のアジアにおける優位を主張するために転用した。それは隋唐の両時代を理想視する歴史の語りに基づいたものであり、同時代における諸宗派の衰頽を認める一方で、宗派概念に基づいてアジア地域における中国仏教の優位を根拠づけようと試みるものであった。しかし、この宗派中心的な歴史の語りがあくまでも外部から来たものであり、中国仏教の過去の歴史や同時代の現実を反映したものではないことを、見破る人はいなかったのであろうか。以下ではこの点に着目し、近代中国仏教界における宗派概念の根強さを示したい。

第十二節　根強い宗派概念

当時、中国仏教史を研究する中国人の間には、従来の歴史叙述に対して強い不満が存在していた。たとえば、一九三〇年代の初め頃、中国仏教の研究者かつ在家信者であった周叔迦（一八九九～一九七〇年）は、中国においては僧伝と編年体という伝統的な記述しか存在しないことを指摘し、これらのものはすべて仏教内部の観点のみを表すことを嘆いた[196]。僧伝や編年体など、従来の仏教における記述の客観性や科学的信憑性が問題視されたのである。そのため、日本人研究者が使用していた「科学的方法」は、当時の中国人仏教者にとって、日本の仏教史研究のもつ大きな魅力であった。蔣維喬にとって、日本が西洋から受容した研究方法は、日本人の研究成果に高い信憑性を与えるものであった。

仏教が広まっている地域は、南はセイロンからビルマ、シャム、南洋各地、北は中央アジアから中国、チベット、モンゴル、満洲、朝鮮、日本というように範囲が広い。ゆえに仏教の歴史を研究することは、他の学問と比べて実に困難である。近年、西洋の学者が科学的な方法を用いて整理し、日本の学者がそれを継承したことで、仏教の歴史がようやく系統的になった。かつての我が国の仏教徒は、インドの影響もあり、歴史に注意することを知らず、時折著述が残されたものの伝記と編年史に限られ、旧時の典籍から系統的な仏教通史を探し出すことは絶対に不可能であり、学者にとって非常に遺憾なことである。

（分布区域，南則由錫蘭到緬甸，暹羅，南洋各地，北則由中亜西域到中国，西蔵，蒙古，満洲，朝鮮，日本，範囲又這様広大。所以研究仏教歴史，比較他種学問，特別困難。近世経過西洋学者，用科学的方法，逐漸整理，日本学者継之，仏教的歴史，始有系統可尋。我国旧時的仏教徒，也受印度的影響，不暁得注意歴史，就是遇有撰述，也祇限於伝紀及編年，要従旧時典籍，尋覓一部有系統的仏教通史，絶対没有，学者不勝遺憾[197]。）

しかし、蔣維喬自身の著作には、日本の仏教入門書に対する疑問もみられる。一九三〇年の『仏学概論』において蔣は、「これらの書は、日本においておよそ十種あまりが出版されている。私は大半を渉猟したが、詳細すぎたり簡略だったり、形式が特殊だったり、いずれもかならずしも我が国の人が用いるのに適するわけではない（此類之書，在日本出版者，無慮十数種。著者多半渉猟，然或詳或略，或体例特別，均未必適合国人之用[198]）」と主張した。

蔣はこのように日本の仏教研究を批判したが、『八宗綱要』については重要な参考文献として評価した。

仏教の各論は、各宗派の教義を論じるものである。仏教はインドで生まれたが、各宗派が特に発展し、系統的な研究ができるようになったのは我が国のみである。唐代には十三宗があり、多くが後に併合された。今日では顕教、密教、大乗、小乗の区別があり、まだ十宗ある。『八宗綱要』などの旧時の典籍を見ると、皆各宗教の教義を概括して記述しており、読者もその概要を知ることができる。［中略］しかしたいてい各宗が他宗を排斥し、自宗のみを尊ぶという悪弊が、初学者にとっては大きな障害である。

（仏教各論者，論仏教各宗派之教義者也。仏教雖産生於印度，而各宗特別発揮光大，且能作有系統之研究者，厥惟我国；在唐代有十三宗，後多帰併；至今日以顕密大小分之，尚有十宗；抑旧時典籍，如《八宗綱要》等書，皆概括各宗教義而記述之，読者亦可得其大要；［中略］然各宗多有排斥他宗，独尊自宗之弊，於初学者頗不便也。）[199]

ここでは、蔣にとって、『八宗綱要』は日本仏教の書籍ではなく、「旧時典籍」として認識されているところが興味深い。このことからは、蔣が『八宗綱要』を正統なものと意識し、中国仏教に適用できるものと考えていたことがうかがえる。また、蔣は最後に、宗派性が強く表現されている『八宗綱要』は、初心者にとってあまり役に立たないと述べているが、日本から伝わってきた宗派中心的な仏教理解と、宗派をはっきり区別しない中国仏教の現実との矛盾が、ここにも現れているといえる。

また、一九三一年、上海の有名な在家仏教者丁福保（一八七四～一九五二年）は、楊文会の『十宗略説』が『仏教宗派詳注』というタイトルで、万鈞（生没年不明）という仏教者の詳細なコメント付きで再出版された際、序言を寄せ、「最近の人が編んだ仏教宗派に関する書がすでにいくつかあるが、ほとんどが日本語から翻訳したもので、誤謬が非常に多く、初学者の師とするには足りない（近人編仏教宗派之書，已有数家，大抵訳自日文，頗多舛誤之処，不足為初学之導師)」と述べている。それにひきかえ、という形で、丁は楊文会の著作を高く評価している。ここでは、評価されている楊の著作自体が実は基本的に日本語からの訳文だということがまったく意識されていない。八宗、十宗または十三宗モデル自体に対しても、まったく疑問が唱えられなかったわけではない。時代的には民国期の後にも及ぶが、湯用彤（一八九三～一九六四年）は、『八宗綱要』に対して明確な疑問を提示した研究者として例外的な存在であった。

湯の中国仏教史観は、梁と同じく、隋唐の仏教を中国の独自の仏教と見なすものである[201]。湯によると、隋唐の仏教には①統一性、②国際性、③自主性、独立性、④系統性[202]の四つの特徴がある。そして、この定義によって、隋唐の仏教は中国独自のもので、四つの特徴は中国的な仏教の誕生を意味すると述べる[203]。また、インドにおいて仏教が衰え、その代わりに中国で隆盛したと述べ、中国をインド仏教の正統的な継承者として描こうとしている[204]。

上記の四番目の特徴「系統性」が表すとおり、湯用彤は、隋唐において仏教は宗派の形態で存在していたとしたうえで、その形態こそ隋唐時代に生まれたものであるとしていた。湯はこれらの各宗派を独立した組織として描き、宗派の存在を隋唐時代の特徴とした。そして、武宗皇帝による会昌年間（八四一～四六年）の法難の後、漸次的な堕落に陥るという発想もまた、彼の中国仏教史観の重要な部分をなしている[205]。梁と同じく、湯の関心は、仏教と中国文化との関係という課題にあり、隋唐を仏教の理想的な時代として描いている。

ここまでは、楊と梁の中国仏教史観に相違はないが、死を目前にした一九六二年に、湯は、近代中国仏教界における「十宗」や「十三宗」両説を批判する論文を発表した。湯はこの論文で、楊文会の十宗説や梁啓超による十三宗説に対する『八宗綱要』など日本仏教の影響を指摘している[206]。湯は「宗」概念に二つの意味があると述べている。その一つ目は「宗旨」や「宗義」という意味である。この意味による「宗教学説上的派別」に対して、二つ目の意味は「教派」を指す「宗」である。この「教派」を指す「宗」概念は、創始、伝授、信徒、教義と教規をもっている「宗教集団」を意味していると主張した[207]。そして、隋唐以前の仏教における「宗」は一つ目の意味の「宗」であり、隋唐以降、二つ目の意味での教派的な「宗」が成立したと述べる[208]。だが、成実宗、倶舎宗、涅槃宗などは学説という意味での宗にすぎないにもかかわらず、『八宗綱要』などの影響のもと、教派的な「宗」として誤解されてきたと湯は指摘している。狭い意味で、天台宗、禅宗、華厳宗、法相宗、真言宗、律宗、三論宗だけが本当の教派的な宗であったというのが、湯の結論である[209]。

先に取り上げたロバート・シャーフや牧田諦亮などの研究成果を念頭に置けば、湯は『八宗綱要』の影響を批判しているにもかかわらず、最終的に日本的な宗派モデルを脱していないといえる。成実宗などの宗派性を否定したために、逆に三論宗などの宗派性が強調されることとなった。そして、湯は、唐代における宗派の存在の証拠として、敦煌で発掘された資料に、「勝義皆空宗」「応理円実宗」「法性円融宗」という概念がみられることを指摘し、それが三論宗、天台宗、法相宗と華厳宗に当てはまり、その宗派の当時における存在を証明すると主張している[210]。しかし、この敦煌の資料に見られる「宗」という字をともなう概念を天台宗などとして解釈することは、それ自体がすでに日本的な宗派観念を前提としたものだといえる。

また、湯は死後に出版された『隋唐仏教史稿』において、以上の論文を踏まえながら、十宗説や十三宗説を批判する一方、凝然の著作などの日本資料を評価した。それは、中唐から北宋までの、宗派の存在に関する明確で総合的な記載が中国では欠乏しているためであると述べる[211]。凝然の影響を批判しながら、日本仏教が提供した中国仏教史観に依拠せざるをえないという中国人仏教研究者の現実がうかがえる。また、湯が論じる、隋唐に独立した宗派(「系統分明的宗派」)が存在したことを前提とする中国仏教堕落史観は、最終的に、唐代を仏教の隆盛時代とした凝然による仏教史観に基づいたものであり、日本から輸入された仏教史観に対する批判の限界を示している。
以上の例からみられるとおり、日本人の著作に対する疑問が存在していたとしても、それはむしろ、凝然の中国仏教観のより深いレベルでの強大な影響力を示すものとなっている。日本の仏教入門書に対して疑問を表しながら、凝然の宗派モデルを抵抗なく受容した蔣や丁、湯におけるアイロニーを指摘しておかなければならない。宗派モデルへの批判自体に、清末から中国仏教界に入った日本的な宗派観念の影響の根強さと、それを超克することの困難さを確認することができる。

第十三節　小　結

一九二九年の『中国仏教史』で蔣維喬は、中国仏教の復興の背景を以下のように分析した。

㈠清末の中国における国際交流により、西洋の学問が入ってきた。科挙が廃され、学校が興り、学者の思想が開放的になり、儒家のみの見解に拘泥することはなくなった。外来の科学を研究することを好み、古来から伝えられた学問についても多く整理し、文芸復興の現象が起こった。㈡単行本の仏典が流行し、手に入りやすくなったことで、学者に研究に対する関心を喚起した。㈢建国元年から今に至るまで二十余年、戦乱はやまず、民は苦痛から悟り、仏教に帰依して精神の安寧を求めるようになった。ゆえに革命の際に活躍した軍人のなかにも、俗世と縁を切り、剃髪して仏門に入る者がいた。

㈠清末中外交通，西方学術輸入；科挙廃，学校興，学者思想解放，不復拘拘於儒家一孔之見；対外来科学，固喜従事研究；二対古来相伝之学術，亦多為之整理；又文芸復興之現象。㈡仏典単本之流行，得之較易，喚起学人研究之興味。㈢元年至今二十余載，戦乱不息；民生因苦痛而覚悟，遂帰依仏教，以求精神之安慰；故有革命時善戦之軍人，亦一旦屏棄万縁，祝発入空門者。）[212]

本章でみてきたとおり、最初の二点は日本仏教と実に深く関連している。近代的研究方法と仏典の刊行活動は、近代中国において起きた仏教活動の重要な背景となって、従来の「宗」概念に、組織としての宗派という日本仏教的なニュアンスを入れ込み[213]、そして日本から「八宗」「十宗」や「十三宗」という新しい宗派分類様式を導入した。前節にみたように、中国人仏教者が日本の影響をほとんど無意識に受容したことも、ここで述べられている現象と関係がある。近代日本の仏教研究に見いだされた科学的研究方法は、中国人に日本の仏教研究における宗派的バイアスを透明化させ、凝然の著作に基づく宗派モデルを自然化させたのである。

このように、中国人仏教者たちは日本人仏教者が書いた仏教史研究書の影響を受けて、それに描かれていた仏教史の語りを内面化した際、日本人仏教者がもっていた宗派中心的な仏教観をも引き取ることとなったのである。ある意味では、彼らは中国仏教の歴史を日本人の目でみるようになったといえる[214]。

近代日本の仏教研究にみられる歴史の語りは、唐代以降の中国仏教の堕落や衰頽を想定し、日本仏教をその継承者として位置づけるというイデオロギー的機能をもっていた。この日本製堕落論の受け皿として、第二章で清末の中国仏教界において検討した仏教堕落論が機能した。二十世紀に入って以降、中国仏教界における仏教堕落論が、日本の仏教研究の影響下、近代学問的な歴史の語りという形態に変身して、中国仏教史の姿を形づけた。この意味では、近代中国にみられる中国仏教史の語りは二つの異なる系譜をもつ堕落論の結合の産物だともいえる。結果として、日本的な観点によって、中国でも隋唐の両時代以降の中国仏教の展開が「真」の中国仏教からの逸脱や堕落と見なされるようになった。

さらに、太虚など中国人の仏教改革者たちにおいては、宗派の喪失を描き出すレトリックが、真の中国仏教への復帰として宗派の復興を唱える改革計画に正当性を与えることとなった。また他のコンテキストでは、宗派概念がナショナリズムの言論と結びつき、周辺国に対する中国仏教の優越性を主張する役割をもつこととなった。この日本的な宗派概念は、一旦、中国仏教界における言論のなかへ取り込まれた後、グロバールなコンテキストにおいて中国仏教を位置づけるという積極的な役割をもつようになった。

近年の近代中国仏教研究において、日本との交流が注目されつつある一方で、本章で取り上げた中国人仏教者の歴史認識の再構成に対する影響は、まだあまり論じられていないのが現状である。日本からの影響は中国仏教の近代化の担い手としてむしろ評価されることが多い。中国人研究者の楼宇烈は、近代以前は日本が中国から仏教の思想を求めてきたのに対して、近代になると両国の従来の関係が逆転したことに注目し、その理由として、中国が西欧列強により「半植民地」化され、国難が多かったためだとする。その結果、中国仏教が衰頽し、仏教界と学術界が日本から多く影響を受けたのだと指摘している[215]。楼は、こうした状況下で、近代中国の仏教史学は近代日本の仏教史学のなかから「脱胎」（誕生）したのだと述べているが、脱胎というプロセスにおいて具体的に何が起きたのかについては言及していない。

『八宗綱要』の例でみてきたとおり、日本からの客観的な方法論の導入は、単に新たな方法が受容されただけではなく、より深い影響を及ぼすものでもあった。楼の「脱胎」という比喩を借用すれば、近代中国仏教史学の「子宮」であったのは、現在までその影響を及ぼしている『八宗綱要』が代表する宗派中心的仏教史観である。それゆえに、日本近代仏教学は、楼宇烈や周霞、葛兆光がいう二次的な役割ではなく、中国人仏教者に対して、彼らの歴史観そのものを形成させる大きな影響力をもっていた。西欧仏教学をモデルにして発展した近代日本の仏教研究は、西欧の知的支配からの脱却を目指した。皮肉なことに、その過程において、近代的な仏教学をもたない中国は結果として日本の知的な支配を受けることとなった。シュテファン・タナカが指摘するとおり、アジア諸国は、西欧列強と日本の間のイデオロギー的な競争の板ばさみになり、双方からのイデオロギーに振り回されていたのである。[216]

宗派中心的な仏教観は近代日本と中国における共通認識となり、当然の前提とされるようになった。水野梅暁は一九二五年の『支那仏教近世史の研究』において楊文会の十宗モデルを紹介し、次のように述べた。

以上は、楊仁山〔筆者註：楊文会〕氏の『十宗略説』に掲げたるものを基礎とし、現存せると否とを論せず、極めて簡単に宗派の概況を略述したものにすぎないが、その何れの宗派たるを問はず、殆んどその大半がわが国の仏教と離るべからざる関係を有し、殊に、これが復興に対しては、日本仏教の地位は、恰もこれが宝庫であるといふの観を呈して居る状況を見れば、わが国の仏教徒は、その如何なる宗派とを問はず、極めて系統的にその教義及び其沿革等を詳述し、これを隣邦仏教徒に示すといふ事は、たゞに自国の仏教史を整理するといふのみに非ずして、その結果は、直に熱心なる隣邦仏教徒の求学に値するものであるから、予はこの機会に於て、各方面の諸師が進んで、これらの企てを試みられんことを切望する次第である。[217]

以上の引用文においては、十宗モデルが凝然から借用されたという意識がまったくみられず、宗派が中国仏教の自然な有様として捉えられ、さらに宗派中心的な仏教観に基づいて日本仏教が中国仏教の復興の模範と見なされている。そのため、日本の宗派の内容を明晰にすることとは、日本仏教のみに関する事業にとどまらず、中国仏教にとっても重要な意義をもつと述べている。このようにして、宗派概念は第一章において取り上げた日本の仏教徒が感じていた「文明化の使命」と結びついた。宗派中心的な中国仏教観は、日本人仏教者と中国人仏教者が共有していた言論空間の大前提をなしていたが、その起源がもはや意識されないほど当然のものともなっていたのである[218]。そのため、宗派中心的な仏教観は、近代東アジアにおいて循環論法的な、そして乗り越えることが困難な思想空間を形成することになったといえる。

日本の宗派モデルの導入を可能にしたのは、蔣維喬が評価した仏書の流行とその背景にある出版文化の近代的な改革であった。しかし、民国期における出版活動の急激な拡大を問題視する評判もみられる。一九四二年に雑誌に掲載された手紙では、僧侶印光は、「近頃、交通が便利になったおかげで、仏法の経典が流通するようになったことは本当に大変幸運である。しかし、仏法を学びながら、外道の法を修行してはいけない。それは、邪と正を混乱させ、浅からぬ弊害をもたらすことになる（近来交通便利、仏法経典、得以流通、実為大幸。然不得既学仏法、又修外道法、以至邪正混乱、則為害不浅）[219]」と述べる。続いて、印光は禅宗と法相宗と密宗の流行を嘆き、それに対して仏力に頼る念仏の有効と優位を主張した。印光にとって、三宗の流行は経典流通の望ましくない副作用だったようである。この手紙の、禅宗や法相宗などをはっきりと区別し敵対視するという強い宗派意識が興味深い。

実は、中華民国成立以後、宗派対立を警告する声はしばしばみられ、それらの文章においても宗概念が登場する。たとえば、『仏教月報』の第一期（一九一三年）において、仏教者端甫が「派閥の間の紛争（門戸紛争）」と「結社、宗派、流派の内争（社宗流内競）」を止めることを当時のもっとも重要課題の一つとして位置づけた[220]。また、一九三二年、『現代仏教』において、仏教者大雷は「派閥的な意見の深さ（門戸見深）」という問題を仏教の「十大病」の一つとして取り上げた。大雷は仏教が中国に伝わって以降、天台、賢首、浄土、禅宗、律宗などの各宗が成立したと述べる。もともとこれらの各宗は平等に共存したが、「末代の子孫の今日になると、智慧が日に日に浅くなり、執見が日に日に深くなる（自分の）流派を一所懸命に守る態度は、ますます大きな争いを引き起こしている（到了末代児孫的今日。智慧日浅、執見日深、死守派別、愈啓紛諍）」といい、その具体的な事例として、大雷はある仏学院において、一人の講師が法華経の優位を主張する一方、もう一人の講師は華厳経の優位を主張したというケースを挙げている[221]。清末以前の中国仏教にも対立や紛争が存在しなかったわけではなく、清末期や民国期もまた例外ではない。しかし、中国仏教において宗派性はもともとあまり強くなかったことに留意すると、以上において表現されている「派閥の間の紛争」に対する警戒心は、すでに宗派中心的な仏教認識を前提としたものだと筆者は考える。大雷が各宗の成立を取り上げることに加え、近年の各宗の対立の具体例として紹介しているケースが仏学院（「仏学校」）で起きていることは興味深い。つまり、この対立は、楊文会の入門書や境野黄洋の研究書など宗派中心的な仏教観を表す書籍が使用されるような、近代的な教育環境で起きたことなのである。

本章においてたどったのは、宗派に基づく新しい認識論が中国仏教界に導入された過程である。日本から中国に伝わった宗概念とそれにともなう宗派モデルは仏教に対する見方を変化させた。この宗概念は普遍的概念として中国人仏教者に受容され、当事者たちによって各方面において積極的に再生産された。仏教現状に対する眼差しもこの新しい認識論の影響を受けることになり、以上の「派閥の間の紛争」に対する批判もまた、皮肉なことに宗派中心的な仏教史観の内面化の結果であり、体現であるといえる。

宗派中心的な仏教観は歴史書における抽象的なレベルで再生産されるだけにとどまらず、行動や実践につながることもあった。たとえば、印光にみられる、自力に基づく禅宗や密宗などに対して他力と念仏を主張することは、すでに宗派中心的な仏教史観の内面化の結果であっただろう。このような発言もまた、仏教界においてほかの仏教者によって「派閥の間の紛争」の存在の証拠として捉えられうるという効果もあったと考えられる。さらに、近代中国仏教界においてもっとも顕著に現れた宗派的な現象として、民国期における「密教復興」を挙げることができる。

次章では、日本仏教の影響を体現したものとして、この「密教復興」現象に焦点を絞り、当時の日中仏教交流が現地の仏教者にいかなる思想と実践を可能としたかを検討したい。

註

（1）満支「可敬重之朱慶瀾将軍」（一九三〇年七月）（『海潮音』第一一巻第七期）、一二一頁。「陝西省の長安は仏教教化の第二の起源地である（陝西長安。為仏化第二策源地）」。

（2）同書、一四頁。

（3）同書、一五頁。

（4）同書、一六頁。

（5）当時、青龍寺だと思われていた寺院の遺跡は、結局、唐代の青龍寺ではなかったようである。一九八〇年代、日本の古義真言宗の研究者が唐代青龍寺の遺跡を厳密に確定した。静慈円は、中国側の資料で青龍寺があまり注目されていないため、主に日本の資料に基づき遺跡の位置を決定したと語っている（静慈円『空海、入唐の道』大阪：朱鷺書房、二〇〇三年、二二七～二三一頁）。それは青龍寺が、その特別な意義を中国仏教史上ではなく、日本仏教史上において与えられているためであると推測できる。

（6）楼宇烈「仏学と中国近代哲学」（『思想』第一〇〇一号、二〇〇七年、五〇～七九頁）、六八頁。

（7）葛兆光「論晩清仏学之復興」（『西潮又東風』上海：上海古籍出版社、二〇〇六年、七七～一〇一頁）、九八～九九頁。

（8）肖平『近代中国仏教的復興——与日本仏教界的交往』（広州：広東人民出版社、二〇〇三年）を参照。

（9）周霞『「中国近代」仏教史学名家評述』（上海：上海社会科学院出版社、二〇〇六年）、二九～三〇頁。

（10）同書、九頁。

（11）同書、三四頁と三四四頁。

（12）山室信一『思想課題としてのアジア』（東京：岩波書店、二〇〇一年）、一六頁。

（13）Cohen, Bernard, 1996, *Colonialism and its Forms of Knowledge*, Princeton, N.J.: Princeton University Press. を参照。

（14）Dirks, Nicholas, 2001, *Castes of Mind*, Princeton, N.J.: Princeton University Press. を参照。

（15）Schmid, Andre, 2002, *Korea between Empires*, New York: Columbia University Press, p. 4.

（16）Ibid., pp. 129-30.

（17）Asad, Talal, 1986, "The Concept of Cultural Translation in British Social Anthropology," James Clifford and George E. Marcus (eds.), *Writing Culture*, Berkeley: University of California Press, pp. 157-8.

（18）Mullaney, Thomas, 2010, *Coming to Terms with the Nation*, Berkeley: University of California Press. 特に五頁と一五～一六頁を参照。

（19）林淳「近代日本における仏教学と宗教学——大学制度の問題として」（『宗教研究』第七六巻第二号、二〇〇二年、二四七～二七一頁）、二五〇頁以降を参照。

（20）同書、二五二頁。

（21）Stone, Jackie, 1990, "A Vast and Grave Task: Interwar Buddhist Studies as an Expression of Japan's Envisioned Global Role," J. Thomas Rimer (ed.), *Culture and identity: Japanese intellectuals during the interwar years,*

Princeton, N.J.: Princeton University Press, p. 217.
(22) 渡辺海旭『欧米の仏教』(東京：丙午出版社、一九一八年)、四頁。
(23) Ketelaar, James, 2006, "The Non-Modern Confronts the Modern: Dating the Buddha in Japan," *History and Theory*, no. 45, p. 69.
(24) Tanaka, Stefan, 1993, *Japan's Orient: Rendering Pasts into History*, Berkeley: University of California Press, p. 70, 107.
(25) 井上円了『仏教活論序論』(東京：哲学書院、一八八七年)、一〇頁。
(26) 織田得能・島地黙雷『三国仏教略史』(東京：鴻盟社、哲学書院、一八九〇年)、五頁。
(27) 同書、五頁。
(28) 柏原祐泉『日本仏教史　近代』(東京：吉川弘文館、二〇〇一年〈一九九〇年初版〉)、九五頁。
(29) 末木文美士「アカデミズム仏教学の展開と問題点――東京（帝国）大学の場合を中心に」(『近代日本と仏教――近代日本の思想・再考』Ⅱ、東京：トランスビュー、二〇〇四年、二一五～二四〇頁)、二一六頁。
(30) 下田正弘「近代仏教学の展開とアジア認識――他者としての仏教」(『岩波講座「帝国」の学知』東京：岩波書店、二〇〇六年、一七五～二一四頁)、二〇二頁と二〇六頁。
(31) 宗派を超えた分野を確立しようとした試みも結局は宗派的な仏教観に終わった例として、末木は戦後まもなく出版された宇井伯寿の『仏教汎論』を挙げ、この著作において「日本仏教の立場からの仏教の統一的理解」が成し遂げられたと指摘する。前掲註(29)末木「アカデミズム仏教学の展開と問題点」、二三七頁。
(32) 星野靖二「明治十年代における仏基論争の位相――高橋五郎と蘆津実全を中心に」(『宗教学論集』第二六輯、二〇〇七年、三七～六五頁)を参照。
(33) クラウタウ・オリオン『近代日本思想としての仏教史学』(京都：法藏館、二〇一二年)、九六頁以降。
(34) 平川彰『八宗綱要』(東京：大蔵出版、一九八〇年)、二六～二七頁。

(35) 凝然大徳著・鎌田茂雄訳注『八宗綱要』(東京：講談社、一九九一年)、四三九頁。

(36) 牧田諦亮『中国仏教史研究』第一巻(東京：大東出版社、一九八一年)、一～三頁。だが、凝然が「八宗」を強い意味での宗派意識として理解していたかどうかについては疑問が残っている。凝然が華厳宗に属しながら、天台、密教、律など幅広く仏教の各教義を学んだ事実から判断すれば、凝然はそれほど各宗を互いに排他的な存在として理解していなかった可能性が高い。阿部龍一も奈良時代や平安時代の南都六宗の宗派性を根本的に疑問視している(前掲註〈34〉平川『八宗綱要』、二八～二九頁とAbe Ruyichi, 1999, *The Weaving of Mantra*, New York: Columbia University Press, p. 36)。ここからも、強い宗派意識で『八宗綱要』を解釈したのは特に近代仏教者であったのではないかと推測される。

(37) 前掲註(34)平川『八宗綱要』、二八～二九頁。引用文は同じ書籍の二六頁にある。

(38) 同書、五二頁。

(39) 凝然「三国仏法伝通縁起」(仏書刊行会編纂『大日本仏教全書』第一〇一巻、東京：名著普及会、一九七八年)、九九頁。

(40) 同書、九八頁。

(41) 同書、一〇九頁。

(42) 小栗栖香頂『仏教十二宗綱要』(東京：仏教書英訳出版舎、一八八六年)、六～七頁。

(43) 吉村誠「中国唯識諸学派の称呼について」(『東アジア仏教研究』第二号、二〇〇四年、三五～四八頁)、三五頁。

(44) 前掲註(34)平川『八宗綱要』、四一頁。

(45) Ketelaar, James, 1991, *Of Heretics and Martyrs*, Princeton, N.J.: Princeton University Press, pp. 180-81. ケテラーは明治期の仏教教育機関における『三国仏法伝通縁起』の役割を指摘している。

(46) 楠潜龍『八宗綱要啓蒙録』(京都：東派本山教育課、一八九三年)、二頁。

(47) 明治期には、ほかにも三国モデルに基づいて仏教史入門書が刊行された。たとえば、土岐善精『三国仏教伝通略史』（東京：経世書院、一八九三年）を参照。この章で紹介するほかの書籍と比べると、この書は宗派に大きな関心を置かないが、「涅槃宗」などの呼称を使用しているため、『三国仏法伝通縁起』に基づいて書かれたと推測できる。

(48) 吉水智海『支那仏教史』（東京：金尾文淵堂、一九〇六年）、二頁。
(49) 同書、三〜四頁。
(50) 同書、八四頁。
(51) 同書、一八三頁。
(52) 同書、一七六頁。
(53) 鎌田茂雄「中国仏教史の名著」（『名著通信』第一七号、一九七八年、二〜三頁）、二頁。
(54) 伊吹敦「境野黄洋と仏教史学の形成（上）」（『境野黄洋選集』第一巻、出雲崎町〈新潟県〉：うしお書店、二〇〇三年、一〜三七頁）、八頁。
(55) 常光浩然「境野黄洋」（常光浩然『明治の仏教者』上、東京：春秋社、一九六八年）、九六〜一〇二頁。
(56) 池田英俊『明治の新仏教運動』（東京：吉川弘文館、一九七六年）、二六九頁以降。
(57) 境野黄洋「革新仏教徒」（一八九六年）（『仏教』第一一五号）、二七一頁と二七三頁。
(58) 前掲註(33)クラウタウ『近代日本思想としての仏教史学』、九六頁以降。
(59) 境野黄洋「余の信ずる仏教」（一九〇三年）（『新仏教』第四巻第一二号）、九五八〜九五九頁。
(60) 境野黄洋「歴史的仏教」（加藤咄堂・境野黄洋・薗田宗恵共著『仏教講話』東京：井洌堂、一九〇七年）、四〇頁。
(61) 境野黄洋『支那仏教史綱』（東京：森江書店、一九〇七年）、村上専精による「支那仏教史綱序」、一頁。
(62) 同書、「支那仏教史綱序」、一頁。
(63) 境野黄洋『印度支那仏教史要』（東京：鴻盟社、一九〇六年）、二五八〜二五九頁。
(64) 同書、二六五〜二六六頁。

(65) 境野黄洋『支那の仏教』(東京：丙午出版社、一九一八年)、一一〜一二頁。
(66) 前掲註(61)境野『支那仏教史綱』、三四四頁。「無仏教の国」とする根拠が何かは明らかではない。彼の中国仏教論内部から生まれてきたものかもしれないが、第一章で取り上げた旅行記や滞在記に見られる中国仏教像との類似性が著しい。境野自身は中国に渡ったことがないが、大陸に渡った仏教者が作り出した中国仏教のイメージを境野の記述に読み取ることは可能だと筆者は考える。
(67) 前掲註(63)境野『印度支那仏教史要』、二二五頁。
(68) 前掲註(61)境野『支那仏教史綱』、四一〇頁。
(69) 同書、八九頁。
(70) 同書、四一〇頁。
(71) 前掲註(63)境野『印度支那仏教史要』、二六六頁。
(72) 前掲註(65)境野『支那の仏教』、七七頁。
(73) 同書、七七〜七八頁。
(74) 前掲註(43)吉村「中国唯識諸学派の称呼について」、三六頁。
(75) 境野黄洋『八宗綱要講話』上(東京：丙午出版社、一九一六年)、序、一〜二頁。一九〇九年の著作は『八宗綱要講義』というものである。
(76) 伊藤義賢『印度支那仏教通史』(東京：鴻盟社、一九一〇年)、一六〇頁を参照。
(77) 常盤大定『支那の仏教』(東京：三省堂、一九三五年)を参照。
(78) 宇井伯寿『支那仏教史』(東京：岩波書店、一九三六年)、一一五頁。
(79) 同書、一一六頁。
(80) 同書、二五三〜二五四頁。
(81) 同書、二五二頁。

（82）　前掲註（29）末木「アカデミズム仏教学の展開と問題点」、二二七頁。
（83）　たとえば、布施浩岳は一九四二年の『涅槃宗之研究』（叢文閣）で以下のように述べ、やはりある程度独立した宗派という発想を中国仏教に見いだそうとして、「支那仏教中に古来種々の宗ありしは事実であるが、少なくとも隋已前の諸宗派は学派と言はれるべき性質のもので、決して日本仏教の諸宗の如きものではない」としている。その次に「隋已後となれば、山や寺院に宗旨のある如き傾向も生ずるが、隋已前にあっては、宗旨は個人にあっても寺院そのものには就かぬのが一般であって、都の大寺には諸宗の比丘が来集し、滞留していたのが事実である」（前篇、五頁）が、その後「宗旨」「諸宗」というあり方へ変質していったものとされている。
（84）　近代日本の仏教研究における三国モデルと日本仏教の優位に関しては Ketelaar, James, 1991, *Of Heretics and Martyrs*, p. 195 を参照。
（85）　藍日昌「宗派与灯統——論隋唐仏教宗派観念的発展」（『成大宗教与文化学報』第四期、二〇〇四年、一九～五二頁）、二二頁。
（86）　同書、二八頁。
（87）　望月信亨編『望月仏教大辞典』第三巻（東京：世界聖典刊行協会、一九五四年）、二二〇一～二二〇二頁。
（88）　むろん、日本における「宗」概念の理解を不変なものと捉えて、宗派仏教に日本仏教の本質を見いだすことも、適切ではない。近年の研究が示しているように、歴史的にいえば、日本仏教ももともと各宗兼学的な性格が強かった。宗派化が始まったのは中世後期である（末木文美士『近世の仏教——華ひらく思想と文化』東京：吉川弘文館、二〇一〇年、二二頁）。引野亨輔は、日本仏教の宗派化を特に江戸幕府の宗教管理政策と結びつけて説明しており、そこにかつてなかった宗派間の強い境界が誕生したと指摘する（引野亨輔『近世宗教世界における普遍と特殊——真宗信仰を素材として』京都：法藏館、二〇〇七年、一四〇頁）。
（89）　Sharf, Robert, 2001, *Coming to Terms with Chinese Buddhism: A reading of the Treasure Store Treatise*, Honolulu: University of Hawai'i Press, pp. 8-9.

(90) 前掲註(36)牧田『中国仏教史研究』第一巻、五八頁。

(91) 同書、五三頁。

(92) 同書、五七頁。

(93) Sharf, Robert, 2002, “On Pure Land Buddhism and Ch’an/Pure Land Syncretism in Medieval China,” *T’oung Pao*, vol. 88, no. 4-5, p. 298.

(94) 前掲註(43)吉村「中国唯識諸学派の称呼について」、二三頁。

(95) Welter, Albert, 2002, “The problem with orthodoxy in Zen Buddhism,” *Studies in Religion*, vol. 18 no. 1, p. 9.

(96) 池澤優『「孝」思想の宗教学的研究』（東京：東京大学出版会、二〇〇二年）、八二頁。

(97) Foulk, T. Griffith, 1993, “Myth, Ritual, and Monastic Practice in Sung Ch’an Buddhism,” Peter N. Gregory and Patricia Ebrey (eds.), *Religion and Society in T’ang and Sung China*, p. 159.

(98) Ibid., p. 167.

(99) Gregory, Peter N. and Ebrey, Patricia, 1993, “The Religious and Historical Landscape,” Peter N. Gregory and Patricia Ebrey (eds.), *Religion and Society in T’ang and Sung China*, p. 14.

(100) Zuercher, Erik, 1982, “Perspectives on the Study of Chinese Buddhism,” *Journal of the Royal Asiatic Society of Great Britain and Ireland*, no. 1, p. 165.

(101) Foulk, T. Griffith, 1992, “The Ch’an Tsung in Medieval China: School, Lineage, or What?,” *The Pacific World New Series* no. 8 p. 28.

(102) 前掲註(97)Foulk, T. Griffith, “Myth, Ritual, and Monastic Practice in Sung Ch’an Buddhism,” p. 147.

(103) Ibid., p. 148.

(104) 坂元ひろ子「楊文会」（佐藤慎一編『近代中国の思索者たち』東京：大修館書店、一九九八年）、五三頁。

(105) 陳継東『清末仏教の研究——楊文会を中心として』（東京：山喜房佛書林、二〇〇三年）、三六七頁。

(106) 楊文会は、この宗の中心人物賢首によって名づける。
(107) 楊文会は、この宗の中心人物慈恩によって名づける。
(108) 楊文会「十宗略説」(周継旨校点『楊仁山全集』合肥：黄山書社、二〇〇〇年)、一四九頁。
(109) 同書、一五六頁。
(110) 前掲註(105)陳『清末仏教の研究』、四五七頁。
(111) 楊文会「釈氏学堂内班課程」(楊文会『楊仁山居士遺著』第七冊、南京：金陵刻経処、出版年不明〈一九一九年初版〉)、一九～二二頁。
(112) 前掲註(105)陳『清末仏教の研究』、一四～一五頁。
(113) 楊「十宗略説」(前掲註〈108〉周『楊仁山全集』)、一五〇～一五二頁。
(114) 楊文会「仏教初学課本註」(一九〇六年)(前掲註〈108〉周『楊仁山全集』)、一二四頁。
(115) 前掲註(105)陳『清末仏教の研究』、四三八～四三九頁。
(116) Tang Xiaobing, 1996, *Global Space and the Nationalist Discourse of Modernity: The Historical Thinking of Liang Qichao*, Stanford, Calif.: Stanford University Press, p. 29.
(117) 森紀子「梁啓超の仏学と日本」(狭間直樹編『共同研究　梁啓超』東京：みすず書房、一九九九年、一九四～二二八頁)、一九五～一九七頁。
(118) 梁啓超『論中国学術思想変遷之大勢』(一九〇二年)(梁啓超『飲冰室合集』第一巻、北京：中華書局、一九八九年)、三三頁。
(119) 同書、七二頁。
(120) 小栗栖香頂『仏教十二宗綱要』上巻(東京：仏教書英訳出版舎、一八八六年)、七～八頁。
(121) 近代日本の仏教史観に対しては、『三国仏法伝通縁起』が大きな影響を及ぼした。中国の仏教雑誌にも連載された島地黙雷・織田得能著の『三国仏教略史』はその好例である。『三国仏教略史』も中国語に翻訳され、紹介された。

(122) 金陵刻経処に関しては、前掲註(105)陳『清末仏教の研究』、第二章を参照。清末・民国期の仏教出版文化全般についての詳細な研究としては、コロンビア大学（アメリカ）に提出された博士論文であるScott, Gregory, 2013, "Conversion by the Book" がある。

(123) 『仏教十宗概要』は『仏教初学課本註』の影響を受けたものであるが、黎は禅宗をもっとも重要な宗派としている。

(124) 「十宗法門釈略」（『頻伽音』、一九二六年）を参照。また、一九二二年に『仏学刊物』に連載された「仏学之宗派」も同様である。

(125) 孫藩声「仏教十宗概要」（著作年不明）（現代仏教学術叢刊編輯委員会編輯『現代仏教学術叢刊』第三一巻、台北：大乗文化出版社、一九七九年）を参照。民国期に書かれたものであるが、残念ながら『現代仏教学術叢刊』第三一巻にこの記事の出版年は掲載されていない。

(126) 勗旦録「仏教十宗概略」（一九三七年）（『正信週刊』第一〇巻第五、七、八期）を参照。

(127) 弘一「仏法宗派大概」（一九三八年）（弘一『弘一大師演講全集』台北：天華出版公司、一九九八年）、九三頁を参照。

(128) 周叔迦編『清代仏教史料輯稿』（台北：新文豊出版公司、二〇〇〇年）、六二頁。もともとは劉錦藻の『清朝続文献通考』（一九二一年）の「選挙」部分に収録されていた（考八四八六を参照）。

(129) 太虚「整理僧伽制度論」（一九一五年）（太虚『太虚大師全書』第一八巻、北京：宗教文化出版社、二〇〇五年）、二七～二九頁。

(130) Goodell, Eric, 2008, "Taixu's Youth and Years of Romantic Idealism, 1890-1914," *Chung-Hua Buddhist Journal*, no. 21, p. 103.

(131) 太虚「仏教各宗派源流」（一九二三年）（前掲註〈129〉『太虚大師全書』第二巻）、二六三～二六四頁。

(132) 同書、二七四頁。太虚の弟子印順は、太虚が梁啓超が編集していた雑誌『新民叢報』を読んでいたことを指摘している（印順『太虚大師年譜』北京：宗教文化出版社、一九九五年、一一頁）。十三宗モデルを使っている『論中国学術思想変遷之大勢』もこの雑誌の第五八号に掲載されていたことからすると、太虚が十三宗モデルをこの著作から知った可能性は十分に考えられる。

(133) 太虚「仏学概論」（一九三〇年）（前掲註〈129〉『太虚大師全書』第一巻）、一六頁。「小乗である倶舎、成実二宗と四分律宗を除いて、残り（の宗派）はみな同じく大乗の宗派であり、全部で十三宗がある。しかし、涅槃、地論と摂論が天台宗などに帰属して以後、十宗をなしている。四分律が小乗を脱皮して、大乗の南山宗となり、その結果として大乗八宗と小乗二宗をなした（除倶舎，成実二宗与四分律宗為小乗外，余均大乗宗派，総称十三宗。而涅槃，地論，摂論帰入天台等後，則為十宗。四分律蛻化為融小成大之南山宗，乃帰結為大乗八宗与小乗二宗）」。

(134) 陸覚「中国仏教小史」（一九二一年）（『海潮音』第二年第八期、史伝館）、一～二頁。

(135) たとえば、「仏学書局図書目録」（一九三七年六月一日）（『仏学半月刊』第一五二期第七巻第一一号）を参照。

(136) 一乗「中華民国之仏教観」（一九二一年）（『仏学叢報』第一期）、一五～一六頁。

(137) 前掲註(125)孫「仏教十宗概要」、一四六頁。孫は「隋唐盛世」に十三宗があったが、その後十宗となったと述べている。

(138) 常惺『仏学概論』（台北：仏教出版社一九七八年〈一九二九年初版〉）、二三頁。

(139) 黄懺華『仏教各宗大意』（台北：文津、一九九一年〈一九三四年初版、一九四七年再刊〉）、一五頁。

(140) 同書、二〇頁。黄は、法相宗に関しては欧陽竟無の観点を継承し、密宗に関しては大いに桂伯華の著述を継承し、また太虚の著作にも影響されていると述べている（一七頁）。

(141) 一九四七年、太虚の弟子東初（一九〇八～七七年）によって書かれた「中国仏教宗派之起源及其盛慶」もこのパターンにしたがっている（『仏教月報』第一巻第七号を参照。）

(142) 范寿康『中国哲学史通論』（上海：開明書店、一九三七年）、二四八頁。

(143) Müller, Gotelind, 1993, *Buddhismus und Moderne*, Stuttgart: F. Steiner, p. 91. このように読まれた研究書のなか

には、境野黄洋の『支那仏教史綱』も含まれていた（Scott, Gregory, 2013, "Conversion by the Book," アメリカ合衆国・コロンビア大学に提出された博士論文, p. 265）。

(144) たとえば、釈宗演『支那巡錫記』（東京：平凡社、一九二九年）、一三九頁を参照。二条厚基は、済南市で会った検事正梅光羲が日本留学中に仏教を学びはじめて、南条文雄や鈴木大拙の書物をたくさん読んでいると述べている。

(145) 呉立民「出版説明」（呉立民編『威音』上海：上海古籍出版社、二〇〇五年）、二頁。

(146) 顧浄縁「発刊辞」（一九三〇年一月）（『威音』第一期）、一〜二頁。

(147) 真宗大谷派僧侶で「支那通」として知られた藤井草宣（一八九六〜一九七一年）は、メモで「入仏指南」の著者を「高」という者と記している。そのため、顧が直接の著者でなかった可能性もあるが、「高」が誰なのかは不明である。たとえ顧自身が書いたものではないとしても、本書は彼の仏教観を表したものと推測しうる。

(148) 顧浄縁「入仏指南」（一九三〇年一月）（『威音』第一期）、二頁。

(149) たとえば、華厳宗の描写の例を挙げると、顧は「中国においては、仏陀跋陀羅の『華厳経』初訳と諸師の他の講義と（経典の）解説があったが、当時はまだみな一宗の組織を成していなかった（至於中国，有仏陀跋陀羅的初訳《華厳経》，以及其他諸師的講伝疏解，但在当時，尚皆未成一宗的組織）」と主張し、宗派を組織的なニュアンスで使用する姿をみせている（顧浄縁「入仏指南」一九三〇年二月『威音』第四期、九頁）。

(150) 同書、三頁。

(151) 十宗は法相宗、三論宗、天台宗、華厳宗、真言宗、倶舎宗、成実宗、律宗、浄土宗、禅宗である。

(152) 前掲註(148)顧「入仏指南」、五頁。境野黄洋はこの指摘を彼の『八宗綱要講話』（一九一六年）において記しているため、顧はおそらくこの著作を読んだと思われる。

(153) 同書、四頁。

(154) 島地黙雷・織田得能著、楚南沙門訳「三国仏教略史」（一九一二年）（『仏学叢報』第二期）を参照。

(155) 前掲註(9)周『「中国近代」仏教史学名家評述』、二九頁。

(156)「海潮音社啓事」（一九二〇年）（『海潮音』第九期、雑記）、六頁。
(157)于凌波『中国近現代仏教人物志』（北京：宗教文化出版社、一九九五年）、四一三〜四一六頁。
(158)蔣維喬「叙言」（蔣維喬、鄧子美導読『中国仏教史』上海：上海古籍出版社、二〇〇六年〈一九二九年出版〉）を参照。
(159)于凌波によると、蔣の『中国仏教史』はそれ以前に『海潮音』の編集者であった史一如（一八七六〜一九二五年）の『中華仏教史』に基づいている。さらに、この『中華仏教史』が境野の『支那仏教史綱』の中国語訳だとされている（前掲註〈157〉于『中国近現代仏教人物志』、四四八頁）。しかし、『中華仏教史』はすでに逸失し、蔣は凡例において境野黄洋の著作を参考資料として挙げているが、その是非を確認できない。したがって、筆者はここで、蔣の『中国仏教史』は直接境野の『支那仏教史綱』に基づいたものとみることとする。周霞も『「中国近代」仏教史学名家評述』において、蔣の『中国仏教史』を直接境野の『支那仏教史綱』と関連づけている（八六頁）。
(160)蔣維喬「叙言」（前掲註〈158〉蔣『中国仏教史』）を参照。
(161)黄懺華の『中国仏教史』の「作者簡介」において、黄は「日本帝国大学」を卒業したと記されているが、どの帝国大学を出たかは究明されていない。
(162)前掲註(9)周『「中国近代」仏教史学名家評述』、九六〜九七頁。
(163)これはすでに周霞によって指摘されている。ただし、周は黄が宇井から影響を受けたことを認めつつも、多くの相違点も指摘している（前掲註〈9〉周『「中国近代」仏教史学名家評述』、一〇一頁）。
(164)黄懺華『中国仏教史』（基隆：法厳寺出版社、一九九八年〈一九三七年初版〉）、二三〇頁。
(165)黄が使用している資料のなかにも凝然の著作が含まれていることは興味深い。たとえば、法相宗の描写において、黄は凝然の『三国仏法伝通縁起』を引用している。前掲註(164)黄『中国仏教史』、二四八〜二四九頁。
(166)前掲註(164)黄『中国仏教史』、四九二頁以降を参照。
(167)前掲註(61)境野『支那仏教史綱』、三四四頁。

(168) 前掲註(158)蔣『中国仏教史』、二二四頁。
(169) 一九三〇年十月一日(『仏学半月刊』創刊号)、一頁。
(170) 前掲註(118)梁『論中国学術思想変遷之大勢』、一頁。
(171) 同書、四頁。
(172) 同書、六二~六三頁。
(173) 同書、六三頁。
(174) 同書、六四頁。
(175) 同書、七三~七四頁。
(176) Sang Bing, 1999, "Japan and Liang Qichao's Research in the Field of National Learning," *Sino-Japanese Studies*, vol. 12, no. 2, p. 7.
(177) 前掲註(117)森「梁啓超の仏学と日本」、二〇五頁。
(178) 梁啓超は隋唐の仏教をこのように評価したものの、彼にとって同時代において復興すべき仏教は、かならずしも隋唐の仏教そのものではなかった。一九二〇年著の『清代学術概論』では、梁は「しかし、隋・唐の仏教はインドの仏教を復活したものではなかった。こんご復活する仏教もまた、隋・唐の仏教を復活したものではないであろう。要するに、『仏教における宗教改革』にほかならぬ」と論じた(梁啓超著、小野和子訳『清代学術概論』東京:平凡社、一九七四年、三四二頁)。
(179) Franke, Otto, 1909, "Ein Buddhistischer Reformversuch in China," *T'oung pao*, ser. 2:10, pp. 590-4.
(180) 一乗「中華民国之仏教観」(一九一二年)(『仏学叢報』第一期)、四頁。
(181) 同書、五頁と一二頁以降。
(182) 同書、一五頁。
(183) 一乗「中華民国之仏教観」(一九一二年)(『仏学叢報』第二期)、九頁。

(184) 同書、一〇頁。
(185) 滄江「論仏教与国民之関繫」（一九一二年）（『仏学叢報』第一期、論説）、一頁。
(186) 同書、四頁。
(187) 二例だけを挙げると、孫藩声は「仏教はインドにおいて誕生したが、各宗はむしろ特に中国において発達し、かつその発揚を持続しているため、（中国は）あたかも世界第二の仏国となっている（故仏教雖生産於印度，而各宗却特別発達於中国，且能持続発揚，儼然成為世界第二仏国）」と述べている（前掲註〈125〉孫「仏教十宗概要」、一四七頁）。また、常惺は類似した表現で「仏法はインドで生まれたが、各宗が輝かしい光を放ち、系統的な研究が行われるようになったのは支那に入ってからである。ゆえに唐代には十三宗の隆盛があり、まさに世界第二位の仏教国となった（仏法雖産生印度，而各宗特別発揮光大，且能作有系統之研究，厥惟支那。故李唐時有十三宗之盛，儼然為世界第二仏教国）」と主張した（前掲註〈138〉常『仏学概論』、二二頁）。孫と常惺の文章は非常によく似ているため、筆者は何らかの関係を想定しているが、具体的に誰が誰に影響されたかは判明できない。
(188) 太虚「仏教史略（続）」（一九一三年）（『仏教月報』第二期）、七頁。
(189) 太虚「仏乗宗要論」（一九二〇年）（前掲註〈129〉『太虚大師全書』第一巻）、一七七頁。
(190) 前掲註(188)太虚「仏教略史（続）」、八頁。
(191) たとえば、太虚「整理僧伽制度論」（一九一五年）（前掲註〈129〉『太虚大師全書』第一八巻）、二七頁。
(192) 前掲註(157)于『中国近現代仏教人物志』、二一一―二一二頁。
(193) 同書、二一二頁。
(194) 常惺「発心修学之程序」（前掲註〈138〉常『仏学概論』）、四〇頁。
(195) 同書、四一頁。
(196) 周叔迦「中国仏教史」（周叔迦『周叔迦仏教論述全集』北京：中華書局、二〇〇六年）、九五頁。この『全集』の編集者は『中国仏教史』の原稿を一九三〇年のものとする。封建体制に対する批判は一九四九年の文体も思わせるが、原稿自体は一九三〇年代のものと見なしてもよいと思われる。
(197) 蔣維喬『仏学綱要』(台北：天華出版、一九九八年〈一九三五年初版〉)、一四一頁。
(198) 蔣維喬『仏学概論』(台北：仏教書局、一九九〇年〈一九三〇年初版〉)、四頁。
(199) 同書、五四頁。
(200) 楊文会撰、万鈞注『仏教宗派詳注』(揚州：江蘇広陵古籍刻印社、一九九一年〈一九三一年初版〉)、三頁。
(201) 湯用彤「隋唐仏学之特点」(湯用彤『湯用彤学術論文集』北京：中華書局、一九八三年)、八頁。
(202) 同書、五頁。
(203) 同書、八頁。
(204) 同書、八頁。
(205) 湯用彤「隋唐仏教史稿」(湯用彤『湯用彤全集』第二巻、石家荘：河北人民出版社、二〇〇〇年)、一三二頁、一四七頁、一八二頁。
(206) 湯用彤「論中国仏教無〝十宗〟」(前掲註〈201〉『湯用彤学術論文集』)、三六四頁。
(207) 同書、三六〇頁。「(宗派は)創始、伝授、信徒、教義と規則をもつ一つの宗教集団である(它是有創始，有伝授，有信徒，有教義，有教規的一個宗教集団)」。
(208) 同書、三六三頁。
(209) 同書、三六八頁と三七〇頁。
(210) 同書、三六七頁。
(211) 前掲註(205)湯「隋唐仏教史稿」、二三〇頁。
(212) 前掲註(158)蔣『中国仏教史』、二八九頁。
(213) 従来の「宗」概念が完全に消えたわけではなく、民国期においても宗概念はその多義性を保った。たとえば、印光は一九一四年三月の論文において、「宗」をアルバート・ウェルターが指摘した「仏教の妙理そのもの」として位置づけ、経論に代表される「教」と区別する（「宗教不宜混濫論」〈『仏学叢報』第一〇期〉を参照）。

(214) 中国人の中国史理解に対する日本の思想界の影響は、ほかのところにおいても確認できる。本章で紹介した日本仏教的な分類様式の導入は、清末・民国期における思想空間の一般的な傾向の一部と見なすべきである。たとえば、中国における美術史研究に対する日本の影響に関しては Andrews, Julia F. and Shen, Kuiyi. 2006, "The Japanese Impact on the Republican Art World : The Construction of Chinese Art History as a Modern Field," *Twentieth-century China*, vol. 32, no. 1 を参照。

(215) 楼宇烈「中日近現代仏教交流概述」（楼宇烈編『中日近現代仏教的交流与比較研究』北京：宗教文化出版社、二〇〇〇年、一～一四頁）、二頁。

(216) 前掲註(24) Tanaka, *Japan's Orient*, p. 104.

(217) 水野梅暁『支那仏教近世史の研究』（東京：支那時報社、一九二五年）、一九頁。

(218) 時には日本人仏教者も中国人仏教者が使用している名称と実践のギャップに気づいていたが、日本的宗派観念の中国人仏教者に対する影響をはっきり自覚するまでには至らなかった。日華仏教研究会の年報で「支那現今の浄土教義」について論じた林彦明は「支那で念仏教義を信仰せる教団は日本の如き宗団組織ではないが、宗名は多く浄土宗と唱へる様である」と述べ、「楊仁山〔筆者註：楊文会〕の十宗略説は八宗綱要に倣うたものであるが浄土宗の名を列ね、太虚は仏教各宗派源流に浄土宗名を掲げ、又海潮音文庫に浄土宗と題する別本を出して居る。即ち浄土宗と呼ぶが通例である」と説明する。林は『八宗綱要』の影響に注目するが、浄土宗という名称に反映されている日本仏教の影響には気づいていない（林彦明「支那現今の浄土教義」〈『日華仏教研究会年報』第一年、一九三六年、一～七頁〉、一頁を参照）。

(219) 印光「復韓宗明張宗善二居士書」（一九四二年）（『弘化月刊』第一〇期）、五頁。

(220) 端甫「論今日振興仏教当以統一融洽為第一要務」（一九一三年）（『仏教月報』第一期）、六～七頁。

(221) 大雷「論今日中国仏教之十大病」（一九三一年）（『現代仏教』第五巻第四期）、二八九～二九〇頁。

第四章

民国期の密教復興

第一節　課題の設定

これまでの各章では、日中の仏教交流が宗派概念という、どちらかといえば抽象的なレベルで近代中国仏教の形成に与えた影響を考察してきた。本章では、この影響が現地において具体的にどのようなことをもたらしたのかという問題に注目したい。仏教に関する宗派中心的な歴史観が中国における宗派に対する意識を高めた結果、実際に宗派を復興させようという試みが生じたのである。そのもっとも顕著な事例は、民国期に起きた「密教復興」という現象である。以下においては、この密教復興の歴史的・思想的背景、そして中国仏教界の「密教復興」に対する反応を分析したい。

主に日本から伝わった宗派意識の影響のもと、清末・民国期の中国人仏教者は密教を中国では失われた宗派と見なすようになり、海外からの密教の逆輸入を計画した。この密教復興の一環として、日本の真言宗の「東密」と天台宗の「台密」が輸入されたのみならず、漢民族仏教者の間ではチベット密教に対する関心も高まった。チベット密教は清代の漢民族地域にも存在しており、チベット人僧侶が積極的に漢民族地域で儀礼を行い、活動していた。そのため、「蔵密」とも呼ばれたチベット密教に対する関心は、清代から漢民族仏教者たちの間にすでに存在していた[1]。この意味では、密教復興の背景には日本の影響だけに限定できない多様なものがあるが、民国期における密教「復興」の原点は、中国仏教に対する日本的な歴史観の影響に求めるべきであると筆者は考える。

年代としては、日中の仏教交流から生まれた密教に対する関心は、とりわけ一九二〇年代以降に盛り上がり、さまざまな事情によって一九四〇年代頃から下火となった。日本密教は主に二つの経路を通じて中国に到来した。第一に、日本の仏教書の翻訳を通して中国で知られるようになった。第二に、日本密教に対する関心が高まると、密教の師である「阿闍梨」が日本から招聘され、彼らによる授法を通じて中国の在家信者の間に広まった。さらに、僧侶を含む中国人仏教者が日本に渡り、日本の師の指導のもと真言密教を学ぶということもあった。

ただし、「密教復興」がどれほどの規模の運動であり、地域的および時代的にどの範囲で行われていたのかについては不明な点が多い。先行研究では「密教復興」が歴史的な出来事の一つとして論じられているが、その実像は問われず、復活したとされる密教が、どの程度まで広がっていたかという問題についての統計的なデータは存在しない。実像を把握できていないのは、当時の仏教者自身も同様であった。たとえば、当時、中国の「密教復興」という情報に接した日本の古義真言宗内には、本当に復興しているのか、という懐疑的な声があり、日本の宗教新聞が生み出した妄想であると批判する者さえあった[2]。このことからも、「密教復興」の規模がどれほどのものなのか、外部からは把握しがたい状況であったことがわかる。しかし、特に民国期以降には密教に関する言論は活発になり、著作物も数多く刊行されており、密教を中心とした教団が組織されたのも確かである。

このように、「密教復興」の全体的な信者数や関係者数を把握することは困難なため、ここでは一つの教団に絞ることとしたい。それは、広東省東部地方で日本の「東密」を受容して結成された震旦密教重興会である。震旦密教重興会と特にその会長を務めていた王弘願（一八七六～一九三七年）という在家信者は、その後、太虚などの中国の出家者たちと衝突することとなった。その衝突の原因は日本密教の受容と密接に関係しているため、震旦密教重興会は、日本仏教の中国への伝授の力学を示す好例だと思われる。

以下においては震旦密教重興会を論じる前に、まず密教復興に関する先行研究とその特徴を紹介して、この現象の歴史的・思想的背景についての考察を行い、密教復興を日本から伝わった宗派中心的な中国仏教史観のなかに位置づけたい。

第二節　密教復興に関する先行研究

日本と中国の間で行われた密教交流は、近代における日中仏教交流のなかでももっとも活発な分野の一つであったにもかかわらず、いまだあまり注目されていないのが現状である。近年、こうした状況は変わりつつあるが、「密教復興」現象の大筋を知るためには、陳兵と鄧子美の『二十世紀中国仏教』と呂建福の『中国密教史』が大いに参考になる研究である。とはいえ、全体的に密教復興を詳細に分析する研究はまだ少なく、事実を紹介する段階にとどまっているものが多い。以下では、「密教復興」現象をある程度詳細に扱った代表的な研究として、呂建福と肖平の研究に焦点を当てたい。この両者を通じて、先行研究の大きな特徴を二つ指摘することができるが、それを明らかにするなかで、日本人研究者による先行研究も取り上げることとする。

呂・肖の解釈によれば、清末や民国期の段階で、中国の密教伝統はすでに千年もの間途絶えているとされていた。つまり、密教は唐代に盛んに行われ、元の時代には支配層のモンゴル人によってチベット系密教が国教的な位置に置かれた。そのため、元朝が倒れて明朝が成立すると、外来者の支配イデオロギーの一部をなしていた密教は、チベット系密教のみならず、全般的に弾圧され、中国からその姿を完全に消した。こうした見方が、近代初期の中国人仏教者に広く普及していたと指摘されている[(3)]。特に肖平は、もともと存在していた仏教の「八宗」や「十二宗」が禅と浄土に吸収されてしまったと主張し、近代中国の仏教復興において宗派的な意識が復興されつつあるが、密教の復興もその流れのなかで理解しなければならないと述べている[(4)]。つまり、密教は明代以後に弾圧され、民間信仰と他の仏教宗派のなかに吸収されてしまったというのである[(5)]。

中国における密教・密宗の堕落を描くもう一つの代表例には、『二十世紀中国仏教』があり、「真言密教はもともと唐代の玄宗皇帝以来、善無畏、金剛智、不空という「開元三大士」によって中国へ伝授され、朝廷において厚く信奉された。一時的に流行したが、その伝承は長く続かなかった。すなわち、（密教は）唐代武宗皇帝の「会昌滅法」によって打撃を受け、たった一度つまずいたことで立ち直れなくなり、北宋の頃はわずかに五台山と四川地域に残るだけで、南宋にいたると一つの宗派としては存在しなくなり、各寺院においては「瑜伽焔口施食法」や准提、大悲等の呪文という形で伝授され、行われていた[(6)]」と述べる。この描写には、唐代以降、密教は宗派としては存在せず、他の仏教の思想や実践と混ざって実践されてきたという見解がみられ、宗派としての密教の喪失が説かれている[(7)]。また、ここでは密教宗派ははっきりとした組織性をもつ教団として理解されている。

しかし、本書におけるここまでの考察からすると、失われてしまった宗派意識の復興を主張するこのような分析は大きな問題をはらんでいる。前章でみたように、特に肖が使用する「八宗」と「十二宗」概念は、彼における日本仏教の影響を示している。また、呂らの研究からは、密教復興はまったく自発的に起きた事柄であるかのような印象を受けてしまう。肖も密教復興の原因にあまり触れようとせず、密教に対する一般信徒の関心を、単に「密宗の神秘力に対する盲目的な崇拝」として説明しようとしている[(8)]。また、その具体例を挙げておらず、なぜ密教復興が始まり、なぜ終わったのかにも言及していない。以上のような分析は、「密教復興」運動の多彩な面を見落としてしまう傾向がある。

肖によると、密教への関心はすでに清末頃には始まっていたが、一九一〇年代後半に入ると、密教法脈の回復を積極的に求める人々が次第に現れた。特にこの時期の仏教者たちが求めたのは、唐代に中国から日本へ伝わった密教であった。一九二〇年代初頭から、数人の中国人僧侶が日本に渡り、主に高野山で密教を学んで帰国した後、中国でそれを広めようとした。これとほぼ同時に、中国南部の在家信者王弘願も密教に関心をもち、日本真言宗の仏書を中国語訳する事業を始めた[9]。その後、在家者向けの仏教雑誌のあちこちに密教関連の記事がみられるようになり、密教が在家者の間で関心を集めたことがうかがわれる。

日本人研究者の田中文雄は、唐朝以降の中国密教の歴史的展開を中国人研究者と同様に描写して、「本家の中国では、体系的な密教（純密）はその後に途絶えてしまった。勿論、密教の呪術的な側面（雑密）は、民間の仏教や道教に摂取され、民衆の間に根強く信仰された[10]」と述べている。また、田中は、近代に密教を復興しようとした王弘願らの近代まで中国に存在していた「雑密」に対する見方について、「しかし、近代に目覚めた中国人にとっては、それらは迷信であり、旧態然として低迷する中国の象徴でもあった[11]」と述べる。もともと存在していた正統的な密教は中国で失われてしまっており、その代わりに質的に劣る「雑密」が残存している。さらに、この「雑密」は、近代に直面していた中国の迷信性の代表例とされている。そして、日本人研究者は、密教復興を、日本から「正純」な真言密教を「逆輸入」することによって唐代の中国の純粋の「唐密」を復興する試みと解釈している[12]。しかし、以下においてより詳細に論じるように、田中が使用している「純密」と「雑密」の両概念は、日本密教が中国密教を理解する際の枠組みとなっている。近代中国における密教の逆輸入についてのこのような描写は、意図的ではないかもしれないが、現実の描写というよりは、むしろそうした描写を通じて日本密教を正統化する機能をもったのである。

以上のような先行研究の語りに登場する宗派意識や「純密」「雑密」の諸概念は、近代中国の密教復興現象の理解にとって重要なキーワードである一方で、この現象の背景に日本仏教の強い影響があることも示している。日本のこのような影響は、先行研究においてほとんど注意が払われていない。たとえば、呂建福が『中国密教史』で、密教復興の源泉を楊文会の活動にさかのぼっているのは正確であるが、楊に対する日本仏教の影響が見落とされている。(13) さらに、先行研究の大きな問題点は、密教の「堕落」と近代における密教の「復興」という当時の仏教者たちがもっていた意識をそのまま使用している点である。本章ではこの描写を問題視して、批判的な分析の対象としたい。以下においては、まず密教復興の歴史を簡単に紹介し、そのうえでその思想的背景を詳しく分析することとしたい。

第三節　民国期における密教復興の展開

密教復興が、具体的にどのようなきっかけで、どの時点から始まったのかについては、まだ不明な点も多いが、以下においては先行研究と一次資料に基づいて、民国期における密教復興の主な流れを紹介したい。「密教復興」の始まりに貢献した人物としては、特に二人の仏教者を挙げることができる。一人は日本真言宗の僧侶佐伯覚随であり、もう一人は前章で紹介した楊文会である。

佐伯覚随（生没年不明）は四国出身の古義真言宗の僧侶であった。覚随は一八七四年頃から、無許可で六回も中国に渡って密教再興を計り、特に北京・天津地方で活動していたようである。覚随は、仏法を広めるためには現世利益が必要だと主張し、中国人に対してとりわけ歓喜天信仰の宣伝を試みた。北京において、覚随は中国人在家信者を獲得して「十一面会」という団体を結成し、観音信仰を説いた。覚随は中国人の軍人・大官・学者などから広く尊敬されていたといわれている(14)。しかし、中国で戦乱が続いていたため、覚随は密教を布教するには時期尚早であると判断し、布教活動を中止した(15)。そもそもなぜ覚随が中国に渡り、密教の布教を始めたのかについては、いまだ明らかではない点も多い。日本真言宗の僧侶加地哲定が、一時期失踪していた覚随を「怪僧」と呼んだとおり、覚随の実像は現在でも多くの謎に包まれている。しかし、その後中国で活躍した古義真言宗中国布教師吉井芳純（一八九六～一九八九年）は、密教復興は「佐伯覚端」（覚随のこと）の活動と関連していると述べ、その役割を高く評価した。吉井は、密教復興が日露戦争で勝利を得た日本に中国人が注目したことに由来するとも述べ、密教復興を日本の近代化と結びつけている。吉井によると、日露戦争と覚随の活動の後、中国において密教に対する関心が高まり、これと同時に、在中国の日本人は密教関連の経典を印刷させ、中国で流行させた。この経典のなかには、事相（密教の実践・儀礼）に関するものが多く含まれており、吉井は中国人の間で「事相を直接伝授する阿闍梨を待望する気持ちは切なるものでありました(16)」と述べている。

しかし、中国における覚随の活動についてはあまり知られていないため、密教復興に対する彼の影響を正確に評価することは困難である。また、覚随が個人で活動していたこともあり、彼の影響を認めるとしても、かなり限られていたものと推測される。密教復興の思想的背景を理解するためには、やはり中国人仏教者たち自身の活動、特に楊文会の仕事に戻らなければならない。

楊文会が仏教を宗派に分けて紹介した『十宗略説』においては、「密宗」も「十宗」の一つに含まれていた。「密宗」という項目では、この宗派の別名として「真言宗」という名前も挙げられ、この宗派の歴史と内容が簡略に紹介されている。また、『十宗略説』においては、密宗の伝承は中国で衰えてしまったが、日本においてはまだ盛んに行われていると指摘している。[17]

楊文会の弟子桂伯華（一八六一～一九一五年）は、日本に渡り、滞在中に古義真言宗の釈雲照から密教を学んで阿闍梨位を得た。[18] しかし、帰国直後亡くなったため、当時はまだ中国において密教の教勢が伸びることはなかった。楊の影響のもと、続いて太虚も密宗に注目することとなった。太虚は一九一五年に彼の仏教改革宣言である『整理僧伽制度論』を著した。この著作においては、「八宗」の再建を図り中国仏教を根本的に改革する計画を発表しており、密教もこの「八宗」の一つとして組織されることになっていた。太虚は「真言宗」を「開元宗」とも呼んでおり、彼の仏教思想における密教と唐代の関連性は顕著であった。[19] 太虚の理解では、「密宗」は唐代の三大士（善無畏・金剛智・不空）の隆盛期を経て唐代末から乱れ、その経典が失われてしまった。中国にはまだ「瑜伽者」という密教系の修行者が存在しているが、太虚にいわせれば、宋代以後の彼らはただの「市井歌唄」（行商人）であった。また、モンゴルとチベットにも密教が現存しているが、これは唐代の本物の密教ではないと述べ、完全で正統的な密教は日本においてのみ現存しており、太虚は、日本からの輸入によってこそ密宗の復興は可能だと結論した。[20]

一方、留学中の日本で密教に接した中国人留学生もいた。一例を挙げれば、日華仏教研究会のメンバーが一九三〇年代に中国を訪問した際、南京で梅光義という在家者と出会うが、梅は日本留学中に日本人僧侶釈慶淳から密教を学んだ。[21] このような在家者による個人的な努力も、中国の密教復興の展開に大いに拍車をかけた。王弘願は、密教復興に貢献した在家者のもっとも顕著な例である。王は一九一九年に日本新義真言宗阿闍梨権田雷斧（一八四六

～一九三四年）の『密教綱要』を中国語に訳して刊行した。この書は中国人仏教者に大きな影響を与えたようである。以上の事情から、当時は日本における真言宗の隆盛が中国において注目され、日本からの輸入による密教の復興が計られるようになっていたことがうかがえる。

一九二〇年代に入ると、密教を学ぶために日本に留学する僧侶も出てくる。もっとも早い例は広州の僧侶純密（一九〇一～七〇年）である。純密は王による『密教綱要』の中国語訳を読んで一九二一年に日本に渡り、高野山で密教を学んだ。一九二四年に中国に帰国すると、広州の開元寺で密教を伝法して、多くの信徒を得たようである。さらに、純密は、一九三六年に広東省東部の潮州市において「蘇悉地園」という密教道場を開いた。(22)

留学僧には太虚の弟子が多かった。もっともよく知られているのは大勇（一八九三～一九二九年）、顕蔭（一九〇二～二五年）、持松（法名密林、一八九四～一九七二年）の三師である。太虚派の密教復興活動には、佐伯覚随も再び登場する。覚随は日本での密教修行に太虚を誘うため、一九二一年に北京に行き、そこで太虚の講義に出席したが、渡日を断られた。しかし、太虚の弟子大勇が密教と日本留学に対して関心を示し、太虚の代わりに覚随と一緒に日本へ渡った。大勇はもともと四川地域の軍政官僚で、一九一八年に仏願法師のもとで在家者として仏教に帰依した。その後、太虚の著作に刺激を受けて出家願望をもち、一九二〇年に金山寺で具足戒を受け、その時期から密教に関心を示していたといわれている。(23)しかしながら、大勇と覚随の間に何らかの衝突が起こり、結局、大勇は一人で高野山へ行くこととなった。(24)大勇は高野山天徳院住職の大阿闍梨金山穆韶（一八七六～一九五八年）と相談し、一九二二年から彼に師事し、阿闍梨資格を取得するための伝法灌頂を受けた。顕蔭と持松も相次いで高野山に留学することとなった。高野山には、大勇ら以外にも中国人留学僧がいたようであるが、資料には詳細な情報がなく、一九三五年まで高野山に中国人僧侶がいたことがうかがえるのみである。(25)

高野山での修行を終えた持松は、一九二三年に中国に帰り、上海と杭州で伝法活動を始め、その翌年には武昌にある洪山宝通寺の住職となった。この寺院において、持松は「瑜祇堂」という堂を建て、法器を買い、曼荼羅を描き、湖北地域の出家者と在家者に灌頂を授ける活動を始めた。その折に灌頂を受けた人は数万人規模に及んだといわれている。[26] 大勇も一九二三年に高野山での修行を終えて、中国に帰った。帰国後、彼は閉関（出家者が外部との交渉を閉ざして庵に住むこと）して数年の専修を行うことを予定していたが、上海と杭州の居士たちの懇願に応じて密教壇場を設け、灌頂を行った。その後、彼は武漢と北京においても伝法活動と灌頂を行い、大きな反響を呼んだ。[27] この頃の中国においては、密教が一種の流行現象となっていたといえる。

密教に非常に熱心であった王弘願は、当時、太虚とも親しい関係をもっており、権田雷斧著『曼荼羅通解』の中国語訳を、太虚が始めた仏教雑誌『海潮音』の「密教専号」（一九二〇年九月号）に載せることができた。同じ「密教専号」には、吟雪という僧侶が「密宗弘伝史」という短い密教入門記事を載せている。この頃から、中国仏教出版界において、密教関連書籍の刊行活動が活発となった。一九二〇・三〇年代は、『海潮音』以外にも『仏学半月刊』と『威音月刊』という仏教雑誌が密教に注目していた。

一九二四年、王は権田を中国に招き、彼から伝法灌頂を授けられた。その後、王は広東省東部の潮州市で震旦密教重興会という密教団体を結成した。その後の王は在家阿闍梨としての活動を始め、在家者と出家者に灌頂を授けた。以下において論じるように、このことが彼を太虚や出家界の多くの人々と衝突させるきっかけともなった。震旦密教重興会が機関誌『仏化季刊』を発行し、汕頭密教重興会の密教専門誌『世灯』までもが中国で出版されるようになった。雑誌のみならず、密教についての単行本や入門書も増加した。一九二三年には黄奉西（生没年不詳）の『密宗大綱』が出版され、翌年に顕蔭が上海の世界仏教居士林から『真言宗義章』を出版し、一九二八年には王弘願の友人であった四川省の在家者程宅安（生没年不詳）が『密宗要義』を出版した。高野山に留学していた僧侶持松も、一九三九年に『密教通関』という密教の中心的な内容を紹介する書籍を刊行した。

密教についての紹介本のみならず、密教経典自体も刊行されており、一九三七年の時点で、上海仏学書局の仏書目録では「密宗」というカテゴリーが約十六頁近くを占めていた。不空などといった唐代の諸師の仏書のほかに、この目録には宋代の経典も数多く含まれており、さらには真言宗開祖の空海（七七四～八三五年）の重要経典や日本真言宗の近代の仏書に至るまで、密教関連の書籍が数多く出版されていた[28]。当時、空海は中国でもっとも翻訳されている日本人仏教者といわれるほどであった[29]。特に王の震旦密教重興会は新義真言宗の伝統を受け継いでおり、興教大師（一〇九五～一一四三、新義真言宗の開祖覚鑁）など、日本真言宗の仏教者による著作を刊行していた[30]。密教復興は中国の仏教界における一大事と目され、広く注目を集めていたのである[31]。

中国で密教復興が顕著になるにつれ、日本人仏教者の一部もこの現象に興味をもつようになり、中国側の真言密教に対する関心に応じようとした。遅くとも一九二六年には、大阪にある高野山真言宗の勝尾寺に「仏学院」という中国僧侶向けの教育施設が設けられ、古義真言宗の田中覚船の指導のもとで活動していた。さらに、高野山の金剛峯寺が経済的な支援を行い、密教関係の仏典を中国に寄贈したり、中国僧侶を教育させたりという多様な活動も行っていた[32]。しかし、日本からの援助・布教活動の範囲は限定されたものであった。本格的な布教活動は一九三七年の日中戦争の開戦までみられない。唯一の例外は、一九三一年に高野山の金剛峯寺で結成された中日密教研究会である。総裁には古義真言宗の大正僧龍池密雄が就任し、中国側は、安徽派の中心メンバーおよび元国務総理段祺瑞（一八六五～一九三六年）が会長に就任した。中日密教研究会を中心となって運営したのは、古義真言宗の若い僧侶吉井芳純であった。他の中心人物としては、中国側から王揖唐（一八七七～一九四六年）、江朝宗（一八六一～

一九四三年)、曹汝霖(一八七七〜一九六六年)などの元軍閥政治家が数多く参加した。吉井芳純は一九二六年から四年間、北京大学に留学した。帰国直前の一九二九年、彼は段祺瑞に、中国に留まって段とほかの中国人在家者に密教を教えるように依頼され、これが中日密教研究会結成の直接的なきっかけとなった[33]。中日密教研究会は一九三〇年代を通じて活動を続け、日中戦争開戦後も活動を継続していたが、活動内容についてはまだ多くの事実が不明であり、別の機会に詳細に論じたい。

日本に中国人僧侶が留学し、密教に関する日本語書籍が中国語に訳され、日本人仏教者が中国で活動するなど、中国における密教復興には日本密教が多様な形で関与していた。それと同時に、中国においては日本仏教に対する疑問もあった。特に一九一〇年代後半になると、中国に対する日本の外圧的な進出が両国の仏教交流にも影を落とすこととなった。一九一五年、「対華二十一カ条要求」において、中国各地における日本仏教者の布教権が要求された。太虚はこの二十一カ条要求を批判し、日本が政治的な目的で布教権を求め、中国への文化的な侵略を計っていると非難した。そして、日本が中国で仏教を布教することは「赤ちゃんが母親に授乳するごとく(哺乳)」だと主張し、日本仏教にとって中国仏教が先輩に当たることを説いた[34]。このような日本帝国主義という大きな時代背景もあって日本密教に対する強い懐疑も生じており、一九二〇年代半ばより、密教復興もさまざまな困難に遭っていた。高野山で修行していた顕蔭が帰国後間もない一九二五年に早逝し、大勇も一九二九年に三十六歳の若さで没した。そのため一九三〇年代に入ると、太虚派では持松のみが密教復興活動を続ける結果となった。

日本密教に対する懐疑が強くなると、チベットの「蔵密」に関心を移す出家者が現れた。大勇が没したのも、チベット密教に関心をもち、チベットへ向かう途中のことであった。さらに、一九三七年に日中戦争が勃発すると、日本密教とのつながりのために密教復興は打撃を受けるようになった。その際には、以下において詳しく論じるように、王弘願の教団も活動を中止せざるをえなくなった。持松は戦後も日本の東密の伝統を保持し、一九五三年に上海の静安寺に近代中国初の密教壇場を開いたが、この壇場は文化大革命の際に破壊された(35)。

以上、密教復興の歴史を略説した。次節では中国の密教復興と日本密教との関係についてより詳細に論じるが、以下においては、まず密教復興の社会的・思想的背景について簡単に触れておきたい。失われたとされていた多くの宗派のなかで、なぜ密教がここまで強い関心を集めることができたのであろうか。

社会的構造からみた場合、密教復興は知識人階級を中心とした現象であったようにみえる。資料からも、密教信徒の多くが官僚、軍人などの中・上流階級であったことが読み取れる。古義真言宗の加地哲定は、一九二二年、密教に対する関心は、庶民ではなく主に北京と上海の知識層に存在していたという印象を述べている(36)。また、戦時中、中国南部の汕頭市に滞在していた領事高井末彦も、密教教義の難解さのために、密教に対する関心は主に知識層に限られていたと記している(37)。こうした記述がどこまで当時の実情を表しているのかは不明であるが、知識層が密教復興で中心的な役割を果たしていたことは間違いないであろう。

密教に対する関心の思想的背景としては、呪術的効果に対する期待と救国の目的とがみられる。たとえば、持松は、高野山での修行を終えて中国に帰った一九二五年、湖北省で続いていた旱魃に対する雨乞いを依頼された。仏教信者で密教に熱心な湯薌銘という人物が、旱魃で困っていた地元官僚に仏教の雨乞い儀式を行うことを勧めたようである。湖北地域の新聞の記事によると、持松はこの依頼に応じて、湖北省に密教壇場を開いて雨乞いの儀式を行い、雨を降らせて効果を示した(38)。中日密教研究会の中国人会員許丹が高野山を訪問した際、仏教の超能力「悉地」に関して熱心に質問をした記録があり、現在の真言宗にも修行を通して悉地を得た人がいるのかどうかを高野山の僧侶らに尋ねている(39)。

また、密教には、呪術的効果のみならず、近代中国の社会的・国家的統合に寄与することも期待されていたようである。つまり、密教は、多民族国家中国の近代社会建設に貢献できる思想としても、仏教者から評価されていたのである。これによって、密教復興は、前章で指摘した中国復興の思想の背景にある中国の危機と近代ナショナリズムのなかにも取り込まれていたことがわかる。たとえば、顕蔭が一九二四年に書いた「再論真言密教与中華仏法之関係」という論説では、密教には中国全体の仏教を統一する力があると説かれている。

密教は中国本土の各省にも伝来したが、滅んでしまった。一方チベットやモンゴルではいまだに伝えられている。チベットやモンゴルはいずれも中国の領土であるから、チベット・モンゴルの仏教はいずれも中国の仏教である。我々漢民族の仏教徒はその長所を伸ばし、短所を補い、結果として中華民国の五大民族の仏教を一つにまとめあげることができるのであり、これは真に中国仏教の光である。これには真言密教の力が必要であり、若く有望な仏教徒たちが共に努力することを望む。

（中華本部各省密教雖入佚伝。而蔵蒙各部。猶相承未失也。蔵蒙皆中華之領土故蔵蒙之仏法皆中華之仏法也。我漢族仏教徒能極其長而補其短以使中華民国五大民族之仏法統一円満是誠中華仏教之光也。是尤頼真言密教之力也。是尤望青年有為之仏教同仁共為努力也。）[40]

また、密教が日本の統一と保護に貢献したように、「今、我が中国は完全に統一された本当の共和国になろうとすれば（今我中華。欲成完全統一之真共和国）」、真言十善がそれに大いに貢献できるものであることを、顕蔭は指摘した。[41]

また、僧侶常惺は密教に宿っている救世精神を評価し、社会に対するその効果を主張した。

現代の社会は、積極的に世の中を救おうとする精神をもっとも重んじる。ゆえに念仏を唱える法門というのは、どちらかといえば念仏が消極的なので、現代の若者には合わない。密教の勇猛で物事を恐れない精神は、まさに積極的に世を救おうとするものであり、密教には必ず復興の可能性がある。

（現代的社会，最重積極救世的精神，所以念仏法門，不合於現代的青年，因為念仏近於消極。在密教有勇猛無畏的精神，正是積極救世的，所以密教一定有復興的可能。）[42]

以上の顕蔭と常惺の文章に見られるように、密教には、雨乞いや「悉地」といった明らかに呪術的な効果が求められると同時に、近代国家形成や社会統合への貢献も期待されていた。

実は、この二つの期待が一緒になっている例もみられる。一九三八年、日本真言宗が出版していた『六大新報』において、古義真言宗の山本忍梁は、中国の密教信者と親しく接した経験から、中国人知識層の密教への関心は中国救済のための密教的儀礼であると説明した。山本は、中国の知識人たちは密教の教義よりも実践に関心を示しており、特に歓喜天等の密教の神々がもたらす貧困や病気の排除などの効果が求められていると指摘した。山本によると、中国人知識層の目的は次のごとくであった。「幸いに支那も仏教国で有識者間には夙に上述の如く密教を以て救国安民の舟筏なりと信じ求法の信念に燃ゆる者ある」[43]。つまり、密教の呪術的効果によって中国を救うという思想である。中日密教研究会の会員であった曹汝霖の自叙伝によれば、一九三二年に北京周辺で戦渦が長引いた際、段祺瑞は、当時北京に滞在していたパンチェン・ラマに時輪金剛法会を行うように依頼した。曹の記述によると、チベットの密教儀礼である時輪金剛法会は戦渦を収めるために行われた。そして、儀礼が行われると実際に戦渦が収まったと曹は語っている。続いて、天津周辺も戦渦が酷かったため天津にラマを派遣して儀礼を行わせ、再び儀礼が効果を示したとされている。[44]重慶大学教授陳嘉異が一九三四年に書いた『大乗密教救国論』も、密教によって国を救うという思想の代表的著作である。

密教に対する関心の深層には呪術的効果への期待が宿っていた。しかし、民国期の密教復興を理解するためには、この現象を日中仏教交流というコンテキストのなかに位置づける必要がある。なぜならば、第三章で紹介した宗派中心的な仏教史観の受容が、密教復興運動発生の直接的なきっかけだったためである。

第四節　日本的中国仏教史観と密教復興

第三章で展開した議論に基づいて、筆者は密教復興を、日本仏教の影響下で発生し、日本的な密教教義の枠組み内で理解されたと推測する。そのため、密教復興の思想的基盤である「唐代以降の中国密教における堕落」という発想と近代における密教の「復興」の両概念を問い直さなければならない。以下においては、日本からの影響に目を配りながら、近代中国の密教の歴史に関する言説を紹介し、近年の研究に基づいて、密教の「堕落」と「復興」という両概念を批判的に考察したい。

唐朝以降の密教の「堕落」という概念は、中国人と日本人が共有しているものであった。中国における密教の歴史に関して、日本人仏教者も中国人仏教者も、ほとんど同じ見解をもっていたといえる。当時の日本人の代表的な例を挙げれば、中国人留学僧の師匠として先に登場した高野山天徳院の住職金山穆韶がいる。金山穆韶は富山県生まれで、一九一九年より高野山天徳院の住職を、その後は高野山大学学長、高野山真言宗管長を務めた、近代真言宗の中心人物である。太虚の弟子の大勇などがみな高野山で彼の指導によって密教を学んだことから、金山穆韶は中国人出家者の密教理解に大きな影響力をもっていたと推測できる。金山穆韶は、一九二六年十月一日から三十一日まで中国仏教視察団とともに一カ月をかけて中国を廻り、中国仏教・密教の現状について報告したことがある。以下においては、この報告書に示されている視点を日本の密教観を代表するものとして紹介したい。

金山は中国密教の歴史について、密教宗派は唐代末期から武宗皇帝の破仏令によって弾圧されてすでに消滅しており、宋代になると再び密教経典の翻訳事業が行われたが、これは密教真伝とは異なる「雑密」にすぎなかったと述べている。武宗の破仏政策の時代から、中国には大阿闍梨も現れなかったことを指摘し、これによって中国では密教の「正意」が伝授されず、民衆の邪教同然にさえ陥り、「即ち晩唐以後は密教の真精神伝はらず、多少その形骸の存したるものありしならんも、後にはその形骸も見るべからざるに至りし歟」と述べている。金山は、中国内地を旅した人々から密教の仏像や曼荼羅などが残っていることも聞いていたが、唐代からの密教の一部が残存しているようにみえても、これはおそらく「ラマ教」の密教であろうと推測して、「真正の密教はその形骸も精神も共に中国に絶え居たる乎」と結論している。[45]そして、「日本の密教徒たるこれが指導誘掖に最善の努力を致さざるべからず」と日本真言宗の指導による密教復興を訴えている。[46]また、密教の復興こそが中国仏教全体を復興させ、仏教を「活社会の真宗教」とする道だと主張している。[47]

中国人仏教者たちの密教の歴史に関する語りも、上記のものと大きく異ならない。

楊文会は、密宗が金剛薩埵に対する大日如来の伝授に始まったといい、その中心人物として唐代に活躍したインド人の善無畏（六三七〜七三五年）、金剛智（六七一頃〜七四一年）、不空（七〇五〜七七四年）と、中国人の一行（六八三～七二七年）を紹介している。楊によると、密宗は唐代には隆盛していたのに、容易に伝授できるものではなく、唐代末からは必要な法器もなく、灌頂を受けられる適切な弟子も少なくなったため、「金剛種性」の法脈を伝授することができなかった。しかし、この金剛伝授がないと、密宗と呼んでも「盗法」にすぎない。そして、明代からは密教伝授の禁止令が公布されたとも述べている[48]。

さらに、楊文会は、僧侶善因とともに著した「仏教初学入道歌」のなかでも「真言宗」に触れている。この「真言宗」については、『十宗略説』にも、明代に密教が禁止され、無学の「愚僧」によって「妖魔」を祭る呪術に成り下がったという記述がある[49]。楊にとって、中国の密教は、堕落過程を経て清末当時のどん底状態に陥っていた。

民国期の密教入門書を見れば、同様な物語が見られる。たとえば高野山で修行した顕蔭は、「真言宗は印度から中国へ伝わり、（最終的に）日本へ伝わった。印度がその発祥の地であり、中国がその通過点であり、日本においてその大成をみた（真言宗之由印而中華而日本也。為印度為発源。在中華為過度。在日本為集其大成）[50]」と主張した。顕蔭によると、真言宗の中国における喪失は、煩雑なものを嫌い簡略なものにつく（「畏煩而就簡」）という中国人の性格に由来している[51]。程宅安も、密教入門書『密宗要義』において、空海の師匠であった中国人僧侶恵果（七四六～八〇五年）の時代までを中国密教の隆盛と主張している。程は「恵果の死去以降、中国密教は次第に衰えた。四十年後には突然に唐の武宗による会昌五年の廃仏の変に遭遇し、大中元年以降は仏寺の復興がみられるようになったものの、密教がかつてのような盛況を呈することはなくなった（自恵果遷化。而中華之密教漸不復振。四十年後。遽遭唐武宗会昌五年毀仏之変。雖自大中元年後。仏寺漸復。而密教竟不可重睹前日之盛況矣）[52]」と述べた後、空海と日本における密教の発展に重点を置き、東密と台密、野沢十二流、新古義への分派などの展開をすべて紹介しており、最後に興教大師覚鑁も詳細に取り上げている。程も、中国における密教伝承の喪失と近年における日本からの逆輸入による復活の語りを使用している[53]。太虚も一九二五年の時点で類似した観点を示している。太虚は、「密宗」は中国において千年も「絶跡」していたため、現在の密教復興は失われた宝物を取り戻すごときものだと考えていた。密教は唐代「三大士」（インド人僧侶善無畏・不空・金剛智）の来華によって盛んとなり、一時期に力をもった。しかし、その後、武宗皇帝の法難が起こり、顕教、密教を問わず仏教が迫害され、この法難で密宗の経典と法物のすべてが失われてしまった。したがって、焔口水陸類などの密教に類似したものが中国仏教に残存していても、それはただの「応教派」にすぎず、「もともとの密教から遠く隔たっている（其去本相差遠）」と太虚は述べている。そして、明代まではいわゆる「密教者」もいたが、彼らが奉ずるのは「開元」（唐代の年号の一つ）の隆盛を受け継いでいないモンゴル・チベットの「紅教」のみであり、唐代の密教とは異なっていると主張した[54]。さらに、前章において紹介した民国後期の中国仏教史入門書を繙いてみれば、密教の歴史に関する同様な記述が見られる。蔣維喬は、「密宗」の歴史について、唐代以降は「残念なことにまもなく武宗による会昌の災いに遭遇し、ついで五代の戦乱があり、学者の著述はすべてなくなってしまった。後にすべてを網羅しようとしても、欠けている部分が多く、その実態を知るすべはなかった（惜未幾遭武宗会昌之厄，継以五代之戦乱，学者著述，蕩然無存；縦使後来従事網羅，第廃欠已多，末由考其狀況[55]）」と述べ、その後はすぐ日本における密教の発展と現状の紹介に入る。黄懺華も唐朝以降に密教が堕落したと主張し、「両部大法は久しくその名を忘れ去られている（両部大法，久莫能挙其名矣）」という。そして、中国では密教が衰えたが、日本では空海が中国から伝えた両部の密教（金剛界と胎蔵界）が「今日まで伝承されているため、幸いにも真言密乗が滅びていない（伝承至今，真言密乗，頼以不墜[56]）」と述べる。このような日本の真言宗の存在に対する強い意識は、たとえば、一九一六年に在家者謝無量（一八八五〜一九六四年）によって書かれた『仏学大綱』にも見られる。謝は日本におけるほかの宗派の状況には触れていないが、密宗の場合だけは

「今日は日本だけにこの宗派が伝わっているといわれている（今惟日本尚伝此宗云）」と指摘している[57]。また、黄奉西が、一九二三年の『密宗大綱』において「（密教が）最初に天竺で生まれ、震旦を経て日本に伝わった。その奥深さは他の教の及ぶところではない。しかし中国では失われて久しく、今、日本からわずかにその残滓を取り入れはじめている（初起竺土。中至震旦。終伝海東。其深妙遠非余教所能及。而中土又失伝至久。今始由東海稍掇其緒余[58]）」と述べ、日本からの密教の逆輸入を歓迎する態度をみせた。また、中日密教研究会の中国人会員にもほぼ同様な密教観がみられ、機関紙『中日密教』でも、日本人の密教阿闍梨が「中華に正純密教を復興」させる使命をもっていることが説かれた[59]。当時の中国では、密教に対する以上のような視点が広く市民権を得ていた。

つまり、唐代以降、中国密教は堕落過程に入り、恵果を最後の中国人密教師匠としてその正統的な流れが日本に移り、日本で唐朝の密教が保存されている、という見解が普及していったのである。その結果、日本密教を到達点とした物語が生まれ、日本から密教を逆輸入する必要性が主張されるようになった。この語りは日本仏教の影響下においてこそ形成されたと判断できる。すでに指摘されているとおり、楊文会は『八宗綱要』から大いに影響を受けていた。『八宗綱要』では、中国における密教の堕落自体は説かれていないが、中国における密教についての描写は恵果で終わり、それ以来、日本で密教が盛んに行われていると指摘して、日本密教に注目している[60]。

また前述のとおり、蔣維喬の『中国仏教史』は境野黄洋の『支那仏教史綱』の翻訳であり、黄懺華の『中国仏教史』は宇井伯寿の『支那仏教史』に大きく依拠して書かれたものであった。これを念頭に置けば、両者の著作を日本の真言密教を密教の最終到達点としてみていることは不思議ではない。また、王弘願による権田雷斧の著作の中国語訳以外にも、密教入門書として直接日本語から中国語に訳されたものがいくつかあった。その例としては、顕蔭が訳した真言宗各派連合法務所編纂局著の『真言宗義章』（一九一六年）や王弘願が訳した伊藤弘憲・秋山秀典著の『真言宗小史』（一九二六年）が挙げられる。黄奉西の『密宗大綱』も、実は浦上隆応著の『真言宗綱要』（一九〇五年）の翻訳に黄が自分の意見を補ったものであった。これらの翻訳は、密教史に対する日本的な見方を完全に中国に導入するうえで大きな役割を果たした。たとえば、王弘願訳の『真言宗小史』では、日本人の著者たちが「恵果が亡くなって以来、支那の真言密教は次第に衰えた。恵果に弟子がなかったわけではないが、真の法流を受け継ぐことのできる者はいなかった。そのため、その教えを正しく伝承したのは弘法大師一人のみである。真言密教が日本に伝来したのは、弘法大師に始まり、弘法大師以降さらなる大きな成功を遂げたのである（自慧果滅後，支那之真言密教漸不振。慧果之法弟，雖非無其人，然無能継其真法流者。故其付法之正嫡，厥惟弘法大師一人。真言密教之至日本，自弘法大師始，且自大師而集其大成也）[61]」と述べている。民国期に密教について書かれた著作のすべてが、日本真言宗を最終到達点とする以上のような歴史の語りに影響されていたといっても過言ではない。

しかし、密宗が中国で失われた伝統だという発想は近代になってから初めて生じたわけではなく、宋代から存在していたものである。たとえば、宋代の僧侶志磐（生没年不詳）が著した『仏祖統紀』（一二六九年）では、「唐末の混乱により、経疏は焼きつくされ、今その法は日本で盛行している。一方、我が国のいわゆる瑜伽というものに残されているのは法事のみである（唐末乱離、経疏銷毀。今其法盛行於日本。而吾邦所謂瑜伽者、但存法事耳）[62]」という記述が見られる。民国期の仏教者も『仏祖統紀』のこの文章を意識していたようである。たとえば、蔣維喬と黄懺華は日本人仏教者から影響を受け、上記の志磐の文章を引用して、中国において密教が堕落状態にあることを主張した[63]。密教堕落思想にこうした前例があるとはいえ、アメリカの中国仏教研究者ロバート・シャーフ（Robert Sharf）によると、『仏祖統紀』の語りにはすでに日本の影響下で形成されたものがあり、中国人仏教者独自の密教理解を反映してはいないという[64]。中国における密教堕落についての物語は、かならずしも近代だけのものではない。

しかしながら、『八宗綱要』が伝わって以降にこそ密教の堕落が日本仏教の影響下で強く意識されるようになり、密教復興が唱えられるようになった。このように、清末から民国期にみられる密教に対する関心の具体的な背景には、近代日中の仏教交流があった。

また、近代中国人仏教者たちは、密教復興を諸宗の全体的な復興の一部としても理解していた。この傾向は王弘願の教団において特に強く現れている。たとえば、王の教団に属していた黄繫西は密教復興を次のように位置づけている。「我が国では武宗の廃仏以降、密教は他の宗とともに衰微に向かい、ついに絶えてしまった。そして民国八年、我が師円五居士〔王弘願のこと〕が法身の仏の加護を得て、権田大僧正の『密教綱要』を翻訳して出版したことにより、我が中国は法脈の東流が依然として存在していることをはじめて知ったのである（我国則武宗毀仏之後，密教与各宗同趨式微，遂至於獅絃絶響，迨民国八年本師円五居士以法仏冥加，訳権田大僧正密教綱要行世，而我華始知法脈東流之未替也）[65]」。王弘願の生涯について書いた陳歴典も「今の我が中国における諸宗がみな復興の勢いをもつ（今者吾中華仏教諸宗皆有復興之勢）」ことを指摘し、王の密教復興活動を宗派復興という大きな枠組みのなかに位置づけた[66]。さらに、一九三二年に広州の六榕寺で行われた灌頂儀礼の際には、王弘願自身も「唐代には仏教が盛んになり、諸宗が並び立ち、それぞれ特徴があった。しかし武宗の難で仏法は全滅し、その後まもなくして宣宗が再興しようとしたが、各宗は皆衰退し、再び力を取り戻すことはできなかった（有唐時代，仏教興盛，諸宗並起，各有其独到之処。迨武宗之難，仏法全滅。雖不久宣宗重興，而各宗皆衰退，不能復振）[67]」と述べており、宗派の喪失が強く意識されていたことがわかる。

日本の影響は、日本密教が独自に作った用語と思想の受容にもみられる。中国人仏教者は日本密教を密教発展の最終到達点とする歴史の語りのみならず、日本真言宗が生み出した独自の思想も受け入れた。たとえば、凝然は

『八宗綱要』における真言宗の紹介で「顕密二教論[68]」や「十住心[69]」の判教を取り上げ、真言宗と密教を「顕教」から独立した伝統と捉えている。また、日本真言宗の宗祖として、大日如来、金剛薩埵、龍猛菩薩、龍智菩薩、善無畏三蔵、金剛智三蔵、一行禅師、不空三蔵、恵果という法脈を取り上げている[70]。

王弘願が翻訳した新義真言宗の大阿闍梨権田雷斧著の『密教綱要』（一九一六年）と『曼荼羅通解』（一九一六年）も、密教復興に大きな影響を及ぼした仏書であり、日本の真言密教が中国に影響を及ぼしたことを示す好例である。『密教綱要』は、一九一六年に権田雷斧が東京帝国大学で行った講義をまとめたもので、密教の歴史と基本概念を紹介する。権田によると、密教の伝統は大日如来が両部（金剛界・胎蔵界）の仏法を金剛薩埵に伝えたことで始まった。「雑密」はすでに西晋（二六五～三一七年）の時代から中国に入っていたとされるが、その真相は明らかでない。その後、インド人僧侶善無畏三蔵が唐に入って中国人僧侶の一行に両部灌頂を授けた際に、初めて密教が中国に正式に伝授されたとしている。そして、空海の師匠恵果は、不空三蔵の密教法脈の「正嫡」として位置づけられている[71]。つまり、『密教綱要』は空海と日本真言宗の教義に基づいた密教観を紹介しており、日本真言宗を支えている宗祖の法脈を直線的なものとして描いている。

しかし、前期の日本の資料は中立的な密教観を表現しているのではなく、非常に日本的な密教観を表している。歴史上存在していた中国密教と日本密教の間には大きな相違点があるためである。たとえば、シャーフによると、中国と日本の密教の間には多くの共通点もあるが、次のような相違点も認められる。すなわち、十・十一世紀の中国の密教経典では、日本密教のように法脈を大日如来や金剛薩埵までさかのぼることはなく、金剛界と胎蔵界の両部も重視されておらず、法身如来による教え（密教）と応身如来による教え（顕教）という区別も見られない[72]。日本人仏教者がしばしば用いる「十住心論」や「顕密二教論」などの概念も、空海や他の日本人仏教者にまでしかさかのぼることができない思想であり、唐朝中国の密教思想を反映したものではない。また、近代中国人仏教者が密教復興において用いた「雑密」と「純密」という語も、日本真言宗の用語であり、江戸時代に現れた概念だといわれている。つまり、「純密」は空海が継承している密教の伝統を指しており、その伝統に正統性を与える概念である。一方、純密に対する雑密は、「密宗成立」以前から仏教内に存在していた陀羅尼などの、密教的な要素を指すと定義されていた(73)。

しかし、民国期の密教入門書のすべてが、このような日本密教の思想と諸概念を使用している。たとえば、顕蔭が書いた『真言宗義章』は、真言宗を大日如来に始まり金剛薩埵を経た法脈として描き(74)、空海が作った「十住心」判教や金剛・胎蔵両部の分類などという非常に日本的な密教思想を紹介している。同様に、程宅安の『密宗要義』も、日本的な密教法脈を使用しており、日本真言宗の概念によって密教を説明している(75)。黄懺華も密宗の紹介において、「雑密」と「純密」および金剛・胎蔵の両部分類方式を使用している(76)。

近代における日中密教の交流の大きな結果として、「中国密教の堕落」という語りとともに、このような日本密教的な要素も中国仏教界に入ったのである。さらに、日本にはまだ唐代の正統的な密教がそのままの形で保存されているとされたことから、日本の真言密教についての知識は、日本密教という密教の一種ではなく、密教全体の規範的な「学知」と見なされるようになった。

近年、密教が独立した宗派として存在していたという見解に対する疑問が強くなっていることを考えれば、日本仏教の影響は一層明確にみえてくる。たとえば、阿部龍一（Abe Ryūichi）は、密教概念に対して空海が形成的な影響力をもっていたことを主張している。阿部が指摘しているように、唐代の仏教目録を繙いても、「密宗」というカテゴリーは見当たらないのである。それは唐代の中国に密教が存在していなかったという意味ではなく、単に、

「密教」が独立したカテゴリーとして意識されていなかったことを示している。現在、密教経典と見なされている経典は、当時は「般若波羅蜜多」や「華厳」などのさまざまなカテゴリーに含まれていた[77]。そして、阿部の主張によると、密教経典を編纂し、諸本尊を顕教と密教の本尊に分類し、「真言宗」という密教を中心とする独立した仏教宗派を創造したのは、日本の空海であった。こうした見解を参考にすると、近代中国人仏教者もしばしば使用している「真言宗」という概念自体、中国仏教には見いだすことができず、日本仏教の産物であるといわなければならない[78]。この意味で、楊文会と太虚による「真言宗」という日本仏教的な宗派概念の使用自体が、すでに両者における日本仏教の影響を物語っているといえる[79]。

すでに取り上げたアメリカ人研究者のロバート・シャーフは、近現代の日本人仏教学者の密教史観を分析した結果、阿部と同様、唐代に密宗が存在したという説の信憑性を疑っている。したがって、シャーフは、インドから唐代中国に入ってきた密教経典や修法は、従来の仏教と異なる思想としてではなく、そのまま吸収され、中国仏教全体の一部となっていたと指摘している。シャーフはまた、唐代の「密宗」の宗祖とされる仏教者たち（善無畏・金剛智・不空ら）に「密教徒」という宗派的な自己意識がみられないことも指摘している[80]。十世紀以降、中国においても「密教」というカテゴリーが現れるが、その定義は日本の密教概念とは異なり、仏教の超能力である「悉地」を中心とする理解に基づいていた。たとえば、宋代の僧侶賛寧（九一九〜一〇〇一年）が密教の衰退を嘆いたのは、独立した宗派の衰退ではなく、「悉地」の効果の低下を嘆いていたのだとシャーフはいう[81]。

以上のような批判を踏まえるならば、近代中国人仏教者における「独立した密宗」という発想は、日本真言宗の仏教者の宗派意識に基づく中国仏教史の理解に由来すると考えられる。本章のテーマは、近代において日本仏教の密教観が中国仏教にいかなる影響を与えたのかということであるため、ここでは近代以前の密教に関する詳細な考察には立ち入らない。しかし、シャーフの結論によれば、近代以前の中国仏教において、密教は各仏教流派の一部（たとえば、禅や浄土における陀羅尼などの形での実践）として存在しており、他の仏法と離れて理解されることはなかったのである。[82]

日本から受容された宗派意識の影響のもと、中華民国における全体的な仏教の「復興活動」のなかに取り込まれた「密教の堕落」という思想が、中国人仏教者の間に普及した。『八宗綱要』などの日本の資料に描かれていた独立した「密宗」や「真言宗」は、当時の中国仏教界に存在していなかったので、何らかの事情でそれらが堕落し、伝統が失われたと理解されるようになり、そこから、密教の「正統的」な法脈が現存する日本からの逆輸入が計画されるに至った。しかし、これは実際には、中国史上に存在したことのない日本的な密教の輸入を意味していた。

そして、この輸入の当初には、日本真言宗が提供した密教観に対する抵抗はほとんどみられない。資料によれば、ただ一人、塵隠（生没年不詳）という在家者が、中国において「密教の伝承が消えているということは本当であろうか（密教失伝、其信然歟）[83]」と問い、日本的な密教観を否定した。しかしこれは、すでに太虚派と王弘願の震旦密教重興会の間で衝突が起きた後の一九三四年のことであり、この衝突の文脈でみるべきである。

塵隠は禅宗徒で、密教の「三密」は、実際には「有相三密」と「無相三密」という二種類があると説いている。有相三密は儀軌による事相（儀礼・実践）のことであり、唐代において空海によって日本に伝授された後、中国では失われた。しかし、無相三密は禅宗で現在まで伝授されていると主張している。そして、無相三密が密教の精神を伝授しているのに対して、有相三密は形式のみを伝授し、密教の「粗分」であるという。塵隠は、この無相三密を通して密教の本質が禅に移り、禅の伝統において以心伝心（「以心印心」）によって現在まで伝授されて、すでに中国仏教のなかに存在しているため、もし本格的な密教を知ろうと思うなら、わざわざ日本やチベットまで行く必要はないと主張している[84]。この立場から、塵隠は顕教と密教の優劣を否定し、王弘願の運動に反対した[85]。むろん、密教の本質を禅に見いだすということの考え方も信憑性が薄く、塵隠の説は、それが歴史的な事実かどうかよりも、日本真言宗の影響や王弘願の運動に対する反論の論理の一つの例を示しているという点で、興味深い。

しかし、全体的に日本真言密教の影響は強力であった。この影響の強さがどれほどのものであったかを示唆しているのは、王弘願の恵果に対する見方である。中国で密教を復興しようとした王弘願は、日本密教の関連書で中心的役割を果たしている恵果についての紹介文を書いており、この文章の最後において、恵果のことを『宋高僧伝』や『神僧伝』などの中国の資料を調べてみたが、まったく言及されていないと嘆き、わずかに『仏祖統紀』だけが言及していると述べている[86]。恵果が言及されていない理由としては、中国仏教のコンテキストではあまり重視されなかったことが考えられる。しかし、すでに権田の『密教綱要』などの著作を読んだ王は、これらの著作における歴史の語りを正統的なものと見なして内面化していたため、日本の資料が提供する物語から逸脱する中国資料に驚かざるをえなかった。

以上にみてきたとおり、近代中国における密教の「堕落」と近代における「復興」の必要性という発想は、日本仏教の宗派的仏教観と日本真言宗の密教史観の吸収によるものであり、日本仏教との接触によってこそ可能となった。このことは、近代中国における密教復興を考察する際に、重要な意義をもっている。中国人仏教者は中国の伝統の再建を目指した結果、日本的な仏教理解を輸入することとなった。当時の中国人は日本からの密教の「逆輸入」という発想をほとんど抵抗なく受け入れたが、密教復興に注目した研究者たちもまた同様であった[87]。

次節では密教復興において活躍した一人の人物と、彼によって結成された教団に焦点を当てて、日本の宗派中心的な仏教史観の受容が、現地においてどのような形で具現化し、どのような影響をもたらしたのかをさらにクローズアップしたい。王弘願と震旦密教重興会は、近代日中仏教交流に絡む力学を映し出す好例である。

第五節　先行研究における王弘願の位置づけ

震旦密教重興会を語るには、まず王弘願を語らなければならない。震旦密教重興会は王の死後も存続したが、王はこの会の開祖として思想的な中心をなしており、震旦密教重興会の考察には不可欠の存在である。そして、王は民国期の日中仏教交流をとりわけ明瞭に体現していると思われる重要人物である。また、王は日本仏教の影響を受動的に受け入れるだけではなく、伝授された伝統を再解釈して変形させ、中国に新しい密教の形態を植えつけようとした人物でもあるため、特別な注意を払う必要がある。

王は最初、太虚と親しい関係にあったが、密教灌頂の伝授をめぐって一九二〇年代半ばより衝突した。そのため、先行研究では批判的に扱われるのが一般的であり、近代中国仏教の「異端者」として位置づけられている。この王弘願に対する見方の好例は太虚の弟子であった釈東初の『中国仏教近代史』にみられる。この著作で東初は密教復興に言及する際、王の運動を含む基本的な事実を記しているが、ほとんど分析を行わず、事実の記述のみに留めている。だが、東初は王弘願を評価するにあたっては、太虚の弟子として完全に太虚派の立場を取っており、王の思想を「邪見」として批判している[88]。

ほかに王弘願と王の起こした運動を取り上げた研究者に、仏教学者羅同兵がいる。羅は一九二〇・三〇年代における「顕密問題」（太虚派による日本・チベット密教に対する批判）を太虚の観点から分析し、主としてチベット密教に注目しているが、王弘願の活動にもわずかに言及している。しかし、羅の分析の問題点は、王が著した資料を完全に無視していることにある。羅は日本仏教を受け継ぐ密教復興が「すでに衰退していた中国仏教をさらに混乱させた（給本已衰頽的中国仏教帯来了更多混乱）」と述べ、太虚派の立場を近代仏教の基準とし、当時の中国人在家者の間で流行していた密教に対する熱意を太虚が計画していた仏教改革・仏教近代化の邪魔物として描いている。そして、羅は密教復興の由来を一九一五年の対華二十一カ条要求に見いだし、密教復興を日本人仏教者の陰謀によるものとして位置づけている。[89] しかし、これは王の活動の積極的な面を無視し、中国人仏教者の日本仏教者の活動に対する受動的側面のみを描いたものであり、この観点から王の実像を見極めるのは困難だと思われる。王の思想と活動を分析すれば、中国人仏教者の受動的側面よりも、むしろ創造性が見いだせると筆者は考える。王は日本密教を受け継ぐのみならず、受け継いだ伝統を根拠として、新しい思想を創造したのである。

また、仏教学者梅静軒は、王と太虚の衝突の底流にある「白衣（在家）伝授」問題を分析している。梅は日本・チベット両国の密教の伝統では在家者阿闍梨の存在が公認されていると主張しており、「王弘願の過ちは彼が在家者だったことではなく、彼自身の密法の教理および修行に対する能力の不足にあった（王弘願的錯並不在於他是在家人、而在於他本身対密法的教理与修持的能力不足）」[90]と結論している。しかし、梅が王と太虚派との衝突を在家者阿闍梨という観点から考察しないのは誤りだと思われる。チベット密教で在家者阿闍梨問題がどのように扱われているかは別にして、少なくとも近代日本の真言宗では、基本的には在家者に阿闍梨資格を与える伝法灌頂を授けないこととなっている。[91] そして、以下において示すように、在家者伝法こそは王を太虚らと衝突させた出来事であった。

また、梅は羅と同様に太虚派の資料のみを取り扱っており、王や彼の弟子たちの資料を無視している。現在、王をもっとも詳細に扱う先行研究は、陳兵と鄧子美の『二十世紀中国仏教』である。だが、この書も、王の批判者が著した資料に大きく依拠して、王による従来の中国の仏教制度への侵犯を訴えるものとなっており、教義と実践に関する知識欠如を衝突の原因としている[92]。陳と鄧は、ほかの研究者よりも詳細に描写しているが、依拠した資料を著した王の批判者が定めた範囲を出てはいない。

しかし、王はもっと複雑な人物であった。以上の批判者が太虚の側に正統性を想定することは、王をより正確に理解する妨げとなっている。先行研究が王側の資料をほとんど扱わないことからは、二つの問題が生じる。第一に、太虚派の資料だけを重視すれば、王は「詐欺師」としてしか捉えられず、その仏教思想における「即身成仏」概念の役割と重要性を十分に理解することができない。第二に、王の政治思想と社会に対する注目が十分に考慮に入らない点である。

したがって、以下においては、王自身の資料を参考にしながら王の生涯と仏教思想を紹介する。

第六節　王弘願の生涯と震旦密教重興会の興廃

王弘願は一八七六年に広東省潮安県で生まれた。一八九八年、清朝の近代化を進めるために王朝体制の改革を目指した変法運動が挫折した後、広東東部の潮州市にある伝統的教育機関の金山書院が近代的な「中学堂」となって、王はその講師に任じられ、学長にもなった[93]。王の高弟馮達庵によると、王は清末の変法運動に大きく感化され、「西学」（西洋の知識）に没頭し、翻訳文を多く読んだという[94]。このことから、王は伝統を墨守する漢人知識人というより、近代的学知に強い関心をもつ人物であったと推測できる。そして、「西学」に対する関心と関係しているかどうかは明らかでないが、王は、もともと仏教を排斥する態度を取っていた。彼は猛烈な反仏教思想で知られている唐代の儒家・文人韓愈（字退之、七六八〜八二四年）の思想から刺激を受け、反仏教運動に参加していた。王が最初は「師愈」と名乗っていたことも彼の韓愈に対する敬意を表している。「弘願」は王が仏教に帰依してからつけた名前である。[95]そして、王は仏教をより本格的に批判するために仏典を読むようになった。[96]自伝によれば、最初は仏教を攻撃し、民衆の近代化（「進化」）を説いたが、四十歳近くで重病を患ったことをきっかけに仏教に帰依したという。[97]

仏教に関心をもった当初、王は華厳思想を学んだが、学んでいるうちに経典における陀羅尼（真言）に関心をもつようになった。潮州の開元寺で密教経典を借りて調べてもみたが、王は密教についての質問と疑問に答えてくれる人がいないことに悩んでいた。その頃、日本に留学していた知人が新義真言宗の大正僧権田雷斧の著作『密教綱要』を王に贈った。[98]『密教綱要』は日本真言宗の密教を概説的に紹介するものであった。王は『密教綱要』の中国語訳のなかで本書を愛読したと述べており、『密教綱要』が彼の仏教思想に与えた影響がいかに大きかったかがうかがえる。[99]新潟出身の権田雷斧は新義真言宗で活躍していた大阿闍梨であり、近代中国の密教復興にとって重要な人物である。権田は明治時代の真言宗豊山派の有力な僧侶であり、一九〇一年に豊山派管長に任命されて同派総本山長谷寺の化主を務め、一九〇八年の豊山大学設立後にはその学長にもなった。[100]

王は『密教綱要』と接してから、唐代に優れていた（「特勝」）密教が中国では失われたという見解を示すようになった。[101]『密教綱要』によって、彼自身のその後の仏教思想に大きな影響を及ぼした「即身成仏」の教義を知ったともいわれている。[102]王は権田雷斧と手紙を通じて交流するようになり、権田に密教に関する指導を求めた。[103]そして、『密教綱要』から学んだ日本真言宗の密教思想の影響のもと、一九二四年頃から潮州の開元寺で顕教に対する密教の優越性を説きはじめ、聴衆に密教の「十特勝」（十点の優れたところ）を概説し、王は、密教の優れた特徴は「灌頂」「外護」（権力者による保護・支援）、「道具」（法器）、「法則」（教義）、「文学」（経典）、「宝珠」「入定」「梵文」

「相承」（伝承）、「誓願」（祈禱）にあるとする演説を行った[104]。この演説の直後、王によって権田雷斧が中国へ招かれ、潮州で密教灌頂を行った。権田の渡中は日本の外務省からも認可され、文化事業の名目で外務省から支援金が与えられた。日本政府も密教復興に対して一定の期待をもっていたことがうかがえる[105]。

権田雷斧は潮州の開元寺において密教壇場を開き、数百人の中国人に結縁と受明灌頂を授けた。そして、一九二四年の六月八日と九日の二回にわたって伝法灌頂の儀礼が開催され、王とともに僧侶の慧剛、純密、一道、妙慧、自若五名も伝法灌頂を授かった。その際、四川出身の在家者程宅安も受明灌頂を授かった[106]。伝法灌頂に必要な法具のすべては、新義真言宗豊山派の総本山長谷寺が寄贈したといわれている[107]。

潮州における灌頂儀礼をきっかけに、王を会長として震旦密教重興会が発足した。以後、震旦密教重興会は中国南部の仏教者の注目を集め、日本の真言密教の影響のもと、唐代密教の諸祖師のみならず、空海も教主として祀られた[108]。一九三四年には付近の汕頭市においても姉妹団体の汕頭密教重興会が設立された。なお、香港の黎乙真も密教復興に関して興味深い人物であり、彼も後に伝法灌頂が問題となったが、ここでは最も影響力のあった王弘願に限って論じたい。

中国での灌頂の伝授に続き、一九二五年に王は、曼殊揭諦、慧光、程宅安と、香港で権田から灌頂を授かった黎乙真とともに日本に渡り、新義真言宗の総本山根来寺において権田雷斧の指導下でさらに修行し、四度加行を学んで権田の法灯を相承し、正式に阿闍梨の資格を得た[109]。この日本留学は、汕頭にある日本領事館の内田五郎が申請し、日本政府が義和団事件後に請求した賠償金からいくらかの経済的支援を得て可能となった[110]。震旦密教重興会は、王の伝法灌頂と阿闍梨位の獲得によって教勢を伸ばしたものの、仏教出家界と衝突し、最終的には弾圧されるに至った。王自身は、出家界からの外圧によって一九三三年に震旦密教重興会の会長を辞している[111]。

ここで、伝法灌頂と阿闍梨位に簡単に触れておく必要がある。「阿闍梨」という資格は、一般的な仏教用語で「弟子を教授し、その規則規範たるべき師」を意味する。また、特に密教では、「曼荼羅、および諸尊の印言等に通じ、伝法灌頂を受けたるもの」を阿闍梨と呼び、密教伝承上で中心的な役割を果たす者とされている。[112]「伝法灌頂」は密教における最高位の灌頂であり、受者に阿闍梨位を与える灌頂である。真言宗においては、伝法灌頂によって自らが密教儀礼と灌頂を行う権利を与える。現代日本の真言宗では、伝法灌頂を受ける前提として寺院住職資格が必要である。[113]

田中文雄は中国における権田の伝法活動を説明して、「権田雷斧には『伝法院流伝法灌頂私勘』があり、各種の灌頂の差異について詳論する。つまり、彼は無秩序に中国各地で灌頂をしたのではないのである」[114]と述べている。しかし、権田雷斧は日本でも在家者に伝法灌頂を授けたことがある。たとえば、美術史家の大村西崖（一八六八〜一九二七年）も権田より伝法灌頂を授けられた。松崎恵水は、この日本と中国で行われた在家者への伝法灌頂について、「権田雷斧阿闍梨は常々自分は伝道師として立つつもりで底は浅くとも幅広くと心がけて勉強してきたと言われていたそうであるが、そのような立場から密教の弘通をはかられてなされたと思われる」と推測している。[115]権田は晩年、キリストを曼荼羅のなかに位置づけようとしたこともあり、ある意味では真言宗内でも新しい思想をもっていたようであるが、大村西崖自身が『密教発達志』での主張が原因で権田に強く批判されたことからすると、権田には新義真言宗の伝統的な立場を堅持する側面もあったようである。[116]しかし、権田が中国で行った伝法灌頂にはさまざまな問題があり、以上のような説明はかならずしも十分でないと筆者は考える。

震旦密教重興会の教勢に関する系統的なデータは存在しないが、資料上では有力な教団として注目されている。日本側の資料には、王の運動は数万人の信者を獲得したという記録があるが、正確な数字を確認する方法はない。[117]

しかし、太虚派の激しい反応から判断すれば、震旦密教重興会は確かな教勢をもっていたと推測できる。

日本から帰国した後、王は自ら灌頂壇場を開き、広東地域の仏教者を中心に灌頂を伝授する活動を始めた。一九二六年、王は潮州で灌頂を開壇した後、潮州のみならず、広州、江門、香港、澳門などの各地域で灌頂活動を続け、注目を集めた。たとえば、一九二八年には約千人に灌頂を授けたといわれている(118)。灌頂儀礼で、王は僧侶のみならず在家者にも灌頂を伝授し(119)、僧尼に授戒さえしたともいわれている(120)。また、震旦密教重興会での活動開始と同時に、広東の国立中山大学の講師となり仏教講座を受けもった。地方誌『広通志』の編集にも当たり、地元社会で幅広く活躍していたようである。王は潮州の開元寺とも深い関わりをもっていたようで、危害を受けた寺殿の再建のために寄付金を募り、開元寺が有していた龍蔵（清朝の大蔵経）の完成のための活動もしている(121)。

その間、王は震旦密教重興会で継続者の養成にも当たり、両高弟馮達庵（一八八七～一九七八年）と汪彦平に阿闍梨位を伝授した。王と馮達庵の地元仏教組織への関与もあり、特に広東仏教総会に対する影響力が大きかったらしい(122)。王は自ら密教研究にも挑戦し、古来の悉曇文字とその発音を研究しており、悉曇文字の新しい発音制度に向かって研究を進めていった(123)。さらには数多くの書籍を著し、民国期の密教復興の重要人物となった(124)。

一九三七年二月五日、王弘願は没した。一九三〇年代には特に太虚派の厳しい批判を浴び、出家界と激しい論争を交わしたにもかかわらず、上海の『仏学半月刊』は、王の臨終の際に「異香」が部屋中を漂い、その霊が西の方へ行くのを地元の人々が目撃したと報道した(125)。これは、尊敬されている僧侶や在家者の死去に際して、個人の功徳を表すためによく使われる語りである。この記事には王に対する敬意を見いだすことができ、太虚派との衝突にもかかわらず、中国仏教界で王が評価されることもあったことがうかがえる。王の死後、高弟馮達庵が王の活動を引き継いだようである。しかし、日中戦争が始まると、日本仏教に関係する中国人は「漢奸」と見なされ、震旦密教重興会も弾圧されたといわれている[126]。

第七節　王弘願の思想的背景

続いて、王における日本密教の役割を考察するために、王の仏教思想を分析することにしたい。以下においては、「女人成仏」「即身成仏」と「政治・社会思想」という三点に焦点を絞り、王における仏教思想と日本密教との関係を紹介する。

女人成仏

最初に取り上げるのは、王の仏教理解における「女人成仏」という問題である。ゴーテリンド・ミュラー（Gotelind Müller）は、密教復興の背景の一つとして女人成仏への関心を取り上げている[127]。しかし、この点だけで密教に関心をもった人々が実際にどの程度いたのかは不明である。王の仏教思想においても、女人成仏問題に対する関心がみられ、王は阿闍梨位を獲得する以前の一九二〇年代初頭から、すでにこの問題について議論していた。

王には、密教の曼荼羅を曼荼羅に描かれたとおりに解釈する傾向があったと指摘できる。たとえば、王は女性がこの世における女身のまま即身成仏する可能性を説いた。王にとって、女人成仏は密教の一つの特徴であり、彼の解釈によれば、曼荼羅に描かれている仏・菩薩・天のなかには、「波羅蜜女菩薩」をはじめとする幾人かの女身姿の菩薩や天も表されており、曼荼羅が描くすべてのものは最終的に大日如来の現れである。したがって、女性は男性への生まれ変わりを経ることなく、現世においてかならず成仏できると主張した。しかし、密教を信じない人々は女人成仏も信じないであろうと主張し、密教信仰と女人成仏の特別な関係を説いた(128)。王における女人成仏説には部分的に権田雷斧の主張を見いだすことができる。権田は『密教綱要』で、密教の特徴として女人成仏の可能性を取り上げ、「男子と女子と共に六大所成なり、故に男子の身を以て成仏することを得ば、女身を以て亦成仏することを得べし(129)」と論じた。しかし、女人成仏の証明を曼荼羅に求める論説は王弘願独特のものである。

また、仁航という在家者は、王が唱えた女人成仏説に全面的に賛成して、法華経における龍女の女人成仏物語は実際に密教の真理を表しており、したがって法華経も密教経典だと説いた。また、表面的に見れば、法華経は「顕教」であるが、その教義はあくまでも密教の教義であり、しかも、密教は仏のもっとも優れた教えなので、それを表している法華経は「経典の王」だと述べ、その深い義を理解できない人は密教を信じることもできないと主張した。そして、龍女成仏の物語は、女人成仏のみならず、①児童成仏、②即身成仏、③畜生成仏（龍であるからだろう）、④在無垢世界成仏の可能性も証明していると主張している。龍女物語における女人成仏を否定する従来の解釈は間違っていると強調し、この間違った解釈は人々を迷わせ、小乗仏教の論説の世界へ向かわせかねないとした。「一念成仏」（つまり即身成仏）という「真仏説」が弾圧され、人々の精神的な発展が阻害されたと考えたのである(130)。この仁航の主張は、従来の仏教体制に対する攻撃として読むことができる。つまり、仁航は、仏教者が法華経の密教的な即身成仏論をごまかすために、法華経にわざと間違った小乗仏教的な解釈を加えたといい、「自ら衆生の智慧を悟り、他人に仏の智慧を得させない（自開衆生知見。又不許他人開仏知見(131)）」と主張した。以下でみるように、王自身にもこの立場が認められる。

以上のような女人成仏論は、ただ単に権田から吸収された密教観ではなく、王と彼の弟子たちの全体的な仏教思想とも密接につながっている。王の思想における女人成仏の位置づけについては、以下で王における「即身成仏」

概念の分析とともに明らかにする。実は、王の立場も仁航の主張に非常に近いものであったからである。

即身成仏

以上の女人成仏の問題においては、「即身成仏」が中心的な概念として登場した。「即身成仏」思想こそが、王と多くの中国人仏教者を密教へ導いたと考えられる。王は潮州で講演を行った際、権田雷斧を「曼荼羅即身成仏宗」の大僧正として聴衆に紹介している。このことは王の密教理解を知る重要な手掛かりであり、王の密教思想における「即身成仏」概念の重要性を物語っている。[132] 王が別の機会に、「即身成仏の理を信ずることができないのならば、密教の正しい機根をもつ者とはいえない（不能信即身成仏之理，不能謂密教之正機）」[133] と主張したこともこれを裏づけている。一九二四年のこの演説からは、王の密教理解における灌頂と即身成仏の密接な結びつきをうかがうことができる。

王はさまざまな密教経典を引用しながら、密教における灌頂という宗教的技術を成仏の「よい機会」として評価しており、聴衆にその実践を勧めている。そして、即身成仏と灌頂の関係を、「灌頂は即身成仏の因であり、即身成仏は灌頂の果である（灌頂者，即身成仏之因也。即身成仏者，灌頂之果也）」[134] と説いている。ここに見られる、即身成仏の普遍性を説く論理にしたがえば、伝法灌頂の普遍化が王の思想に登場するのも必然的である。王は、「煩悩凡夫」が「一回曼荼羅に入って阿闍梨灌頂を受ければ、彼の罪障がすべて消され、仏真子になり、返照尊（大日如来のこと）と同等に、衆生の供養と菩薩の敬礼を受けることができる（一入曼荼羅。受阿闍梨灌頂。即罪障都尽。為仏真子。等同返照尊。堪受衆生供養。菩薩礼敬）」と、灌頂による凡夫における変化を述べる。[135] それは、この状態において、密教徒がすでにこの世のものではなくなり、大日如来と一体化しているためである。これも王の密教理解の重要な点である。ここには、「即身成仏」を身体的な過程として把握する理解がみられる。この過程においては、密教の実践である「三密」（如来身との加持感応を起こす陀羅尼・印手・観想という三つの実践）が重視され、三密と灌頂によって煩悩に満ちた状態から清浄な状態に入ることができるため、修行のうえでは在家者と出家者の区別がなくなるという主張である。これこそが密教の優れた点であるとして、「即身成仏は凡夫と仏は完全平等であるため、（密教が）優れている（蓋即身成仏者，凡夫与仏一切平等，所以殊勝也）[136]」と述べた。

つまり、「三密」を通して、平凡な人でも衆生の供養（崇拝）を受けることができるという、在家主義的な密教理解がみられるのである。成仏の身体的な理解について、王は別の機会に「本覚」概念を取り上げ、仏教の他の宗派は仏と衆生の「心」の同一性を説いているが、密教のみは、加持（三密の実践）によってこの「肉身」が大日如来の法身全体を「証得」するのを可能にすると説いているという[137]。この即身成仏の身体的な理解は、王の在家主義にとって重要な役割を果たしている。

また、女人成仏と同様、在家者阿闍梨という発想も、曼荼羅に描かれたとおりの解釈によって正統性を与えられている。曼荼羅における大日如来は、髪を伸ばした俗人の姿を取っている。これは僧俗が別ではなく不二であるという真理を表し、俗人も阿闍梨になって僧侶に仏法を伝授できることを示していると王は主張する[138]。

即身成仏の例からうかがえるように、王の思想にとって、日本真言宗の開祖空海は重要な存在であった。王は五円居士という名前で『海潮音』上に「日本密教高祖弘法大師伝」という短文を寄せ、日本仏教に対する広い知識を示すとともに空海に対する尊敬の念を表明していた。王にとっては、中国における空海の短期滞在こそが彼の優れた能力の証拠であった。空海は中国で伝授された密教を向上させ、彼の努力のおかげで顕教に対する密教の優越がもたらされたと主張している[139]。

王の思想においては、空海が唱えた「十住心」という判教も重要な役割を果たした。「十住心」判教は「即身成仏」とともに、王の仏教思想と震旦密教重興会の思想的土壌をなしていた。王は密教における「相承」（継承）の優越性を説き、他の仏教教義と宗派は菩薩を教主とするのに対して、密教のみが仏（大日如来）を教主とすることを根拠に、顕教よりも優れた仏法であると主張した。[140] 密教のこの優越性を唱える言説は、空海の「十住心」概念を受容する仏教理解に基づいた立場である。『十住心論』は、空海が儒教や道教を含む諸思想を優劣に基づいて整理したものであり、密教を、儒教や道教のみならず、仏教の諸思想のなかでも最上位に置いた。[141]

以上の論理にしたがい、王が日本密教の真伝を継承する阿闍梨であり、密教が顕教から独立した伝統であるならば、その伝統を受け継いでいる彼の運動も中国仏教出家界の支配外にある団体となる。王の日本密教教義の輸入と独自の解釈により、当時の中国仏教界の主流から完全に独立した在家者を中心とする教団が、近代中国仏教界に現れることとなったのである。震旦密教重興会の構成を見れば、幹部指導者はすべて在家者であり、会の在家的な性格が著しいことがわかる。[142] 王と彼の運動は、日本真言宗の法脈に入ることで、中国仏教の主流の指導から脱したと考えられる。震旦密教重興会が主張した正統性は、ほとんど日本人仏教者の思想によるものだったからである。震旦密教重興会において空海が祖師とされたことはすでに述べたが、権田雷斧も、一九三四年に没した後、密教重興会の祖師とされ、密宗宗祖の一人となった。[143]

以上の分析によって、王の密教観、およびその仏教思想における「即身成仏」と「十住心」概念の役割が明らかになったが、以下においては王の仏教観をより大きな観点から捉えたい。王の仏教思想と仏教徒としての意識は、伝統的思想ではなく、非常に近代的な仏教観に基づいたものであった。また、このような観点を導入することによって、王の仏教思想における密教の位置づけが一層明らかとなると思われる。

王弘願の政治・社会思想

一九二〇・三〇年代の中国では、宗教の社会に対する貢献が求められるようになった。それに合わせて太虚などの仏教改革者たちが社会参加型の仏教を唱え、仏教が国家や社会に与える利益を説くようになった。つまり、これは太虚のいう「人間《ジンカン》仏教」（世間から離れた寺院という空間だけではなく、人々の間にも存在している仏教）であった。(144)

王弘願にも類似した思想がみられる。王が当初は太虚派と親しかったことからも、王と太虚の仏教観の類似性は推測できる。王は、一九二〇年に広東省汕頭市で刊行された『民声日報』に自らの仏教観を紹介する記事を発表した。(145)この記事において王は、社会指導のための「利器」である『民声日報』になぜ仏教に関する記事が載っているのかと、読者は驚き不思議に思うであろうと述べ、続けて、「諸君子」は、「仏学は因果応報を語り、迷信に関わり、人々の進歩を妨げる（仏学則談因果。渉迷信。阻人群之進歩）」と思っているだろうと述べている。また、仏教は社会と無関係な思想であり、仏教に帰依する際、かならず世間から離れねばならない（「必離世間」）と思っているのではないだろうかとも、読者に問いかける。(146)しかし、王にとって、仏教は決して現実社会から遊離した思想ではない。王は仏教の「五戒」（不殺生・不偸盗・不邪淫・不妄語・不飲酒）は、儒教の「五常」（仁・義・礼・智・信）と一致すると説き、孝道精神と仏教も決して相互に矛盾しないと主張している。

続いて、王は「平等」という概念を取り上げ、人間が唱えた社会主義などにおける「平等」は人間に限定されたものであるが、仏教における平等は諸仏から昆虫に至るすべての衆生を含むものであると、仏教思想における包括的な平等概念の優越性を説いた。(147)因果思想についても、社会において重要な役割をもつものであると王は主張し、多くの人々は仏教の因果思想を迷信として批判するが、現在の中国における混乱状態は、人々が因果思想を無視して世の中を暴力によって治めようとしているからこそ起きているとして、仏教の現世における有効性を説いている。(148)

王は最後に、仏教が中国人の悩みを解決してくれると述べ、仏教こそ中国の現状を変えることのできる思想であると主張している(149)。

この記事によれば、王の思想において「進歩」と「仏教」は矛盾せず、むしろ相互に関係のある概念として理解されている。王が取り上げる仏教批判（仏教を社会の進歩を阻止する迷信や社会と無関係な思想と見なす批判）には、仏教を批判していた頃の王自身の見解が反映されているのであろう。また、王は当時の中国の混乱状態を強く意識していたようであり、それに対する処方箋としての仏教という理解もみられる。別の記事では、この「末法の世」で「魔軍」が進軍するのに対して密教がもっと活用されないのは残念なことだと述べて、密教に対する期待を表明している(150)。

こうしたなかで「平等」概念が出てきたが、王にとっての平等概念は、彼の密教思想とどのように関連していたのであろうか。以下においては、王における平等概念と密教思想との関係について、より詳細に論じたい。

第八節　王弘願における平等概念と密教思想

ここまでに取り上げた「女人成仏」「即身成仏」「在家阿闍梨」「平等」という諸概念は、どのように結びついているのであろうか。

『民声日報』の記事からは、王における「平等」という概念の重要性をうかがうことができる。王の平等概念に対する関心は、おそらく彼の変法運動に対する関心と関係しているが（後述）、日本の真言密教が彼の思想をさらに深めることとなった。王が使用する概念の多くは、権田の『密教綱要』に由来するものであると考えられる。権田の本は密教についての概要を提供するものであり、そのなかでは平等概念もしばしば述べられていた。権田はたとえば、「平等の真理」を『大日経』の中心的観念として位置づけた[151]。権田の著書とそのなかで表現されている概念に対する王の反応の大きさは、彼の訳文から読み取ることができる[152]。王は『密教綱要』の平等概念に関する箇所を、権田の叙述を一層強調する文章に訳している[153]。

王にとっては、密教と普遍的な「平等」概念が密接に結びついたものであったと思われる。つまり、密教の「即身成仏」は一切衆生を成仏させるものであり、一切衆生の「平等」の基準をなしている。そして、「女人成仏」と「在家阿闍梨」という二つの概念もこれと無関係ではなく、同じ思想的土壌を共有している。つまり、この両概念の思想的基礎をなしているのもまた、「即身成仏」という概念に他ならないのである。即身成仏が王にとっての密教の具体的表現である一方で、密教が説く「平等不二之妙諦」という概念は、即身成仏の実践の思想的土壌をなしていたと思われる[154]。そして、王の思想における「平等不二之妙諦」という概念は、具体的には僧俗男女の平等を意味していた。密教の優越という発想も、それを繰り返し主張する権田に由来するものと推測される。

一九三三年、王弘願は密教の特徴について、次のような主張をした。「他の宗派は僧と俗を区別するが、我が宗は僧と俗を区別しない。在家者の皆も大法の器であり、即身成仏の塔婆である（他宗皆有僧俗之分，而吾宗無僧俗之分。在家居士、皆負荷大法之法器、即身成仏之塔婆）[155]」。つまり、僧侶も俗人も、ともに即身成仏を実現できるのだから、両者に根本的な相違は存在しないというのである。王自身の出家に対する態度は知られていないが、反出家主義的な感情は特にみられない。むしろ、密教の即身成仏によって、在家者と出家者の「平等性」を説き、両者を同じレベルに置いている[156]。そして、六榕寺において王が出家者に対して灌頂を授けた事実からすれば、王の運動は出家者に対してもアピールしようとするものであったようである。

密教思想において、宇宙の万物は「六大」（土・水・火・風・空・識）で構成されている。万物がこの「六大」を共有していること自体も、万物平等の根拠であった。一九三二年に広州において密教壇場を開いた際、王は次のように説明している。

すなわち、凡夫の身体（の本質）は六大で構成されている。仏の身体は、金剛でできていて荘厳で限りないが、その根本を突き詰めれば同じように六大で構成されている。上述のように六大はそれぞれ法界を遍くめぐり、六大が相互に融合したものが我々凡夫の身体である。仏の身体とは相互に交じり合い、融合し合っているのである。つまり、我々の身体は法界を遍くめぐり、諸仏の身体は我々の身中にある。諸仏の身体は、それぞれ法界を遍くめぐり、我々の身体が諸仏の身中にある。［中略］我々の身体が諸仏の身中にあり、諸仏の身体が我々の身中にある。すなわち我々の身体は仏の身体であり、そのことに疑いの余地はあるまい。

（由是而言，則凡夫之身，其体性為六大所成也。仏之軀体，雖属金剛之身，荘厳無量，究其極亦同為此六大所成；如上文所説義，六大各周遍法界，六大各各互相摂入，是我人凡夫之体性；与仏之体性，已互相交遍互相摂入也。則我身周遍法界，諸仏身在我身中；諸仏之身，各各交遍法界，我身在諸仏身中也。［中略］我身在諸仏身中；諸仏之身，在我身中。則我身之即仏身，夫又有何疑義？）(157)

王は日本密教の輸入によって、自らの目指した平等な仏教を創造する手段を手に入れたといえる。中国出家界の影響下にない日本密教は、唐代の真伝として中国においても正統性をもっていた。そして、中国に伝授された日本密教は、日本人仏教者の影響下にもなかった。したがって、王は創造的な自由を得ることができ、独自の解釈により、密教は在家者と出家者とを同列にまで高める力のあるものとされた。日本密教は出家運動であり、王が主張するような極端に僧俗の区別を否定することはない。したがって、王による日本密教の独自の解釈に、当時の日中仏教交流におけるもう一つの可能性がうかがえる。すなわち、密教復興において、中国人仏教者たちは新しい仏教の形態を創造する機会を得たのである。王にとっての日本密教は、羅同兵が述べたような侵略的なものではなく、日本密教が王独自の仏教思想のなかに吸収されていったのである。

むろん、阿闍梨灌頂に関する王の理解と在家者阿闍梨についての主張は、正統的な真言宗とは認めがたいが、王はそれをただ主張しただけではない。自らの主張に正統性を与えるために、龍樹の『菩提心論』や『理趣釈』などの経典を取り上げ、その経典の内容に基づいて正統化しようとしている。したがって、王の運動は、在家中心主義という点では近代仏教における過激派と呼ぶこともできるが、王が自らの主張の根拠をあくまでも既存の仏典に求めた点では、真摯な仏教者であったということもできる。少なくとも、王は太虚派の立場を継承する論者が主張するような「詐欺師」ではなかったといえよう。

太虚と比較した場合、社会的役割の重視という点では共通していたが、王の場合、仏教の社会化と従来の仏教体制における在家者の位置の再評価は、より密接に結びついていたと推測できる。また、王の仏教思想の近代性を考えると、彼の「女人成仏」という概念も、この社会化の延長線上にあるのではないかと思われる。王にとって、仏教（特に密教）は一切衆生の根本的な平等を唱えるものであった。中国近代史の研究者坂元ひろ子が指摘したように、伝統的な社会で表舞台に立つことのできなかった中国人女性たちの社会的役割が、二十世紀初頭から根本的に見直され、社会で活躍する女性が肯定的にみられるようになった。女性たちは新たに唱えられた「国民」という概念のなかへ吸収され、女子教育などによって社会に対する役割を高めることが説かれるようになった[158]。社会におけることした女性の再評価の延長線上に、王の「女人成仏」の主張をみるべきだと思われる。

清末になると、仏教のみならず中国の旧体制全体も根本的に問われるようになり、近代化や西欧化の影響下で、社会についての再考が試みられた。近代中国仏教研究者陳善偉（Chan Sin-wai）は、清末知識人たちの仏教思想を取り上げ、梁啓超と譚嗣同などにおける仏教思想の重要性を指摘し、中国の近代化を計った思想家の政治・社会思想と仏教思想の深い関係を究明した。この知識人たちの仏教理解にも、王が曼荼羅における仏の描写を仏教の真理（大日は在家者である）と解釈したのと同様、正統的ではない仏教理解がしばしばみられる[159]。王弘願の仏教思想を分析すれば、彼もこの知識人たちの一人と見なす必要性が生じる。

以上の資料から、王は社会の進歩を重視した近代的仏教者と見なすことができる。王を疑問の余地なく中国の近代化運動と結びつけることは今のところ困難であるが、彼の思想は変法運動に参加した知識人たちとの類似性をもっていると考えられる。康有為、梁啓超、譚嗣同などの変法運動の指導者たちも、仏教思想を彼らの改革思想に動員し、そのなかでとりわけ平等概念を重視していた[160]。しかし、清末の知識人の仏教に対する関心はむしろ哲学的なものであり、「迷信的」な民衆仏教が軽視されたことも指摘されている。譚嗣同や章炳麟のような思想家たちはその好例である[161]。これらの思想家たちに比べると、王の事例は、密教の儀礼によって代表される宗教的な実践と社会的な思想を組み合わせた興味深いものである。彼のなかでは、近代化を目指した変法運動の進歩思想と儀礼を中心とした宗教的な実践が共存しており、彼の唱えた密教においては、この組み合わせが、伝統的に存在していた出家者と在家者、さらには女性と男性の区別を、排除する目的をもっていた。

また、平等概念は、王のみならず震旦密教重興会にかかわる多くの人物にとっても中心的な役割を果たしていた。たとえば、王弘願の息子王福慧は、密教の要旨は「一切衆生はみな仏性を持っている（一切衆生、皆有仏性）」点であると主張し、密教における平等概念の重要性を説いた[162]。また、密教の実践に関して次のように説いた。

（経典が）説くとおりに仏の三昧耶戒真言等に入れば、たちまち身・口・意の三業が如来と等しい身となり、同時に如来の悲願をその身に帯びるようになる。そして一切の業障・煩悩を排除し、無知の眠りから覚めて究極の悟りの境地に至ることができる。
（如説入仏三昧耶真言等，即時便同如来身口意業平等之身，亦具如来悲誓之願，能除免始生生世世一切業障煩悩，従無明睡中脱穎而入仏位！[163]）

進歩的政治思想という観点から、福慧の次の主張も興味深い。

中国人はみな民権をもっているため、皆が孫中山〔孫文〕さんのように中国の元首になることができる。情のある存在はみな仏性をもっているため、一切衆生は釈迦牟尼のように成仏することができる。
（既是凡是中国人都有民権，故此都可做中国元首——如孫中山先生——凡是有情類，都具仏性，故一切衆生都可成仏——如釈迦牟尼仏[164]。）

ここでは、現世における政治体制と仏教とが比較されている。これは王の教団に存在していた民主主義に対する強い関心を表すもので、仏教における平等概念の近代的解釈を示していると筆者は捉えている。

王弘願に比べると、程宅安はそれほど密教の優位を説かなかったが、彼も、空海の著作に基づいて次のように顕教に対する密教の「殊勝」を主張していた。「密教は大日如来を教主としており、大日如来は常住不滅の身なのだから、時間を指定して正法・像法の期限を計ることはできない。ゆえに正・像・末がそれぞれ何年であるなどというのは、皆釈迦が説いた顕教をいっていることがわかる。密教の法力はとりわけ強大であり、学ぶ者が時代の変遷の影響を受けて違いが生ずるということはありえない（密教既以大日如来為教主。而大日実為常住不滅之身。故無従指定時間以計正法像法之期限。可知正像末各若干年云云者。皆指釈迦所説之顕教耳。密教之法力殊勝。決不因受学者時代変遷而有或差別）」。[165]程も、密教の殊勝の一つとして「絶対平等」を取り上げて「女人成仏」の可能性を主張しており、[166]王に類似した問題意識を示していた。

その後、以上のような王の密教理解は、上海の『仏学半月刊』などといった大きな仏教雑誌の仏学問答部門にも現れるようになった。『仏学半月刊』の仏学問答担当者范古農（一八八一～一九五一年）は、密教は例外的であり、「三密」と「即身成仏」によって、密教行者はこの世で成仏できると説明している。密教の実践によって、普段は僧侶を超えることのできない在家者でも、即身成仏を実践すれば出家者以上のレベルに達することができる。即身成仏に関するこのような紹介の後、古農は補足的に、この主張を支持している経典の有無が確認できないので教義の是非を確認できる人を待っていると述べている。[167]そして、この場合も、修行者の身体が三密や伝法により清浄されて仏になるという、非常に身体的な即身成仏の解釈がみられる。修行者は実際にこの身体で仏になるので、在家者という身分でも構わないことになる。この即身成仏の身体的な理解は、在家者中心の教団を結成するうえで非常に役立つ解釈であった。以上のことから、王の密教理解は、震旦密教研究会に限定されたものではなく、中国仏教界にも普及していたという事実がうかがえる。

王の思想におけるこのような超地域性に触れたのは、道教研究者吉岡義豊である。吉岡は王の在家主義を、「非僧非俗というよりもむしろ在家居士の生活乃至それ以下の俗生活に堕している東密真言宗僧侶のあり方に学んだ王弘願が、そのままの意識で、本土中国の僧俗不雑の仏教界の規範を乗り越えんとした」[168]と説明する。吉岡は、この引用文で指摘している出家戒律軽視を王の運動のなかに見いだしているが、その主体はあくまで日本側に置いている。王の思想というよりも、むしろ日本の真言宗僧侶の肉食妻帯に対して、吉岡自身の態度を表明していると考えるべきであろう。とはいえ、王の在家主義と日本仏教の関係が密教復興における一つの課題であったのは確かである。この点を明確にするために、王に対する太虚らの反応を分析しておきたい。

第九節　太虚派との論争

以下においては、太虚派と王が導く密教重興会との衝突を詳細に取り上げ、その諸問題を紹介する。ここでは、太虚とともに、太虚の弟子である顕蔭と持松の王批判も取り上げる。

太虚は当初、『海潮音』における権田雷斧の『曼荼羅通解』の王による中国語訳を歓迎し、手紙で王に感謝の意を表明した[169]。しかし、王が女人成仏を論じるようになると反論するようになった。太虚は悲華という名前で、王と仁航の女人成仏論に反対する書簡を書いている。この時点で、太虚はまだ王を正しい知見の持ち主、密教の復興者として褒め称えているが、仏教解釈においては王とのギャップがすでに現れている。太虚は、王らが女人成仏説で日本仏教の「諸祖の教えの罠」にかかり、「奴児弘法（空海の奴隷）」や「婢子日蓮（日蓮の召使）」の状態に成り下がってしまったと指摘しており、日本仏教の悪影響について警告している[170]。太虚は、女人成仏説は「日本の法華宗の論者が無理矢理に附会した」説であり、王もそれに盲従して取り上げたにすぎないと論じる。密教経典に女身の存在が登場しても、それはかならずしも仏ではなく、菩薩または天女にすぎないことを強調し、女性の身体は女性の身体であって、決して仏の身体ではないと結論した[171]。

さらに王の問題を深刻にしたのは、一九二四年に権田雷斧から伝授された伝法灌頂であった。最初は、伝法灌頂伝授に対して肯定的な声もあった。当時、日本に滞在していた顕蔭は王に手紙を送り、伝法灌頂の伝授は「誠に我が国の仏教の前途にとって、慶祝すべきことだ（此誠為祖国仏教前途之大慶也[172]）」と祝辞を述べた。しかし、すでにその時点において、王の伝法灌頂に対する疑問も唱えていた。つまり、顕蔭は祝辞の直後に、「ただ、在家伝法の前例はない（惟白衣伝法。古無其例）」と指摘しているのである。ここには、まだ深い懐疑というより、好奇心からのコメントといった感じが読み取れる。顕蔭は、伝授は権田の特別な許可によるものであったろうと推測し、王に伝授した仏法をさらに人に伝えるべく、衆生に伝法する阿闍梨位に就くことを勧めている[173]。この発言から、顕蔭には、日本の正統的な真言密教に関する知識がまだ少なかったことがわかる。手紙の最後では、帰国後に王とともに密教を弘揚したいと好意的に述べている[174]。

王は顕蔭の手紙に対して、唐代の海雲という阿闍梨の記録を引用し、すでに唐代には在家者に対する密教の伝法伝授が行われていたと主張して、在家者灌頂の前例が実際になければ、伝授も受けなかったと答えている。そして、王によると、大阿闍梨権田雷斧の伝法伝授には、①在家者阿闍梨が続出すれば中国で密教が栄える、②経典を見ても阿闍梨は僧侶に限定されていない、という二つの根拠があった。しかも、両部曼荼羅を見れば、大日如来が俗人の姿を取っているのに対し、そのまわりの四仏は出家者の姿を取っていることがその証拠であると主張した。最後に王は、これについての意見を高野山の金山阿闍梨に尋ねるよう顕蔭に依頼した[175]。

以上の二点は、本当に権田の影響による説であるのか王独自のものであるのかは、判断しがたい。曼荼羅を「描写通り」に理解することは、王の女人成仏論にもみられるが権田にはみられないものなので、「大日如来即居士」という説も王独自のものであることは十分に考えられる。密教の曼荼羅が表している真理は顕教のすべての真理を超越しているという主張からも、王の曼荼羅重視の立場をうかがうことができる。[176] 権田雷斧の他の中国人の弟子も王の主張に疑問を抱いていた。[177] 伝法灌頂自体は権田によるアイデアだとしても、後の王の諸説は、権田の思想の範囲をはるかに越えていた。

その後の顕蔭との交流は知られていないが、王の他の手紙から判断すれば、顕蔭は、特に権田雷斧を批判して在家者伝授を否定したようであり、最初の手紙に比べて否定的な態度を強めていったようである。ほかにも、大勇に宛てた王の手紙が伝わっている。この手紙から、太虚は漢口刊行の『仏化』紙上で王らを批判したことがわかる。在家者伝授は僧伽のヒエラルキーを逆転させてしまうという点を中心にしていたようである。これに対して、王は『大日経』などの経典を引き、俗人灌頂が歴史的な事実であることを説いた。また、この議論において、王と同じく権田による灌頂を受けた程宅安は、空海も淳和天皇に伝法灌頂を授けたと主張し、天台の台密にも僧俗の区別がないことを論じた。それによって在家者に対する伝法灌頂が東密と震旦密教重興会だけの作り物ではないことを示し、在家者伝授を正当化しようとしたのである。[178]

一九二五年頃から、太虚は本格的に密教を敵視するようになり、密教に関心を示している人たちは多くの場合、「即身成仏」「禳災祈福」「盲従付和」「名利恭敬」を求める人々だと嘆いて、これらの人々と接触しないように警告している。[179] 続いて一九二五年秋には、太虚は王の密教思想と在家主義の中心をなしていた「即身成仏」についての演説を廬山で行った。この演説の内容は同年八月の『海潮音』に掲載された。太虚の「近人の密教に対する謬見」という発言から判断すれば、この記事は直接、王らの活動に対して書かれたものとみることができる。太虚の即身成仏論は、特に仏の「法身」「応身」「変身」からなる「三身」のあり方をめぐるものであった。

「即身成仏論」において、太虚はまず即身成仏に対する「謬見」として三つの点を取り上げ、続いて正統的な即身成仏の定義を述べている。そこでは、最近「小魔」が五蘊身（つまり、この世の身体）は即身成仏を通して仏になれると主張したといって、王の思想を批判している。したがって、太虚のいう、即身成仏に関する最初の「謬見」は、「相」（姿）に関する誤解である。つまり、五蘊からなる身体を離れて何も存在しないという誤った見方に基づき、特定の修行方法によってこの身体が仏・菩薩・魔・神を含むさまざまな「異相」を現出できるという謬見が流行していると指摘するのである。そして、この謬見は、密教において大日如来の仏相を相伝しようとした空海にさかのぼるものだと主張している。そして、精霊も妖怪も魔も変相の力をもち、仏の姿を取ることができるのだから、姿のみから仏だと判断するのは誤りであり、木・石・泥が仏相を取ってもただ人々に仏に対する尊敬の念を引き起こすための模倣であり、本当の仏は固定した相をもたないと述べている[180]。

続いて太虚は、加持によって肉体が仏になるという「謬見」を取り上げる。密教は、この「肉身」を加持と三密によって「金剛仏体」に変えるといわれているが、これは従来の中国の「外道教」にもみられる発想で、「執情」に基づいて延命などを目論み、成仏ではなく「成仙（仙人になること）」を目指す方法だとして警告している。密教をこの「執情」から取り戻す必要があるとしたのである[181]。

太虚は最後に、即身成仏は人間と仏が六大を共有しているという「謬見」を取り上げている。東密は即身成仏を独自の特徴として誇っているが、即身成仏は衆生や仏を含むすべてのものが六大（土・水・火・風・空・識）で構成されているという思想に基づくものである。しかし、そうであるならば、人間の体も牛の体も六大で構成されているから、「即身成牛」ということもできるといって太虚は嘲笑い、さらには、万物が六大を共有しているなら、昆虫も成仏できるはずではないかと、批判的に問いかけている。[182]

太虚は「顕正」についても、即身成仏の正しい理解を紹介している。即身成仏のためには、まず仏教上の仏におけるさまざまな身体を区別する必要があると説く。仏は身体を三つもっている。それは「法身」「受用身」「変化身」であり、受用身はまた自受用身と他受用身に分けられる。[183]正確には、法身と自受用身のみが仏であるが、衆生救済のためにこの世に現れるのは他受用身と変化身のみである。したがって、世俗の身が法身になることはありえないと強調している。[184]

続いて、太虚は即身成仏の意義を次の四種類に分け、正しい即身成仏を論じる。

①　即身成仏は「理即仏」という概念に基づき、万物がもっている本来の法性のみを指している。つまり、すべてのものは本来的に法界の性格をもっているため、最終的に法界と同一だということである。即身成仏は衆生がもっている成仏の可能性だけを指している。

②　ほとんどの衆生が意識していないこの可能性という状態から一歩進めば、自分の身体と法界の同一性を悟り、その意識に基づいて修行を行うことも即身成仏であるという。この場合、即身成仏は法界との同一性に関する意識のみを指していると説明する。

③　この意識に基づいて修行すれば、身体を「観行（観想）」する際、実は仏を観行することになるから、これも即身成仏であるという。しかも、この修行は密教に限られたものではなく、広く仏教各宗派にみられる実践であり、修行の手段だけが宗派ごとに異なると主張する。

④　以上で述べたとおりに修行を行えば、効果として仏との「相似」が現出する。修行者において現出するこの仏相は本当の仏相ではなく、神通による仏との相似にすぎないのであるが、この仏との相似をもまた即身成仏

と呼んでいる[185]。

太虚と王との即身成仏論争をみれば、二つの点を指摘することができる。まず、太虚の即身成仏論は王らの身体的な即身成仏解釈に対する反論だと思われる。太虚の即身成仏の解釈では、即身成仏は身体的過程ではなく抽象的・精神的過程として定義され、太虚は、この身体で仏に変相することは事実上不可能であると主張している。すなわち、王が即身成仏によって僧侶と同じ浄化された状態に入り、阿闍梨になることはできないというのである。そして、即身成仏を密教のみの教義として宣伝している王に対して、実際には即身成仏が各宗派共有の教義であると主張しており、密教の即身成仏独占を否定してもいる。

持松も、高野山での修行後に帰国し、密教の布教活動を始めた。持松は密教を仏教全体の一部とし、密教と華厳思想の融合を説いた「賢密教衡」という記事を『海潮音』に発表したが、これが王弘願の反論を招いた。王にとって、華厳思想は「理」（つまり教義）のうえでは密教の範囲に入るが、「事」（つまり密教の実践）ではなかったのである。また、密教徒は密教だけではなく仏教を広く学ぶべきだと主張する持松を、祖師空海の教えを「墨守」しない無礼者として批判した[186]。

これに対して持松は、華厳経にも密教の実践（手印）がみられると反論し、王を諸仏教思想に対する密教の優越性を説く「十住心教」の指導者であるとしてその排他性を批判し、王の態度は唐代密教の諸師に対する「不孝」だと主張した[187]。持松は華厳と密教は「互助」の関係にあると主張し、平等で「君臣佐使」の差はないと論じている。持松にとって、王の立場は仏教を正しく理解しておらず、「十住心教」の「党見（偏った見方）」にすぎない。華厳経にも他の密教経典と同じく印と法界の三昧地が説かれているため、同質の教えだと主張し、この密教・華厳融合的な立場から日本の真言密教を批判して、「私は師祖が宗としたものを尊ぶ所以でもある。十住心教の小さな欠点を去れば、真言密教の良規に帰る（亦吾之所以尊師尊祖之所宗者、令去其十住心教之小玼、而返成其真言密教之良規[188]）」と説いている。持松にとって、空海の『十住心論』は王の謬見の起源であり、これに対して王は、日本から輸入した真言密教の有効性を説くため、他の経典の密教的側面を否定せざるをえなかった。

持松は、日本密教と十住心などの空海の教義に対して疑問をもち、密教の「原初」の教義に帰ろうとした。つまり、持松は日本密教以前の本来の密教を説いたのである（「吾欲合乎真言原初之義」）。「十住心」という概念は、密教の両大師龍樹と猛樹や中国の諸師祖の思想にみられないため、この「原初」の密教思想に反しているという。[189]ここにみられるのは日本仏教の輸入に対する持松の懐疑であり、日本密教の悪影響を脱して本来の密教である唐代密教を再建しようという態度である。即身成仏に対しても、持松は批判的な立場を取り、空海の仏教思想を中国仏教に適用できない思想と見なした。[190]

一方、王は、持松の主張に対して、空海の密教教義を積極的に利用する態度を示した。空海の『十住心論』に基づく判教は王によって正統的な教義として評価され、彼の震旦密教重興会に特殊な権利を与える不可欠な思想であった。持松の批判に対する反論として、王は「答賢密教衛釈惑」という記事を書いた。判教と空海の教義に関する持松の知識不足を指摘し、仏教の各宗には「精粗」の差があることを述べて、顕教に対する密教の優越性を主張した。[191]さらに、十住心判教と即身成仏は決して空海独自の思想ではないと主張する。すでに龍樹と猛樹の思想において、即身成仏は「真言法」にのみあるという主張がみられ、十住心論は大日経住心品によるものであり、空海は金剛手菩薩に始まり恵果に至る伝授を継承しているとした。十住心は、決して空海独自の思想ではなく（「非己意也」）、正統的かつ伝統的な密教思想に忠実であるため、[192]密教の諸祖師の教えを冒瀆しているのは空海ではなく持松自身だといって反撃している。[193]ここで王は、十住心論を大日如来の直接の教えとして位置づけ、空海をその正統を継承する仏教者と捉えている。この論理にしたがって、間接的に自らの正統性も説いて、自身が大日如来の伝統を継承していることを主張する。空海に対する王の尊敬の念はすでに取り上げたが、ここには、空海を重視する王の見解がはっきり表れている。

しかし、太虚らにとっては、密教思想に対する王の「間違った」解釈のみならず、日本密教の輸入自体がより深い問題を宿していた。震旦密教重興会と太虚の論争は主として密教をめぐる確執であったが、太虚らにとっては、日本仏教そのものが、中国仏教界にとって危険なものと見なされる問題視すべきものであった。以下においては、日本密教に対する太虚らの批判的見解を分析しながら、彼らの日本仏教自体に対する危機感を明らかにしたい。これによって近代日中仏教交流のさらなる重要な側面が明らかになり、本書の冒頭で紹介した日本人仏教者からみた中国仏教という側面を、中国人仏教者からみた日本仏教という観点で補うことができる。

第十節　中国人仏教者における日本仏教観

太虚は、すでに一九二五年から権田雷斧より伝授された密教を「毒」と呼んでおり、王の「外道門戸」が、湖南省や広東省だけでなく江蘇省にまで普及していることを嘆いていた[194]。僧侶曼殊揭諦が王に対して書いた記事では、こうした日本仏教を危険視する意識がとりわけ明瞭に表現されている。以下においては、その内容を詳細に紹介する。

一九二四年、曼殊は王とともに権田雷斧より伝法灌頂を伝授された。曼殊の父親は中国人であったが、母親は日本人であった。一九三三年二月、曼殊は『海潮音』上に王の活動を批判する手紙を発表した。曼殊からみれば、日本とチベットの密教は、現在に至るまで「無窮の流弊」を生み続けて、仏教体制を危機にさらした思想である。[195]曼殊には、日本とチベットの密教を外道思想と見なす態度が著しく、正統的な仏教を「仏教の体制は固く定まっており、顕教・密教とも同じであり、出家者は在家者を拝さず、規律がきわめて厳格である（仏制是決定制，顕密同稟；比丘不拝居士，律制綦厳）」と定義している。[196]しかし、曼殊は王に対して、「あなたは出家に反対しているからには、恋愛や妻帯して子をもうけ家族をもつなど「団欒の楽」を肯定し、また生計を立てる術《すべ》を求めているので、ゆめゆめ仏教において人の模範になるべきではない。そして、あなたは結局のところ、一方で家庭と恋愛のため、（商売によって）生計を立てようとし、一方では仏法を利用し、人に灌頂を授けて帰依を受け、それを一種の副業として、収入を増やし名誉を得ようとしている（「汝既反対出家，則必恋愛家庭妻孥団聚之楽，及営謀一切治生之術，万不応於仏教中作人師範！　乃汝竟一面因家庭恋愛，営謀生活；一面又仮借仏法，為人灌頂収帰依，為其一種副業，以増収入而弋名聞」）」と述べ、王の運動を中国の仏教界の伝統的な体制に対する危機をもたらすものとみなした。[197]

そして、王の「俗人阿闍梨」は、曼殊にとって、特に男女関係の観点から危険視された。日本の「東密」が及ぼす危機のみならず、チベットの「蔵密」にもこの外道性が認められる。曼殊は、密教の伝法が近い将来、公における男女の交合によって行われるであろう（「大庭広衆中演男女交合為伝法」）と述べて、王の密教がもつ、正統的な秩序を破壊する淫祀性について警告している。密教の外道性によって、仏教の「清規」（出家者戒律）が危険にさらされているとみる曼殊は、王の運動を中国に到来した日本密教の邪教「立川流」とも呼んでいた。震旦密教重興会を、弾圧された中世日本の密教流派の立川流と結びつけることによって、日本から伝来した密教の邪教性を強調したのである。そして、この外道的な密教の伝授の結果として、すでに香港で女性阿闍梨が出現していると嘆いている。[198]

しかし、曼殊自身も密教徒であるため、日本で伝授されている密教を完全に否定することはできなかった。したがって、曼殊の立場は、日本密教を「毒」とも呼んだ太虚のものとは少し異なっていた。曼殊は権田の弟子であるため、権田の正統性までは問わなかった。権田の正統性を問うことは、自身が継承している法脈の正統性を問う行為に他にならないからである。曼殊は権田を「老僧」として描き、この「老僧」が時に間違った発言をしたら、その間違いを正すことは弟子の孝道で、弟子の責任だと主張している。つまり、権田が在家者に伝法灌頂を伝授できると間違って主張し、王がこの「乱命」をそのまま引き受ければ、師匠に対する不孝になると主張しているのである[199]。

曼殊による批判の重要な点は、彼が持松と同様、正統的な唐代密教と外道的な日本密教を区別していたことである。曼殊は唐・宋代以降、「密宗」の伝統は中国で失われたが、日本では近代中国人のために保存されてきたとしている[200]。曼殊の日本に対する態度は明らかではないが、母親が日本人であったという事実からすると、複雑なものがあったと推測できよう。しかし、曼殊は仏教に対して主に中国的な観点を取っており、日本人を密教の「保存者」と捉え、中国中心的な理解を示している。曼殊から見れば、自身と王は、幸運にも日本から中国に密宗を「贖帰（取り返す）」できる時代に生まれた。したがって、密教が日本から逆輸入されても、それは本来、決して日本のものではないのである。これは、真言密教から空海の思想を排除し、いわゆる「原型」の密教を再び中国に植え込もうという、持松も共有していた態度であった。

曼殊の論では、日本密教が敵対視され、中国仏教界に侵略してくる邪教的な存在（「立川流」）と理解されていた。王の運動によって、男女関係をはじめとする邪教が中国にも侵入し、正統的な仏教が破壊されてしまうと曼殊は主張している。しかし、最終的には、広東省における王の影響力が大きく、曼殊掲諦は広東地域から離れざるをえなかったといわれている[201]。

太虚も日本密教を問題視していた。彼は日本の神道が日本密教に及ぼした影響を指摘し、これによって日本仏教は「密教が邪道として起きて、日本の名士もまたそれを乱談（則狂密起。士夫亦乱談之矣）」していると述べた[202]。そして、日本密教はさまざまな日本人仏教者の「私見」と現地の慣習を吸収してしまい、すでに唐代密教とは異なった思想に変身しているとして、日本密教の独自性を主張した[203]。また、日本密教のみならず、日本仏教全体を外道的な思想であるとしている。太虚は、日本仏教の多くの弊害が浄土真宗に由来するとみていた。特に日本仏教における肉食妻帯の普及は、彼にとって浄土真宗と密接に結びつけられるものだったようである[204]。また別な機会において、太虚は日本仏教における外道性の由来を「二教論」（顕教と密教を区別する論）と「十住心論」を唱えた空海自身に求め、空海の没後、日蓮と親鸞が彼の排他的な伝統を受け継いだと見なしている[205]。

太虚の密教復興に対する反発にみられるように、多くの中国人出家者にとっては、日本仏教そのものが問題であった。太虚らは、近代化における日本仏教の成功を認めながらも、それを中国にとっては破壊的な力をもつものと見なしていた。日本仏教史上の人物のみならず、日本仏教の現状にも外道性が見いだされた。太虚の弟子大勇は高野山留学中、日本人僧侶の肉食妻帯に批判的な眼差しを向け、「浄土真宗の邪見」はすでに日本仏教全体に浸透していると指摘した。また、日本人僧侶の外見（つまり、彼らの俗人的な姿）からうかがえるように、内的な能力は制限されているとも主張した[206]。日本仏教に対する太虚自身の態度は、一九二五年の東亜仏教大会に出席した際に行われたインタビューにはっきりと示されており、そのなかで太虚は、日本仏教の近代的な教育制度を高く評価しながらも、戒律厳守や修行実践の欠如を批判している[207]。

太虚らが日本仏教を厳しく批判した背景を理解するには、「戒律」をめぐる問題に注目する必要がある。すなわち、太虚らからみると、日本仏教には、戒律を侵犯し従来の仏教体制を解体してしまう破壊的な力が宿っていたのである。そして、太虚らによれば、日本仏教がもっているこの破壊的な力は、王の運動を通して中国にももたらされてしまい、中国仏教は危機に直面していた。戒律厳守は太虚ら改革派の思想にとってとりわけ重要であり、在家主義と密接に結びついていた王の密教復興運動に対する太虚の護法論でも、当然のように戒律問題をめぐる論争が展開された。以下においては、王の運動における日本仏教と戒律問題の関係を分析し、太虚派が注目していた日本仏教の危険性を究明する。

第十一節　戒律を破壊する日本密教

太虚派の僧侶法舫は、邪教的な密教の出現を中国人出家者の怠惰と結びつけていた。法舫は、一部の出家者を除く出家界は社会に対して受動的な態度を取っていたため、在家者の活動が次第に活発となり、そこから現在の仏教界を脅かす危機的な現象が生じたと述べている[208]。そして、密教に対する出家者の疑惑を次のようにまとめている。「密教の教えが近年非常に流行しているが、戒律を守らず、教理を覚えないため、社会の奥深くにまで悪影響を及ぼしている。魔子がいうように「密教が流行れば、顕教は滅ぶ」のである。嗚呼（密教教法、近年雖頗昌盛、因不守戒律、不諳教理、而流毒所及、為害至深！　如魔子曰：「密教興、顕教滅」嗚呼！）[209]」。ここでは、密教と戒律厳守は相互矛盾の関係にあるとされている。澹雲という仏教者も、王弘願は自分を「仏子」と呼ぶのに、家庭をもっており、「仏戒」を受けない（出家しない）ため、「淫戒」を犯していると述べている[210]。

民国期の資料を見れば、密教に対して、戒律を厳守しないイメージが根強くあったことがわかる。たとえば、『仏学半月刊』の仏学問答コーナーに、密教ならば本当に肉を食べてもいいのか、という質問が見られる[211]。そして、日本密教のみならず、チベット密教も戒律に危機をもたらすものと見なされた。たとえば、一峯という僧侶は最終的に密教の学習に着手したが、当初は「密教を学ぶが、戒律を学ばない（学密不学戒）」といわれていたことから、密教に対して非常に懐疑的であったことを述べている。(212) 一峯と同様、曇鉢という僧侶も密教を敵対視していたことを述べている。「密宗」は、同時代には「バラモン教」（「婆羅門教」）と見なされ、密教を学ぶ人々は「いくつか印呪を学んだだけで顕教を見下し、自分の師匠は尊敬するが、一般の僧侶のことは軽視する（学得幾種印呪、就瞧不起顕教、他們対他的上師、恭敬供養、対一般僧人、則心存軽視）」とみられていたことを述べている。そして、曇鉢は、この「密宗」を迷信として排除しようとしていたとも述べている。(213) 曇鉢が日本から伝授された真言宗の東密を最初に学んだ事実からすれば、密教に対する以上のような批判的な描写には、王弘願らの運動の影響が見て取れる。

以上の事例からは、民国期において、密教は、反出家的または反戒律的な思想として強く警戒される傾向にあったことがわかる。そして、この傾向は、日本密教のみならずチベット密教に対してもみられた。しかし、チベット密教が漢族地域の中国仏教と数世紀にわたって隣接し、中国人仏教者の間でよく知られていたのに対して、日本仏教が認知されるようになったのは近代に入ってからである。以下において示すように、密教復興において日本密教が危険視されたことは、日本仏教における近代化の過程とも密接に結びついていた。

第十二節　戒律破壊による仏教制度の破壊

密教が戒律を守らないという見方は、特に太虚派の見解であり、密教が盛んになれば、従来の仏教体制が崩壊してしまうと信じられていた。太虚は、ここまでに取り上げた一九二五年の記事において、すでに密教の危険性について述べていた。太虚はさらに一九二五年四月には、『海潮音』上に「今仏教中之男女僧俗顕密問題」という記事を発表した。彼によると、諸浄土においては、男女と僧俗の区別は完全になくなっているが、「穢土」である現世では、その区別がまだなくなっていない。そして、仏教における従来のヒエラルキーには、大きく分類すれば、僧俗と男女の区別があり、さらに分類すれば、仏教徒は七衆（出家五衆と在家二衆）に分けられている。そして、成仏の仏果を獲得できるのは男性の出家者であるため、彼らがヒエラルキーの最上位に置かれた。また、「七衆律儀」は現世における七衆間の関係を管理して仏教の存続を保証するため、不可侵であり、その体制も不変であるという[214]。

しかし、近年、出家制度をなくしてしまった日本から中国に僧侶が来て、在家者に対してこのような正統的なヒエラルキーを無視した密教思想を説いた。つまり、曼荼羅の中心に配置されている大日如来が実は在家者であり、曼荼羅には「定妃[215]」の形で女性もいるという考えを説いたと、太虚は述べているのである。これは従来のヒエラルキーに深刻な危機をもたらし、密教と顕教の間に確執を生み出した。太虚にとって、在家者における密教の現状は、仏教の正統的な律儀を乱し、「仏」ではなく「魔」をこの世に実現させるものであった。そして、出家と在家の正しい戒律を守らない場合、「仏」さえ「魔」に変わることがあるという。しかし、この記事の終わりで、この問題の基本的な原因は密教自体ではなく、正しい律儀に基づいていない密教だけであると判断し、顕教を基礎とする密教は仏の「道具」となるが、独立した密教は「魔」の道具になってしまう、と主張した[216]。

ここで、危険因子として注目されているのは、密教自体に内在する問題ではなく、近年の日本仏教に生じた変化である。つまり、近代日本仏教における出家制度を破壊したのは、出家者への「肉食妻帯」の導入だというのである。太虚にとって、日本仏教における肉食妻帯、そして中国の密教復興における「女人成仏」と「在家者阿闍梨」

という従来の七衆の体制を解体する概念は、密接に結びついている。そして、この記事に登場する日本人僧侶は権田雷斧に他ならない。権田の仏教思想に「大日如来即在家者」などの思想はみられず、諸概念が王弘願独自の密教解釈によるものと思われることはすでに指摘した。しかし、太虚と彼の弟子たちにとって、日本から伝わってきた密教の危険性は、日本人仏教者の肉食妻帯と深く結びついている。太虚らは、権田雷斧の肉食妻帯生活を批判的に見なしており、彼の僧侶としての資格を疑った。王宛ての手紙では、権田のことについて、太虚は「僧正の名前を名乗っているのに、僧侶の振る舞いを本当に欠けている（雖僧正之名、実欠僧行）」と述べる。権田が七十歳余という高齢で妾をもったことを聞いたと述べ、日本の僧侶の間でそれが一般的であり、「彼らの行いはほとんど在家者が批判する浄土真宗の某上人に劣らない（所行殆不亜於居士非議於浄土真宗之某某上人者）」と述べる[217]。奇塵という仏教者もまた、権田が妻帯しているうえ若い女性とも結婚して（「嫁媳婦」）、「酒を呑み、肉を食べる（喫酒喫肉）」生活を送っているため、僧侶としての威儀を失っていると批判した[218]。太虚らの眼差しは、肉食妻帯生活が、権田雷斧をはじめ日本人僧侶を外道的な存在にしていた。

以上のことから、日本仏教が外道的な仏教と見なされたことには二つの理由があったといえる。一つは空海や日蓮などの歴史上の日本仏教者の「排他性」であり、もう一つは近代日本が生み出した肉食妻帯であった。なお、日本仏教者における「肉食妻帯[219]」という習慣は、明治初期から正式に始まった。浄土真宗は昔から肉食と妻帯を認めていたが、他の日本仏教宗派は、戒律上このような行為を禁じていた。とはいえ、明治以前にも密かに妻を娶る僧侶は数多く存在していたようである。維新後の一八七二年、明治政府は「肉食妻帯法」を発布し、法律的に「肉食妻帯」を許可した。保守派からはこの法律に対する反対運動も起こったが、大正時代には、妻帯の習慣が各宗派の大多数の僧侶に普及していたようである[220]。さらに、高野山は伝統的に女人結界となっていたが、明治政府の命令によって一八七二年五月から女性の入山も許され、高野山の僧侶の妻帯も普及していった[221]。

日本仏教の肉食妻帯は、たしかに出家者と在家者の区別を曖昧にする傾向があった。日本国内でも、肉食妻帯の普及とともに在家者中心の団体が増加した。田中智学などの仏教者が出家の廃止を唱えた例もみられる。これは極端な例であるかもしれないが、肉食妻帯の導入によって僧侶のアイデンティティは変わらざるをえなかった。リチャード・ジャッフィ（Richard Jaffe）が指摘したように、在家者団体の独立運動の背景には、僧侶の肉食妻帯、またはそのあまりに堕落した現状に対する批判が、しばしばみられる[222]。なお、太虚らが日本における肉食妻帯論争についてどれほどの知識をもっていたのかは明らかでないが、彼らも、肉食妻帯の習慣により出家者と在家者の区別が曖昧になってしまい、中国仏教が「危機」に瀕するのを恐れていたことは、以上の事情からうかがえる。

続いて、太虚派による仏教改革計画における密教の最終的な位置づけを紹介し、王の運動に対する肉食妻帯の影響の問題にも触れることにしたい。

第十三節　太虚の改革仏教体制における密教の位置づけ

時代は再び一九二五年に戻る。これまでにすでに数回にわたって取り上げた太虚の記事は、密教の現状を描写するだけでなく、これからの中国でいかに発展させていくべきかという意見も表明している。

それらを見る限り、太虚にとって、密教復興の現状は順調なものではなかった。日本人とチベット人の密教徒により中国仏教の戒律と伝統的な体制は危機に陥っており、この仏法の歪曲が波及することを止めなければならないと太虚は説いた。その方法としては、日本密教やチベット密教をそのまま輸入するのではなく、両者を研究しながら、中国の律儀教理のうえで「中密」と呼ばれる中国独自の密教伝統を建立しなければならない、と主張したのである。中国人仏教者は日本人布教師に頼ることなく、日本密教を参考に、自ら密宗の再建を計るべきだと説いた(223)。この態度を代表する僧侶としては大勇がいる。大勇は高野山に留学した際、日本語を勉強することなく、あくまで唐代の「正統的」な密教のみを学ぼうとして、日本真言宗を無視したといわれている(224)。

太虚はさらに、とりわけ密教は人々を迷わせる危険性が高いので、密教を専門とする寺院の数を限定すべきだといい、一道区に一寺院を超えてはならないと主張した(225)。王弘願との衝突のみならず、当時の武昌学院では、大勇らの帰国をきっかけに密教への関心が高まり、密教に対する太虚の警戒心は強まっていた(226)。しかも太虚は、戒律や正しい儀礼に基づかないならば、または伝法資格をもたないならば、密教は効果を示さないと主張している。阿闍梨位を僭称して盲目的に密教を伝法することも同様であり、そのことが人を仏教の「罪人」にすると主張した。そのうえで、「密教を無害有利なように復興させるために、有力な僧侶から発生し、出家と戒律を基礎となし、性相と教理を軌範となしたうえで日本とチベットの密教を吸収し、同化させ、一種の中国密教を建てることが現在の急務だ（欲密宗復興而無害有利者，当由有力比丘分子，以出家戒律為基礎，以性相教理為軌範，而後飽参日密及蔵密，同化而成一種中密，実為当今唯一之急務(227)）」と結論している。戒律を強調することによって、正統的な中国密教の成立が可能になるというのである。

太虚の仏教思想において、戒律は、正統性を保ち僧伽の分裂を防ぐ道具として重要であった。仏教者として社会においてどのように活動すればよいのかという問題は、太虚の中心的な問題であった。太虚は現世における菩薩の救済活動を重視し、出家者や在家者をこの世の菩薩と見なしていた。これは太虚が説いた「人間仏教」の重要な趣旨であった。彼の目的は、現世に浄土をうち建てることであり、そのためには人間を動員する必要があった。したがって、仏教者の社会活動が地上浄土実現のための重要な方法として位置づけられた。そして、出家者だけではなく在家者に対しても、社会活動における五戒十善と六波羅蜜の重要性を強調した[228]。ここから、戒律の強調は太虚の思想の重要な部分であることが見て取れるが、王をはじめとする在家者の「蜂起」に対する護法戦略においては、とりわけ重要な役割を果たしていた。

太虚は仏教体制における戒律と密教の最終的な位置づけを念頭に置いて、一九三五年四月号の『海潮音』に記事を発表した。そのなかで、太虚は戒律を仏の言と行（行動）と解釈し、仏教体制における戒律の重要性を説いた。そして、戒律を理解しなければ、修行も効果をもたらさないと強調し、続いて、仏教を大きく四つの「行」に分けて、仏教はすべてこの四つの行で構成されると説明している。この四つの行とは、すなわち律（戒律）・禅・密（密教）・浄（浄土）である。特に戒律に禅を加え、「戒定」を仏教の根本的な組み合わせとして説いている[229]。また、太虚は、密教を呪文と儀軌を専門とする行として定義している[230]。これによって、密教に対して日本真言宗が説いている密教の宗派的な自立性を否定し、密教を全体的な体制に取り込んで、仏教における技術（呪文と儀礼）として位置づけているのである。

太虚は、戒律と禅を「心身改進」部門、密教と浄土を「神聖感応」部門として位置づけている。前者は「自力」による部門で、釈尊の教えをもっとも直接に表す思想だと主張し、後者は「他力」による部門で、インド仏教後期の産物であるとした。密教においては、龍樹らによってバラモン教の人格神が吸収されてしまい、仏や神による加持感応が説かれた。戒律と禅は仏教の「本質」をなしているので、密教と浄土は仏教の「変体」にすぎないと主張している[231]。したがって、律・禅・密・浄という順番で仏教に入るのがもっとも自然で有効な方法だとする。そして、四つの行のいずれの組み合わせにおいても、「律」がかならず第一位、第二位を占めるべきであるという主張には、太虚の戒律重視が表れている。太虚は密教と浄土思想は戒律と禅を補助するものにすぎないと強調している。また、密教の修行においては、戒律を通して自制すべきだと述べている[232]。そして、戒律に基づいてこそ即身成仏が実現可能だと主張して、「戒律のみに従って、いわゆる「仏の服を服し、仏の言を言い、仏の行を行う」ことができたなら、行為は円満になり、あらゆる悪弊がなくなり、すべての善が行われ、即身成仏することはまったく疑いのないところである（能専従戒律中行、所謂服仏之服、言仏之言、行仏之行、行至円満、染無不止、善無不作、即身成仏、復何所疑[233]）」と述べている。太虚は即身成仏と戒律が不可分な関係にあるとすることで、出家者にとっての戒律の重要性を根本的に疑った王らに対して反論を加えた。

こうした戒律重視に基づく密教の位置づけは、チベット密教に対する態度の変更にもみられる。上述のように、チベット密教は当初、日本密教と同様に危険なものと見なされていた。しかし、太虚派の法舫は、チベット仏教では密教部門の修行に入る前に顕教の経典を詳しく学ばなければならないことを指摘し、また、チベット密教においては戒律厳守も重視されているため、正統性が保持されていると主張した[234]。戒律厳守という点で、チベット密教を認めることが可能になると同時に、中国人にとってのチベット密教の危険性も消失したのである。

太虚は当初、「密宗」の再建を歓迎したが、次第に懐疑的となり、最終的には密教の悪影響を抑制しようとした。以上の事情を考慮に入れるならば、この「密教弾圧」の背景には、近代日本仏教の肉食妻帯に対する危機感があったと考えられる。日本より伝授された密教は出家者と在家者の区別をなくしてしまうため、出家者を中心とした従来の仏教体制を破壊してしまうと考えられた。そして、仏教のヒエラルキーの最上位に男性出家者を置く太虚にとって、密教復興とともに現れた「女人成仏」や「在家阿闍梨」などの発想は、その破壊的な力が具現化したものであり、主として男性出家者で構成されていた太虚派からは当然、敵対視されるに至った。この点に関して、近代日本仏教の変化は、中国人仏教者にとって単なる「見本」や「模範」としてではなく、具体的な影響を及ぼす存在として理解され、恐れられていたのである。そして、密教復興運動の担い手との論争における太虚派の戒律重視には、日本の肉食妻帯に対する反発がみられるのである。

最後に、以上のような批判に対して、王弘願と震旦密教重興会がどのように反応したのかを紹介したい。

第十四節　震旦密教重興会からの反論

王弘願の弟子たちは、以上のような批判に対して積極的に反論した。震旦密教重興会のメンバーは、『密教講習録』や『仏化季刊』に反論を掲載した。たとえば、『密教講習録』では、王の高弟馮達庵が、太虚側からの批判に対して密教伝授の「原理」を説明し、「密教の伝授は実際（法の究極の根拠）を重んじ、出家と在家の区別を問題としない（伝密祇重実際，不論緇素）[235]」と述べている。密教における阿闍梨位は在家と出家の区別から独立しており、両者が平等に得られるものだと論じたのである[236]。王の息子福慧は『密教講習録』の同号において、阿闍梨位を得たにもかかわらず灌頂を行わないのは、菩提心を離れるものである（「捨離菩提心」）と主張した[237]。阿闍梨位は、単純な在家と出家の間の区別を超克するものであるという思想が、王の教団の基礎にあったのである。

在家阿闍梨が仏教のヒエラルキーを侵犯するという批判に対して、「大実山人」と名乗る震旦密教重興会会員は、恵果が在家者に対しても灌頂を授けたことを指摘し、『大日経疏』では在家者も大阿闍梨になれるとされていることを『仏化季刊』に掲載された論考のなかで指摘している[238]。また、王弘願の伝記を書いた震旦密教重興会の陳歴典によると、「インドと中国の密教では、伝法灌頂は本来僧俗を問わないものであったが、日本に入ってからは僧侶が尊ばれ、伝法は出家者に限られるようになった（密教之在印度中華，伝法灌頂，本不問僧俗，迨至日本，則以僧侶之尊貴，伝法乃限於出家人）[239]」とされ、陳は権田の伝授が日本でも反対されていることを承知していたが、王が経典を調べて居士伝法の根拠を示したと述べている。ここでは、在家阿闍梨の存在を問題視することは日本密教において生じた問題として位置づけられている。会員の王浄心も権田の文章を引用して、阿闍梨は出家者に限定されないことを主張した[240]。

また、日本密教を受容したことは、かならずしも震旦密教重興会が日本の政治的侵略を支持することを意味しないと会員たちは反論した。震旦密教重興会のメンバー自身も、日本仏教を受容したことの政治的意味を強く意識していた。たとえば陳歴典は、権田雷斧が潮州に来た際に日本政府が支援していたという事実がはらむ問題にも気づいている。しかし、彼はその背景に政治的な狙いがあったことを否定している[241]。王大依という会員も、日本からの密教の逆輸入と日本の中国における権益獲得の戦略は、別物とみなければならないと主張し、「日本人は我らに対して無理な要求を突きつけたが、その野心は我が国の権益を侵略することである。日本から伝わってきた密教経典に関しては、すべてが（かつて中国で）失われ、（日本からの輸入によって中国で）再興した宝物である。政治問題および権益を侵略する野心は、（密教経典の輸入と）まったく無関係である（日人対我提出無理要求，其野心係侵略我国之権益。対于由日伝帰之密乗経典，皆係失而復得之至宝！　関于政治問題，及其侵略権益之野心，截然両事，風馬無関）[242]」と述べている。日本政府がどうみていたかは別にしても、震旦密教重興会のメンバーは、日本の対中国外交における政治的な狙いには気づいていて、それに協力する意図はなかったようにみえる。逆に、太虚自身の日本仏教との親密な関係を指摘し、そのダブル・スタンダードを批判した。王浄心は太虚が「東亜仏教連合会」（一九二五年に東京の増上寺で開催された東亜仏教大会のことと思われる）に参加したことを指摘して、これは震旦密教重興会と日本仏教の関係とどのように異なるのか、と問いかけている。また、木村泰賢が中国を訪問した際に、太虚が温かく歓迎したことも指摘している[243]。

最終的に、震旦密教重興会のメンバーは、仏教界における太虚ら出家者たちによる支配を批判した。福慧は「仏法は一人、二人の私有物ではない（仏法非一二人之私物）[244]」と主張し、次のように述べた。

仏法は天下の衆生の仏法であり、三世恒久の仏法である。懐中に入れて独占することはできないし、天下の舌を無理やり私の好みにしたがわせ、自分の仲間のいうことなら百の非を是とし、自分たちに反する者のいうことなら千の是も非とするなどということはできないのである。仏法をトラストとし、ファシストを信奉するという幻想は簡単には実現しないだけではない！　たとえ実現できたとしてもそれは仏法そのものの福ではないし、禅宗が天下を支配したらいったいどうなるのであろうか。

（仏法乃天下衆生之仏法，三世常恒之仏法；非可囊括而独霸之，亦非可強天下之舌，尽効我之所嗜，以為出自我徒党則百非皆是，反之則千是亦非也！　以仏法為托拉斯，而奉行其法西斯蒂者，不特此種夢想不易実現！　即実現亦非仏法本身之福，禅宗独霸，天下其結果為何如乎？[245]）

これは明らかに太虚らに向けられた批判である。福慧は、太虚らが仏教界のなかで在家者を劣等な立場に置く利己的な思想を唱えているといい、仏教を独占して自分の「トラスト」にしようとする「ファシスト」として批判した。彼らにとって、太虚らからの批判は中国仏教界を支配しようと目論む人たちからの不正な批判であった。太虚に対するこのような批判は、特に「大実山人」を名乗る人物の「哀太虚」という記事で一層強く表明されている。

大実山人は「（太虚は王弘願のことを）強く嫉妬している（妒嫉之心大盛）[246]」と主張し、「仏教の一切が男性出家者である太虚の私有物にすぎないと思い込んでおり、ある日（彼は）在家者にも伝法できるという王弘願大居士の説を聞き、これを大いに怪しんで、魔（の仕業だ）と思った（蓋其心以為凡一切仏教，皆惟是出家男人之太虚之私有物，一旦聞王弘願大居士在家人可伝法之説，則大訝以為魔）[247]」と指摘して、太虚を男性出家者の縄張りを守ろうとする独裁者として描いている。

しかし、太虚派による圧力のためであろうか、王弘願自身は一九三四年、震旦密教重興会の会長の地位を辞した。そして、一九三七年一月から二月にかけて、王の継承者馮達庵が、上海の『仏学半月刊』に「学密宗須知」という密教入門記事を連載した。この記事からは、震旦密教重興会が太虚派に対して妥協的になったようにもみえる。この記事の序文で、馮は、密教復興にともなって誤った教法や間違った修行が現れて弊害となり、教化を阻止していることを認めている。そして、顕密は教法上の区別のみで、仏法には優劣がなく、衆生のさまざまな「根器」への対応のみに差がみられる。しかも、教法の差にもかかわらず、顕教と密教は「かならずお互いに補助し合わなければならない（要須互相補助）」関係にあると述べている。また、顕教の教理の正確な研究に基づかない密教の実践は「仏法翻成魔道」という外道に陥る恐れがあると警告している[248]。ここまでは、太虚派の要求に応じているようにみえる。

しかし、即身成仏と在家者阿闍梨というテーマになると、馮は以前の主張を繰り返している。まずは戒律を説明し、比丘戒と大乗菩薩戒の区別を簡単に紹介して、その後、「三昧耶菩提心戒」を取り上げ、これは密宗の特別な戒であると説明している。すなわち、この三昧耶は「戒中之王」だと主張し、この戒を受けたならば、小乗（比丘）の戒を保つ必要はないという[249]。ここでは、具足戒を受けている出家者の優越性に対して三昧耶戒を主張し、以前に太虚派から「犯戒」と批判されたことに反論している。続いて、即身成仏を身体的な過程として説明しており、即身成仏における肉体と仏の法身の同一性を説いている（「即身成仏者。行者於現生肉身中。親証仏之種種法身也」[250]）。ここにも、太虚の抽象的な即身成仏理解に対する反論がみられる。すなわち、身体的な即身成仏は、在家者阿闍梨の重要な思想的柱だったのである。その後、阿闍梨資格は出家在家を問わないと馮は論じている。彼は『大日経』と『蘇悉地経』を引用し、在家者も阿闍梨位を得られることを説く。特に、在家者で菩薩戒を受けると、夫婦生活を放棄しないことで欲情の煩悩に陥らないため、三昧地状態を得ることができると主張している[251]。

太虚らが恐れていた肉食妻帯の危機についてはどうであろうか。王に関する資料には、彼自身による肉食妻帯の肯定はみられない。むしろ、彼は日本の浄土真宗における肉食妻帯にきわめて批判的な態度を示している。親鸞の妻が観音の化身だという説については「滑稽で、最低の話」だと述べ、蓮如のことも批判的にみていた。浄土真宗の教義については、楊文会の痛烈な真宗批判はいいすぎであるとして真宗の浄土思想を評価したが、最終的には、王も真宗の教義が中国には適さないと結論した[252]。この事情を考慮に入れれば、王が日本仏教の僧侶における肉食妻帯を肯定的にみていたとは考えにくい。しかし、次のような曖昧な文章もみられる。『真言宗小史』中国語訳の序文において、王は以下のように述べている。「明治五年、僧侶に妻帯と肉食を奨励する勅令があった。僧侶も一般社会も、僧と俗の境界を忘却してしまったかのようである。日本仏教の盛衰の現象もこのとおりであろう。しかし日本の僧侶の多くは書を読むことができ、学問があり、社会の信仰を得ていて、この点が今日の我が国の僧侶の及ばないところである（明治五年，至有奨励僧侶帯妻肉食之敕詔。而僧人及普通社会，亦幾忘却僧俗劃界之鴻溝矣。蓋日本之仏教其盛衰之現象也若此。然其僧人大抵能読書，有学問，得社会信仰，此則非我国今日之僧人之所能及也[253]）」。この「日本仏教の盛衰の現象もこのとおりであろう」という主張には、王が肉食妻帯の許可を問題視していたことが示唆されているが、一方で、日本人僧侶の高い教養レベルを評価してもいた。少なくとも、彼は、近代日本仏教を危険なものとはみていなかったのである。

　太虚派に対する以上のような反論を行ったにもかかわらず、王が亡くなり、日中戦争が勃発すると、最終的に震旦密教重興会は何らかの事情で解体してしまった。戦時中に広東地域で活動していた日本の真言宗布教師は、会の解体を日中戦争開戦にともなう反日感情によるものと捉えた(254)。また、会は開戦直後の現地官憲の重圧によって解散したともされている(255)。日本真言宗の開教師たちによって、戦時中には汕頭密教重興会として一時的に復活したが、王が結成した教団の物語はこれで終わりにしたい。

第十五節　小　結

　以上の考察に基づいて、密教復興と民国期の仏教に対する日本仏教の影響について何がいえるであろうか。

　第一に、民国期の「密教復興」現象は、日本から導入された宗派中心的な仏教史観がもたらした影響の直接的な産物として解釈しなければならない。「密宗」という一宗を復興させようという要求は、日本的な宗派観念の内面化の結果であった。日本真言宗の独自の思想と用語が民国期の仏教界で広く使用されるようになり、近代中国人仏教者の密教理解は日本密教の大きな影響のもとに形作られたのである。「雑密」「純密」「即身成仏」「十住心」など、日本の真言密教が生み出した思想は民国期の中国において普及していた。また、中日密教研究会の許丹は、空海が多くの中国人密教徒にとっても即身成仏の「親証者」や密教の「先覚者」としての役割をもつと説いた。このことは、空海が「日本仏教」という枠組みを飛び出し、普遍的な側面をもつようになったことを意味している。許は

「蓋し大師は生を日本に享け、日本国民の導師となると雖も、大師の心境は固より真如法性に等同にして大師の悲願は只に日本国に限らず一切国土に周遍し一切衆生を摂化するにある」と述べ、空海が説いた教えの普遍性を主張した。[256]この主張がどこまで的確であったのかは不明であるが、日本真言宗の密教思想を受容した王弘願と彼の弟子たちのことを考えれば、かならずしも間違っていなかったようである。

第二に、密教復興は日本の影響を受けていたものの、日本真言宗の指導下で行われた運動でも、統一された運動でもなかったことに注目しなければならない。日本真言宗が唐代密教の真伝を継承しているという捉え方は、日本真言宗に正統性を与えるのみならず、近代中国人仏教者に利用される言説ともなった。つまり、密教復興現象は、日本仏教との交流が中国仏教に対してもっていた影響力の大きさを示している。太虚にとって、日本密教の導入は唐代密教を再建するチャンスをもたらすと同時に、中国仏教に対する深刻な危機因子でもあった。同時に、日本から伝わってきた日本密教の伝承の正統性を主張することによって、王は独自の思想と教団を確立する自由を手に入れた。日本からの伝授と王の独自の思想が結合した結果、中国仏教界の主流から独立した在家者教団が結成された。日本の真言密教は、王による再解釈を経て、「平等」「即身成仏」「十住心」など、彼の教団に正当性を与える思想を提供した。王の思想はどうみても正統的な密教ではなかったが、筆者の意見では、これまで太虚派やその見解に依拠する学者から受けてきた軽蔑は不当なものである。王の教団は在家者を中心に置いていたが、その仏教に対するヴィジョンは太虚と同じく近代的なものであった。社会主義思想や無政府主義思想に対する関心など、その近代的思想で評価されている太虚ではあるが、王との確執をみると、在家阿闍梨と女人成仏を否定する保守的な仏教者にみえてくる。[257]震旦密教重興会の「大実山人」の、仏法を私有化している男性出家者という太虚への批判は、むしろん太虚のすべてを反映してはいないが、彼ら在家者が感じていた切実な不満を表しているものと思われる。太虚自身は社会主義思想にも影響されており、江亢虎などの社会主義者たちが唱えた社会の平等化に沿って、教育改革などによる僧伽の平等化を唱えていた[258]。しかし、震旦密教重興会との衝突からみれば、彼がもっていた平等概念の限界がみえてくる。

この意味では、王弘願と震旦密教重興会の活動は、近代中国仏教を考える際に大いに参考になると思われる。王は日本的な密教観の導入を可能にした唯一の人物ではなかったが、密教復興を推進する主要人物の一人であった。王弘願と震旦密教重興会は、その過激さゆえにやや特殊ではあるが、当時の中国仏教界で王の思想が広く意識されていたことを確認できた。王と彼の教団は、中国仏教の近代化に対する我々の理解を促進する事例として十分に有意義だと思われる。これまでの近代中国仏教についての理解は、かなりの程度、太虚と彼の弟子たちの活動に偏っていた。太虚だけでなく、対立していた王弘願の運動に注目することによって、民国期の仏教のなかに宿っていた多様な可能性に気づくことができるのである。したがって、民国期の仏教をより正確に理解するためには、太虚と彼の弟子たちが、いかに私たちの近代中国仏教像の形成に影響しているのかを意識する必要がある。また中国仏教の近代性を、かつてない新しい観点から積極的に追究することも必要である。そのためには、王弘願のようなやや「外道」めいた観点からも、近代中国仏教を考察しなければならない。それにより、太虚の近代的仏教主義が唯一の可能性であるという見方を脱することが可能となるのである。

註

（1）民国期の中国におけるチベット仏教に対する関心については、グレー・タットル（Gray Tuttle）がすでにその大きな流れを考察している。タットルは、チベット密教に対する関心について、混乱した民国期に密教が国の平和をもたらすという発想に由来すると指摘している。しかし、このような護国的な側面はたしかに密教に存在しているが、護国のみによる一元的説明では密教復興を十分に明らかにすることができないと思われる。内乱状態のもとの中国人はほかに救いがなく、密教の呪術的な救済を求めざるをえなかったという、呪術的な次元を重視するタットルの主張は、密教を復興する必要性の思想的背景を説明できない。Tuttle, Gray, 2005, *Tibetan Buddhists in the Making of Modern China*, New York: Columbia University Press, p. 159. を参照。

(2) 杜の烏「和田僧正に進言す」(一九三〇年)(『六大新報』第一三六四号)を参照。

(3) 呂建福『中国密教史』(北京：中国社会科学出版社、一九九五年)、六二〇頁。

(4) 肖平『近代中国仏教的復興——与日本仏教界的交往』(広州：広東人民出版社、二〇〇三年)、一九九頁。

(5) 同書、二〇〇～二〇一頁。

(6) 陳兵・鄧子美『二十世紀中国仏教』(北京：民族出版社、二〇〇〇年)、三五一頁。

(7) たとえば、同書、三七三～三七四頁を参照。

(8) 前掲註(4)肖『近代中国仏教的復興』、二一四頁。

(9) 同書、二〇五頁。

(10) 田中文雄「密教復興とその後——日本仏教と中国在家教団の八十年」(宮澤正順博士古稀記念論文集刊行会編『東洋——比較文化論集』東京：青史出版、二〇〇四年、四一五～四三六頁)、四一六頁。

(11) 同書、四一六頁。

(12) たとえば、吉岡義豊「現代中国の密教信仰」(『智山学報』第九巻、一九五五年、三七～五〇頁)、三七頁を参照。

(13) 呂建福『中国密教史(修訂版)』(北京：中国社会科学出版社、二〇一一年)、七三九頁。

(14) 吉祥真雄「佐伯覚随上人」(一九四一年)(『東亜宗教事情』第一四号)、三四頁。

(15) 玉島実雅編『覚随上人追懐録』(大阪：無量寺、一九二八年)、五三頁。

(16) 吉井芳純編『チベットの仏教文化』(出版地不明：吉井芳純、一九八四年)、一〇一頁。

(17) 楊文会「十宗略説」(周継旨校点『楊仁山全集』合肥：黄山書社、二〇〇〇年)、一五四頁。
(18) 王弘願「解行特刊序」(一九三三年)(『海潮音』第七号)、五二頁。桂の伝記については、于凌波『中国近現代仏教人物志』(北京：宗教文化出版社、一九九五年)を参照。
(19) 太虚『整理僧伽制度論』(一九一五年)(太虚大師全書編纂委員会編纂『太虚大師全書』制議〈二〉、台北：太虚大師全書影印委員会、一九七〇年)、二七～二九頁。
(20) 同書、三七頁。
(21) 日華仏教研究会編『乙亥訪華録』(京都：日華仏教研究会、一九三五年)、六一頁。
(22) 鄭群輝『仏教在潮汕』(潮州：潮汕歴史文化研究中心、二〇〇〇年)、八四～八七頁。
(23) 前掲註(18)于『中国近現代仏教人物志』、一八五頁。
(24) 釈東初『中国仏教近代史』(台北：東初出版社、一九七四年)、四一〇～四一一頁。
(25) 一九三五年に高野山を訪問した大醒は当時、高野山で浄徳という若い中国人僧侶が密教を修行していたと述べている。大醒「高野山・三日記(D)」(一九三六年六月二十八日)(『中外日報』)を参照。
(26) 前掲註(13)呂建福『中国密教史(修訂版)』、七五三頁。
(27) 前掲註(18)于『中国近現代仏教人物志』、一八六～一八七頁。
(28) 「仏学書局図書目録」(一九三七年六月一日)(『仏学半月刊』第一五二期第七巻第一一号)、五七頁。
(29) 吉祥真雄「支那密教の現状について」(前掲註〈21〉日華仏教研究会編『乙亥訪華録』)、九四～九六頁。
(30) 震旦密教重興会の書目を見ると、たとえば興教大師の『伝法灌頂一異義愚案鈔』や『興教大師全集精華録』が出版されていた(王弘願「震旦密教重興会之書目」〈『仏頂尊勝陀羅尼之研究』潮州：震旦密教重興会、一九三〇年〉を参照)。
(31) たとえば、法舫「中国仏教の現状」(『日華仏教研究会年報』第一年、一九三六年、二二九～四七頁)を参照。法舫は、密教復興を中国仏教の現状において重要な課題として評価している。

(32)「支那僧の日本仏教研究熱を充たすべく――支那全土に密教の大宣伝。真言宗徒の大奮発」(一九二六年三月五日)(『中外日報』)を参照。

(33) 前掲註(16)吉井『チベットの仏教文化』、八六頁と一〇一~一〇二頁。

(34) 密宗革興会「王師愈諍潮中的間話」(一九三四年)(『海潮音』第一五巻第三号)、四〇頁。

(35) 方毓強「中国密宗を復興される持松法師」(『空海研究』第三集、香港:閩南人出版有限公司、二〇〇〇年、五六五~五七〇頁)、五六八~五六九頁。

(36) 加地哲定「支那に於ける現代の宗教」(一九二二年)(『六大新報』第九七八号)を参照。密教復興運動は統一されていなかったため、その社会的構造の問題は、より詳細な調査が必要である。

(37) 杉本良智編『華南巡錫』(東京:護国寺、一九四三年)、一四頁。

(38)「持松法師求雨有効」(一九二五年)(『海潮音』第六年第七期、事記〈初出は『中西報』〉)、一九~二〇頁。

(39)「支那の密教を語る　許丹氏」(一九三五年)(『高野山時報』七〇四号)、二〇頁。

(40) 顕蔭「再論真言密教与中華仏法之関係」(一九二四年)(『海潮音』第五年第八期)、三〇頁。

(41) 同書、三三頁。

(42) 常惺「密宗大意」(常惺『仏学概論』一九七八年〈一九二九年初版〉)、四七~四八頁。

(43) 山本忍梁「真言密教徒の大陸教化」(一九三八年)(『六大新報』第一七五二号)、五頁。

(44) 曹如霖『一生之回憶』(東京:鹿島研究所出版会、一九六七年)、二一八~二一九頁。

(45) 金山穆韶『弘法大師の信仰観』(高野町〈和歌山県〉:高野山大学出版部、一九四四年)、二一八~二一九頁。

(46) 同書、二二一頁。

(47) 同書、二二二頁。

(48) 楊文会「仏教初学課本註」(前掲註〈17〉周『楊仁山全集』)、一三〇頁。

(49) 楊文会・釈善因「仏教初学入道歌」(一九二一年)(『海潮音』第五号、獅子吼)、一~二六頁。

(50) 顕蔭『真言宗義章』(上海：世界仏教居士林、一九二四年)、四三頁。
(51) 同書、四四頁。
(52) 程宅安『密宗要義』(出版地不明：浄楽林編訳部、一九二八年)、一三一～一三二頁。
(53) 同書、八頁。
(54) 太虚「中国現時密宗復興之趨勢」(一九二五年)(前掲註〈19〉『太虚大師全書』法界円覚学〈二〉)、二八八四頁。
(55) 蔣維喬、鄧子美導読『中国仏教史』(上海：上海古籍出版社、二〇〇六年〈一九二九年出版〉)、一八九頁。
(56) 黄懺華『仏教各宗大意』(台北：文津、一九九一年〈一九三四年初版、一九四七年再刊〉)、四九六頁。
(57) 謝無量『仏学大綱』(揚州：江蘇広陵古籍刻印社、一九九四年〈一九一六年初版〉)、二三七頁。
(58) 黄奉西『密宗大綱』(上海：有正書局、一九二三年)、二頁。
(59) 許丹「支那密教復興の必須条件」(一九三五年)(『中日密教』第二巻第七号)、一三頁。
(60) 凝然大徳著・鎌田茂雄訳注『八宗綱要』(東京：講談社、一九九一年)、四〇八頁。
(61) 王弘願訳『真言宗小史』(一九二九年)(于端華編『密教講習録』第四巻、北京：華夏出版社、二〇〇九年)、五四四頁。
(62) 志磐『仏祖統紀』(『大正大蔵経』第四九巻二九六頁上段)。
(63) 前掲註(55)蔣『中国仏教史』、三二六頁。黄懺華『中国仏教史』(基隆：法厳寺出版社、一九九八年〈一九三七年初版〉)、四三四頁。
(64) Sharf, Robert, 2002, "Appendix I-On Esoteric Buddhism in China," *Coming to Terms with Chinese Buddhism*, Berkeley: University of California Press, pp. 275-6.
(65) 黄繁西「密教重興之大意」(一九三四年)(『世灯』第一期)、二四頁。
(66) 陳歴典「円五居士王弘願先生之歴史」(出版年不明)(前掲註〈61〉于『密教講習録』第五巻)、五四頁。
(67) 王弘願「王大阿闍梨(弘願)開示辞」「壬申広州開壇記」(出版年不明)(前掲註〈61〉于『密教講習録』第五巻)、

二九三頁。

(68) 「顕密二教論」とは、顕教と密教を根本的に違う流れと定義する教義である。

(69) 「十住心」とは、空海によって唱えられた密教を諸教義のなかの最高の位置に置く判教である。

(70) 前掲註(60)凝然・鎌田『八宗綱要』、四〇八頁。

(71) 権田雷斧『密教綱要』(東京：丙午出版社、一九一六年)、三~五頁。

(72) 前掲註(64)Sharf, 2002, "Appendix I-On Esoteric Buddhism in China," p. 275.

(73) Ibid., p. 265. Abe Ryūichi, 1999, *The Weaving of Mantra: Kukai and the Construction of Esoteric Buddhist Discourse*, New York: Columbia University Press, pp. 152-3. 阿部の指摘によると、「雑密」と「純密」という概念は、文献上では江戸中期の学僧慧光(一六六六~一七三九年)の頃からみられる。

(74) 前掲註(50)顕蔭『真言宗義章』、五頁。

(75) 程は、「十住心」「大日教主」(法身)、両部曼荼羅などを説明し、最後に『大日経』や『金剛頂経』とともに、『即身成仏議』『秘蔵宝鑰』『心経秘鍵』などの空海の著作を紹介している。

(76) 前掲註(63)黄『中国仏教史』を参照。

(77) 前掲註(73)Abe, 1999, *The Weaving of Mantra*, pp. 156-7.

(78) Ibid., p. 189ff.

(79) 「真言宗」の使用は楊文会の『十宗略説』と太虚の『整理僧伽制度論』にみられる。

(80) 前掲註(64)Sharf, 2002, "Appendix I-On Esoteric Buddhism in China," p. 269, p. 271. この点に関してはMcbride, Richard, 2004, "Is There Really "Esoteric" Buddhism?," *Journal of the International Association of Buddhist Studies* vol. 27 no. 2, pp. 355-6. も参照。マックブライドは善無畏・金剛智・不空が「顕教」の大乗仏教から独立した教えを立てようとしなかったことを指摘する。

(81) Ibid., p. 270.

（82）Ibid., p. 278.
（83）塵隠居士「禅密或問」（一九三四年）（『海潮音』第一五巻第八号）、三三一頁。
（84）同書、三三一頁。
（85）同書、三三三頁。
（86）王弘願「恵果阿闍梨伝」（出版年不明）（前掲註〈61〉于『密教講習録』第五巻）、二一五頁。
（87）たとえば、吉岡義豊や呂建福はその好例である。
（88）前掲註（24）釈『中国仏教近代史』、四二六頁。
（89）羅同兵「顕密之理、相応一貫——太虚大師融通漢蔵顕密仏教的思想」（http://hk.plm.org.cn/gnews/2009421/2009421121950.html　二〇一六年二月アクセス）を参照。
（90）梅静軒「民国早期顕密仏教衝突的検討」（『中華仏学研究』第三期、一九九九年、二二五～二七〇頁）、二六九頁。
（91）布施浄明「灌頂の種類と内容」（『灌頂』東京：智山伝法院、二〇〇一年、一三六～一六五頁）、一三六頁。
（92）前掲註（6）陳・鄧『二十世紀中国仏教』、三六八頁。
（93）釈慧原編『潮州市仏教志』第二巻（潮州：開元寺、一九九二年）、七九四頁。
（94）馮達庵「真言四十九世先師王大阿闍梨伝説」（一九三七年三月十六日）（『仏学半月刊』第一四七期第七巻第六号）、五頁。
（95）師愈は愈を師匠とするという意味であり、韓愈の思想に対するその頃の尊敬を表している。
（96）前掲註（37）杉本『華南巡錫』、四～五頁。韓愈についての伝記的な情報は『中国人名大詞典・歴史人物巻』にある。
（97）王弘願『震旦密教重興記』（一九二四年）（権田雷斧著作刊行会編『権田雷斧著作集』第一七巻、出雲崎町〈新潟県〉：うしお書店、一九九四年、六一～一六三頁）、九四～九五頁。
（98）同書、九六頁。
（99）王弘願『密教綱要』（台北：天華出版公司、一九九九年〈一九一九年初版〉）、五頁。

(100) 松崎恵水「権田雷斧阿闍梨の密教観――秘法の伝授をめぐって」(大正大学「仏教近代化の諸相」研究会編『仏教近代化の諸相』東京：文化書院、一九九九年、一〇五～一三六頁)、一一一頁。
(101) 前掲註(97)王『震旦密教重興記』、九七頁。
(102) 前掲註(94)馮「真言四十九世先師王大阿闍梨伝説」、五頁。
(103) 前掲註(97)王『震旦密教重興記』、九八頁。
(104) 同書、九九頁以降。この演説の正確な日付は不明だが、権田雷斧が来中した一九二四年直前のものだと思われる。
(105) 大正大学出版部『権田雷斧大僧正追悼』(東京：荻原印刷所、一九三四年)、三四六頁。
(106) 前掲註(97)王『震旦密教重興記』、一二一頁。ただ、小林雨峰によると、伝法灌頂を授かったのは王弘願、曼殊揭諦、妙慧、一道、自若、純密の六名なので、慧剛は曼殊揭諦が別に使用していた法名という可能性も考えられる(小林雨峰「潮州開元寺に於て秘密灌頂を開催するの記」『六大新報』第一〇七〇号、一五頁)。
(107) 前掲註(105)大正大学出版部『権田雷斧大僧侶正追悼』、三四六頁。
(108) 「密教重興会復興事情」(一九四三年)(『高野山時報』一〇四五号)、四～八頁。
(109) 「華南巡錫に就て」(前掲註〈37〉杉本『華南巡錫』)、五頁。ここで挙げられている慧光の正体は不明である。慧剛の間違いだという可能性もある。また、在家者阿闍梨という現象は王弘願のケースに限定されず、ほかにもみられる。たとえば、雑誌『威音』の編集長顧浄縁は一九二八年、日本で真言宗と天台宗の密教伝承を受け、阿闍梨位を得た(Bianchi, Ester, 2004, “The Tantric Rebirth Movement in Modern China - Esoteric Buddhism Re-Vivified by the Japanese and Tibetan Traditions,” in *Acta Orientalia Academiae Scientiarum Hung.* Volume 57 (1), p. 38)。顧の弟子呉立民も阿闍梨位を得ていた。また、権田雷斧が日本で在家者に伝法灌頂を伝授した事例もみられるため、日中仏教交流に限った現象ではないといえる。
(110) 陳歴典「円五居士王弘願先生之歴史」(出版年不明)(前掲註〈61〉于『密教講習録』第五巻)、五四頁。
(111) 藤井草宣『最近日支仏教の交渉』(東京：東方書院、一九三三年)、三一頁。

(112) 望月信亨編『望月仏教大辞典』第一巻（東京：世界聖典刊行協会、一九五四年）、三〇頁。
(113) 佐和隆研編『密教辞典』（京都：法藏館、一九七五年）、五一五頁。
(114) 前掲註(10)田中「密教復興とその後」、四三三頁。
(115) 前掲註(100)松崎「権田雷斧阿闍梨の密教観」、一二二～一二三頁。
(116) 同書、一三三頁。
(117) 前掲註(37)杉本『華南巡錫』序文、五頁。
(118) 前掲註(3)呂、『中国密教史』、七四五頁。前掲註(94)馮「真言四十九世先師王大阿闍梨伝説」、六頁。
(119) 白雲「広東密教之波折「王弘願灌頂之反響」」（一九三二年）（『海潮音』第一三巻第一二号）、一六三頁。
(120) 姚陶馥「護法痛言」（一九三三年）（『海潮音』第一四巻第七号）、四五頁。王は実際にどの戒律を僧尼に授けたかは明らかではない。
(121) 前掲註(93)釈『潮州市仏教志』第二巻、七九四～七九五頁。
(122) 前掲註(120)姚「護法痛言」、五七頁。この論考では、王と馮は、この広東仏教総会から仏教界に悪影響を及ぼしたとされる。
(123) 渡辺英明「広東潮州王弘願居士の悉曇学（上）」「同（下）」（一九三八年）（『六大新報』第一七二六号、第一七二八号）を参照。
(124) 文献リストは前掲註(28)「仏学書局図書目録」、五七頁に見られる。
(125) 前掲註(94)馮「真言四十九世先師王大阿闍梨伝説」、六頁。「頭密教重興会導師王弘願示寂」（一九三七年三月十六日）（『仏学半月刊』第一四七期第七巻第六号）、一八頁。曼殊揭諦によると、王は一九二七年から灌頂を始めた。曼殊揭諦「与王弘願論密教書」（一九三三年）（『海潮音』第一四巻第二号）、八〇頁を参照。
(126) 前掲註(37)杉本『華南巡錫』序文、五頁。
(127) Müller, Gotelind, 1993, *Buddhismus und Moderne*, Stuttgart: F. Steiner, p. 90.

(128) 王弘願「復印光法師書」（一九二〇年）（『海潮音』第九期、討論）、一頁。
(129) 前掲註(71)権田『密教綱要』、八六頁。
(130) 悲華（太虚）「弘願仁航両居士与印光法師討論之討論」（一九二一年）（『海潮音』第二年第四期、研究室）、二頁。
(131) 同書、一頁。
(132) 前掲註(97)王『震旦密教重興記』、九三頁。
(133) 前掲註(67)王「王大阿闍梨（弘願）開示辞」「壬申広州開壇記」、二九四頁。
(134) 前掲註(97)王『震旦密教重興記』、一〇四～一〇五頁。
(135) 王弘願『震旦密教重興記』、一〇七頁。
(136) 前掲註(67)王「王大阿闍梨（弘願）開示辞」「壬申広州開壇記」、二九五頁。
(137) 王弘願「解行特刊序」（一九三三年）（『海潮音』第一四巻第七号）、五〇頁。解行精舎は密教の発信を目的とした組織であり、広州仏教解行学社の一部であった（趙春晨・郭華清・伍玉西共著『宗教与近代広東社会』北京：宗教文化出版社、二〇〇八年、三八頁。または李偉雲編『広州宗教志』広州：広東人民出版社、一九九五年、六一頁を参照）。
(138) 王弘願「解行特刊序」前掲註(137)、五一頁。
(139) 五円居士（王弘願）「日本密教高祖弘法大師伝」（一九二一年）（『海潮音』第二年第二期、史伝館）、一～九頁。
(140) 前掲註(97)王『震旦密教重興記』、九九～一〇一頁。
(141) Hakeda, Yoshito S., 1972, *Kukai: Major Works*, New York: Columbia University Press, p. 67ff.
(142) 前掲註(105)大正大学出版部『権田雷斧大僧正追悼』、三五七～三五八頁。
(143) 同書、三五七頁。
(144) 足羽與志子「モダニティと「宗教」の創出」（池上良正ほか編『岩波講座　宗教』第一巻、東京：岩波書店、二〇〇三年、八五～一一五頁）、九九頁。

(145) この記事はその後、『海潮音』の一九二一年一月号（言説林、四～八頁）において再録された。
(146) 王弘願「献言於民声日報」（一九二一年）（『海潮音』第二年第一期、言説林）、四頁。
(147) 同書、五頁。
(148) 同書、六頁。
(149) 同書、七頁。
(150) 前掲註(139)五円「日本密教高祖弘法大師伝」、一～九頁。ここでの「末法の世」も、政治的な混乱に陥っている世間を指す表現として理解でき、本書第二章で紹介した思想との関連でみることができる。
(151) 前掲註(71)権田『密教綱要』、二四頁。
(152) 前掲註(99)王『密宗綱要』、二八頁。権田の原文と異なり、王は「平等」という言葉を二回も繰り返し、衆生の「身心」と「摩訶毘盧遮那」の間に何の差異もないと主張している。このような箇所は王の平等概念に対する関心を示していると思われる。
(153) 同書、八二頁。
(154) 前掲註(137)王弘願「解行特刊序」、五二頁。
(155) 同書、五二頁。
(156) 同書、五二頁。
(157) 前掲註(67)王「王大阿闍梨（弘願）開示辞」「壬申広州開壇記」、二九五～二九六頁。
(158) 坂元ひろ子『中国民族主義の神話』（東京：岩波書店、二〇〇四年）、三頁以降。譚嗣同も華厳経における龍女成仏の例を取り上げ、中国社会における女性の位置づけの改良を説いた（Chan Sin-wai, 1985, *Buddhism in Late Ch'ing Political Thought*, Hong Kong: The Chinese University Press, pp. 109-10)。
(159) たとえば、前掲註(158)Chan, 1985, *Buddhism in Late Ch'ing Political Thought*, p. 114. 譚嗣同は儒教思想における「節約」思想を批判し、節約的な生活は中国に損害を与えていると主張した。一方、仏教の曼荼羅を見れば、仏は宝石で飾っているため、譚嗣同は中国の経済的発展を肯定する思想として仏教を評価した。
(160) たとえば、山室信一『思想課題としてのアジア』(東京：岩波書店、二〇〇一年)、二四〇頁、森紀子「梁啓超の仏学と日本」(狭間直樹編『共同研究　梁啓超』東京：みすず書房、一九九九年、一九四～二二八頁)、二〇四頁を参照。康有為における平等概念と仏教の関係については Chang Hao, 1987, *Chinese Intellectuals in Crisis*, Berkeley: University of California Press, 三〇頁以降を参照。
(161) 高柳信夫「「中国学術思想史」における仏教の位置」(『紀要「言語・文化・社会」』第五号、二〇〇七年、一～三一頁)、二三頁、または、陳継東「哲学と宗教の狭間――近代中国思想における仏教の位置づけ」(『思想』第一〇〇一号、二〇〇七年、一〇五～一一七頁)を参照。
(162) 一実筆記「密教重興会釈名――福慧居士在本会第一次会員大会講」(一九三四年)(『世灯』創刊号)、四七頁。
(163) 同書、四八頁。
(164) 同書、四六頁。
(165) 前掲註(52)程『密宗要義』、四頁。
(166) 同書、二一頁。
(167) 范古農「仏学問答」(一九三四年七月十六日)(『仏学半月刊』第八三期第四巻第一四号)、二〇頁。
(168) 前掲註(12)吉岡「現代中国の密教信仰」、四五～四六頁。
(169) 太虚「与王弘願居士通訊」(一九二〇年)(『海潮音』第二号、商論)、一九頁。
(170) 太虚「覆王弘願居士書」(一九二一年)(『海潮音』第七号、研究室)、二頁。
(171) 前掲註(130)悲華(太虚)「弘願仁航両居士与印光法師討論之討論」、二頁。
(172) 前掲註(97)王『震旦密教重興記』、一五一頁。
(173) 同書、一五一頁。
(174) 同書、一五三頁。

(175) 同書、一五四〜一五五頁。
(176) 前掲註(139)五円（王弘願）「日本密教高祖弘法大師伝」、六頁。
(177) 曼殊掲諦はその好例である。曼殊は王と同様に権田の直接な弟子であるが、王の主張に対して懐疑的である。
(178) 前掲註(97)王『震旦密教重興記』、一六二〜一六三頁。
(179) 前掲註(54)太虚「中国現時密宗復興之趨勢」（前掲註〈19〉『太虚大師全書』法界円覚学〈二〉）、二八八〇〜二八八一頁。
(180) 太虚「論即身成仏」（一九二五年）（『海潮音』第六年第八期、理論）、一八〜一九頁。
(181) 同書、一九頁。
(182) 同書、二〇頁。
(183) 自受用身は悟りによって得た法を自ら楽しむ仏身、他受用身はその法を菩薩や衆生に施す仏身である。
(184) 前掲註(180)太虚「論即身成仏」、二〇頁。
(185) 同書、二〇〜二三頁。
(186) 持松「賢密教衡釈惑」（一九二八年）（現代仏教学術叢刊編輯委員会編輯『現代仏教学術叢刊』第七二巻、台北：大乗文化出版社、一九七九年）、八二頁。
(187) 同書、八六〜八七頁。
(188) 同書、八二頁。
(189) 同書、八六〜八七頁。
(190) 前掲註(3)呂『中国密教史』、六二七〜六二八頁。
(191) 王弘願「答賢密教衡釈惑」（一九二九年）（現代仏教学術叢刊編輯委員会編輯『現代仏教学術叢刊』第七二巻、台北：大乗文化出版社、一九七九年）、九〇〜九一頁。
(192) 同書、一〇〇頁。

(193) 同書、九四頁。
(194) 前掲註(54)太虚「中国現時密宗復興之趨勢」（前掲註〈19〉『太虚大師全書』法界円覚学〈二〉）、二八八一頁。
(195) 前掲註(125)曼殊「与王弘願論密教書」、八一頁。
(196) 同書、八二頁。
(197) 同書、八一頁。
(198) 同書、八一頁。
(199) 同書、八三～八四頁。
(200) 同書、八二頁。
(201) 前掲註(24)釈『中国仏教近代史』、二四六頁。
(202) 前掲註(130)悲華（太虚）「弘願仁航両居士与印光法師討論之討論」、二一～二三頁。
(203) 密宗革興会「王師愈諍潮中的閒」（一九三四年）（『海潮音』第一五巻第三号）、四〇頁。
(204) たとえば、太虚は、権田の密教に対する破壊的な影響を浄土真宗の蓮如の破壊的な影響にたとえる（前掲註〈54〉太虚「中国現時密宗復興之趨勢」〈前掲註〈19〉『太虚大師全書』法界円覚学〈二〉〉、二八八一頁。また、前掲註〈217〉『太虚大師年譜』、九五～九六頁も参照〉）。これら太虚の見解には、大勇からの影響があると推測できる。この次に言及するように、大勇は、すでに一九二三年に日本仏教に対する浄土真宗の悪影響を指摘した。近代中国人仏教者の浄土真宗に対する見方に関しては、前掲註(127)Müller, *Buddhismus und Moderne*, p. 82も参照。
(205) 前掲註(203)密宗革興会「王師愈諍潮中的閒」、三八頁。印順によると、「密宗革興会」という名目下で書かれたこの記事は主に太虚のものである。
(206) 大勇「留学日本真言宗之報告」（一九二三年）（『海潮音』第四年第三期、記事）、三頁、大勇「答超一師書」（『海潮音』第九号、通訊）、五頁。
(207) Taixu, 1925, "A Statement to Asiatic Buddhists," *Young East*, 1/6, p. 180.

(208) 法舫「全系仏法上之密宗観」（一九三三年）（『海潮音』第一四巻第七号）、三五頁。
(209) 同書、三五頁。
(210) 澹雲「従顕密問題上説到王弘願之犯戒」（一九三四年）（『海潮音』第一五巻第三号）、五二頁。
(211) 范古農「仏学問答」（一九三八年十月十六日）（『仏学半月刊』第一六七期第七巻二六号）、八頁。
(212) 一峯「我的学密因縁」（前掲註〈186〉現代仏教学術叢刊編輯委員会編輯『現代仏教学術叢刊』第七二巻）、三八七頁。
(213) 曇鉢「我学密教的因縁」（前掲註〈186〉現代仏教学術叢刊編輯委員会編輯『現代仏教学術叢刊』第七一巻）、三八三頁。
(214) 太虚「今仏教中之男女僧俗顕密問題」（一九二五年）（『海潮音』第四号、理論）、六頁。
(215) 定妃は曼荼羅において、瞑想（定）を表している。
(216) 前掲註(214)太虚「今仏教中之男女僧俗顕密問題」、七頁。
(217) 印順『太虚大師年譜』（北京：宗教文化出版社、一九九五年）、九五〜九六頁。
(218) 奇塵「対於伝密宗近況之感想」（一九二六年）（『海潮音』第七年第八期、採録）、八頁。
(219) 以下においては、リチャード・ジャッフィ（Richard Jaffe）に倣って、「肉食妻帯」を幅広い意味で使用する。つまり、狭い意味での肉食と妻帯のみならず、僧侶の生活におけるさまざまな変容（袈裟の強制の廃止など）をも含めて使用する。とはいえ、中国人僧侶の批判の主な対象になったのは肉食と妻帯という二つの行為であった。
(220) Jaffe, Richard, 2001, *Neither Monk nor Layman – Clerical Marriage in Modern Japanese Buddhism*, Princeton, N.J.: Princeton University Press, pp. 1-8.
(221) 同書、一四一頁。
(222) 同書、一三三頁。
(223) 前掲註(54)太虚「中国現時密宗復興之趨勢」（前掲註〈19〉『太虚大師全書』法界円覚学〈二〉）、二八七九頁。
(224) 「支那僧の日本仏教研究熱を充すべく支那全土に密教の大宣伝。真言宗徒の大奮発」（一九二六年三月五日）（『中外日報』）を参照。

(225) 前掲註(54)太虚「中国現時密宗復興之趨勢」（前掲註〈19〉『太虚大師全書』法界円覚学〈二〉）、二八八三頁。
(226) 前掲註(24)釈『中国仏教近代史』、四一一頁。
(227) 前掲註(54)太虚「中国現時密宗復興之趨勢」（前掲註〈19〉『太虚大師全書』法界円覚学〈二〉）、二八八四頁。
(228) Pitman, Don A., 2001, *Toward a Modern Chinese Buddhism – Taixu's Reforms*, Honolulu: University of Hawaïi Press, p. 216.
(229) 太虚「律禅密浄四行論」（一九三五年）（『海潮音』第一六巻第四号）、七頁。
(230) 同書、六頁。
(231) 同書、六～七頁。
(232) 同書、八～九頁。
(233) 同書、五頁。
(234) 前掲註(208)法舫「全系仏法上之密宗観」、三九～四〇頁。
(235) 馮達庵「伝密大意」（一九三四年）（『密教講習録』第四四号）、三頁。
(236) 同書、三頁。
(237) 王福慧「読海潮音密宗問題号」（一九三四年）（『密教講習録』第四四号）、二一頁。
(238) 大実山人「哀太虚」（一九二五年）（『仏化季刊』夏季）、三三頁。
(239) 陳歴典「円五居士王弘願先生之歴史」（出版年不明）（前掲註〈61〉于『密教講習録』第五巻）、五三頁。
(240) 王浄心「警告海内之疑謗真言宗者」（一九三四年）（『密教講習録』第四四号）、四四頁。
(241) 前掲註(239)陳歴典「円五居士王弘願先生之歴史」（前掲註〈61〉于『密教講習録』第五巻）、五三頁。
(242) 王大依「正太虚法師「中国現時密宗之趨勢」之謬見」（一九三四年）（『密教講習録』第四四号）、四一頁。
(243) 前掲註(240)王浄心「警告海内之疑謗真言宗者」、三五頁。
(244) 前掲註(237)王福慧「読海潮音密宗問題号」、二一頁。

(245) 同書、五頁。

(246) 前掲註(238)大実山人「哀太虚」、三四頁。

(247) 同書、三五〜三六頁。

(248) 馮達庵「学密宗須知」(一九三七年一月一日)(『仏学半月刊』第一四二期第七巻第一号)、一〜二頁。

(249) 馮達庵「学密宗須知(続一)」(一九三七年一月十六日)(『仏学半月刊』第一四三期第七巻第二号)、二頁。

(250) 馮達庵「学密宗須知(続二)」(一九三七年二月一日)(『仏学半月刊』第一四四期第七巻第三号)、二頁。

(251) 馮達庵「学密宗須知(続三)」(一九三七年二月十六日)(『仏学半月刊』第一四五期第七巻第四号)、一頁。

(252) 王弘願「復陳子略居士論日本真宗書」(一九二二年)(『海潮音』第二号、商兌)、一九六頁。

(253) 伊藤弘憲・秋山秀典著、王弘願訳「真言宗小史」(一九二九年)(前掲註〈61〉于『密教講習録』第四巻)、五三七頁。

(254) 「南支密教重興会の復興」(一九四二年)(『高野山時報』第一〇二七号)、九頁。

(255) 岡村儀雄「佐々木教純猊下中国御巡化」(一九四三年)(『高野山時報』第一〇七八号)、三〜四頁。

(256) 許丹「大師信仰之実義」(一九三五年)(『中日密教』第二巻第三号)、一三頁。

(257) 本章ではその特徴を描くため、王のもっとも過激な主張に注目した。それゆえ、王らは出家者に対して敵意をもっていたようにみえるかもしれないが、かならずしもそうではなかったようである。資料において、王自身が出家者の立場を全面的に否定する主張はみられない。馮達庵は、灌頂において出家者阿闍梨が在家者阿闍梨より望ましく、適切な出家者阿闍梨がいない場合に限って、在家者阿闍梨がその役割を果たすべきだと述べていた(馮達庵「伝密大義」〈一九三四年〉〈『密教講習録』第四四号〉、一二頁)。このことから判断すれば、王らが出家界に対して全面的に反乱を起こそうとしたようにはみえない。とはいえ、密教伝授をめぐる彼らの言論が、出家者と在家者の関係をも否定しかねないのは事実である。

(258) Goodell, Eric, 2008, "Taixu's Youth and Years of Romantic Idealism, 1890-1914," *Chung-Hwa Buddhist Journal*, no. 21, pp. 112-3.

結論

十九世紀、欧米列強のアジア侵略が強制的に東アジア諸国に大きな変化をもたらした。むろん、アジア諸国の社会におけるこの変化は宗教の次元にまで及んだ。森和也は近代日本仏教における変化について、「明治八年四月の大教院の解散によっていちおうの終結を迎える明治政府の神道国教化政策によって、歴史的に形成されてきた神仏関係、さらには天皇と仏教との関係は、いったん白紙に戻された。仏教にとってこの事態は、新しい関係を「日本」との間に構築することが求められることを意味したが、趨勢は天皇あるいは国家との関係を再度結び直す方向へと収斂していった(1)」と指摘する。つまり、近代日本の仏教者たちにとって、仏教と新しく成立した国民国家「日本」の関係を再構築することが必須の課題であった。近代社会における仏教の新しい位置の確定が、本書で取り上げた仏教者たちの活動の大きな歴史的背景をなしている。同時に、中国人仏教者も近代国民国家へと変身しつつあった国家との関係の再構築に着手しようとしていた。この過程は、第二章において指摘した「末法のナショナライゼーション」という現象に反映されている。すなわち、近代の末法思想においては仏教と中国国家の運命が同一視され、仏教者によってしばしば説かれた末法概念の裏には、多くの場合、近代国家が隠れた主体として潜んでいた。

末法概念は、従来、分散したままで存在していた諸問題を統合し、直面していた状況に、より大きなスケールで対応する機会を近代中国の仏教者に与えた。日本の仏教は「日本」というナショナルな存在との関係を通じて自己を再定義しようとし、中国の仏教は国民国家「中国」という存在を通じて同じような試みをなそうとしたのである。近代における日中仏教交流を考察する際には、この歴史的背景の重要性が看過されてはならない。

筆者が本書で示そうとしたことは、近代における仏教の自画像の再構築が、国内に限られたものではなく、国境の超越という重要な側面ももっていたことである。一方、日本人仏教者による中国仏教との邂逅は、中国仏教は堕落しており、日本仏教のみが正統性をもつという見解を日本人仏教者のなかに植えつけることで、日本仏教の自画像の形成に大きな影響を及ぼした。他方、中国人仏教者は、日本仏教との邂逅のなかで中国仏教に明確な宗派の存在が欠けていることを認知するようになり、「中国仏教」の自画像が日本仏教の影響下で形成されたのである。近代仏教の場合には、ナショナルなアイデンティティを形成するうえで、国境を越えた、トランスナショナルな空間が重要な役割を果たしたことを指摘できる。(2) ナショナルな領域とトランスナショナルな領域が互いに影響し合うという現象がここにみられる。すなわち、宗派を中心とした仏教史観は、はじめは日本仏教のナショナルなアイデンティティを定義するコンテキストのなかで形成されたが、その後、東アジアの仏教者とのトランスナショナルな交流を通して中国人仏教者に受容され、中国仏教というナショナルな存在の自画像を形成することとなったのである。この十九世紀末から二十世紀前半のトランスナショナルな空間は、中立的でなく、日本仏教が中国仏教の自画像に大きな影響を及ぼした背景には、日本帝国の存在があった。とはいえ、王弘願の運動が示すように、トランスナショナルな交流は、二つのナショナルなコミュニティーのそれぞれから一定の距離を保つことによって独特な運動を成り立たせることのできる空間でもあった。

本書は直接的な邂逅のみならず、中国人仏教者の歴史認識が、近代的学知を通して、いかに日本仏教の影響下で形成されたかということも指摘した。鎌倉時代の僧侶凝然の著作や他の日本仏典の受容を通じて、仏教を「十宗」または「十三宗」という複数の独立宗派に分ける日本仏教独自の分類様式が、清末・民国期の中国思想界に根づいた。この影響によって、中国人仏教者は中国仏教の過去を宗派というレンズを通して見ることとなり、当時すでに衰退したとされていた中国仏教に対する歴史的なイメージが具体的な形をとったのである。つまり、近代中国で形成された堕落のイメージは、もともと中国人仏教者がもっていた堕落観と日本人仏教者が提供した歴史物語の交合の産物だといえる。その系譜は異なるが、中国人仏教者も日本人仏教者も中国仏教を堕落したものと見なしており、中国人仏教者が抱いていた危機感が、日本の歴史物語を受容する受け皿となったのである。

当時形成された歴史観は、序論で取り上げた和辻哲郎の文章に含まれるアイロニーにも反映されている。中国人仏教者が日本仏教に保存されていると期待していた中国仏教の過去は、日本人仏教者が想像した中国仏教の過去にすぎなかった。その結果、東アジア仏教界の中心概念として宗派が登場し、当時のアジアのなかに日本仏教や中国仏教を位置づけるうえで活用された。近代的学問の形をとってはいたが、仏教史研究は、日本仏教こそが仏教そのものの正統性を保護するというイデオロギー的役割をもっていた。中国人仏教者には、宗派を中心とした歴史観を受容しながらも、それに抵抗しようとする姿勢もうかがえた[3]。したがって、近代中国仏教を考察する際には、その考察の中心に日本仏教を位置づける必要がある。

ここで、序論で取り上げたゴーテリンド・ミュラー（Gotelind Müller）の日中仏教関係についての主張をもう一度取り上げたい。ミュラーによると、近代日本仏教は、たしかに中国人仏教者にとって教育改革をはじめとする近代化の「顕著な模範」という機能をもっていた。しかし、日本仏教に対する認知と日本仏教に関する表象の利用の仕方は、それよりも複雑であった。「模範」という言葉が表す関係性以上に、日本仏教は中国人仏教者にとってより具体的な意義をもっており、場合によっては直接的な危機として意識されることもあった。

つまり、近代中国人仏教者には、中国に伝授された日本仏教の「再構成」と日本仏教に対する「反動」という、二つの現象がみられるのである。太虚とその弟子たちは、近代日本人仏教者の肉食妻帯に反発した。そして、日本仏教を中国人僧侶や在家信者に悪影響を及ぼす直接的な脅威として日本仏教を敵視し、中国仏教の対照的表象として利用した。一方では、王弘願と震旦密教重興会が、日本の真言密教を再解釈して日本仏教を再構成することによって、独自の仏教思想を創造した事例もみられる。

本書の研究成果から導き出される、もう一つの課題は、中国仏教の近代化をどのような観点から語ればよいのかという問題である。中国仏教研究においては、中国仏教の近代化を太虚派から語る傾向が強い。この傾向は、王弘願についての批判的な研究においても色濃く現れている。しかし、王の運動についての考察によって明らかになったとおり、「近代仏教」という枠組みは太虚派の活動が代表している空間よりも広く、太虚派のみが独占しうるものではなかった(4)。

また、清末・民国期における日本仏教の影響は、過去に限定されたものではない。現在、中国の書店で手に取ることのできる仏教入門書を見れば、その多くが日本から伝わった宗派的分類様式を用いている。試みに数例だけ挙げよう。『仏教各宗大義』(二〇〇四年)は大乗宗派として、法相宗、律宗、天台宗、三論宗、禅宗、華厳宗、浄土宗、密宗の八宗を取り上げている。『中国仏学各宗要義』(二〇〇七年)も同じく大乗八宗(法相宗、三論宗、天台宗、華厳宗、禅宗、浄土宗、真言宗、律宗)を取り上げ、さらに小乗の倶舎宗と成実宗も紹介し、楊文会以来、中国において使用されている十宗モデルを提示している。また、弘学主編の『仏教各宗派小叢書』シリーズ(二〇〇四年)

の「総序」では、唐朝に至ると、中国には天台宗、地論宗、摂論宗、成実宗、涅槃宗、三論宗、法相宗、倶舎宗、浄土宗、禅宗、律宗、華厳宗、密宗の「中土十三宗」があったという、凝然の十三宗説が述べられている(5)。談錫永著の『仏家宗派』（二〇〇八年）も、同様に唐代十三宗説を挙げ、その後、涅槃宗が天台宗に、摂論宗が法相宗に、地論宗が華厳宗に入ったとし、倶舎宗、成実宗、法性宗（中観宗）、法相宗、天台宗、華厳宗、浄土宗、禅宗、密宗、律宗の十宗を紹介する(6)。これらの書籍における叙述から、民国期のみならず現在の中国語圏に対しても、凝然の宗派分類様式がその影響を及ぼし続けている様子がありありとうかがえる。

宗派数のみならず、密教に関する説明も同様である。密教を、チベット密教の観点から紹介し説明する書籍がある(7)一方、漢民族仏教（「漢伝密宗」）の「唐密」と呼ばれる密教伝統を中心に紹介する入門書もある。この「唐密」に焦点を当てる入門書の多くは、日本の真言密教に基づいて密教を説明しており、民国期においてすでにみられた歴史物語を提供している。たとえば、『密宗概要』（二〇〇四年）においては、「五代以後、密宗は次第に天台、華厳、浄土、律宗などの各宗と融合したため、一つの真正な独立宗派をなす法統としての伝承が衰えてしまい、ほとんど失われてしまった」と主張すると同時に、日本における密教の存続が指摘されている(8)。また、この入門書においては、金剛界・胎蔵界両部の伝統が説かれ、日本の真言宗が生み出した阿字観という観想方法も紹介され、さらには即身成仏の説明でも空海の『即身成仏義』の即身成仏観が取り上げられており、日本的な密教観が表れている。

ほかの仏教入門書も、「漢伝密教」に関して非常に日本的な密教観を紹介する。『中国仏学各宗要義』では、法身毘盧遮那（大日如来）の金剛薩埵に対する伝授で密教伝承が始まったという物語が紹介され、十住心判教と理具成仏、加持成仏、顕得成仏に分類される空海の即身成仏観も紹介されている(9)。また、呉信如著の『仏教各宗大義』では、密宗が「東密」と「蔵密」（チベット密教）に分類されている。呉信如によれば、初期には「雑密」のみが中国に伝授されたが、善無畏と金剛智が両部の密教を伝えてからは、「唐密」と呼ばれる「純密」が成立したという。この本の後段では、これが日本と朝鮮半島にも伝授されて、日本で「東密」と「台密」になったと指摘している。しかし、日本にはインドの後期密教は伝わっておらず、完成した密教は中国のチベット地区に存在しているという。[10]呉は「東密」が日本密教であることを意識しているが、最終的にはそれを唐密の継承者と見なしており、そこに日本的な密教観の影響が看取されよう。

中国の一般メディアにおいても日本的な密教観が現れている。たとえば、一九九五年一月九日の海外版『人民日報』において、「密教は仏教のなかの重要な宗派」だとされており、「密教の金剛・胎蔵大法の真諦を深く受けた恵果による融合貫通を経て、中国の伝統文化と結合し、インドの密教とは異なる中国の特徴をもった唐密体系が創立された。唐密は中国密教の最高発展段階であり、そして恵果の弟子らによって海外に伝播された」と述べられている。[11]ここでは両部曼荼羅と恵果を中心とした密教理解が認められる。

最後にもう一度、王弘願と震旦密教重興会に戻りたい。震旦密教重興会は戦時中に弾圧されたとはいえ、新義真言宗の布教師たちによって汕頭で一時的に復活した汕頭密教重興会は、戦後まで存続していたようであり、一九五五年には汕頭市仏教協会と合併したといわれている。[12]それは事実であるかもしれないが、文化大革命期にはその活動が完全に終結したと推測される。しかし、現在の中国では再び「唐密」に対する関心が再燃しており、忘れられかけていた王弘願の密教思想に対する関心もみられる。たとえば、広東省の仏教徒の間では、ネット上で王の密教観が議論されており、王を批判する声もみられる一方で、好意的な意見も多数表明されている。[13]さらに、権田の法脈と王の伝授は過去のものではなく、少なくとも数年前まで中国本土においても存続していた。王は生前、何人かの弟子に伝法した。すでに紹介した馮達庵も阿闍梨位を得て、王の没後に密教伝授の活動を続けた。一九七六年に馮達庵から伝法灌頂を受けたと主張する広西省出身在家者の唐普式（俗名唐軾）は、九〇年代から広州を根拠地として活動していた。彼を中心として唐密をめぐるコミュニティーが生まれ、香港の出版社から『法流』という雑誌を刊行していた。唐が二〇一三年に死去した後の彼の信者の活動状態は把握していないが、現在活動している「唐密研究会」というウェブサイトは、唐普式の著作とともに王弘願や馮達庵の著作を紹介している(14)。

また、日本真言宗が顧問となって、中国の数カ所に密教道場を建てる試みも進行している。経済的な支援などこれに積極的にかかわっている主な教団は、日本の古義真言宗高野山本山である(15)。第三章の問題提起においてすでに述べたように、日本古義真言宗の努力によって唐代青龍寺の遺跡が確定され、一九八四年には、日本真言宗諸派と中国政府が共同で青龍寺を復興するに至った。その際、恵果と空海の記念堂も建立された。その意味では、今日でも中国仏教史は日本仏教から影響を受けることがあるといえる。また、空海が上陸したとされる福建省霞浦県には、一九九四年五月に空海大師記念堂が建立された。さらに、中国本土以外では権田雷斧の法脈がいまだに存続している。香港にある香港仏教真言宗居士林は、潮州に向かう途中で権田より灌頂を受けた在家者黎乙真が成立した組織であり、現在も新義真言宗豊山派との関係を重視し、居士林のウェブサイトによると、毎年日本から僧侶が来て法事に参加している。また、戦後、潮州華人を中心としてベトナムで成立した仏学明月居士林も、権田雷斧が中国にもたらした日本密教の系統を継いでおり、カナダやオーストラリアにも分会がある(16)。中国には空海に対する学術的な関心もみられ、空海研究会が組織されて、『空海研究』という数巻の論文集が刊行されている。

以上の簡単な紹介から、清末・民国期の日中仏教交流の影響は現在まで続いていることがわかる。むろん、近代の日中仏教交流の全体像を描くことは本書の射程をはるかに超えている。特に、日本から導入された宗派をめぐる言説の中国的展開や影響に関しては、議論の余地が残されているだろう。本書でなされた指摘や考察が、今後のさらなる考察を促すことを期待したい。

註

（1）森和也「近代仏教の自画像としての護法論」（『宗教研究』第八一巻第二号、二〇〇七年、四一一～四三六頁）、二一一頁。

（2）ナショナルとトランスナショナルな領域の相互関係については、Clavin, Patricia, 2005, "Defining Transnationalism," *Contemporary European History*, vol. 14 no. 4. を参照。

（3）日本人仏教者によるこの歴史の利用は例外的ではない。中国人仏教者自身が、歴史の語りを通して中国仏教に正当性を与えようとした例もみられる。スチュアート・ヤングの近年の研究が示すように、隋唐における馬鳴、龍樹や提婆の伝記には、中国をインド仏教の正統な継承者として描く役割があった。Young, Stuart, 2015, *Conceiving the Indian Buddhist Patriarchs in China*, p. 151.

（4）たとえば、王驤陸が唱えた心中心法の密教系運動についての Erik Hammerstrom の研究は、この関連で注目すべきである（Hammerstrom, Erik, 2013, "The Heart-of-Mind Method – Legitimating a New Buddhist Movement in 1930s in China," in *Nova Religion* vol. 17 no. 2, pp. 5-23）。王弘願と異なり、王驤陸は出家界との衝突を避けたが、主流から逸脱するこうした運動に民国期仏教界の多様性がうかがえる。

（5）シリーズ自体は大乗の天台宗、三論宗、唯識宗、華厳宗、律宗、禅宗、浄土宗、密宗の八宗を紹介する。

（6）談錫永『仏家宗派』（北京：華夏出版社、二〇〇八年）、八頁。

（7）たとえば、弘学『密宗指要』（成都：巴蜀書社、二〇〇五年）を参照。

（8）英武『密宗概要』（成都：巴蜀書社、二〇〇四年、三頁。

（9）蘇樹華『中国仏学各宗要義』（北京：華夏書局、二〇〇七年）、一九七～二二〇頁。

(10) 呉信如『仏教各宗大義』(北京：中国蔵学出版社、二〇〇四年)、三四六頁。
(11) 王兆麟・辺江「法門寺地宮原是唐密教道場」(『人民日報　海外版』一九九五年一月九日)、四頁。
(12) 趙春晨・郭華清・伍玉西共著『宗教与近代広東社会』(北京：宗教文化出版社、二〇〇八年)三八～三九頁。
(13) たとえば、潮学網(http://www.chxwang.net/bbs/forum.php　二〇一六年二月アクセス)という掲示板とブログがある。そこでは王弘願に反対する意見も提示されている。
(14) http://www.lt.guhyayana.org/(二〇一六年二月アクセス)を参照。
(15) 静慈円『空海、入唐の道』(大阪：朱鷺書房、二〇〇三年)を参照。
(16) 香港仏教真言宗居士林のウェブサイト(http://www.buddhistmantra.hk/　二〇一六年二月アクセス)を参照。香港居士林と仏学明月居士林の歴史的背景と現状に関しては、藤森孝道「真言密教重興と海外居士林」(『豊山教学大会紀要』通号二六、一九九八年、一〇七～一二五頁)と芹澤知広「海外華人社会のなかの日本密教——潮州系ベトナム華人の居士林をめぐる実地調査から」(『総合研究所所報』第一七号、二〇〇九年、五五～七〇頁)を参照。

参考文献一覧

Ⅰ　日本語文献（五十音順）

朝倉明宣・教学参議部編『清国巡遊誌』（京都：朝倉明宣、一九〇〇年）。

足羽與志子「モダニティと「宗教」の創出」（池上良正ほか編『岩波講座　宗教』第一巻、東京：岩波書店、二〇〇三年、八五～一一五頁）。

荒木見悟『憂国烈火禅――禅僧覚浪道盛のたたかい』（東京：研文出版、二〇〇〇年）。

安東不二雄『支那漫遊実記』（東京：博文館、一八九二年）。

池澤　優『「孝」思想の宗教学的研究』（東京：東京大学出版会、二〇〇二年）。

池田英俊『明治の新仏教運動』（東京：吉川弘文館、一九七六年）。

石川禎浩「梁啓超と文明の視座」（狭間直樹編『共同研究梁啓超』東京：みすず書房、一九九九年、一〇六～一三一頁）。

伊藤義賢『印度支那仏教通史』（東京：鴻盟社、一九一〇年）。

井上円了『仏教活論序論』（東京：哲学書院、一八八七年）。

――『僧弊改良論』（東京：森江書店、一八九八年）。

井上陳政編『禹域通纂』（東京：大蔵省、一八八八年）。

伊吹　敦「境野黄洋と仏教史学の形成（上）」（『境野黄洋選集』第一巻、出雲崎町〈新潟県〉：うしお書店、二〇〇三年、一～三七頁）。

宇井伯寿『支那仏教史』（東京：岩波書店、一九三六年）。

雲棲袾宏著、宋明哲学研討会訳注『竹窓随筆――明末仏教の風景』（福岡：中国書店、二〇〇七年）。

大谷光瑞『放浪漫記』（東京：民友社、一九一六年）。

碧海寿広「儀礼と近代仏教――『新仏教』の論説から」（『近代仏教』第一六号、二〇〇九年、二七～五〇頁）。

小川原正道編『近代日本の仏教者――アジア体験と思想の変容』（東京：慶應義塾大学出版会、二〇一〇年）。

小栗栖香頂・小栗栖憲一『支那開教見込』（一八七三年）。

――『仏教十二宗綱要』（東京：仏教書英訳出版舎、一八八六年）。

――『北京護法論』（戸次村〈大分県〉：小栗栖香頂、一九〇三年）。

魚返善雄（小栗栖香頂）「同治末年留燕日記（上）」（『東京女子大学論集』第八巻第一号、一九五七年、一〇～五一頁）。

――「同治末年留燕日記（下）」（『東京女子大学論集』第八巻第二号、一九五八年、四五～八一頁）。

織田得能・島地黙雷『三国仏教略史』（東京：鴻盟社、哲学書院、一八九〇年）。

小野勝年・日比野丈夫「五台山の現在と過去」（『日華仏教研究会年報』第五年、一九四三年、三七～七四頁）。

オリオン・クラウタウ『近代日本思想としての仏教史学』（京都：法藏館、二〇一二年）。

外務省外交史料館編所蔵文書『満州国及中国ニ於ケル神社教会廟宇其ノ他布教関係一件』第三巻（東京：外交資料館）。

柏原祐泉『日本仏教史近代』（東京：吉川弘文館、二〇〇一年〈一九九〇年初版〉）。

桂　頼三『長江十年』（東京：同文館、一九一七年）。

金山穆韶『弘法大師の信仰観』（高野町〈和歌山県〉：高野山大学出版部、一九四四年）。

鎌田茂雄「中国仏教史の名著」（『名著通信』第一七号、一九七八年、二～三頁）。

川島　真「外交と政治のまち」（天津地域史研究会編『天津史』東京：東方書店、一九九九年、一〇九～一三四頁）。

川瀬貴也『植民地朝鮮の宗教と学知――帝国日本の眼差しの構築』（東京：青弓社、二〇〇九年）。

教海雑誌社『教海一瀾』（京都：教海雑誌社）。

凝然大徳著・鎌田茂雄訳注『八宗綱要』（東京：講談社、一九九一年）。

桐谷征一「中国仏教における末法思想の形成と展開（上）」（『仏教学仏教史論集　佐々木孝憲博士古稀記念論集』東京：山喜房佛書林、二〇〇二年、二一～五四頁）。

楠　潜龍『八宗綱要啓蒙録』（京都：東派本山教育課、一八九三年）。

雲井昭善「時代・社会苦――末法と苦」（仏教思想研究会編『仏教思想5　苦』京都：平楽寺書店、一九八〇年）。

来馬琢道『蘇浙見学録』（東京：鴻盟社、一九一六年）。

高野山時報社『高野山時報』（高野町〈和歌山県〉：高野山出版社）。

小島晋治『近代日中関係史断章』（東京：岩波書店、二〇〇〇八年）。

小林　武『章炳麟と明治思潮――もう一つの近代』（東京：研文出版、二〇〇六年）。

権田雷斧『密教綱要』（東京：丙午出版社、一九一六年）。

境野黄洋『印度支那仏教史要』（東京：鴻盟社、一九〇六年）。

――『支那仏教史綱』（東京：森江書店、一九〇七年）。

――「歴史的仏教」（加藤咄堂・境野黄洋・薗田宗恵共著『仏教講話』東京：井冽堂、一九〇七年）。

――『八宗綱要講話』（東京：丙午出版社、一九一六年）。

――『支那の仏教』（東京：丙午出版社、一九一八年）。

坂元ひろ子「楊文会」（佐藤慎一編『近代中国の思索者たち』東京：大修館書店、一九九八年）。

――『中国民族主義の神話』（東京：岩波書店、二〇〇四年）。

――『連鎖する中国近代の〝知〟』（東京：研文出版、二〇〇九年）。

佐和隆研編『密教辞典』（京都：法藏館、一九七五年）。

静　慈円『空海、入唐の道』（大阪：朱鷺書房、二〇〇三年）。

下田正弘「近代仏教学の展開とアジア認識――他者としての仏教」（『岩波講座「帝国」の学知』東京：岩波書店、二〇〇六年、一七五～二一四頁）。

釈　宗演『快人快馬』（東京：日新閣、一九一九年）。

――『叩けよ開かれん』（東京：小西書店、一九一九年）。

――『支那巡錫記』（東京：平凡社、一九二九年）。

末木文美士「アカデミズム仏教学の展開と問題点――東京（帝国）大学も場合を中心に」（『近代日本と仏教――近代日本の思想・再考』Ⅱ、東京：トランスビュー、二〇〇四年、二一五～二四〇頁）。

――『近世の仏教――華ひらく思想と文化』（東京：吉川弘文館、二〇一〇年）。

杉本良智編『華南巡錫』（東京：護国寺、一九四三年）。

鈴木大拙『支那仏教印象記』（東京：森江書店、一九三四年）。

アーサー・スミス著、渋手保訳『支那人気質』（東京：博文館、一八九六年）。

芹澤知広「海外華人社会のなかの日本密教――潮州系ベトナム華人の居士林をめぐる実地調査から」（『総合研究所所報』第一七号、二〇〇九年、五五～七〇頁）。

曹　如霖『一生之回憶』（東京：鹿島研究所出版会、一九六七年）。

曽根俊虎『清国漫遊誌』（東京：績文舎、一八八三年）。

大正大学出版部『権田雷斧大僧正追悼』（東京：荻原印刷所、一九三四年）。

高柳信夫「「中国学術思想史」における仏教の位置」（『紀要「言語・文化・社会」』第五号、二〇〇七年、一～三一頁）。

竹林史博編『曹洞宗正信論争』（阿東町〈山口県〉：龍昌寺、二〇〇四年）。

田中善立『台湾と南方支那』（東京：新修養社、一九一三年）。

田中文雄「密教復興とその後――日本仏教と中国在家教団の八十年」（宮澤正順博士古稀記念論文集刊行会編『東洋――比較文化論集』東京：青史出版、二〇〇四年、四一五～四三六頁）。

玉島実雅編『覚随上人追懐録』（大阪：無量寺、一九二八年）。

デイヴィッド・チデスター著、沈善瑛・西村明訳『サベッジ・システム――植民地主義と比較宗教』（東京：青木書店、二〇一〇年）。

中外日報社『中外日報』（京都：光楽堂）。

陳　継東『清末仏教の研究――楊文会を中心として』（東京：山喜房佛書林、二〇〇三年）。

――「哲学と宗教の狭間――近代中国思想における仏教の位置づけ」（『思想』第一〇〇一号、二〇〇七年、一〇五～一一七頁）。

――「中国仏教の現在」（『新アジア仏教史　中国文化としての仏教』東京：佼正出版社、二〇一〇年）。

――「小栗栖香頂――中国体験と日本仏教の再発見」（小川原正道編『近代日本の仏教者――アジア体験と思想の変容』慶應義塾大学出版会、二〇一〇年）。

槻木生瑞「「満州」開教と布教師の教育活動」（『同朋大学紀要』第五号、一九九一年、一～八二頁）。

辻村志のぶ「近代日本仏教と中国仏教の間で――「布教使」水野梅暁を中心に」（『国家と宗教――宗教から見る近現代日本』上巻、京都：法藏館、二〇〇八年、三六〇～四〇三頁）。

常光浩然『明治の仏教者』上（東京：春秋社、一九六八年）。

――『明治の仏教者』下（東京：春秋社、一九六九年）。

土岐善精『三国仏教伝通略史』（東京：経世書院、一八九三年）。

常盤大定『支那の仏教』（東京：三省堂、一九三五年）。

禿氏祐祥「日本仏教と宗派組織」（『日華仏教研究会年報』第三年、一九三八年、二一〇～二一五頁）。

徳富猪一郎『七十八日遊記』（東京：民友社、一九〇六年）。

西　順蔵・近藤邦康編訳『章炳麟集』（東京：岩波書店、一九九〇年）。

西島良爾『実歴清国一斑』（東京：博文館、一八九九年）。

日華仏教研究会編『乙亥訪華録』（京都：日華仏教研究会、一九三五年）。

林　彦明「支那現今の浄土教義」（『日華仏教研究会年報』第一年、一九三六年、一～七頁）。

林　淳「近代日本における仏教学と宗教学――大学制度の問題として」（『宗教研究』第七六巻第二号、二〇〇二年、二四七～二七一頁）。

引野亨輔『近世宗教世界における普遍と特殊――真宗信仰を素材として』（京都：法藏館、二〇〇七年）。

平川　彰『八宗綱要』（東京：大蔵出版、一九八〇年）。

藤井草宣『最近日支仏教の交渉』（東京：東方書院、一九三三年）。

藤森孝道「真言密教重興と海外居士林」（『豊山教学大会紀要』通号二六、一九九八年、一〇七～一二五頁）。

布施浩岳『涅槃宗之研究』（叢文閣、一九四二年）。

布施浄明「灌頂の種類と内容」（『灌頂』東京：智山伝法院、二〇〇一年、一三六～一六五頁）。

仏教学会『仏教』（東京：仏教学会）

仏教清徒同志会『新仏教』（東京：仏教清徒同志会）。

仏書刊行会編纂『大日本仏教全書』（東京：名著普及会、一九七八年）。

方　毓強「中国密宗を復興される持松法師」（『空海研究』第三集、香港：閩南人出版有限公司、二〇〇〇年、五六五～五七〇頁）。

法　舫「中国仏教の現状」（『日華仏教研究会年報』第一年、一九三六年、二九～四七頁）。

星野靖二「明治十年代における仏基論争の位相――高橋五郎と蘆津実全を中心に」（『宗教学論集』第二六輯、二〇〇七年、三七～六五頁）。

前田慧雲編『大日本続蔵経』（京都：図書出版、一九〇五～一二年）。

牧田諦亮『中国仏教史研究』第一巻（東京：大東出版社、一九八一年）。

松崎恵水「権田雷斧阿闍梨の密教観――秘法の伝授をめぐって」（大正大学「仏教近代化の諸相」研究会編『仏教近代化の諸相』東京：文化書院、一九九九年、一〇五～一三六頁）。

松本文三郎『支那仏教遺物』（東京：大鐙閣、一九一九年）。

水野梅暁「湖南仏教視察報告」（安井正太郎著『湖南』東京：博文館、一九〇五年、五六七～六二四頁）。

――――『支那仏教近世史の研究』（東京：支那時報社、

一九二五年）。

――――『支那仏教の現状に就いて』（東京：支那時報社、一九二六年）。

宮内猪三郎『清国事情探検録』（東京：東陽堂、一八九四年）。

ムコパディヤーヤ・ランジャナ『日本の社会参加仏教』（東京：東信堂、二〇〇五年）。

望月信亨編『望月仏教大辞典』（東京：世界聖典刊行協会、一九五四年）。

森　和也「近代仏教の自画像としての護法論」（『宗教研究』第八一巻第二号、二〇〇七年、四一一～四三六頁）。

森　紀子「梁啓超の仏学と日本」（狭間直樹編『共同研究梁啓超』東京：みすず書房、一九九九年、一九四～二二八頁）。

山田　賢「世界の破滅とその救済」（『史朋』第三〇号、一九九八年、三二～四一頁）。

山室信一『思想課題としてのアジア』（東京：岩波書店、二〇〇一年）。

山本讃七郎『北京名勝』（東京：山本讃七郎、一九〇一年）。

吉井芳純編『チベットの仏教文化』（出版地不明：吉井芳純、一九八四年）。

吉沢誠一郎『愛国主義の創成』（東京：岩波書店、二〇〇三年）。

吉岡義豊「現代中国の密教信仰」（『智山学報』第九巻、一九五五年、三七～五〇頁）。

吉水智海『支那仏教史』（東京：金尾文淵堂、一九〇六年）。

吉村　誠「中国唯識諸学派の称呼について」（『東アジア仏教研究』第二号、二〇〇四年、三五～四八頁）。

六大新報社『六大新報』（京都：六大新報社）。

劉　向著、中島みどり訳注『列女伝』（東京：平凡社、二〇〇一年）。

梁　啓超著、小野和子訳『清代学術概論』（東京：平凡社、一九七四年）。

楼　宇烈「仏学と中国近代哲学」（『思想』第一〇〇一号、二〇〇七年、五〇～七九頁）。

渡辺海旭『欧米の仏教』（東京：丙午出版社、一九一八年）。

和辻哲郎『風土――人間学的考察』（東京：岩波書店、一九四四年〈一九三五年初刊〉）。

II　中国語文献（ピンイン読みによるアルファベット順）

Bastid-Bruguiere, Marianne「梁啓超与宗教問題」（『東方学報　京都』第七〇冊、一九九八年、三二九～三七三頁）。
常　惺『仏学概論』（台北：仏教出版社、一九七八年

〈一九二九年初版〉）。
陳　兵・鄧　子美『二十世紀中国仏教』（北京：民族出版社、二〇〇〇年）。
陳　継東・陳　力衛整理『北京紀事　北京紀游』（北京：中華書局、二〇〇八年）。
程　宅安『密宗要義』（出版地不明：浄楽林編訳部、一九二八年）。
持　松『密教通関』（上海：上海仏学書局、出版年不明〈一九三九初版〉）。
談　錫永『仏家宗派』（北京：華夏出版社、二〇〇八年）。
馮　達庵「伝密大意」（『密教講習録』第四四号、一九三四年）。
『仏学半月刊』（上海：上海仏学書局）。
『仏学叢報』（上海：有正書局）。
葛　兆光「西潮却自東瀛来」（『西潮又東風』上海：上海世紀出版、二〇〇六年、四七～六六頁）。
――「論晩清仏学之復興」（『西潮又東風』上海：上海世紀出版、二〇〇六年、七七～一〇一頁）。
漢口仏教正信会『正信』（漢口：漢口仏教正信会）。
『海潮音』影印版（上海：上海古籍出版社、二〇〇三年）。
范　寿康『中国哲学史通論』（上海：開明書店、一九三七年）。
何　勁松『近代東亜仏教――以日本軍国主義侵略戦争為線索』（北京：社会科学文献出版社、二〇〇二年）。
弘　一『弘一大師演講全集』（台北：天華出版公司、一九九八年）。
弘　学『密宗指要』（成都：巴蜀書社、二〇〇五年）。
胡　適「廬山游記」（一九二八年）（胡適全集編委会編『胡適文存』第三集巻二、合肥：安徽教育出版社、二〇〇三年、一四三～一七一頁）。
黄　懺華『仏教各宗大意』（台北：文津、一九九一年〈一九三四年初版、一九四七年再刊〉）。
――『中国仏教史』（基隆：法厳寺出版社、一九九八年〈一九三七年初版〉）。
黄　奉西『密宗大綱』（上海：有正書局、一九二三年）。
黄　運喜『中国仏教近代法難研究　1898-1937』、台北：法界出版社、二〇〇六年）。
江　燦騰『中国近代仏教思想的諍弁与発展』（台北：南天書局、一九九八年）。
蔣　海怒『晩清政治与仏学』（上海：上海古籍出版社、二〇一二年）。
江蘇同郷会『江蘇』（東京：江蘇同郷会）。
蔣　維喬『仏学概論』（台北：仏教書局、一九九〇年〈一九三〇年初版〉）。

――『仏学綱要』（台北：天華出版、一九九八年〈一九三五年初版〉）。
蔣　維喬、鄧子美導読『中国仏教史』（上海：上海古籍出版社、二〇〇六年〈一九二九年出版〉）。
藍　日昌「宗派与灯統――論隋唐仏教宗派観念的発展」（『成大宗教与文化学報』第四期、二〇〇四年、一九～五二頁）。
李　偉雲編『広州宗教志』（広州：広東人民出版社、一九九五年）。
梁　啓超『飲冰室合集』（北京：中華書局、一九八九年）。
楼　宇烈「中日近現代仏教交流概述」（楼宇烈編『中日近現代仏教的交流与比較研究』北京：宗教文化出版社、二〇〇〇年、一～一四頁）。
呂　建福『中国密教史』（北京：中国社会科学出版社、一九九五年）。
――『中国密教史（修訂版）』（北京：中国社会科学出版社、二〇一一年）。
馬　以君編『蘇曼殊文集』（広州：花城出版社、一九九一年）。
麻　天祥『晩清仏学与近代社会思想』（開封：河南大学出版社、二〇〇五年）。
――『20世紀中国仏学問題』（武漢：武漢大学出版社、二〇〇七年）。
汕頭密教重興会『世灯』（汕頭：汕頭密教重興会）。
梅　静軒「民国早期顕密仏教衝突的検討」（『中華仏学研究』第三期、一九九九年、二一五～二七〇頁）。
梅　季点編『八指頭陀詩文集』（長沙：岳麓書社出版社、一九八四年）。
『民報』（東京：藤沢外吉）。
沈　潜・唐　文権共編『宗仰上人集』（武漢：華中師範大学出版社、二〇〇〇年）。
釈　東初『中日仏教交通史』（台北：中華大典編印会、一九七四年）。
――『中国仏教近代史』（台北：東初出版社、一九七四年）。
釈　慧原編『潮州市仏教志』（潮州：開元寺、一九九二年）。
蘇　樹華『中国仏学各宗要義』（北京：華夏書局、二〇〇七年）。
太虚大師審定、范古農校訂、慈忍室主人編『海潮音文庫』（台北：新文豊出版公司、一九八五年）。
太虚大師全書編纂委員会編纂『太虚大師全書』（台北：太虚大師全書影印委員会、一九七〇年）。
太　虚『太虚大師全書』（北京：宗教文化出版社、二〇〇五年）。

唐　忠毛「20世紀中国仏教思潮及其研究反思」（高瑞泉主編『中国思潮評論第一輯　思潮研究百年反思』（上海：上海古籍出版社、二〇〇九年）。
湯　用彤『湯用彤学術論文集』（北京：中華書局、一九八三年）。
――『湯用彤全集』（石家荘：河北人民出版社、二〇〇〇年）。
王　大依「正太虚法師『中国現時密宗之趨勢』之謬見」（『密教講習録』第四四号、一九三四年）。
王　福慧「読海潮音密宗問題号」（『密教講習録』第四四号、一九三四年）。
王　弘願『震旦密教重興記』（一九二四年）（権田雷斧著作刊行会編『権田雷斧著作集』第一七巻、出雲崎町〈新潟県〉：うしお書店、一九九四年、六一～一六三頁）。
――『密教綱要』（台北：天華出版公司、一九九九年〈一九一九年初版〉）。
――「震旦密教重興会之書目」（『仏頂尊勝陀羅尼之研究』潮州：震旦密教重興会、一九三〇年）。
王　浄心「警告海内之疑謗真言宗者」（『密教講習録』第四四号、一九三四年）。
王　兆麟・辺　江「法門寺地宮原是唐密教道場」（『人民日報　海外版』一九九五年一月九日）。
呉　立民編『威音』（上海：上海古籍出版社、二〇〇五年）。
呉　信如『仏教各宗大義』（北京：中国蔵学出版社、二〇〇四年）。
現代仏教学術叢刊編輯委員会編輯『現代仏教学術叢刊』台北：大乗文化出版社、一九七九年）。
顕　蔭『真言宗義章』（上海：世界仏教居士林、一九二四年）。
肖　平『近代中国仏教的復興――与日本仏教界的交往』（広州：広東人民出版社、二〇〇三年）。
謝　無量『仏学大綱』（揚州：江蘇広陵古籍刻印社、一九九四年〈一九一六年初版〉）。
新仏教青年会『新仏化旬刊』（北京：新仏教青年会）。
学　愚『仏教、暴力与民族主義』（香港：香港中文大学出版社、二〇一一年）。
楊　健『清王朝仏教事務管理』（北京：社会科学文献出版社、二〇〇八年）。
楊　文会『楊仁山居士遺著』（南京：金陵刻経処、出版年不明〈一九一九年初版〉）。
楊　文会撰、万　鈞注『仏教宗派詳注』（揚州：江蘇広陵古籍刻印社、一九九一年〈一九三一年初版〉）。
印　光『印光法師文鈔』（蘇州：弘化社、一九三二年）。
印　順『太虚大師年譜』（北京：宗教文化出版社、一九九九五年）。
英　武『密宗概要』（成都：巴蜀書社、二〇〇四年）。
于　端華編『密教講習録』（北京：華夏出版社、二〇〇九年）。
于　凌波『中国近現代仏教人物志』（北京：宗教文化出版社、一九九五年）。
張　雪松『法雨霊岩——中国仏教現代化歴史進程中的印光法師研究』（台北：法鼓文化、二〇一一年）。
章　亜昕編『八指頭陀』（北京：中国文史出版社、一九九八年）。
張　之洞『勧学篇』（上海：上海書店出版社、二〇〇二年）。
趙　春晨・郭　華清・伍　玉西共著『宗教与近代広東社会』（北京：宗教文化出版社、二〇〇八年）。
震旦密教重興会『仏化季刊』（潮州：震旦密教重興会）。
鄭　群輝『仏教在潮汕』（潮州：潮汕歴史文化研究中心、二〇〇〇年）。
中国蔡元培研究会編『蔡元培全集』（杭州：浙江教育出版社、一九九七年）。
「中国人名大詞典」編輯委員会編著『中国人名大詞典・歴史人物巻』（上海：上海辞書出版社、一九九〇年）。
中華仏教総会『仏教月報』（上海：中華仏教総会）。
中日密教研究会『中日密教』（天津：中日密教研究会）。
周　継旨校点『楊仁山全集』（合肥：黄山書社、二〇〇〇年）。
周　叔迦「中国仏教史」（『周叔迦仏教論述全集』北京：中華書局、二〇〇六年）。
——編『清代仏教史料輯稿』（台北：新文豊出版公司、二〇〇〇年）。
周　霞『「中国近代」仏教史学名家評述』（上海：上海社会科学院出版社、二〇〇六年）。

Ⅲ　欧文文献（アルファベット順）

Abe Ryūichi, 1999, *The Weaving of Mantra: Kukai and the Construction of Esoteric Buddhist Discourse*, New York: Columbia University Press.
Andrews, Julia F. and Shen, Kuiyi, 2006, "The Japanese Impact on the Republican Art World: The Construction of Chinese Art History as a Modern Field," *Twentieth-century China*, vol. 32, no. 1: 4-35.
Asad, Talal, 1986, "The Concept of Cultural Translation in British Social Anthropology," James Clifford and George E. Marcus (eds.), *Writing Culture*, Berkeley: University of California Press, 141-164.
Ashiwa, Yoshiko, 2009, "Positioning Religion in Modernity:

State and Buddhism in China," Yoshiko Ashiwa and David L. Wank (eds.), *Making Religion, Making the State*, Stanford: Stanford University Press, 43-73.

Baroni, Helen, 2000, *Obaku Zen: The Emergence of the Third Sect of Zen in Tokugawa Japan*, Honolulu: University of Hawai'i Press.

Bianchi, Ester, 2004, "The Tantric Rebirth Movement in Modern China – Esoteric Buddhism Re-Vivified by the Japanese and Tibetan Traditions," in *Acta Orientalia Academiae Scientiarum Hung*. Volume 57 (1), 31–54

Blackburn, Anne, 2001, *Buddhist Learning and Textual Practice in Eighteenth-Century Lankan Monastic Culture*, Princeton, N.J.: Princeton University Press.

Brook, Timothy, 2009, "The Politics of Religion: Late-Imperial Origins of the Regulatory State," Yoshiko Ashiwa and David L. Wank (eds.), *Making Religion, Making the State*, Stanford: Stanford University Press, 22-42.

Carter, James, 2011, *Heart of Buddha, Heart of China*, Oxford: Oxford University Press.

Chan Sin-wai, 1985, *Buddhism in Late Ch'ing Political Thought*, Hong Kong: The Chinese University Press.

Chan Wing-tsit, 1953, *Religious Trends in Modern China*, New York: Columbia University Press.

Chang Hao, 1987, *Chinese Intellectuals in Crisis*, Berkeley: University of California Press.

Chatterjee, Partha, 1992, "History and the Nationalization of Hinduism," *Social Research*, vol. 59, no. 1: 111-49.

Ch'en, Kenneth, 1964, *Buddhism in China: A Historical Survey*, Princeton, N.J.: Princeton University Press.

Chidester, David, 2014, *Empire of Religion: Imperialism and Comparative Religion*, Chicago: University of Chicago Press.

Clavin, Patricia, 2005, "Defining Transnationalism," *Contemporary European History*, vol. 14 no. 4: 421-439.

Cohen, Bernard, 1996, *Colonialism and its Forms of Knowledge*, Princeton, N.J.: Princeton University Press.

Dirks, Nicholas, 2001, *Castes of Mind*, Princeton, N.J.: Princeton University Press.

Dirlik, Arif, 2005, "Modernism and Antimodernism in Mao Zedong's Marxism," *Marxism in the Chinese Revolution*, Oxford: Rowman & Littlefield, 105-124.

Fitzgerald, John, 1994, "Reports of my Death have been Greatly Exaggerated," David S.G. Goodman and Gerald Segal (eds.), *China Deconstructs*, London: Routledge, 21-58.

———, 1996, *Awakening China*, Stanford: Stanford University Press.

Fogel, Joshua, 1996, *The Literature of Travel in the Japanese Rediscovery of China, 1862-1945*, Stanford, Calif.: Stanford University Press.

Foulk, Griffith, 1992, "The Ch'an Tsung in Medieval China: School, Lineage, or What?," *The Pacific World* New Series no. 8: 18-31.

Foulk, T. Griffith, 1993, "Myth, Ritual, and Monastic Practice," Patricia Buckley Ebrey and Peter N. Gregory (eds.), *Religion and Society in T'ang and Sung China*, Honolulu: University of Hawai'i Press, 147-208.

Franke, Otto, 1909, "Ein Buddhistischer Reformversuch in China," *T'oung pao*, ser. 2: 10: 567-602.

Ginsberg, Robert, 2004, *The Aesthetics of Ruins*, New York: Rodopi.

Goodell, Eric, 2008, "Taixu's Youth and Years of Romantic Idealism, 1890-1914," *Chung-Hwa Buddhist Journal*, no. 21: 77-121.

Goossaert, Vincent, 2002, "Starved of Resources: Clerical Hunger and Enclosures in Nineteenth-Century China," *Harvard Journal of Asiatic Studies*, vol. 62, no. 1: 77-133.

———, 2006, "1898: The Beginning of the End of Chinese Religion?," *The Journal of Asian Studies*, vol. 65, no. 2: 307-336.

———, 2007, *The Taoists of Peking, 1800-1949*, Cambridge, Mass.: Harvard University Asia Center.

Goossaert, Vincent and Palmer, David A., 2011, *The Religious Question in Modern China*, Chicago: University of Chicago Press.

Gregory, Peter N. and Ebrey, Patricia, 1993, "The Religious and Historical Landscape," Peter N. Gregory and Patricia Ebrey (eds.), *Religion and Society in T'ang and Sung China*, Honolulu: University of Hawai'i Press, 1-44.

Hakeda, Yoshito S., 1972, *Kukai: Major Works*, New York: Columbia University Press.

Hammerstrom, Erik, 2013, "The Heart-of-Mind Method – Legitimating a New Buddhist Movement in 1930s in

China," in *Nova Religion* vol. 17 no. 2, 5-23.

Hubbard, Jamie, 2001, *Absolute Delusion, Perfect Buddhahood: The Rise and Fall of a Chinese Heresey*, Honolulu: University of Hawai'i Press.

Hutchinson, John, 1994, *Modern Nationalism*, London: Fontana.

Ip Hung-yok, 2009, "Buddhist Activism and Chinese Modernity," *Journal of Global Buddhism*, no. 10: 145-192.

Jaffe, Richard, 2001, *Neither Monk nor Layman – Clerical Marriage in Modern Japanese Buddhism*, Princeton, N.J.: Princeton University Press.

———, 2006, "Buddhist Material Culture, 'Indianism,' and the Construction of a Pan-Asian Buddhism in Prewar Japan," *Material Religion*, vol. 2, no. 3: 266-292.

Karl, Rebecca, 2002, *Staging the World*, Durham, N.C.: Duke University Press.

Ketelaar, James, 1991, *Of Heretics and Martyrs in Meiji Japan: Buddhism and Its Persecution*, Princeton, N.J.: Princeton University Press.

———, 2006, "The Non-Modern Confronts the Modern: Dating the Buddha in Japan," *History and Theory*, no. 45: 62-79.

Klautau, Orion, 2008, "Against the Ghosts of Recent Past - Meiji Scholarship and the Discourse on Edo-Period Buddhist Decadence," *Japanese Journal of Religious Studies*, vol. 35, no. 2: 263-303.

Krebs, Edward, 1998, *Shifu, Soul of Chinese Anarchism*, Oxford: Rowman & Littlefield.

Lai, Rongdao, 2013, "Praying for the Republic: Buddhist Education, Student Monks, and Citizenship in Modern China (1911-1949)," カナダ・マギル大学に提出された博士論文。

Lee Haiyan, 2009, "The Ruins of Yuanmingyuan: Or, How to Enjoy a National Wound," *Modern China*, vol. 35, no. 3: 155-190.

Li Narangoa, 1998, *Japanische Religionspolitik in der Mongolei, 1932-1945. Reformbestrebungen und Dialog zwischen japanischem und mongolischem Buddhismus*, Wiesbaden: Harrassowitz.

Makdisi, Ussama, 1997, "Reclaiming the Land of the Bible: Missionaries, Secularism, and Evangelical Modernity," *American Historical Review*, vol. 102, no. 3: 680-713.

Mcbride, Richard, 2004, "Is There Really "Esoteric" Buddhism?," *Journal of the International Association of Buddhist Studies*, vol. 27 no. 2: 329-356.

Müller, Gotelind, 1993, *Buddhismus und Moderne*, Stuttgart: F. Steiner.

Mullaney, Thomas, 2010, *Coming to Terms with the Nation*, Berkeley: University of California Press.

Nattier, Jan, 1990, *Once Upon a Future Time*, Berkeley, Calif.: Asian Humanities Press.

Pittman, Don, 2001, *Toward a Modern Chinese Buddhism: Taixu's Reforms*, Honolulu: University of Hawai'i Press.

Poon Shuk-Wah, 2011, *Negotiating Religion in Modern China*, Hong Kong: Chinese University Press.

Pratt, Mary, 2008, *Imperial Eyes: Travel Writing and Transculturation*, New York: Routledge.

Reynolds, Douglas, 1989, "Japanese Buddhist Work in China and the Challenge of Christianity, 1869-1915," unpublished paper.

Rutherford, Danylin, 2009, "Sympathy, State Building, and the Experience of Empire," *Cultural Anthropology*, vol. 24, no. 1: 1-32.

Sang Bing, 1999, "Japan and Liang Qichao's Research in the Field of National Learning," *Sino-Japanese Studies*, vol. 12, no. 2: 5-24.

Schlütter, Morten, 2010, *How Zen Became Zen: The Dispute over Enlightenment and the Formation of Chan Buddhism in Song-Dynasty China*, Honolulu: University of Hawai'i Press.

Scott, Gregory, 2013, "Conversion by the Book: Buddhist Print Culture in Early Republican China," アメリカ・コロンビア大学に提出された博士論文。

Sharf, Robert, 2001, *Coming to Terms with Chinese Buddhism: A reading of the Treasure Store Treatise*, Honolulu: University of Hawai'i Press.

———, 2002, "On Pure Land Buddhism and Ch'an/Pure Land Syncretism in Medieval China," *T'oung Pao*, vol. 88, no. 4-5: 282-331.

Schmitt, Andre, 2002, *Korea between Empires*, New York: Columbia University Press.

Stone, Jackie, 1990, "A Vast and Grave Task: Interwar Buddhist Studies as an Expression of Japan's Envisioned Global Role," J. Thomas Rimer (ed.), *Culture and identity: Japanese intellectuals during the inter-*

war years, Princeton, N.J.: Princeton University Press, 217-233.

Sueki Fumihiko, 2010, "Chinese Buddhism and the Anti-Japanese War," *Japanese Journal of Religious Studies*, vol. 37, no. 1: 9-20.

Suzuki Daisetz Teitaro, 1935, "Impressions of Chinese Buddhism," *The Eastern Buddhist*, vol. 4, no. 4: 327-378.

Tang Xiaobing, 1996, *Global Space and the Nationalist Discourse of Modernity*, Stanford, Calif.: Stanford University Press.

Tanaka, Stefan, 1993, *Japan's Orient: Rendering Pasts into History*, Berkeley: University of California Press

Taixu, 1925, "A Statement to Asiatic Buddhists," Young East, 1/6: 177-182.

Turner, Alicia, 2014, *Saving Buddhism: The Impermanence of Religion in Colonial Burma*, Honolulu: University of Hawai'i Press.

Tuttle, Gray, 2005, *Tibetan Buddhists in the Making of Modern China*, New York: Columbia University Press.

Welter, Albert, 2002, "The problem with orthodoxy in Zen Buddhism," *Studies in Religion*, vol. 18 no. 1: 3-18.

Welch, Holmes, 1967, *The Practice of Chinese Buddhism, 1900-1950*, Cambridge, Mass.: Harvard University Press.

———— , 1968, *The Buddhist Revival in China*, Cambridge, Mass.: Harvard University Press.

Wu, Jiang, 2008, *Enlightenment in Dispute: The Reinvention of Chan Buddhism in Seventeenth-Century China*, Oxford: Oxford University Press.

Young, Stuart, 2015, *Conceiving the Indian Buddhist Patriarchs in China*, Honolulu: University of Hawai'i Press.

Yu Chun-fang, 1981, *The Renewal of Buddhism in China*, New York: Columbia University Press.

Zarrow, Peter, 2004, "Late Qing Reformism and the Meiji Model: Kang Youwei, Liang Qichao, and the Japanese Emperor," Joshua Fogel (ed.), *The Role of Japan in Liang Qichao's Introduction of Modern Western Civilization to China*, Berkeley: Center for Chinese Studies, Institute of East Asian Studies, University of California, 40-67.

Zuercher, Erik, 1982, "Perspectives in the Study of Chinese Buddhism," *Journal of the Royal Asiatic Society of Great Britain and Ireland*, no. 1: 161-176.

あとがき

本書は複雑で長い旅の成果であり、その発端は二〇〇〇年代初頭にさかのぼる。当時、私はロンドン大学東洋アフリカ研究学院の大学院で日本史を研究していたが、研究テーマがなかなか定まらず、宗教史、政治史、アジア、日本、帝国主義について詳しく知りたいという漠然とした願望しかもっていなかった。博士課程に進学すると、一九二〇～四〇年代に中国大陸で活躍した日本仏教の布教師たちの活動を研究することで、このような多岐にわたる関心を満たすことができると思った。しかし、調べれば調べるほど、日本人仏教者は朝鮮半島、中国大陸のいずれにおいても、現地人の間で大きな成果を上げられなかったことが明らかになってきた。この研究テーマの可能性に懐疑的になると同時に、研究活動はアジア、特に日本という場から行わなければならないという気持ちも強くなってきた。私がもともとアジア研究を目指したのも、アジアを資料のみを通じて知るのではなく、自分自身で直接に体験したかったからである。

その結果、二〇〇四年に東京大学に転学した。それと同時に、所属する分野も歴史学から宗教学へと変わった。東京大学では、陳継東先生が印度哲学仏教学専攻の科目として担当した中国清末の仏教についての授業に参加する機会を得た。陳先生の授業に大きな刺激を受けて、近代日本仏教と中国大陸との関係を日本側からだけではなく、中国側からも検討する必要性を痛感した。陳先生の影響により、研究の中心がさらに変わり、アジア大陸における日本人布教師から近代中国仏教形成における日本仏教の思想的影響に目を転じることとなった。

以上のように、私はずいぶんと遠回りをしてきたが、研究に日本語の資料だけでなく中国語の資料も扱うこととなって、一口物に頬を焼いてしまったという気持ちに何度も襲われた。しかし、ロンドンから東京へ、歴史学から宗教学へなどというまわり道も、自分の研究に役立ったと信じている。そして二〇一一年、東京大学大学院人文社会系研究科に博士論文を提出した。本書はこの博士学位請求論文を、その基本的な構成を保ちつつ、加筆・修正したものである。

なお、第三章と第四章の一部は過去に以下の論文集で発表したものである。

第三章　"Wang Hongyuan and the Import of Japanese Esoteric Buddhism to China during the Republican Period," in Tansen Sen (ed.), *Networks of Material, Intellectual and Cultural Exchange*, vol. 1, chapter 19, Singapore: Institute of Southeast Asian Studies, 2013, pp. 403-27.

第四章　「近代中国仏教における宗派概念とそのポリティクス」（末木文美士、林淳、吉永進一、大谷栄一編『ブッダの変貌――交錯する近代仏教』京都：法藏館、二〇一三年、八七～一〇八頁）。

博士論文および本書の出版に当たっては、多くの方々のご支援とご協力を得ることができた。まずは博士論文の審査員の先生方に感謝したい。

論文の主査を務めてくださった東京大学宗教学宗教史学研究室の池澤優先生は、私にとって厳密かつ啓発的な学問の模範であり、博士論文を執筆するうえで目指すべき学問の標準であった。博士論文について池澤先生よりいただいた数多くの的確なコメントとアドバイスにより本書の質は大きく向上した。

現在は上智大学グリーフケア研究所所長を務めている島薗進先生は、私を東京大学の宗教学宗教史学研究室に受け入れてくださった先生であり、その幅広い知識と視野には当初から感銘を受けた。島薗先生が体現する「社会に対して強い責任感を持つ学者」という側面を今後も自分の研究生活のモデルにしていきたいと考えている。

東京大学名誉教授、国際日本文化研究センター名誉教授の末木文美士先生は私の日本に来てからの研究に積極的に関心を示し、シンポジウムに呼んでくださったり、研究成果を発表する機会を与えてくださったりした。そして本書の出版準備に際してもご尽力をたまわっており、これまでの末木先生に対する恩は計り知れないものがある。

青山学院大学の陳継東先生は近代日中仏教交流研究の開拓者の一人である。陳先生との交流から大きな刺激を受け、陳先生が開拓した土壌があったからこそ、私自身の研究も可能となった。また、博士論文執筆の際、陳先生よりいただいた多くのアドバイスと助言は大きな助けとなった。

東京大学東洋史研究室の吉澤誠一郎先生は、私自身の視野に中国近代史をめぐる課題を導入してくださった。現在、私は日本学術振興会の外国人特別研究員として、吉澤先生の指導下でその視座をさらに発展させるように努めている。

また、以下に挙げるさまざまな組織や団体の経済的支援がなければ、日本での研究生活は不可能であった。

東京大学の研究生、大学院生のときには、日本政府文部科学省国費外国人留学生制度の支援を受けた。そして、二〇〇九年から二〇一〇年までは、渥美国際交流財団から奨学金をいただいた。その後も、当財団が開催するアジア未来会議などの学術事業への参加により、私の研究活動は大きな刺激を受け続けている。また、二〇一〇年から二〇一五年までは東京大学死生学研究室（現在は「死生学・応用倫理センター」）で研究員を務め、研究室の皆さんに大変お世話になった。この場を借りて、深い感謝の意を表したい。

私に最初の学術関係の仕事を与えてくださった國學院大学の井上順孝先生にも感謝したい。三年間、國學院大学日本文化研究所の諸事業に携わっていたことは、私にとって研究者としての大きな訓練となった。


このように日本語で著書を出版することは私の能力の限界を試す経験となった。多くの先輩たちや同級生の協力がなければ、本書は完成しなかったといっても決して過言ではない。日本語校正では、特に小池求さん、住家正芳さん、鈴木健郎さん、堀田和義さん、宮田義矢さん、藤崎衛さんに感謝したい。中国語の翻訳に大きな力を貸してくれたのは笠見弥生さん、王小蕾さん、張瑶さん、朱琳さんである。

それ以外にも、ここでそのすべてを列挙することはできないが、本書には数えきれない同僚、研究者、友人との交流で得た意見や洞察が少なからぬ影響を与えている。いうまでもないが、本書に間違いや問題点が残っているとしたら、それらはひとえに私の責任である。

本書の出版の機会を与えてくださった法藏館の編集長戸城三千代さん、そして担当編集者の今西智久さんにも深い感謝の意を表したい。法藏館の皆さんの大変なお力添えのおかげで本書は日の目を見ることとなった。

博士論文と本書の大半は下北沢のスターバックスとセガフレードで書かれた。毎日、「お帰り」という言葉で私を歓迎してくれ、コーヒー一、二杯だけでどんなに長居しても私を追い出さなかった両店のスタッフの皆さんにも、長年にわたり大変お世話になった。

友人のデザイナー岡田尚志さんにすばらしい表紙のデザインを作っていただく機会を得たことも、大変嬉しく思う。

最後に、父ロルフ（Rolf）と母ハイジ（Heidi）に心から感謝の言葉を述べたい。一九九七年以降、私はほとんど海外で生活することとなった。九千キロも離れているが、ずっと暖かく精神的にも経済的にも支えてくれている両親に本書を捧げたい。

二〇一六年六月十三日

セガフレード下北沢店にて

エリック・シッケタンツ

本書の刊行に際しては、二〇一五年度東京大学学術成果刊行助成制度による助成を受けた。

索　引

人　名

あ行——

か行——

さ行――

た行――

な行――

わ行――

書　名（論文名には＊を付す）

か行――

さ行――

た行――

ま行――

ら行――

事　項

あ行――

か行――

さ行――

た行——

な行——

は行——

ま行——

ら行——

エリック・シッケタンツ（Erik Schicketanz）

1974年ドイツ生まれ。ロンドン大学東洋アフリカ研究学院を経て、東京大学大学院人文社会系研究科博士課程（宗教学宗教史学）修了。博士（文学）。専門は日本・中国の近代宗教史。現在、日本学術振興会外国人特別研究員（東京大学、東洋史）。主な論文に、「近代中国仏教における宗派概念とそのポリティクス」（2013年）、"Wang Hongyuan and the Import of Japanese Esoteric Buddhism to China during the Republican Period"（2013年）など。

堕落と復興の近代中国仏教
――日本仏教との邂逅とその歴史像の構築

二〇一六年　七月二五日　初版第一刷発行

著　者　エリック・シッケタンツ

発行者　西村明高

発行所　株式会社　法藏館
京都市下京区正面通烏丸東入
郵便番号　六〇〇-八一五三
電話　〇七五-三四三-〇〇三〇（編集）
〇七五-三四三-五六五六（営業）

装幀者　岡田尚志

印刷　立生株式会社／製本　新日本製本株式会社

ISBN 978-4-8318-7709-3 C3015